언어와 사유 I

—언어의 토대구조(Infrastructure)에 관한 연구—

국립중앙도서관 출판시도서목록(CIP)

언어와 사유. 1, 언어의 토대구조(infrastructure)에 관한 연구 / 임동철, 김귀룡, 성철재, 정찬섭, 최홍식, 김연희, 진용옥, 조성우, 김기혁, 최상진, 송영진, 정승석, 정호영, 최병덕, 강혜근, 김지형, 홍윤기, 방성원, 이권, 윤창준, 황순일, 문을식, 오유석, 차상훈 共著. -- 고양 : 동과서, 2007
p. ; cm

ISBN 978-89-87304-60-1 94100 : ₩25000
ISBN 978-89-87304-86-1(세트)

701-KDC4
410-DDC21 CIP2007002418

언어와 사유 I

－언어의 토대구조(Infrastructure)에 관한 연구－

임동철, 김귀룡, 성철재, 정찬섭, 최홍식, 김연희,
진용옥, 조성우, 차상훈, 김기혁, 최상진, 송영진,
정승석, 정호영, 최병덕, 강혜근, 김지형, 홍윤기,
방성원, 이권, 윤창준, 황순일, 문을식, 오유석 共著

동과서

언어와 사유 Ⅰ

—언어의 토대구조(Infractructure)에 관한 연구—

찍은날 / 2007년 7월 20일
편낸날 / 2007년 7월 25일

지은이 / 임동철 외
펴낸이 / 궁리나
디자인 / 북토리
편 집 / 황웅 김선아 강진만

펴낸곳 / 도서출판 **동과서**
410-330
경기도 고양시 일산동구 풍동 숲속마을 402-105
등록번호 / 제22-405호

D.K.S. Publishing Co.
402-105 Supsok-Maul, Pung-Dong, Ilsandong-Gu,
Goyang City, Gyunggi-Do, Korea 410-330
전화 / (02)333-7533
팩스 / (02)849-4429, (02)6280-2353
이메일 / master@book-dks.com
홈페이지 / www.book-dks.com

값 25,000원

ISBN 978-89-87304-60-1 (94100)
978-89-87304-86-1 set

서 언

말과 글은 인간을 인간되게 하는 문명적 장치 내지는 도구(apparatus)이다. 말과 글을 통해서 인간이 다른 동물들과 달리 문명사회를 형성해서 살아 올 수 있었다고 해도 과언이 아니다. 말과 글이 기초가 되는 장치라면 인간의 사유는 그 기초 위에 구축된 건축물이라고 할 만하다. 이렇게 인간의 언어와 사유가 밀접하게 연관이 되어 있다는 점에 대해서는 어느 누구도 부정적인 토를 달지 않을 것이다. 그런데 한 걸음 더 나아가 둘 사이가 어떤 연관관계로 얽혀 있느냐고 묻기 시작하면서 온갖 어려움들이 쏟아져 나온다. 생각이 먼저냐, 언어가 먼저냐? 언어가 먼저라면 언어는 사유를 어떤 방식으로 규정하는가? 말에 길들여진 사유와 글에 길들여진 사유는 어떻게 다른가? 말과 글 이전에 성립하는 사유란 도대체 뭔가 등등. 정말 필설로 다할 수 없는 많은 연구들이 수 없이 쏟아져 나와 있음에도 언어와 사유의 관계는 여전히 오리무중이라고 할 수 있다.

말과 글이 인간의 사유와 밀접하게 연관이 되어 있다는 점에 동의하면서도 말과 글에는 인간의 사유로 담을 수 없는 물리적이고 생리적인 면도 있다는 점에 착안하여 우리의 연구는 시작되었다. 종이 위에 쓰인 글은 의미의 담지체이기도 하지만 시각적으로 탐지 가능한 기호이기도 하다. 마찬가지로 귀에 들리는 말소리는 뜻을 담고 있음과 동시에 물리적 음향이자 발성기관을 거침으로써 출현하는 생리적 현상이기도 하다. 이 점에 착안하여 '물리적이고 생리적인 사태로서의 말과 글이 인간 사유에 어떤 영향을 미치고 있는가?'라는 문제의식을 갖게 되었고 지난 몇 년 동안 이 문제를 풀어보고자 노력해왔다.

구술성(orality)과 문자성(literacy) 논의, 이에서 더 나아가 매체이론(media theory)에서 유사한 문제의식으로 언어의 물리적이고 생체적인 특징으로부터 어떤 사유방식이 형성되느냐를 검토하고 있어서, 약간의 자연과학적 실험 절차만 거치면 이 같은 문제가 쉽게 풀릴 것이라고 생각하였다. 그러나 점차로 연구가 진행되는 동안 인문학적 특징을 가진 이 문제를 사변이 아니라 누구나 납득할 수 있는 실증적이고 과학적인 방법을 통해 풀어내는 과정은 너무나 멀고 험난하다는 것을 깨닫게 되었다. 말과 글을 해독하고 산출해내기 위해 조물주가 인간의 감각기관(시각, 청각)이나 발성기관(특히 혀)에 심어준 오묘한 이치를 캐내기에는 거쳐야 할 절차가 너무 많고 험하였다. 인체 전체는 말할 것도 없고 말, 글과 관련된 인체의 작용을 해명하는 작업은 현재의 자연과학적 연구(실험) 수준이나 발전정도로는 완결을 기대하기 어렵다는 점을 알게 되었다. 이에 따라서 우리는 1) 물리적이고 생리적인 현상으로서의 언어에서 찾을 수 있는 질서나 패턴을 해명하는 작업과 2) 의식 수준에서의 언어 현상에 드러나는 사유방식을 밝히는 과제를 분리해서 생각할 수밖에 없었다.

1) 물리적이고 생리적인 차원에서의 언어에 내재해 있는 질서나 패턴을 해명하는 과제(언어의 토대에 관한 연구)는 인문학(철학)-음향학-음성학-정보통신공학-진단방사선의학-이비인후과학-뇌과학을 연계하는 학제간 연구팀을 구성해서 다음과 같은 방식으로 진행되었다. 인문학적 문제의식으로 방법론 개발-그를 통해 자연과학적 실험을 디자인-실험을 통한 실험자료 축적-실험 자료에 대한 1차 분석-1차 분석의 결과에 대한 철학적 해석. 이 연구에서는 대체적으로 네 개 문명권(한국, 중국, 그리스, 인도) 언어의 물리적이고 생체적인 특징이 크게 다르지 않다는 점이 부각되었다. 곧 말과 글의 토대에서는 대체적으로 보편성이 발견된다고 말할 수 있다. 다만 훈민정음의 음성체계가 여타 언어의 음성체계보다 생체적으로나 체계적으로 우수하다는 점이 특징적이라고 할 수 있다.

2) 인문학 내부에서 언어(의미, 구문)와 사유의 관계를 해명하고자 하는 시도가 언어와 사유 II부에 담겨 있다. 언어와 사유의 관계가 지나치게 포괄적이기 때문에 문제를 제한할 필요가 있었고, 그에 따라서 어휘장, 있다(이다)와 없다(아니다), 문장이 의미를 갖추기 위한 조건, 각 언어에서의 시제와 상(aspect)의 네 가지 과제를 선택하여 각 언어별로 어떻게 다른 사유방식을 보여주고 있는지를 살펴보았다. 대체적으로 각 언어권의 차이에 주목하여 연구를 진행한 바 철학과 논리의 주요 문제들이 각 나라의 언어에 뿌리박고 있다는 사실을 확인할 수 있었다.

연구를 마쳤다고 할 수 있는 지금, 시작할 때 가졌던 포부가 너무 많이 위축되었다. 원래의 연구목표를 달성하기 위해 얼마나 먼 길을 가야 할지 가늠을 할 수 없을 정도가 되었다. 인문학적 사변과 자연과학적 실증의 만남, 혹은 인문학적 사변을 자연과학적으로 실증하기는 너무도 요원하다는 것을 뼈저리게 느꼈다. 헤라클레이토스가 말한 것처럼 진리는 숨기를 좋아한다는 것을 아는 계기도 되었다. 인간의 힘으로 진리를 캐고 들어가 보고자 하면 할수록 결국 그것이 정말 멀리 있다는 것만을 알 수 있을지 모른다.

한국학술진흥재단의 기초학문 육성사업의 지원을 받아 본 연구가 진행될 수 있었다. 한국학술진흥재단의 지원이 없었다면 실험적 성격이 짙은 본 연구가 이나마 진행되기 어려웠을 것이다. 그 동안 우리 연구에 참여해서 동고동락을 같이 했던 30여 명의 연구자에게 감사의 마음을 전한다. 연구책임자로서 우리의 연구를 총괄적으로 이끌어온 임동철 총장님의 능력 덕분에 여기까지 올 수 있었다. 이 연구의 핵심방향을 설정하고 사변적 문제를 구체화하는 데는 성철재 선생의 공이 지대했다. 줄기를 잡고 이 연구에 참여했던 연구자들의 공동연구체험이 우리의 학문 발전에 밑거름이 되리라는 것을 믿어 의심치 않는다. 끝으로 빠듯하게 원고를 제출했음에도 이렇게 번듯한 모습을 갖춘 결과를 만들어준 동과서 출판사의 직원 및 사장에게 감사의 마음을 전한다.

2007. 7월 대표집필자 김귀룡

목 차

서 론

인간의 역사는 언어와 함께 시작하였다. 아니 역사 이전에 이미 인간은 말을 하기 위한 물리적이고 생체적인 조건을 갖춰왔다는 점에서도 언어의 역사는 오히려 문명의 역사보다 오래 되었다고 말할 수 있다. 따라서 서구의 수많은 사상가들은 언어의 본질을 밝혀내려고 오랫동안 노력을 해왔고 지금도 하고 있는 중이다.

언어를 대상으로 하여 연구하는 학문 분야를 살펴보면, 언어의 본질과 한계를 사변적으로 논의하는 철학, 언어의 역사를 연구하는 역사학, 언어 자체를 탐구 대상으로 삼는 언어학, 언어의 의미구조를 연구하는 의미론, 문법이나 통사구조를 연구하는 구문론, 인간의 음성을 연구대상으로 삼는 음성학, 문자만을 집중적으로 탐구하는 문자학, 공기 파동으로서의 인간의 음성을 연구하는 음향학, 언어 병리 현상을 연구하는 언어의학, 음성 병리현상을 연구하는 음성의학, 언어를 구사하기 위한 생체적 조건을 연구하는 생물언어학, 언어와 인지 사이의 관계를 해명하고자 하는 인지언어학, 언어와 두뇌의 관계를 연구하는 두뇌인지언어학, 인류 언어의 기원을 연구하는 고인류학 등 수없이 많다. 언어는 그것을 연구하는 연구자들의 중심주제이기도 하지만 일상생활에 있어서도 언어가 인간의 삶에 끼치는 영향은 지대하다. 일상적인 삶에 있어서나 학문적 연구의 주제로서나 언어만큼 많은 사람들의 관심사가 되는 주제는 없을 것이다. 하지만 그럼에도 불구하고 아직 언어의 본질에 대해 정확하게 규정을 내린 정의가 그리 많지 않다는 사실을 상기할 때 새삼 놀라움을 금치 못하게 된다.

이와 같이 이미 많은 연구가 진행되어 왔지만 정확하게 규명되지 않은 언어에 새삼 관심을 기울인 이유는, 새로운 방법론을 통해서 기존의 내용과는 다른 해석을 전개하기 위해서이다. 곧 새로운 시각의 접근법을 통해서 언어의 본질과, 언어와 사유의 관계와 같은 주제에 대해서 다른 이야기를 하고자 하는 것이 우리 연구의 일반적인 의도이자 목적이었다. 이 목적을 달성하기 위해서는 연구 대상으로서의 언어현상과 그에 접근하는 우리의 연구 방식에 대한 해명이 덧붙여져야 할 필요가 있다.

우리의 연구 주제를 가장 포괄적으로 표현한다면 언어와 사유의 관계라고 말할 수 있다. 언어와 사유가 밀접한 연관관계가 있을 것이라는 데는 언어학자나 철학자 모두가 공히 공감을 하고 있는 편이나 둘 사이에 구체적으로 어떤 관계가 있느냐에 대해서는 학자들 사이에 이견이 있어서 통일적인 학설을 정하기 곤란한 경우가 많은 것이 현실이다. 언어가 사유를 결정하는지, 아니면 사유를 통해서 언어의 문법이나 의미구조가 결정되는지에 대해서 갑론을박이 행해져 온 것도 사실이다. 우리의 연구는 이와 같은 논쟁에서 특징의 입장을 견지하고 종지부를 찍기 위한 시도는 아니다. 우리의 연구는 이 같은 논쟁에 휘말리기보다는 가급적이면 이제까지 시도해보지 않은 방식으로 언어에 접근함으로써 언어에 내재해 있는 정보 조직의 원리나 사유의 틀과 같은 것을 끄집어내기 위한 시도라고 할 수 있다.

일반적으로 서구의 언어학에서는 언어를 의사소통의 수단, 사유의 표현물, 정신 안에 있는 기호의 체계와 같은 것으로 규정한다. 이외에도 언어에 대한 다양한 이해와 해석이 존재하지만 서구 언어학에서는 언어를 사유나 의식과 같은 정신의 산물로 보는 견해가 일반적이다. 이런 이해와 해석은 인간을 이성적, 정신적 동물로 보는 서구의 인간관과 대체로 맞아 떨어진다. 곧 사유나 의식과 같은 정신 기능이 인간을 다른 동물과 구분시켜주는 고유한 특성으로 보고 이로부터 언어활동이 가능하게 된다고 이해하고 있는 것이다.

언어는 순수하게 사유나 의식과 같은 정신적인 영역에만 의존해 있는 것이 아니라 순수 물리적인 사태까지도 그 안에 담고 있는 포괄적인 현상이다. 언어는 예술, 철학, 심리학, 사회학, 언어학, 법률이나 제도, 교육과 같은 정신적이고 문화적인 현상뿐만 아니라 생리, 신경, 해부, 음향, 물리와 같은 물리적이고도 생체적인 현상까지도 아우르는 인간 삶 전반에 걸쳐 있는 포괄적인 사태이다. 다시 말해 언어는 사회적 삶에만 연관된 것이 아니라 자연적 삶과도 연관을 맺고 있는 현상인 것이다.

인간의 언어 사용은, 그에 적합한 생물학적 진화를 거친 후에 가능했다는 것이 고인류학자들의 증언이다. 고릴라나 침팬지, 오랑우탕과 같은 유인원들의 발성구조는 인간처럼 체계화된 분절음을 만들어내기에는 부적합한 구조로 되어 있다. 인간이 지금처럼 정교한 분절음을 만들어 내기 위해서는 두뇌의 용적 증가와 발성구조의 재조정과 같은 생체의 변화가 요구된다. 대체적으로 이런 진화적 변화는 길게 잡으면 250만 년 전, 아무리 짧게 잡아도 20만 년 전에 일어난다. 곧 인간 문명이 형성되기 이전에 인간은 언어를 사용하기 위한 생체 조건을 갖추고 있었던 것이다. 이런 생체적인 변화는 인간이 발성하는 물리적 음파로서의 소리의 성격을 변화시킨다. 즉 단지 소음이나 공기의 흐름에 불과하던 소리를 특정의 질서나 패턴이 그 안에 내재해 있는 목소리로 변화시키는 것이다. 다시 말해 물리적 질서를 변화시키는 것이다. 바로 이런 생체적이고 물리적인 변화가 있고 난 후에야 의미 담지체로서의 언어가 기능할 수 있게 되는 것이다. 결국 언어는 소리와 의미의 복합적인 체계인 것이다.

인간의 언어를 탐구하면서 인간언어 성립 조건이자 토대인 순수 물리적이고 생체적인 현상을 도외시하고 문명 이후의 시기에 국한해서 언어를 사회역사적인 산물로 보고 인간 사유나 의식과 같은 정신 현상으로 이해한다는 것은 일면적이고 부분적인 이해일 수밖에 없다. 이에 따라 우리 연구 팀은, 언어를 사유나 의식과 같은 정신적인 현상뿐만 아니라 물리적이고 생체적인 현상까지도 아우르는 포괄적인 현상으로 이해하고자 하였다. 우리는 전자를 언어의 상부구조(supra-structure)로 이해하고 후자를 언어의 토대구조(infra-structure)로 규정하였다.

언어를 이런 방식으로 규정하고 나면 우리의 연구 목표는 자연히 두 가지로 구분된다. 그 하나는 언어의 상부구조를 구성하고 있는 의미나 구문, 논리와 같은 것을 지배하고 있는 사유의 틀이나 인지구조에 대한 해명이고, 다른 하나는 언어의 토대구조에 내재해 있는 일종의 틀에 대한 해명이다. 사유구조나 인지의 틀에 대한 연구는 자연히 의식이나 사유의 수준에서 진행하였고 이를 연구함에 있어서는 서구의 여러 언어학이나, 철학, 논리학, 심리학 등의 도움을 받았다.

문제는 '언어의 토대구조에 내재하는 틀'이라는 용어의 추가적인 해명인데 그 개략은 다음과 같이 이해될 수 있다.

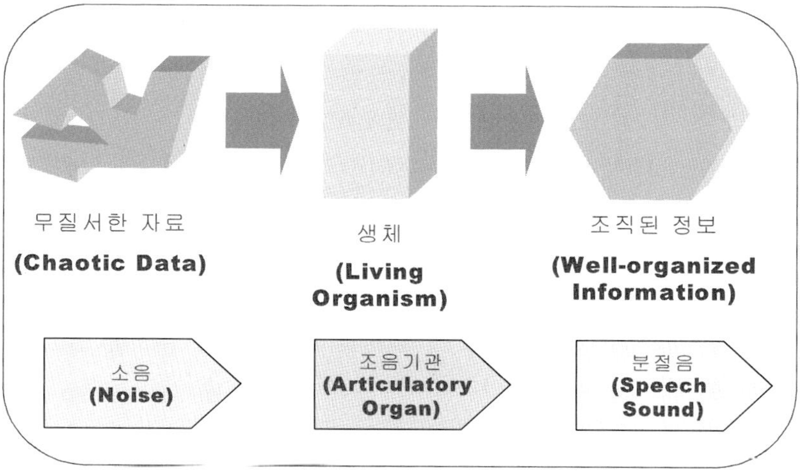

그림 1

위의 그림에서 볼 수 있는 것처럼 언어의 토대구조는, 무질서한 자료를 조직화된 정보로 만들어주는 역할을 한다. 예를 들어 인간 발성기관의 조음 조직은 무질서한 자료에 불과한, 즉 폐에서 올라오는 공기의 흐름을 특정 방식으로 조직화하여 잘 조직된 정보인 목소리를 만들어 낸다. 이 경우 조음기관의 소리 조직방식이 언어의 토대구조가 된다. 이 때 조음기관은 데이터(단순소리)를 조직화된 정보(speech sound)로 전환시켜 주는 특정의 조직 패턴이나 질서를 갖고 있는데, 이와 같은 것을 우리는 언어의 토대구조에 내재하는 틀이라고 이해한다.

언어는 정신적인 면과 순수 물리적이거나 생리적인 면을 포괄하는 현상으로 이해될 수 있기에 연구의 목표도 자연스럽게 두 가지로 정립할 수 있다. 곧 의식수준에서의 언어를 지배하는 사유의 틀에 대한 해명이 하나의 목표이고, 다른 하나는 전의식(pre-conscious) 수준에서 언어를 형성하고 있는 토대의 틀에 대한 해명이 다른 하나의 목표이었다.

이런 일반적인 목표를 설정하고 우리는 한국어, 중국어, 희랍어, 범어의 네 개 언어권의 언어를 분석하여 이들 언어들의 사유의 틀과 언어의 토대구조 틀을 찾아내어 비교함으로써 주요 문명권의 사유의 틀과 토대의 틀이 어떤 점에서 같고 어떤 점에서 다른지를 해명하고자 하였다.

언어의 정신적인 측면에 관한 연구에서는 기존의 언어학 이론을 답습하기보다는 구체적으로 사용되고 있는 용례들을 중심으로 1차 자료를 수집하고 이를 언어학적인 측면에서 2차적으로 해석하고, 3차적으로 그것들의 철학적 의미를 캐는 방식으로 진행하였다. 방대한 언어자료들을 모두 수집하는 것은 불가능하기에 철학팀과 연계해서 각 언어권의 사유방식을 잘 드러내 주고 있다고 여겨지는 주요 범주들을 토대로 네 개의 과제를 선정하여 이에 맞는 용례들을 수집하고자 하였다.

언어의 물리적이고 자연적인 영역에 관한 연구에서는 물리적 현상으로서의 말소리와 이를 발성하기 위해 조직화되고 있는 조음기관의 해부학적 구조를 연계해서 실험을 진행하였고, 시각기호로서의 문자에 관해서는 심리적 실험을 통해서 문자인지 과정을 추적하고자 하였다. 그 외에 언어인지 과정에서 나타나는 두뇌 활성화 영역을 살펴봄으로써 언어의 두뇌 인지과정을 추적하기로 하였다. 이와 같은 연구에서 언어의 물리적인 측면과 생리적인 측면을 연계해서 연구를 진행하고자 한 것은 국내외적으로 거의 유례가 없는 시도라고 여겨진다. 언어의 생리학적이고 물리적인 측면을 연계한 연구를 통해서 우리가 밝혀내고자 한 것은 말소리에 내재해 있는 생체의 정보 조직의 원리이다. 곧 단순 소음에 불과한 폐에서 올라오는 소리가 성대를 거쳐 목소리가 되고 다시 이것이 혀나 연구개, 입 등과 같은 조음기관을 거쳐 말소리가 되는 과정에서 음을 조직하는(articulate) 생체의 메커니즘이 작동하고 있는 바, 이 같은 메커니즘이 단순 데이터(chaotic data)를 잘 조직된 정보(well-organized information)로 조직해내는 원리를 캐내고자 한 것이다.

우리는 언어의 정신적이고 문화적인 측면뿐만 아니라 물리적이고 자연적인 측면까지도 해명하고자 하였기에 자연스럽게 철학, 언어학, 음성학, 국어학, 중국어학과 같은 인문학 분야는 물론이고 음향학, 정보 통신공학, 의학과 같은 공학이나 실용학문을 아우르는 전형적인 학제간 연구팀을 구성하게 되었다. 우리는 의미나 문법과 같은 언어의 정신적인 측면을 연구하는 언어팀들(한국어, 중국어, 그리스어, 범어)과 언어의 물리적이고 생리학적 측면을 연구하는 중앙 분석팀(음성학, 음향학, 진단방사선 의학, 정보 통신공학, 언어병리학, 지각인지 심리학), 여기서 얻어지는 자료들을 해석하기 위한 철학 팀을 구성하였다.

중앙 분석팀에서는 1. 음성에 대한 물리적 분석과 발성기관의 생리적 구조 분석을 통해서 그에 내재해 있는 생체정보 조직원리를 밝히고, 2. 문자를 인식할 때 작동하는 시각정보처리과정을 살펴봄으로써 시각정보 처리의 원리를 밝히고, 3. 의미 이해과정에서 활성화되는 두뇌영역을 비교분석하는 과제를 설정하였다. 언어팀에서는 1. 각 나라 언어에서 우리말의 '이다'와 '아니다'에 해당되는 기본 서술어를 연구하여 세계에 대한 서술 방식의 차이를 읽어내고, 2. 각국의 기본 단어에 대한 어휘장을 연구하여 의미 분화의 양상을 살펴보고, 3. 각 나라 문장이 의미를 갖추기 위한 조건을 알아봄으로써 의미 영역과 비의미 영역의 관계를 밝히고, 4. 각 나라 말의 시제를 살펴봄으로써 시간관의 차이를 밝혀내고, 5 부수적으로 그리스와 범어의 언어와 논리 관계를 살펴보는 과제를 정하였다.

우리는 이와 같은 두 가지 측면에서의 접근을 통해서 세계 주요 문명권, 곧 한국, 중국, 그리스, 인도의 언어를 연구함으로써 이들의 사유방식이 어떻게 다른지를 밝혀보고자 하였다. 그간의 연구 과정에서 우리가 뼈저리게 느낄 수 있었던 것은 학제간 연구가 생각보다 훨씬 어렵다는 점이다. 자연학 분야의 연구자들에게 인문학 분야의 연구 목표는 너무 허황되고 그 방법은 지나치게 느슨할 뿐만 아니라 구체적이지 못하게 느껴졌고, 인문학 분야의 연구자들에게 자연학 분야의 연구는 지나치게 세분화되어 의미를 찾기 어려울 뿐만 아니라 그 방법은 정치하기는 하지만 너무 틀에 박힌 것처럼 여겨졌다. 이 같은 난점 때문에 시행착오도 많이 거쳤고, 일부 과제의 목표는 너무 높게 설정하였기에 축소 조정하기도 했다. 인문학 분야의 연구자들이 의미 있는 문제라고 생각해서 설정한 과제, 곧 시각정보 처리 원리 규명이나 단어 이해 과정에서 작동하는 두뇌 인지 작용에 대한 해명 등은 실험환경을 고려하지 않은 사변 속에서 고안해낸 목표설정이었다. 시각정보 처리과정을 통해 문자인지 패턴을 읽어내기 위해서는 시지각 정보 처리과정, 곧 탐지, 탐지된 감각자료의 시각 입력과정, 이렇게 입력된 정보에 대한 시신경 처리과정, 시신경에 의해 전달된 신호를 두뇌 정보로 전이 처리하는 과정에 대한 구체적인 실험을 행해야 하는데, 사실 상 이는 가능하지 않은 목표였다. 전문가의 말에 따르면 이 연구에만도 수십 명이 매달려 수백억의 연구비를 써가면서 연구를 진행하고 있다고 한다. 따라서 문자인지 패턴에 대한 연구는 단어우월효과에 대한 실험으로 대치하였다. 단어의 의미 이해 과정에 나타나는 4개국의 두뇌 인지처리과정도 뇌과학 일반에 대한 사전 지식과 좀 더 세부적이고 구체적인 실험 과정을 거쳐야 하는데, 이에는 막대한 비용과 기간이 소요된다. 이에 따라 두뇌 인지 작용에 대한 연구는 한국어 인지 과정에서 나타나는 두뇌 활성화의 특징으로 대체 조정하였다. 이와 같은 한계 때문에 언어의 토대에 관한 연구에서는 음성에 관한 연구, 특히 훈민정음의 기본 모음체계에 관한 연구에 집중하였다.

I. 방법론:
언어에 대한 자연주의적 접근

1. 머리말

본고는 언어에 대한 학제적 연구를 수행하는 가운데, 그에 적합한 방법론을 제시하기 위해 작성되었다. 21세기에 이르러 고유학문 영역의 배타적 권리 주장은 점차 설 자리를 잃고 있다. 개별 학문들의 고유 영역이 불필요한 것은 아니지만 좀 더 거시적인 안목에서 여러 학문 분야들의 공동연구나 학제적 연구의 필요성이 점차로 증대되고 있다는 것도 분명하다. 학제간 연구의 최대 난점은 각 학문 영역들 사이의 의사소통의 통로가 막혀 있다는 점일 것이다. 철학, 언어학, 음성학과 같은 인문학 분야 자체 안에서도 의사 전달의 통로를 마련하기 어려우며, 음향학, 의학, 공학과 같은 자연과학 분야에까지 영역을 확대할 경우, 의사소통의 통로는 거의 막혀 있는 실정이다. 자연과학 계통의 학문연구자들에게 인문학 분야 전공자들의 언어는 추상적이고 사변적이어서 거의 쓸모가 없으며 인문학 계통의 연구자들에게 자연과학 전공자들은 지나치게 자신들의 학문 울타리에 파묻혀 있어서 나무는 보되 숲은 보지 못하는 우를 범하고 있는 것으로 여겨진다. 방법론적으로도 인문학 전공자들은 인간, 세계, 또는 인간과 세계의 관계라는 추상적 수준에서의 방법을 제시하고 있기에 실험 현장에서 사용될 수 있는 구체적인 방법론의 자질을 결여하고 있으며, 자연과학 전공자들의 방법론은 일종의 지침(manual)일 뿐 학문방법론이라고 보기 어려운 실정이다. 그간의 연구를 통해보면 인문학자들은 구체적인 실험현장에서 이용되고 있는 실행방법론(protocol)이 갖는 학문적 의미를 찾고자 하고, 자연과학자들은 추상적인 수준에서의 학문방법론이 구체적인 현장에서 어떤 방식으로 적용될 수 있는지를 확인하고 싶어 한다. 우리는 이와 같은 양면적 요구를 충족시키기 위해 먼저 철학적 수준에서의 방법적 틀을 제시하고 이 같은 틀을 기초로 진행된 연구의 구체적 용례를 제시하고자 한다. 여기에서 제시된 학문방법론을 우리는 '자연주의적 학문 방법론'으로 명명한다.

2. 철학적 틀로서의 자연주의적 방법론

자연주의적 학문방법론은 바탕에 깔고 있는 세계관이나 인생관, 그리고 주제에 접근하는 방식에서 이전의 탐구 방법론과 현저히 구분된다. 우리는 먼저 훗설의 일상적, 자연과학적 세계관과 인생관에 대한 비판으로부터 논의를 시작하고자 한다. 훗설로부터 시작한다고 해서 자연주의적 접근이 그의 현상학적 방법론을 추종하고 있는 것은 아니다. 우리가 훗설에 주목하는 것은 자연과학자나 일상인들이 취하고 있는 세계관이나 인생관, 학문 방법론에 대한 그의 비판에서 취할 수 있는 면이 있기 때문이다.

훗설은 실존철학의 방법론적 기초를 이루고 있는 현상학적 방법론의 주창자였다. 그렇지만 그의 학문 여정의 출발은 수학이나 논리학과 같은 엄밀학이었고, 이런 관심 때문에 그는 독일의 유명한 수학자인 바이어스트라스 밑에서 수학하였다. 그는 이 과정에서 수학이나 논리학이 지니고 있는 보편 타당성의 근거가 어떻게 마련될 수 있는지를 방법론적으로 검토하고자 한다. 곧 학문 일반의 보편성이나 객관성이 어떻게 확보될 수 있는지에 대해 관심을 기울이게 된다. 이런 문제를 갖고 그는 철학에 입문하여 학문일반에 기초를 제공하고 있다고 여겨지는 두 가지 이론들을 검토하여 그 이론들에 심각한 문제가 내재해 있다는 것을 발견하게 된다.

그 당시 학문적 지식의 기초를 제공하고 있다고 여겨지는 철학적 조류로는 크게 현상주의(phenomenalism)와 실재론(realism)이 있었다. 로크, 버클리, 흄과 같은 경험주의자들의 후예들은 세계를 해명함에 있어서 현상주의적 입장을 취하고 있으며 수학자나 논리학자들은 대체로 플라톤이나 데카르트의 뒤를 이어 실재론적인 입장을 취하고 있다. 현상주의자들과 실재론자들은 대체로 과학적 지식이나 원리의 기반에 대해 서로 상반되는 견해를 갖고 있다. 현상주의자들은 학문적 지식의 기초를 경험, 보다 엄밀히 말하면 감각인상에서 찾는다. 이들은 경험적 세계에서 발생하는 모든 사태들이 감각인상으로 환원될 수 있다고 보고 여기에서 우리의 사유 안에 발생하는 모든 관념이나 이념들이 발생한다고 본다.

감각인상들의 가장 근본적인 특징은 그것이 상호 독립적이라는 데 있다. 감각인상들은 원자와 마찬가지로 서로 고립적으로 존재한다. 시각에 제공되는 붉은색과 청각에 제공되는 폭발음은 서로 공통점이 없이 하나는 시각적인 것으로 다른 하나는 청각적인 것으로 독립적으로 존재한다. 그런데 학문적 지식이나 원리는 다양한 사태들을 함께 묶어내고 연계시키는 기능을 한다. 예를 들어 인과법칙은 서로 독립적인 것으로 여겨지는 두 가지 사건, 붉은색과 폭발음을 인과율이라는 법칙으로 연결하여 폭발음이 붉은색의 원인이 된다고 본다. 그러나 이런 연계성은 경험적인 사태에서 발견되지 않는다. 폭발음과 붉은색은 시차를 두고 우리에게 지각되며, 또한 서로 다른 감각에 지각된다. 이런 방식으로 모든 지식의 기초가 되는 감각인상이 서로 독립적이기 때문에 그것을 연계시켜주는 학적인 원리나 법칙은 경험에 기초를 두고 있다고 볼 수 없다. 그것은 인간의 사유습관에 의한 관념연합일 뿐이다. 이런 주장은 학적 지식이나 원리들이 경험에 기초한 것이 아니기 때문에 확실한 근거를 갖고 있지 못하다는 귀결을 함축한다. 이와 아울러 인간의 사유 습관에 의한 관념연합으로서의 학적 지식이나 원리, 법칙들은 언제든지 그에 어긋나는 사례에 의해서 깨어질 수 있기 때문에 그런 것들은 절대적으로 확실하거나 필연적이라고 말할 수 없게 된다. 따라서 현상주의자들에 따르면 학적 인식이나 지식, 원리, 법칙들은 반대 사례가 나타나기 이전까지 잠정적으로만 진리성을 갖는다. 학문적 지식이나 법칙, 원리들은 절대적으로 확실하거나 필연적이고 객관적일 수는 없고 다만 개연적일 수 있을 뿐이다.

실재론자들은 인간 지식의 기초를 정신이나 사유에서 찾는다. 이들이 모델로 삼는 학문은 수학과 논리학이다. 수학이나 논리학의 지식은 그것이 입증되기 위해서 경험을 필요로 하지 않는다. 1 + 1 = 2라는 것은 현실세계에서 사과 하나에 하나를 더해 둘이 된다는 것을 보인다고 해서 입증되지도 않고 또한 물방울 하나에 하나를 더해서 하나를 만든다고 해도 반증되지 않는다. 인간이 사유하는 한 그것을 부정하는 것이 불가능하기 때문에 그것은 진리라고 일컬어지는 것이다. 부정하면 모순을 범하게 되기 때문에 진리가 되는 것, 그것이 수학이나 논리학적 지식의 특징인 것이다. 이에 따라서 이들 실재론자들은 절대적이고 보편적이며 객관적인 지식의 근거를 인간 사유나 정신에서 찾아야 한다고 생각한다. 이들의 문제점은 경험 세계에 관한 지식의 기초를 제공할 수 없다는 데 있다. 따라서 실재론자들은 경험 세계 안에 인간의 정신이나 사유의 법칙성을 따르는 실체의 질서를 가정하게 된다. 존재의 질서가 논리의 질서를 반영하고 있다는 아리스토텔레스의 주장이나 자연세계가 수학적 언어로 쓰여져 있다고 주장하는 갈릴레오나 데카르트와 같은 사람들의 경우가 이에 해당한다.

이와 같은 두 가지 이론들은 각기 문제점을 갖고 있다. 현상주의자들은 이 세계에 관한 학적 지식의 기초를 제공하지 못한다는 약점을 안고 있으며, 실재론자들은 경험세계에 관한 지식의 기초를 마련할 수 없다는 약점을 지니고 있다. 자연과학적 세계관에 기반을 둔 실증주의자들은 두 입장의 약점을 보완하여 수학과 경험적 관찰이라는 두 마리 토끼를 다 잡고자 한다. 이들은 수학이나 논리학에 대해서는 세계를 설명할 수 있는 모델을 제공하는 역할을 부여하고 경험적 관찰에 대해서는 수학에서 제공한 이론이나 세계설명의 모델을 검증하는 역할을 부여한다. 곧 세계에 대해 일단의 가설을 설정하고, 그로부터 현실에 대볼 수 있는 명제를 연역하여 그 명제를 실험이나 관찰을 통해서 검증함으로써 원래 가설의 진리성을 확보하는 가설 연역법을 방법론으로 채택한다. 물론 이들은 현실 사례에 대한 경험적 관찰에 토대를 둔 귀납주의적인 방식을 택하기도 한다. 이 경우, 이들이 제시한 가설이나 원리들은 잠정적인 진리성만을 갖고 있다는 점에서 개연적이고 확률적이다. 관찰사례의 수를 일정 정도 확보함으로써 오류 가능성을 줄이거나 인간의 사유나 정신에서 창출된 가설이 경험적 관찰이나 실험을 통해서 검증함으로써 현실 적용 가능성을 확보하는 방식 모두는 현상주의적 입장을 취하거나 실재론과 현상주의를 절충함으로써 가능한 방식이다.

훗설이 학문의 기초를 마련하는 기획을 현실화하고 있을 당시 학계는 자연과학적 세계관에 바탕을 둔 실증주의적 사유가 맹위를 떨치고 있었다. 훗설은 실증주의적 사유가 인간과 세계의 관계를 설정함에 있어서 심각한 문제점을 안고 있다는 점을 발견하고 이를 비판적으로 검토하기 시작한다. 그는 실증주의적 사유나 거기서 채택하고 있는 방법론이 인간과 세계의 관계에 관한 특정의 관점을 전제하고 있다고 본다. 실증주의자들의 한 바탕을 이루고 있는 현상주의자들이 우리의 모든 관념이나 생각 등은 모두 인상으로 환원된다고 주장하고 있음은 앞에서 언급한 바 있다. 이들에 따르면 우리의 경험은 감각인상을 벗어날 수 없다. 곧 감각인상의 배후에 어떤 실체적 존재가 있는지 없는지를 알 방도가 없다는 것이다. 마찬가지로 인간의 내면에서도 정신이나 자아와 같은 것들은 감각인상으로 확인할 방도가 없다. 따라서 인간 영혼이나 정신, 자아와 같은 실체적 존재가 있다고 말할 근거가 없게 된다. 이럴 경우, 세계와 인간은 중심체가 없는 감각인상과 관념의 집합체가 된다. 다시 말해 모든 것들은 내적인 것이든 외적인 것이든 지각(perception)의 다발이 되고 만다. 현상주의자들에 따르면 존재한다는 것은 곧 내가 지각한다는 것으로, 내가 지각하지 못하는 것은 존재한다고 이야기할 수 없다. 따라서 내가 잠들어 있을 때 나는 세계의 존재를 확증할 수 없다.

이 점에서 이들의 생각은 상식에 어긋난다. 이에 비해 실재론자들은 우리의 일상적인 생각에 근접해 있다. 우리는 일상적으로 나 밖의 대상들이 나 만큼이나 실재한다는 것을 믿는다. 그와 마찬가지로 실재론자들도 외부 대상들이 우리에게 비춰지는 모습(감각인상) 뒤에서 존재한다고 생각한다. 자연과학자들은 이런 상식적인 실재론의 입장에서 외부세계의 존재를 인정하고 그것의 질서를 규명하고자 한다.

훗설에 따르면 현상주의자나 실재론자들의 방식으로는 사태의 참모습에 다가갈 수 없다. 그들은 무반성적인 전제에 매여 있기 때문에 사태를 있는 그대로 볼 수가 없다는 것이다. 우리의 의식이 나 밖의 대상에 대해 그것이 존재한다거나 존재하지 않는다고 말할 수 없다. 우리는 그것이 존재하는지 어떤지를 알 수 없기 때문이다. 다만 우리는 우리에게 다가오는 것을 알 뿐이다. 우린 사실 외부 대상에 대해서는 그것이 존재하는지 어떤지를 알지 못한다. 인상이라고 하는 것도 사실은 인간의 사유가 개입된 추상의 산물이다. 훗설에 따르면 현상주의자들의 감각인상은 세계에서 직접적으로 경험되는 사태가 아니다. 인상이란 붉은 색, 사각형, 신 맛, 뜨거운 맛, 차가운 감촉처럼 각각이 분리되어 있는 단순한 느낌이다. 그것은 복합적으로 얽혀 있는 직접적인 경험적 사태라기보다는 그것을 단순화하여 분리해낸 추상적인 어떤 것이다. 곧 감각인상이 그대로 사물의 모습은 아닌 것이다. 상식적으로 우리가 외부 세계의 사물이 존재한다고 말하는 것도 사실적으로 그런 것이 아니라 인간의 사유로 추정한 것일 뿐이다. 우리는 직접적으로 사물이 그러한지 어떤지를 확인할 수 없다. 즉 현상주의자들이나 실재론자들은 나 밖의 세계에 대해서 모르면서 왈가왈부하고 있는 것이다. 그들은 이미 편견이 개입된 생각을 펼치고 있으면서 그것이 사물의 참모습이라고 주장하고 있는 것이다. 그들은 무반성적인 전제를 기초로 해서 사물을 바라보기 때문에 그들에게 직접적인 체험의 통로는 막혀 있다. 다시 말해서 그들은 반성되지 않은 전제를 바탕으로 세계에 접근하기 때문에 세계에 벌어지는 사태를 직접적으로 경험할 수 없다. 곧 그들은 무반성적인 선제를 받아들임으로써 인간과 세계를 분리시켜 놓고 탐구를 시작한다. 이렇게 분리된 상태에서 인간이 경험을 통해서건 사유를 통해서 세계에서 벌어지는 일들에 대해서 왈가왈부하고 해명하고자 하는 것은 다 인간의 의식이나 감각이 세계와 무관하게 그려낸 그림일 뿐이다.

이런 상황에서 우리는 무엇보다 먼저 무반성적 전제에 얽매여 있는 판단을 유보해야만 한다. 다시 말해서 인간이 세계 안의 대상이 존재한다거나 존재하지 않는다거나, 혹은 인간이 세계 내의 사태들을 파악할 수 있다거나 없다거나 하는 판단을 하지 않는 것이다. 방법론적인 측면과 연결해서 생각해보면 판단유보는 그런 태도들에 기초한 학문방법론을 무비판적으로 따르는 태도를 유보해야 한다는 것을 함축한다. 곧, 현대 자연과학자들이 채택하고 있는 가설-연역적인(hypothetico-deductive) 방법이나, 통계적으로 확률을 높이는 일에 치중해야만 하는 귀납적 방법, 일반적 원리로부터 하위의 가설을 끌어내는 연역적 방법, 주어진 사건을 입증하기 위해 상위의 원리나 가설을 찾아가는 분석적 발견의 방법 등을 방법론으로 절대화해서는 안 된다는 것을 함축한다.

우리가 훗설의 이야기에 주목하는 것은 여기까지이다. 훗설은 이후 '사태 자체로'라는 모토를 내세워 의식의 본성을 성찰함으로써 닫혀 있는 실증주의자들의 의식을 세계를 향해 열어 놓는다. 그렇지만 우리는 훗설이 의식의 본성이라고 생각한 의식의 지향성을 통해서 세계를 향해 다가가야 한다고 생각하지 않는다. 우리는 훗설이 본질적 특성으로 규명해낸 의식의 지향성이 세계를 향해 열려 있는지 어떤지에 대해서 논의할 생각은 없다. 다만 우리는 훗설이 멈춰선 지점에서 한 걸음 더 나아가 실증주의적 사유가 무반성적으로 전제하고 있는 세계와 인간의 태도에 대해 한 번 더 생각해보고자 한다. 우리는 이런 절차를 거쳐서 자연주의적 접근이 인간과 세계에 관해 실증주의자들과 근본적으로 다른 태도를 갖고 있다는 것을 보일 수 있을 것이다.

훗설이 주장한 것처럼 실증주의적 사유의 두 축이라고 할 수 있는 현상적 경험주의자들이나 실재론자들은 모두 무반성적으로 인간과 세계를 분리시켜 놓고 탐구를 진행한다. 그들은 모두 인간과 세계를 분리시키고 있다는 점에서는 공통의 기반 위에 서지만 그 둘 사이의 관계는 전혀 다른 방식으로 설정하고 있다. 우리는 이와 같은 관계 설정의 대표적인 사례를 서구 경험주의의 원조라고 할 수 있는 베이컨(F. Bacon)과 이성주의의 원조라고 할 수 있는 데카르트에서 찾아볼 수 있다.

데카르트는 진리나 지식의 근거를 자기 안에서 찾고자 하고 이를 위한 탐구의 여정은 그의 방법적 회의에서 잘 찾아볼 수 있다. 그 세세한 과정을 여기에서 다 살펴볼 수는 없다 그러나 우리는 방법적 회의의 최종적 결론인 '나는 생각한다. 고로 존재한다(cogito ergo sum)'라는 절대적으로 확실한 진리에 도달하는 과정에 외부 세계의 통로로 여겨지는 감각적 경험을 부인하고 세계 안의 대상의 존재를 부인하는 과정이 포함되어 있음을 확인할 수 있다. 이 과정은 인간과 세계에 대한 통로를 차단하는 기능을 한다. 곧 외부 세계와의 유일한 통로라고 할 수 있는 감각경험과 외부세계의 존재에 대한 직관을 거부함으로써 세계와 인간이 연결될 수 있는 통로를 근본적으로 차단하는 과정이다. 이런 과정을 거쳐서 데카르트가 도달한 것은 그것의 확실성을 다른 어떤 것에도 의존할 필요 없는 자기의식의 확실성이다. 데카르트는 인간 사유 안에서 확인할 수 있는 이런 명증성을 바탕으로 해서 지식체계를 전반적으로 재수립한다. 이 과정에서 그는 모든 학문의 모델로서 수학을 제시한다. 곧 이어 그는 세계 내에 존재하는 근본적인 존재를 두 가지 종류로 나눈다. 그 하나는 인간의 정신과 같이 사유하는 실체이고 다른 하나는 외부세계의 존재와 같이 시간과 공간에 펼쳐져 있는 특성만을 지니는 연장(extension)실체이다. 데카르트는 이와 같이 자연세계를 수학적으로 측정가능한 양(magnitude)을 지닌 연장성(extension)으로 파악한다. 수학은 주체 안에서 사유 가능한 질서를 가장 잘 반영하는 학문이다. 데카르트가 외부세계를 수량화 가능한 연장으로 파악한다는 것은 인간이 사유 가능한 질서를 세계에 덮어씌운다는 것을 의미한다. 우리는 이와 같은 데카르트의 탐구여정에서 일차적으로 인간(정신)이 세계와 분리되는 과정(주체와 객체의 분리)과 다시 인간 정신의 질서를 세계 안에 다시 덮어씌우는(객체의 주체화) 두 단계의 과정이 있음을 알 수 있다. 곧 데카르트의 탐구여정에는 주체와 객체를 분리하고 다시 객체를 주체화하는 과정이 개입되어 있다. 이 과정은 세계가 자신이 생각한 질서대로 구성되었다고 생각한다는 점에서, 곧 세계의 질서를 자신의 질서와 동일시한다는 점에서 동일화의 과정이라고 할 수 있다. 이 경우, 세계는 자신이 지니고 있는 고유 속성 발현을 거부당한다는 점에서 객체는 주체에 의해 부정 당하는 경험을 하게 된다.

베이컨도 데카르트와 마찬가지로 학문에서의 새로운 방법론을 내세운다. 그러나 그의 방법은 데카르트의 것과는 달리 의심할 수 없는 진리를 향한 선천적 추론을 포함하고 있지 않다. 그는 순수 경험적이고 실험적인 방법을 주창한다. 베이컨이 주창하는 방법은 단순하다. 그는 데카르트가 택했던 제일원리로의 신속한 일반화가 모든 오류의 근원이 된다고 생각한다. (진리인식 방식에는 두 가지가 있을 수 있는 바) 그 하나는 개별적인 것들과 감각으로부터 출발하여 가장 일반적인 원리(공리)에로 날아가서 다시 이런 원리-확실하고 움직일 수 없는 진리로 생각하는-들로부터 시작하여 판단에로 나아가 중간 단계의 공리들을 발견하는 방식이다.[1)] 베이컨은 이런 방법이 진리 인식에 도달하는데 도움이 되지 않는

1) 우리는 여기서 베이컨이 언급하고 있는 방법이 데카르트의 것과 유사함을 알 수 있다. (물론 베이컨은 데카르트보다 이전 사람이긴 하지만) 단숨에 'Cogito ergo sum'이라는 제일원리로 날아올라가 거기서 획득되는 확실성을 토대로 해서 확실성의 정도에 따라 모든 지식과 진리를 위계지우는 데카르트의 사례는

방식이라고 생각한다. 나머지 하나는 참된 방법으로서 감각이나 개별적인 것들로부터 점진적이고 빈틈없는 상향 과정을 거쳐서 마침내 가장 일반적인 원리에로 나아가는 방식이다.

베이컨이 관찰과 실험, 경험을 강조하면서 점진적이고 빈틈없는 일반화의 과정을 거쳐야 한다고 주장하는 것은 제한된 범위의 사례들을 관찰한 이후 그것을 보다 넓은 영역으로 확장 적용시키는 과정에는 항상 위험이 따르기 때문이다. 일반화가 힘을 가지기 위해서는 일반화가 그 일반적 명제를 도출한 영역 밖에서도 그 관찰이 허용된다는 것을 밝혀줘야 하는데 그 영역 밖에 자신이 얻은 결론을 적용하려고 할 경우에는 그 원리에 맞는 사례만을 관찰해서는 안 되고 그 원리에 맞지 않는 사례에 주의를 기울여야 한다. 'a가 발생하면 언제나 b가 발생한다'는 일반화를 했을 경우 그는 언제나 b가 발생하지 않지만 a가 발생하는 경우를 찾아야 한다. 만약 이런 부정적인 사례가 찾아진다면 그는 하찮은 구분을 새로이 도입하려 할 것이 아니라 자신의 법칙을 수정할 수 있는 가장 효과적인 방법을 찾아야 한다. 어떤 사람의 신념을 지지해주는 긍정적인 사례에만 주의를 기울이고 반례(counter example)를 등한시하는 것은 바로 미신적인 사유의 본질이라고 할 수 있다. 일반화는 단순히 경솔하거나 자의적 또는 고립적이어서는 안 되고 알려진 사실들, 그리고 현존하는 학문의 구조와 양립 가능할 정도로 포괄적이어야 한다. 우리가 이 원칙을 준수하지 않는다면 일반화는 이미 알려진 사실들에만 적합한 것이 되어서 새로운 발견에로 이끌지 못할 것이다. 그가 이렇게 점진적인 일반화를 시도해야 한다고 주장하는 것은 고삐 풀린 망아지처럼 멋대로 날뛰려는 성향을 지닌 인간 정신이나 사유를 개별적 사례나 감각경험, 실험에 의해서 인도하고 통제하기 위해서이다. 그는 감각적 증거는 믿지만 감각지각작용에 후속하는 정신 작용에 대해서는 경계의 눈초리를 갖고 본다. 인간정신은 언제나 오류에 노출되기 쉽다는 생각을 엿볼 수 있다.

이상과 같은 베이컨의 방법적 논의를 요약해보면 인간 지성이나 오성, 사유, 언어 등은 오류의 근원으로서 경험적 관찰, 실험의 지도를 받아야

베이컨이 여기서 언급하고 있는 방법과 아주 근사하다.

한다는 원칙을 담고 있음을 알 수 있다. 인간이 사유나 지성을 통해서 도달한 일반적 원리를 보다 포괄적인 영역으로 확대 적용하려 할 경우에는 성급해서는 안 된다. 주어진 관찰 사례들에서는 발견되지 않았지만 개별적인 사례의 세계에는 주어진 원리들에 위배되는 사례들이 잠복해 있을 가능성이 항상 있기 때문이다. 인간 이해(오성)는 (수동적으로 받아들였건 자신과 일치하는 것으로 받아들였건) 어떤 견해를 채택하면 나머지 모든 것들을 거기에 맞추거나 그것을 지지하는 것으로 생각한다. 그리고 다른 측면을 지지하는 사례들의 수가 많고 중요성이 큼에도 불구하고 인간 이해는 그것들을 무시하고 경멸하거나 아니면 어떤 구분에 의해서 그것들을 치워버리거나 거부한다. 베이컨은 현실에 존재하는 인간 지성이 산출한 원리들에 위배되는 부정적 사례에 주의를 기울여야 함을 역설한다.

이상의 경험주의적 사유에 따르면 우리는 주체와 객체 사이의 관계에서 데카르트의 사례에서 본 것과는 다른 모델이 성립할 수 있다는 것을 알 수 있다. 인간 지성이 산출한 원리는 경험에 의해서 테스트되어야 하고 또 그 원리를 입증해주는 긍정적인 사례보다는 반증해낼 수 있는 부정적인 사례에 주의를 기울이는 것이 참된 학문 방법이라는 베이컨의 주장은 인간 지성은 자체로는 믿을 만한 지식을 산출하기에 부적합한 기능이라는 것을 함축하고 있다. 주체는 자연세계를 해명하기 위해 자신이 설정한 가설이나 원리를 세계를 향해 제시하게 되어 있다. 데카르트의 모델에 따르면 자연세계는 저항 없이 주체가 제시한 가설이나 원리의 질서를 따르는 것으로 되어 있다. 그러나 경험주의적 모델에 따르면 주체의 사유나 지성이 제시한 원리, 질서는 경험적 사례의 시험을 거쳐야 한다. 기준이나 중심이 되어야 하는 것이 객체의 세계라는 것이다. 그렇게 시험을 거칠 경우 자연이나 현실 세계에는 언제나 주체가 제시한 원리나 가설에 위배되는 사태가 상존할 가능성이 있다. 그런 부정적인 사례가 나타날 경우, 인간이 제시한 가설(원리)는 과감하게 폐기 처분해야 한다는 것이 경험주의자들의 주장이다. 이 모델에서는 세계에 의해서 검증받아야 하고 또 언제든 세계의 위협 앞에서 무기력해질 수 있는 주체의 처지를 찾아볼 수 있다.

우리가 살펴본 데카르트와 베이컨의 학문 방법론에서 우리는 서구적 학문의 모델이 경험주의적이든 합리주의적이든 주체와 객체의 분리, 그렇게 분리된 주체와 객체가 서로 갈등과 투쟁, 대립의 관계에 놓여 있다는 것을 알 수 있다. 다만 양자는 그런 분리를 전제로 한 투쟁과 갈등에서 중심을 어느 쪽에 두고 있느냐만 다를 뿐이다. 합리주의적 사유 모델이 주체를 중심으로 객체를 포섭하는 방식을 취함으로써 객체 무화를 시도한다면 경험주의적 사유 모델에서는 객체가 갖는 부정적 특성으로 주체가 제시한 원리나 사유를 거부하고 부정하게 된다는 것을 알 수 있다.

결국 현대의 자연과학에서 채택하고 있는 귀납적 추론이나[2], 연역적 방법[3], 가설-연역적 방법[4]은 모두 인간과 세계에 관한 특정의 태도를 전제함으로써 성립 가능하다고 말할 수 있다. 자연주의적 접근은 인간과 세계가 분리되어 있다는, 다시 말해 인간의 사유나 의식, 경험이 세계에 대해 닫혀 있다는 전제로부터 출발하지도 않고 또한 양자가 서로 적대적인 방식으로 얽혀 있다고 생각하지 않는다. 이런 면에서 우리는 훗설의 실증주의적 사유에 대한 비판에 동의하며 '사태 자체로 돌아가자'라는 그의 모토에도 동의한다. 그렇지만 우리가 훗설의 입장에 동의하는 것은 여기까지이며, 그에 동의하는 이유도 그가 제시하는 이유와는 같지 않다. 주어진 사태자체는 "훗설이 생각한 것처럼 지향성을 지닌 의식에 직접적

2) 이에는 물론 성급한 일반화의 오류를 범해서 안 된다거나, 치우치지 않은 대표 사례를 채취해야 한다거나, 가급적이면 샘플의 수효를 늘려야 한다는 방법론적 원칙이 포함되어 있으며 이 모두는 우리가 베이컨에서 살펴본 것처럼 부정적 사례의 위험에 주목하는 태도가 전제되어 있다.

3) 가장 일반적인 원리로 비상해서 그로부터 하위의 원리들을 추론해내는 방식으로서의 연역적 방법은 데카르트적인 정신을 이어받고 있다고 할 수 있다. 우리는 이와 같은 사례의 모델을 수학이나 형식논리학에서 찾을 수 있다.

4) 이 방법은 여기서 상세히 밝힐 수는 없지만 연역적 모델이나 귀납적 모델 모두가 독자적으로는 맹점을 갖고 있기 때문에 고안된 것이라고 할 수 있다. 다시 말해 근본적인 원리나 법칙을 제시하는 정신의 기능을 인정하면서도 그것이 독단적이지 않기 위해서 경험적 세계에 적용될 수 있는 하위의 명제들을 연역하여 그것을 경험을 통해서 검증함으로써 근본적인 원리나 법칙의 진리성을 확립하는 방법이라고 할 수 있다. 그렇지만 이런 절충이 경험주의자들이나 이성주의자들이 바탕에 깔고 있는 인간과 세계에 관한 근본적 분리를 극복하고 있는 것은 아니다.

으로 다가오는 것이라기보다는 정신적인 것인지" "아니면 정신이나 사유의 적용을 거부하는 것인지"가 불분명한 것이다. 주어진 사태는 주관적이라고만 보기 어렵고 객관적인 것이라고만 하기도 어려운 것이다. 인간과 세계의 만남의 장이라고 할 수 있는 주어진 경험의 사태, 그것은 전적으로 동질적인 것이라고 하기도 이질적인 것이라고 하기 어려운 것이다.

사실 우리에게 주어지는 사태는 언제나 복합적이다. 바람, 한낮의 태양 빛, 내 앞의 책, 산과 들은 우리에게 명명되기 이전에는 무엇으로 규정할 수 없는 복합적인 사태로 주어져 있다. 그것들은 우리에게 적대적이라고만 볼 이유도, 또 그것들이 내가 사유 안에서 펼치는 사변의 질서에 충실히 따르고 있다고 이야기하기도 어렵다. 어떤 면에서 내가 그것들과 완전히 분리되어 존재한다고 볼 이유는 더더구나 없다. 주어진 직접적인 사태 그것은 무엇이라 말하기 어려운 사태로 다가온다. 이런 사태에 직면해서 우리가 할 수 있는 일은 그것을 우리 사유로 예단하거나 아니면 정신이나 사유에 담기지 않는, 어떤 면에서 거부하는 특성을 가지고 있다고 보고 지레 겁을 먹거나 할 필요 없이 주어진 사태를 충실히 바라보고 거기에 내재해 있을 수 있는 일종의 패턴을 충실히 읽어내는 일일 것이다. 자연주의적 접근은 경험에 주어진 사태를 미리 주관적이라고 보거나 주관과 독립된 객관적 실재성을 가진 것이라고 예단하지 않는다는 점에서 자연과학적 탐구의 전제로부터 자유롭다. 그리고 이 점에서 근본적으로 다른 기반에서 출발한다고 말할 수 있다. 훗설이 지적한 것처럼 인간 또는 인간의 사유와 세계가 분리되었다는 전제 아래서 진행되는 학문적 탐구는 직접적으로 주어진 경험의 사태에 대한 인간 나름의 예단이 개입되어 있다는 점에서 관념적이라고 말할 수 있다. 경험주의 철학을 바탕으로 하는 귀납적 방법이나 이성주의 철학을 바탕으로 하는 연역적 방법이나 양자를 조합해낸 철학적 사조인 실증주의적 사유를 바탕으로 하는 가설-연역적 방법이나 모두 관념적이라는 평가를 면할 길이 없다. 우리가 실증주의적, 자연과학적 접근이라고 하지 않고 구태여 자연주의적 접근이라고 명명하는 이유는 여기에 있다. 이런 방식으로 자연주의적 접근은 이전의 접근법과 차별화된다.

결국 자연주의적 접근은 인간과 세계의 관계에 대한 새로운 태도를 정립하는 데서부터 출발한다. 무엇보다 먼저 자연주의적 접근은 서구의 학문방법론에서처럼 인간과 세계를 분리시켜서 생각하지 않는다. 이는 '인간과 세계의 관계'라는 표현이 전제하고 있는 것처럼 '인간'과 '세계'를 서로 구분되는 두 항으로 정립하는 것부터 유보해야 한다는 것을 의미한다. 따라서 연구의 출발점은 인간과 세계라는 표현에서 두 항으로 정립되고 있는 인간이나 세계가 아니다. 인간으로부터 출발한다고 하건 세계를 중심에 두고 출발한다는 것 자체가 이미 세계와 인간이 서로 구분되고 분리된 두 항으로 정립하는 일이 선행되어야 가능하기 때문이다. 우리는 이런 난점을 피하기 위해서 연구의 출발점을 '주어진 사태(the given)'로 잡는다. 우리는 다음 절에서 이에 대해 언급할 것이다. 다음으로 우리는 세계를 인간화 하거나(객체의 주체화) 인간을 세계화(주체의 객체화)하는 태도를 지양한다. 인간이 사유를 통해서 세계를 사유 가능한 질서로 바꾸어 놓거나 세계를 통해서 인간의 사유를 부정하거나 거부하는 방식은 일면적일 수밖에 없기 때문이다. 인간과 세계를 서로 구분되거나 분리되는 두 항으로 정립하는 태도를 지양하기만 하면 우리는 이와 같은 일방적 탐구방식으로부터 자연스럽게 벗어날 수 있을 것이다. 이와 같이 자연주의적 접근은 인간과 세계에 대한 전혀 새로운 태도 정립으로부터 출발한다.

그렇지만 여기서 짚고 넘어가야 할 것은 우리의 접근법이 세계와 인간에 대한 전혀 다른 태도로부터 출발하고는 있지만 우리가 기존의 연구방법을 대치해야 한다는 주장을 펼치는 것은 아니라는 점이다. 자연주의적 접근은 기존의 접근법과 상호 보완적이라고 말할 수 있을 것이다.

3. 자연주의적 학문방법론의 대상과 목표, 분석의 방식

자연주의적 연구 방법의 대상은 앞에서도 언급한 것처럼 직접적으로 주어진 사태이다. 이와 같은 주장에 대해서 20세기의 과학 철학에서 제기한 것처럼 심각한 문제제기가 있을 수 있다. 도대체 직접적으로 주어진 경험의 사태라는 용어를 사용한다는 것 자체가 가능한가? 설사 그런 것이 있다고 하더라도 직접적으로 주어진 사태라는 것에 접근하는 것이 가능한가? 첫째 질문에 대해 우리는 직접적으로 주어진 사태 자체를 규정하고 시작할 필요가 없다고 답할 것이다. 주어진 사태를 지향적 체험이라고 규정하고 시작하는 훗설에 동의하지 않는 이유는 여기에 있다. 직접적인 사태 자체, 그것이 어떤 것으로 규정이 될지에 대해서 우리는 미리 예단하지 않는다. 우리가 말을 하자고 하면 그것을 무엇으로 지칭해야 하는데 지칭을 하기 위해 가장 적합한 용어로 '직접적으로 주어진 사태'를 채택한 것일 뿐이다. 보다 엄밀한 표현법을 찾는다면 괄호 ( ) 나 의문부호(?) 같은 것이 더 적합하다고 말할 수 있을 것이다. 이런 표기법을 사용한다는 것이 우리는 주어진 사태 자체를 알 수 없다는 칸트나 경험주의자들의 주장을 답습하고 있는 것은 아니다. 이런 주장의 이면에는 이미 정신이나 사유가 세계나 현실을 이해하기에 부적합하다거나, 세계나 현실은 사유나 정신에 反한다는, 위에서 우리가 관념적이라고 진단한 전제가 깔려 있다. 자연주의적 접근은 ( )나 ?로 표현할 수 있는 직접적으로 주어진 사태가 우리의 정신이나 사유에 의해서 파악가능하다거나 파악 불가능하다는 전제를 하지 않는다. 탐구 대상에 대한 관념적 전제 없이 출발한다는 점에서 우리의 접근 방법은 무전제적이라고 말할 수 있다.

다음으로 우리가 맞닥뜨리는 문제는 '과연 직접적으로 주어진 사태에 접근하는 것이 가능한가?'이다. 우리가 외부 세계와의 일차적 통로로 간주하는 우리의 감각기관 자체가 이미 특정의 틀(이론)에 물들어 있는 것이라면 주어진 사태에 대한 직접적 접근은 불가능한 것이 아닌가라는 문제제기이다. 칸트가 밝히고 있는 것처럼 우리의 경험은 감성형식이라는 일종의 틀(이론)에 의해서 조형된 것이라면 직접적으로 주어진 사태에 대한 접근은 불가능한 꿈이 되고 만다. 이에 대해서 우리는 감각기관을 직접적으로 주어지는 사태에 대한 접근 통로로 사용하지 않는다고 답할 수 있다. 청각인상이나 시각인상과 같은 감각인상이라고 하는 것은 주어진 사태에 대한 인체 반응의 결과물이라는 점에서 그것은 직접적인 것이 아니라 감각기관의 매개를 거친 간접적인 것이고 더 나아가 그것은 각 개인마다 다르기 때문에 주관적이라는 평가를 피할 길이 없다. 이 점에 있어서 우리는 이와 같은 문제제기를 하는 사람들의 주장에 동의한다. 이럴 경우 우리에게 남아 있는 길은 감각인상을 거치지 않고 우리가 (아직) 알지 못하는 주어진 사태를 읽어내는 길이다. 다행스럽게도 현대의 학문 발전으로 말미암아 이와 같은 일이 가능하다. 예를 들자면 음성학과 의학의 발달로 말미암아 우리의 주관적인 감각 인상에 의존하지 않고도 주어진 사태를 읽어낼 수 있다. 목소리라는 주어진 현상을 읽어낼 때 우리는 그 소리를 음성분석기에 걸어서 음성의 구성성분과 그 구성성분들 사이의 관계를 찾아낼 수 있고, 또 그런 목소리를 산출해낸 조음기관을 여러 가지 방식으로 촬영해냄으로써 그 목소리를 산출해낸 생체의 메커니즘을 찾아낼 수 있다. 이런 방식으로 우리는 (아직) 알 수 없는 주어진 사태를 연구의 대상으로 삼고자 한다.

우리의 탐구는 주어진 사태에 대한 단순 기술(description)에 멈추지 않는다. 사실 주어진 사태를 있는 그대로 기술한다는 것은 불가능한 일이다. 개개의 사태가 무한한 속성이나 특성을 갖고 있고, 더구나 모든 것이 뒤엉켜 있는 현실 가운데 주어진 사태를 그대로 본뜨듯이 기술한다는 것은 불가능하다. 우리는 이 연구를 통해서 무엇인지 알 수 없는 주어진 사태에 내재하는 어떤 패턴을 찾아 읽어냄으로써 그 안에 들어 있는 일종의 질서나 틀을 찾아내고자 한다. 보다 구체적인 예를 들어보면 목소리의 경우 그것을 음성분석기에 걸어서 그래프로 표현해보면 그 안에서 개개의 자음이나 모음, 자모음들 사이의 관계에 특정의 패턴이 발견된다는 것을 알 수 있다. 그리고 또한 특정의 자모음을 발음하고 있는 사람의 성도를 측정해보면 조음기관이나 성도의 공명기관이 특정의 패턴을 유지하고 있음을 알 수 있다. 우리는 이와 같은 패턴에서 일정한 수학적 비례를 발견할 수 있는데 이와 같은 수학적 비례를 통해서 우리는 목소리나 발성기관에 내재해 있는 공통의 틀을 찾아낼 수 있다. 이와 같은 틀을 기존의 용어로 명명하기는 참으로 어렵다. 인지의 틀, 사유의 틀과 같은 용어들은 인지나 사유와 같은 용어들이 이미 정신작용을 전제로 성립하기 때문에 언어의 토대구조(infra-structure)에서 우리가 찾아내고자 하는 틀의 개념과는 상당 정도 다르고 불필요한 오해를 불러일으킬 소지가 있다. 새로운 용어를 만들어내야 하겠지만 이도 쉽지는 않다. 우리가 목표로 하는 바를 풀어서 표현하자면 언어의 토대구조에 내재해 있는 틀에 대한 해명이라고 할 수 있을 것이다.

이상과 같이 감각인상으로 환원되지도 않고 사유에 의해서 예단되지도 않는 주어진 사태를 대상으로 하여 그것에 내재해 있는 일종의 패턴이나 질서를 찾아내는 작업이 그냥 저절로 주어지는 것은 아니다. 주어진 사태로부터 바라는 결과에 이르기까지는 특정의 과정이 개입되어 있기 마련이다. '이 과정이 어떠한 것이어야 하는가?'에 답하는 것이 자연주의적 접근의 방법을 해명하는 작업이 될 것이다. 우리는 이 과정을 '자연주의적 분석'으로 명명하고자 한다. 자연주의적 분석은 우선 감각경험에 기반을 두고 진행되는 경험주의적 분석과 다르다. 경험주의적 분석의 핵심은 우리가 베이컨의 사례에서 살펴본 것처럼 주어진 사태를 해명하고자 설정한 가설이나 원리에 反하는 사례를 찾아가는 과정이다. 이는 일반적으로 반례의 방법(method of counter example)으로 일컬어진다. 이는 인간의 사유나 정신이 세계를 해명하기 위한 가설이나 원리가 설정된 이후에 작동하기 때문에 독자적인 방법이라고 하기보다는 비판의 기능만을 수행하는 사유 작용에 후속하거나 의존적인 방식이라고 할 수 있다. 우리는 주어진 사태에 대한 감각경험내지는 감각인상으로부터 출발하지 않음으로써 경험주의적 방식으로부터 벗어나고자 한다.

다음으로 자연주의적 분석은 주어진 사태를 사유로 담아내기 위한 원리를 찾아내는 이성주의자들의 분석과 다르다. 이런 이성주의적 분석의 대표적 사례로는 앞에서 언급한 바 있는 데카르트의 것을 들 수 있다. 데카르트가 자신의 방법론을 해명하면서 밝힌 것처럼 주어진 사태를 해명하는 원리를 찾아가는 방식은 직관이라는 정신 기능에 의거해서 진행되는 분석의 방법(발견의 방법)이다. 분석의 방식이란 복합적으로 주어진 사태를 해명하기 위해 특정의 계열(series)을 설정해놓고 그 안에서 가장 단순한 원리를 찾아내는 방식을 말한다. 예를 들어 물리학 분야에서 분석을 시도할 경우, 가장 복잡한 사태인 물리적 사건들을 보다 단순한 요소들인 분자-원자-(양자-전자-중성자)-미립자와 같은 계열을 설정하여 가장 단순한 물리적 성분인 미립자를 찾아가게 된다. 이런 분석의 방법은 1) 특정의 질서 계열을 상정하고 진행된다는 점에서 자신이 속해 있는 분야의 관점을 먼저 설정해야 한다는 점에서 특정의 관점으로부터 자유롭지 못하며 2) 보다 단순한 것을 찾아가는 과정에서 원래 복합적인 사태가 갖고 있는 고유의 특성을 잃는 과정이 개입되어 있다는 문제를 갖는다.[5] 이성주의자들의 분석은 이렇게 관점 의존적이고 추상적이라는 문제점을 갖는다.

자연주의적 분석은 감각경험이나 사유를 기반으로 삼지 않는다는 점에서 이전의 방법과 확연하게 구분된다. 주어진 사태로부터 거기에 내재해 있는 패턴이나 질서, 틀을 찾아가는 과정에서 우리는 감각인상이나 사유의 개입을 배제하고자 한다. 우리가 목소리라는 주어진 사태를 해명하기 위해 감각적 느낌이나 사유를 배제하고 음성분석기나 첨단 의료기기를 사용하는 것은 이 때문이다. 비트겐슈타인이 자신의 전기 사상을 비판하고 이상적 언어로부터 일상 언어로 관심을 돌리면서 '생각하지 말고 보라'라는 모토를 제시한 것은 인간의 주관적 느낌이나 사유를 통해 사태를 예단하지 말라는 경고가 담겨 있는 것이다. 인간의 감각경험이나 사유의 예단을 거치지 않고 주어진 사태를 본다는 것은 어떻게 본다는 것인가? 다시 말해 자연주의적 분석은 어떻게 진행되는가? 인간이 어떤 식으로든 탐구를 한다는 것은 주어진 사태 X로부터 다른 사태 Y로 넘어간다는 것을 의미한다. 분석의 전건으로 주어지는 주어진 사태 X와 분석의 결과로 주어지는 분석의 후건 Y는 어떤 관계를 맺는 것일까? 이런 방식으로 문제를 바꾸어 제기하면 우리가 선택할 길은 분명하다. 분석의 전건(X)과 후건(Y)이 맺을 수 있는 일차적인 관계는 둘 중의 하나이다. 그 하나는 전건과 후건을 동질적인 것으로 보는 것이고 나머지 하나는 이질적인 것으로 보는 것이다. 분석의 전건과 후건을 동질적으로 보는 방식은 이성주의적인 방식이며 이질적으로 보는 방식은 경험주의적 방식

---

5) 예를 들어 인체를 대상으로 분석을 시도할 경우 전체 인체-조직-기관-세포-세포의 구성분으로 진행되는 분석의 계열에서 세포에 이르게 되면 각기 전체적으로 기능하는 인체, 조직, 기관의 고유성이 사라지는 과정을 밟게 된다. 이 과정은 원래 주어진 사태로부터 분리되거나 추상하는 과정이 개입된다는 점에서 관념적이라고 말할 수 있다.

이다. 그런데 자연주의적 접근은 분석의 경험주의적 감각이나 이성주의적 사유의 방식을 지양한다. 따라서 자연주의적 분석은 분석의 전건과 후건을 동질적이거나 이질적인 것으로 보지 않아야 한다. 결국 그것은 같지도 다르지도 않다고 말하는 방식일 수밖에 없다. 사유나 사유작용의 결과물인 개념을 통해서 보지도 않고 감각인상에 의거하지도 않고 보는 방식 그것이 자연주의적 분석이라고 할 수밖에 없다. 주어진 사태를 예단하지 않고 판단을 유보하고 머물러서 보는 것을 우리는 자연주의적 분석이라고 명명하고자 한다.

4. 자연주의적 방법론의 적용 사례: 언어에 대한 탐구

이제까지 우리는 자연주의적 접근의 철학적 의미, 대상, 목표와 같은 일반적인 논의를 전개해왔다. 이제 이런 바탕 위에서 탐구를 진행한다고 할 때, 남는 문제는 '어떻게?'일 것이다. 방법이나 접근 방식은 '어떻게?'라는 질문을 바탕으로 하기 때문에 가장 중요한 문제가 아직 해명되지 않고 있다고 할 수 있겠다. 앞에서 살펴본 의미를 지니는 자연주의적 접근법을 실제로 어떻게 구체화하여 목표를 달성할 수 있느냐의 문제가 남아 있는 것이다. 앞에서 잠깐 언급한 것처럼 자연주의적 연구방법론은 기존의 연구방식을 전면적으로 대치하기 위해서 진행되는 것은 아니다. 우리는 기존의 연구 절차나 방법, 도구들을 최대한 활용하여 진행된다. 때에 따라서는 가설연역법을 이용하기도 하고 필요한 경우 통계적 분석에 바탕을 둔 귀납적 절차를 이용하기도 한다.

자연주의적 접근법의 일차적 적용사례를 우리는 언어에서 찾아보고자 한다. 언어에 대한 자연주의적 탐구는 플라톤 이래로 서구의 언어에 대한 탐구와는 근본적으로 다른 접근 방식을 취한다. 언어는 인간의 사유나 정신, 문화, 사회 현상과 구분되는 물질, 생체와 같은 자연적 현상을 포함하고 있다. 예를 들어 인간의 음성(voice)은 공기의 흐름과 연관된 공기 역학, 파동, 공명과 같은 것을 포함하는 현상임과 동시에 그것을 산출해내는 인간의 발성기관의 해부학과 연관된 생체학적 현상이기도 하다. 아울러 인간의 문자는 뜻을 전달하는 매체이기 이전에 특정의 형태를 갖춘 시각적 기호로서 감각기관과 연관된 현상이다. 자연주의적 언어 연구는 언어의 물리적, 생체학적 부분이 언어의 토대가 된다는 점에서 이를 언어의 토대구조(infra-structure)로 보고, 이를 탐구의 대상으로 한다. 서구의 언어에 대한 탐구에서는 언어의 토대구조보다는 인간의 사유나 정신과 연관된 언어의 구조나 의미, 논리에 관한 연구가 집중적으로 진행되어 왔다. 이런 연구는 언어를 문화나 문명, 사회 현상으로 보고 그의 핵심이라고 할 수 있는 인간의 사유나 정신과 연계해서 언어에 접근한다. 이런 점에서 서구의 언어에 대한 탐구는 언어에 대한 정신적(관념적) 접근 방식을 택하고 있다고 볼 수 있다. 우리의 관점에서 보면 이런 접근 방식은 언어의 토대(infra)보다는 상부구조에 관심을 기울이고 상부구조가 토대구조에 비해서 우위를 점한다는 관점을 바탕에 두고 있다.

인간의 언어 사용은 그에 적합한 생물학적 진화를 거친 후에 가능했다는 것이 **고인류학자**들의 증언이다. 고릴라나 침팬지, 오랑우탕과 같은 유인원들의 발성구조는 인간처럼 체계화된 분절음을 만들어내기에는 부적합한 구조로 되어 있다. 인간이 지금처럼 정교한 분절음을 만들어 내기 위해서는 두뇌의 용적 증가와 발성구조의 재조정과 같은 생체의 변화가 요구된다. 대체적으로 이런 진화적 변화는 길게 잡으면 250만 년 전, 아무리 짧게 잡아도 20만 년 전에 일어난다. 곧 인간 문명이 형성되기 이전에 인간은 언어를 사용하기 위한 생체 조건을 갖추고 있었던 것이다. 인간 언어를 탐구하면서 인간언어 성립 조건이자 토대인 물리적이고 생체학적인 현상을 도외시하고 문명 이후의 시기에 국한해서 인간 사유나 정신에 초점을 맞춰서 접근한다는 것은 한계가 있을 수밖에 없다. 언어에 대한 자연주의적 접근은 인간 언어의 물리적이고 생체학적인 토대를 중점적으로 연구한다는 점에서 사유나 정신과 연계된 구조나 의미, 논리를 중점적으로 연구하는 서구의 정신적(관념적)인 접근 방식과 대상을 달리한다.

언어에 대한 자연주의적 접근은 인간 음성이 형성되기까지에 개입하는 온갖 과정에 관심을 기울인다. 예를 들어 음성에 대한 청각적 인지과정이라든지, 음성의 파동적 특성이나 공명현상, 공기의 흐름, 폐에서의 소리(공기의 흐름, noise), 그것이 성대를 거쳐 음성(sound)으로 변환되는 과정, 다시 **인두강**이나 구강, 비강, 혀나 치아, 입술과 같은 **조음기관**을 거쳐서 말소리(speech sound)로 변화되는 과정 모두를 대상으로 한다. 문자에 접근하는 데 있어서도 문자를 의미 전달만을 위한 무의미한 매체로 보는 것이 아니라 문자의 물리적 생김새와 그것이 시각에 미치는 효과 등에서 특정의 메커니즘을 찾을 수 있다고 보고 그것들을 탐구의 대상으로 삼는다. 이런 점에서 언어에 대한 자연주의적 접근은 언어의 상부구조에 중점적으로 관심을 기울이는 서구의 언어연구와는 궤를 달리한다고 할 수 있다.

언어 중에서도 자연주의적 접근방식이 유효한 것은 언어의 토대구조를 이루는 음성과 문자이다. 우리가 관심을 기울이는 것은 의미전달수단으로서의 음성과 문자가 아니다. 음성과 문자를 의미 전달체로 본다는 것은 그것들을 의미 이해나 사유와 같은 정신작용의 부수물이나 도구에 불과한 것으로 간주한다는 것이다. 우리가 여기서 탐구의 대상으로 삼는 것은 특정의 형태를 가진 물리적 표지로서의 문자와 음파로서의 물리적 음성이다. 의미이해나 의사전달, 사유표현 등의 기능과 무관한 문자 자체, 음성 자체를 연구의 대상으로 한다는 것이다.

우리가 순수 물리적 현상으로서의 문자나 음성에 관심을 기울이는 것은 이들에서 전의식(前意識, preconscious) 수준에서 소리나 시각기호 등에 대한 특정의 조직 방식을 읽어낼 수 있기 때문이다. 목소리의 예를 들어보자. 우리가 '가'라고 발음할 경우, 여기에는 단순 소리(noise)가 성대를 거쳐 음성(sound)이 되고 다시 이 음성이 조음기관을 거쳐서 말소리(speech sound)가 되는 과정이 개입되어 있다. 이 경우 성대나 성도(vocal tract)는 혼란스러운 일차 자료(chaotic primary data)를 우리가 알아들을 수 있는 조직화된 정보(well organized information)로 조직하는 기능을 한다. 따라서 우리는 목소리를 분석함으로써 그 안에 내재해 있는 음파의 조직형태를 찾아낼 수 있고, 이와 병행해서 특정 소리를 발음할 때의 성도(vocal tract)에 대한 영상을 얻어냄으로써 생체의 소리 조직 메커니즘을 찾아낼 수 있다. 우리는 목소리에 들어 있는 정보를 분석함으로써 전의식 수준에서 작용하는 일종의 메커니즘, 질서, 틀을 찾아내고자 한다. 자연주의적 연구 방식에서 사유의 틀이나 인지구조는 언어의 토대구조에서 작동하고 있는 일종의 메커니즘이나 틀(frame of organization)을 의미한다. 궁극적으로 우리는 이와 같은 조직 틀(organizing frame)에서 특정의 패턴이나 질서를 찾아내게 될 것이다. 이를 통해 우리는 직접적으로 주어진 혼란스러운 물리적 자료를 전의식 수준에서 가공하는 생체의 논리를 찾아낼 수 있게 될 것이다.

5. 맺음말

이상에서 우리는 자연주의적 접근의 철학적 틀을 제시하고 이를 구체적으로 적용할 수 있는 하나의 사례로서 언어에 관한 탐구의 용례를 제시하고자 하였다. 본문에서 간략하게 언급이 되긴 했지만 아직 미진한 부분이 이와 같은 철학적 틀을 토대로 구체적인 사례에 적용할 수 있는 시행방법론에 대한 소개이다. 이 같은 시행방법론은 인문학자들의 소관이라기보다는 구체적인 현장에서 실험을 진행하는 언어학, 의학, 음성학자들이 맡아서 해야 할 것이다. 지면의 한계 상 시행방법론을 여기에 옮기기는 어렵지만 자연주의적 학문방법론을 토대로 시행방법론을 마련하여 구체적인 실험적 연구가 진행되어 왔다는 점만을 밝혀두기로 한다.

II. 언어 토대에 관한 인지

1. 언어에 관한 두뇌 인지

1) 연구방법

1.1 실험 대상자

실험에는 한국인 10명, 중국인 10명이 참여하였으며 모두 오른손잡이였다(표 1). 피험자 선정에서는 실험 참여에 문제가 될 수 있는 의학적인 문제나 심리적인 문제를 사전 평가하여 배제하였으며 모두 실험의 내용을 이해하고 동의하였다.

표 2 . 각 언어별 피험자의 특성

국 가	피험자 수	평균나이	손잡이 검사	평균 교육년수
한국인	10명(남자 5, 여자 5)	25.4±3.9	+90.0±7.1	15.0±2.4
중국인	10명(남자 5, 여자 5)	21.4±1.2	+90.0±12.9	13.3±1.1

1.2 실험 준비 및 절차

기능적 자기공명영상 실험을 위한 과제는 1차년도 연구와 동일하게 동사만들기, 동의어 찾기, 단어구별하기, 그림보고 명명하기 등 모두 4가지의 세부 과제로 구분하였으며 각 과제는 한국어와 중국어 팀에 동일하게 적용하였다. 세부 과제 중 동사만들기, 동의어 찾기, 단어구별하기에서 사용된 모든 단어는 각 언어팀에서 일상생활에 흔히 사용되는 단어들을 위주로 선발하였으며 적절한 난이도를 부여하여 패러다임을 제작하였다. 그림보고 명명하기에 사용된 그림은 중앙분석팀에서 자체 제작하였으며 모든 패러다임은 Superlab Pro 2.0을 이용하였다.

그림보고 명명하기 과제를 제외한 나머지 세부 과제들은 시각과 청각 자극을 이용하기 위하여 시각 패러다임과 청각 패러다임을 구분하여 제작하였다. 시각 패러다임의 구성은 실험 시 LCD를 통하여 제시되기 때문에 가능한 눈의 피로를 줄이기 위하여 검은 바탕에 흰색 글씨를 사용하였으며 청각 패러다임은 해당 언어의 능숙한 사용자가 스튜디오에서 녹음한 파일을 부여받아 프로그램으로 재편집하여 제작하였다.

실험에 앞서 피험자들은 통역을 통하여 실험시의 주의사항과 실험방법 등에 대한 교육을 받았으녀 본 연구팀에서 사전에 준비한 연습 과제를 시행해 보면서 실험시의 긴장도를 감소시키고 방법을 숙지하였다. 패러다임의 제시 방법은 시각과제의 경우 컴퓨터와 연결된 LCD 모니터를 사용하였고 청각과제는 녹음된 파일을 헤드폰으로 직접 들려주었다. 또한 피험자에게는 모든 과제에서 과제별 요구에 맞추어 버튼을 누르게 함으로써 각 과제별 수행정도를 평가할 수 있게 하였으며 실험시의 주의력을 유지할 수 있는 장치로도 활용하였다.

1.3 과제의 구성 및 제작

1.3.1 동사만들기 과제의 구성 및 분석

과제의 기본적인 모형은 '동사만들기-따라하기-버튼누르기'의 블록모형이 세 번 반복되는 것이었으며 각 블록은 과제의 순서 효과를 제거하기 위하여 무작위로 배열되었다. 각 블록 당 시간은 30초였으며 단어 하나당 제시 시간은 2초였다. '동사만들기'에서는 피험자에게 단어를 보는 즉시 연관된 동사를 만들게 하였으며(예, 학교_공부하다), '따라하기'에서는 제시되는 단어를 따라서 읽도록 하였다. 이때 모든 과제는 소리를 내지 않고 입술을 움직이지 않으면서 생각으로만 진행하도록 하였고 과제 수행이 이루어졌으면 버튼을 누르게 하였다. '버튼누르기'에서는 과제 수행시 활성될 수 있는 운동영역을 감산하기 위하여 "+"표시가 제시되면 버튼을 누르게 하였다. 결과분석에서는 비교과제로서 '동사만들기-버튼누르기', '따라하기-버튼누르기', '동사만들기-따라하기' 등을 이용하여 뇌 영상지도를 얻었다.

청각과제의 패러다임은 시각과제와 동일한 형태로 들려주는 단어를 가지고 동사를 만들고 속으로 따라서 읽는 것이었다. 버튼누르기에서는 시각과제와는 달리 '딩' 소리가 나면 버튼을 누르도록 하였다.

1.3.2 동의어 찾기 과제의 구성 및 분석

과제의 기본적인 모형은 '구체어-추상어-무의미어-부호구분하기'의 블록모형이 세 번 반복되는 것이었으며 각 블록은 과제의 순서 효과를 제거하기 위하여 무작위로 배열되었다. 각 블록당 시간은 30초였으며 단어 하나당 제시 시간은 2.5초였다. '구체어'와 '추상어' 과제에서는 한 쌍의 단어에서 뜻이 같은지를 구분하여 맞으면 1번, 틀리면 2번을 누르는 것이었으며(예, 사람-인간, 돈-종이), '무의미어'에서는 글자모양이 같으면 1번, 틀리면 2번을 누르는 것이었다(예, 소홰-소홰, 삑헤-헤삑). '부호구분하기'에서는 한 쌍의 부호가 같으면 1번, 다르면 2번을 누르도록 하여 각 과제 수행시 나타나는 운동영역을 감산하도록 하였다(예, ++, +-). 결과분석에서는 비교과제로서 '구체어-부호구분하기', '추상어-부호구분하기', '구체어-추상어', '추상어-구체어' 등을 분석함으로써 단어의 성질에 따른 각각의 뇌 영상지도를 얻었다.

청각과제의 패러다임은 시각과제와 동일한 형태로 들려주는 단어를 가지고 동의어를 판단하는 것이었으며 '무의미어'에서는 소리가 같은지의 여부를 찾도록 하였고, '부호구분하기'에서는 '딩' 소리가 한 번 나면 1번을 두 번 나면 2번 버튼을 누르도록 하였다.

1.3.3 단어 구별하기 과제의 구성 및 분석

과제의 기본적인 모형은 '구체어 구분하기-추상어 구분하기-부호구분하기'의 블록모형이 세 번 반복되는 것이었으며 각 블록은 과제의 순서 효과를 제거하기 위하여 무작위로 배열되었다. 각 블록당 시간은 30초였으며 단어 하나당 제시 시간은 0.5초였다. '구체어 구분하기'와 '추상어 구분하기' 과제에서 각 해당단어는 무의미한 단어와 섞인 상태로 무작위

순으로 0.5초 간격으로 제시되었다. 피험자에게는 빠른 속도로 제시되는 단어를 보고 요구하는 단어가 맞을 경우(구체어 또는 추상어) 버튼을 누르게 하였다(예, 집_남자_제끄허_어머니-쿠호_하호). '부호구분하기'에서는 "+"와 "-" 부호를 무작위로 빠르게 제시하면서 "+"의 경우에만 버튼을 누르도록 하였다. 결과분석에서는 비교과제로서 '추상어 구분하기-부호구분하기', '구체어 구분하기-부호구분하기', '추상어 구분하기-구체어 구분하기', '구체어 구분하기-추상어 구분하기' 등을 분석함으로써 단어의 성질에 따른 각각의 뇌 영상지도를 얻었다.

청각과제의 패러다임은 시각과제와 동일한 형태로 들려주는 소리를 가지고 단어 여부를 판단하는 것이었으며 피험자에게는 빠르게 들려주는 단어를 듣고 단어가 맞을 경우 버튼을 누르게 하였다. '부호구분하기'에서는 '딩' 소리와 '틱' 소리를 들려주면서 '딩' 소리가 들리면 버튼을 누르도록 하였다.

1.3.4 그림보고 명명하기 과제의 구성 및 분석

패러다임은 명명이 가능한 인간의 신체 부분과 동물, 도구, 도형 그림 및 명명이 불가능한 비구상적 그림을 사용하여 제작하였다. 패러다임에 사용되는 그림의 그래픽 속성을 동일하게 하기 위하여 모두 선형 그림(흑백)으로 이루어진 자료를 얻었으며 제작 과정에서 그림들의 크기를 동일하게 준비하였다. 패러다임은 4가지 종류의 그림을 보여주는 활성조건과 비구상적인 그림을 보여주는 비교조건으로 구성된 활성화조건주기(activation condition period)와 고정자극(fixation)으로서 "+"기호를 제시하는 기저조건주기(baseline condition period)로 구성된 블록 디자인으로 각 자극조건을 두 번 반복하였다. 블록 제시 상 나타날 수 있는 순서효과를 없애기 위하여 블록 제시 순서는 무작위로 하였으며 대상자들의 주의력을 유지하게 위하기 위하여 각 그림을 보고 이름을 생각한 후 버튼을 누르게 하였다. 하나의 블록당 제시 시간은 30초였으며 그림 하나당 제시 시간은 2초로 구성하였다. 제작된 패러다임은 LCD 모니터를 통하여 시각적으로 제시하였고 대상자에게는 각 그림에 대한 이름을 생각하게 한 후 버튼을 누르도록 하였다. 결과분석은 각 종류의 그림에 버튼누르기를 감산하여 뇌 활성 영역을 얻었다.

1.4 기능적 자기 공명 영상 촬영 및 분석

기능적 영상을 얻기 위한 fMRI 촬영과 해부학적 영상을 얻기 위한 MRI 촬영은 3T ISOL Forte scanner를 이용하여 한국과학기술원의 fMRI 센터에서 이루어졌다. fMRI 촬영에서는 한개의 brain volume당 30장의 뇌 절편을 얻었다(TR/TE = 3000/30 ms, Flip angle 70도, FOV 220 mm, 64X64 matrix, slice thickness 4 mm). fMRI 촬영 후에 T1 이미지를 AC-PC 평면(anterior commissure-posterior commissure)에 평행하게 수평면(axial plane)에 대하여 30장의 뇌 절편을 얻었다(TR/TE = 800/14 ms, FOV 220 mm, 256X256 matrix, slice thickness 4 mm).

얻어진 자료는 SPM99(Statistical Parametric Mapping, 99 version, Wellcome Department of Cognitive Neurology, London, UK) software로 분석하였다. SPM을 통해서 머리 움직임을 보정하기 위한 정합보정(realign) 절차가 이루어졌으며 각 피험자의 T1 MRI영상에 정합보정 절차로 생성된 mean-image와 EPI 영상을 정합(coregister) 하였다. 이어서 정합된 EPI 영상과 T1 영상을 SPM99에서 제공하는 T1 template에 맞추는 공간표준화(normalize) 작업을 하였다. 표준화된 영상은 8mm의 FWHM(full width at half maximum)을 갖는 Gaussian Kernel filter를 적용하여 편평화(smoothing) 하였다. 이렇게 처리된 결과를 바탕으로 BOLD 신호의 변화를 얻기 위하여 실험조건과 비교조건을 감산(subtraction)하였으며, 분석에서 실험조건은 과제 수행 블록으로, 비교조건은 버튼누르기 블록으로 하였다.

조건 간의 비교 시 반복제시에 따른 과제 효과와 혈역학반응함수(hemodynamic response function: hrf)에 대한 선형모델(linear model)이 적용되었다. 모델의 구성 시 저주파 잡음(noise)은 high-pass filter를 이용하여 제거하였으며, 조건들의 반복제시에 의한 hrf의 효과는 SPM99이 제시하는 주파수의 low-pass filer로 제거하였다. 이렇게 구성된 모델과 영상 처리된 결과는 ANCOVA를 이용하여 분석하였으며, 뇌 전체 영역에서 나타나는 활성의 변화는 조건들간의 부피소(voxel) 대 부피소를 짝비교(paired-t test)로 분석하였다. 본 연구의 집단 결과 분석은 무선효과모델(random effect model)을 이용하여 통계 역치를 부피소 수준에서 정하였으며 높이역치(height threshold)를 uncorrected p 값이 0.01보다 낮은 수준에서, 범위역치(extent threshold)는 부피소 3개를 기준으로 활성 지도를 얻었다. 이는 생리학적으로 유의미한 결과를 적어도 유의미한 부피소가 3개 이상 있을 경우 활성이 된 것으로 가정하고 통계적 유의성을 검증한 것으로, 각 활성의 p 값은 부피소의 높이역치(height threshold)와 범위역치(extent threshold)의 상호작용에 의하여 SPM99에 의하여 계산되었다.

2) 연구결과

2.1 동사만들기

동사만들기에서 나타난 두 언어군의 반응률과 반응시간은 표 2와 같았다. 동사만들기 과제에서 중국어의 반응시간이 한국어보다 빨랐으나 통계적인 차이는 보이지 않았다. 시각자극을 이용한 동사만들기에서의 활성영역은 한국어에서 좌측 하전두이랑(inferior frontal gyrus), 중전두이랑(middle frontal gyrus), 전운동영역(premotor area), 후두정영역(post. pareital area)과 전보완운동영역(pre-SMA), 양측 일차시각피질(primary visual cortex) 및 방추상회(fusiform gyrus) 등에서 활성을 보였다. 중국어에서도 한국어와 동일한 활성 형태를 보였으며 우측 후두정영역이 추가로 나타났으며 전반적으로 활성 영역들이 한국어보다 강하게 나타났다(그림 1).

청각자극을 이용한 동사만들기에서의 활성영역은 한국어에서 좌측 하전두이랑, 중전두이랑, 전보완운동영역(pre-SMA) 등에서 활성을 보였다. 중국어에서도 좌측 하전두이랑, 중전두이랑, 전보완운동영역(pre-SMA) 등에서 활성을 보였으며 양측 상측두(superior temporal gyri)영역과 좌측 후두정영역이 추가로 나타났다(그림 2).

시각자극을 이용한 단어읽기에서는 한국어에서 전보완운동영역(pre-SMA), 양측 일차시각피질(primary visual cortex) 영역 등에서 활성을 보였으며 중국어에서는 좌측 하전두이랑(inferior frontal gyrus), 양측 일차시각피질(primary visual cortex) 및 방추상회(fusiform gyrus) 등에서 활성을 보였다(그림 3).

청각자극을 이용한 단어속으로 따라 읽기에서는 한국어에서 전보완운동영역, 좌측 하전두이랑, 중전두이랑, 좌측 후두정영역 등에서 활성을 보였다. 중국어에서는 좌측 하전두이랑, 중전두이랑, 전보완운동영역 양측 상측두영역 등에서 활성을 보였다(그림 4).

시각자극에서 동사만들기에서 단어읽기를 감산한 결과 한국어에서 중전두이랑, 전운동영역에서 활성을 보였다. 중국어에서는 좌측 하전두이랑, 중전두이랑, 후두정영역, 전보완운동영역 등에서 활성을 보였다(그림 5).

청각자극에서 동사만들기에서 단어읽기를 감산한 결과 한국어에서 중전두이랑에서만 약간의 활성이 나타났으며 중국어에서는 좌측 하전두이랑과 전보완운동영역에서 활성을 보였다(그림 6).

표 3. 동사만들기 과제에서의 수행능력

과 제	자 극	한 국 어		중 국 어	
		반응률 (%)	반응시간 (ms)	반응률 (%)	반응시간 (ms)
동사만들기	시각과제	96.1±6.5	966±208	94.7±9.3	455±172
	청각과제	88.1±9.2	1086±242	82.4±14.7	1080±241
단어읽기	시각과제	94.6±7.2	712±307	91.0±16.1	900±282
	청각과제	93.3±9.8	937±228	91.9±10.6	956±207

2.2 동의어 찾기

동의어 찾기 과제에서 나타난 수행력은 표 3과 같았다. 시각과제에서 추상어와 구체어 모두 한국어의 수행능력이 중국어에 비해 높았다($p<0.01$).

시각제시를 활용하여 추상어 동의어를 구별하는 과제에서 한국어에서 좌측 하전두이랑과 중전두이랑 그리고 전보완운동영역(pre-SMA), 양측 일차시각피질(primary visual cortex) 및 방추상회(fusiform gyrus) 등에서 활성을 보였다. 중국어에서도 동일한 영역에서 활성을 보였으며 우측 하전두이랑에서 추가 활성을 보였다(그림 7).

청각제시를 활용한 추상어 동의어 구별과제에서는 한국어에서 좌측 하전두이랑과 중전두이랑 그리고 전보완운동영역, 양측 상측두영역 등에서 활성을 보였다. 중국어에서도 좌측 하전두이랑과 중전두이랑 그리고 전보완운동영역, 양측 상측두영역 등에서 활성을 보였다(그림 8).

시각제시를 활용하여 구체어 동의어를 구별하는 과제에서 한국어에서 좌측 중전두이랑 그리고 전보완운동영역, 양측 일차시각피질 및 방추상회 등에서 활성을 보였다. 중국어에서는 좌측 하전두 및 중전두이랑, 전보완운동영역, 양측 일차시각피질 및 방추상회 등에서 활성을 보였으며 양측 후두정엽과 우측 전전두엽에서 활성을 보였다(그림 9).

청각제시를 활용하여 구체어 동의어를 구별하는 과제에서 한국어에서 좌측 중전두이랑, 상측두이랑 등에서 활성을 보였지만 전체적인 활성은 적게 나타났다. 중국어에서는 양측 하전두, 좌측 중전두이랑, 전보완운동영역, 양측 상측두영역 등에서 활성이 나타났으며 좌측이 더 강한 활성을 보였다(그림 10).

표 4. 동의어 찾기 과제에서의 수행능력

과제	자극	한국어		중국어	
		정확도 (%)	반응시간 (ms)	정확도 (%)	반응시간 (ms)
추상어	시각과제	99.2±1.4**	1061±144	90.6±6.6	1168±238
	청각과제	70.7±15.8	1883±300	62.8±28.7	1878±686
구체어	시각과제	98.9±1.6**	976±98	89.1±5.7	1102±229
	청각과제	75.9±14.7	1941±259	74.3±22.2	2007±491

** $p < 0.01$

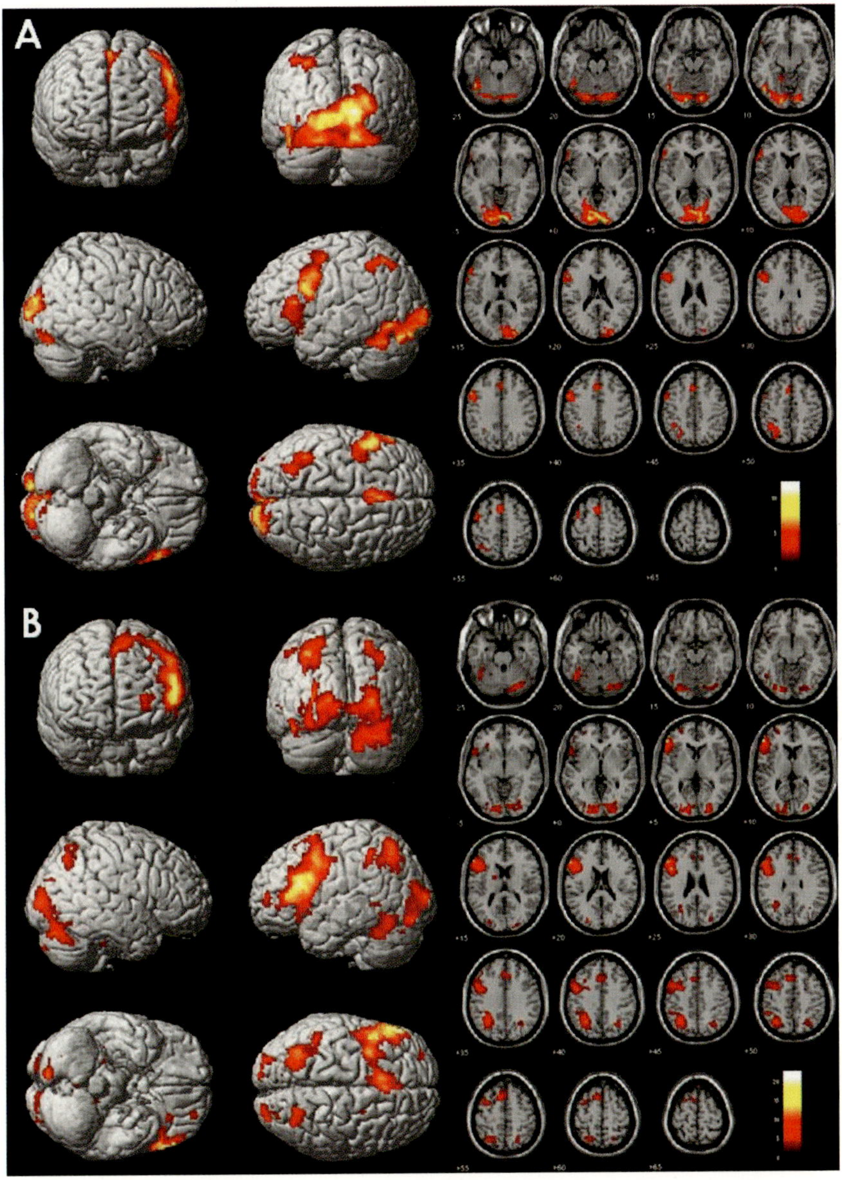

그림 5. 동사만들기(시각자극)에서의 활성영역(A. 한국어, B. 중국어)

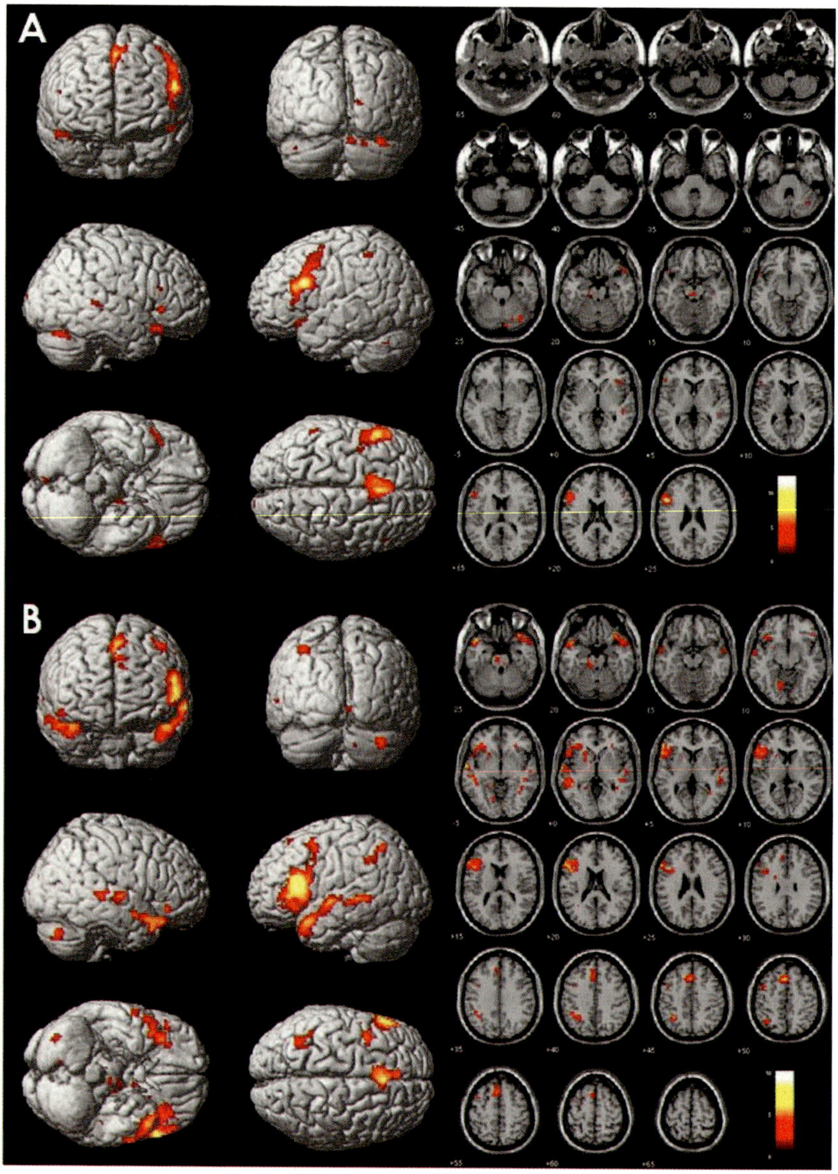

그림 6. 동사만들기(청각자극)에서의 활성영역(A. 한국어, B. 중국어)

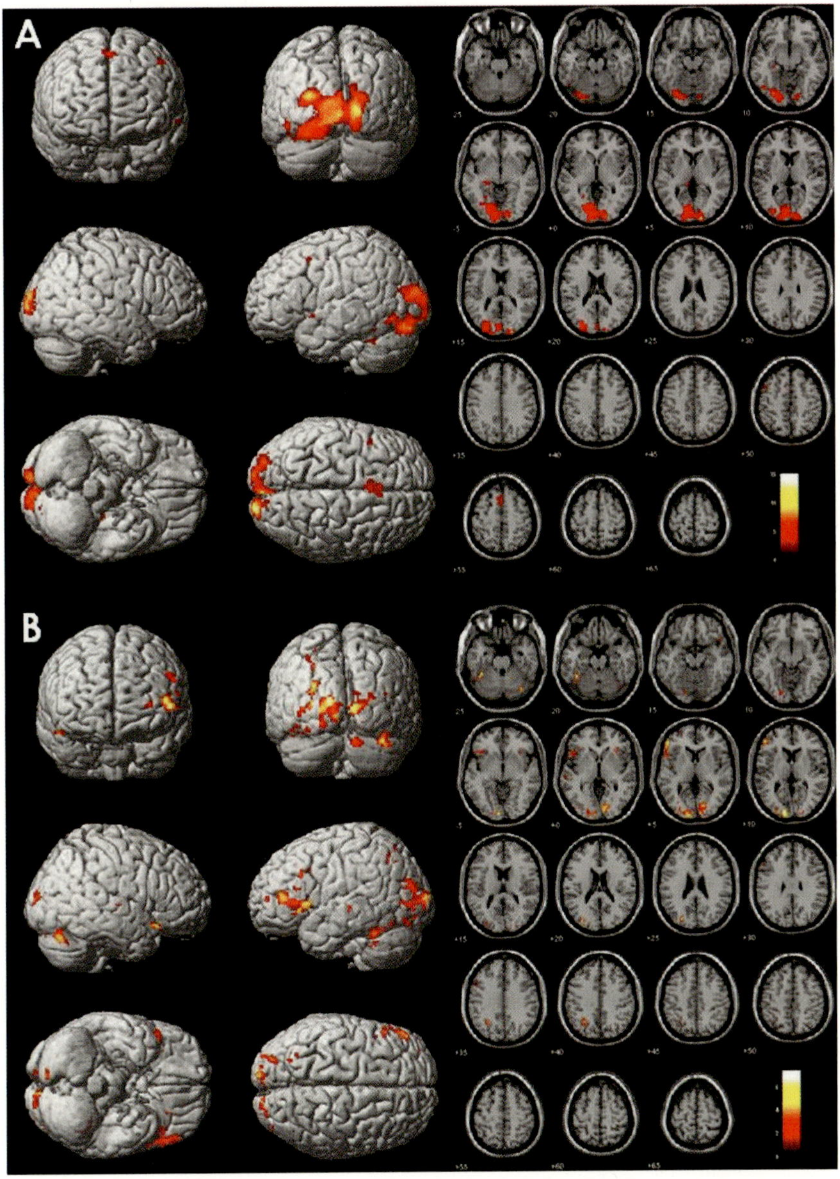

그림 7. 단어읽기(시각자극)에서의 활성영역(A. 한국어, B. 중국어)

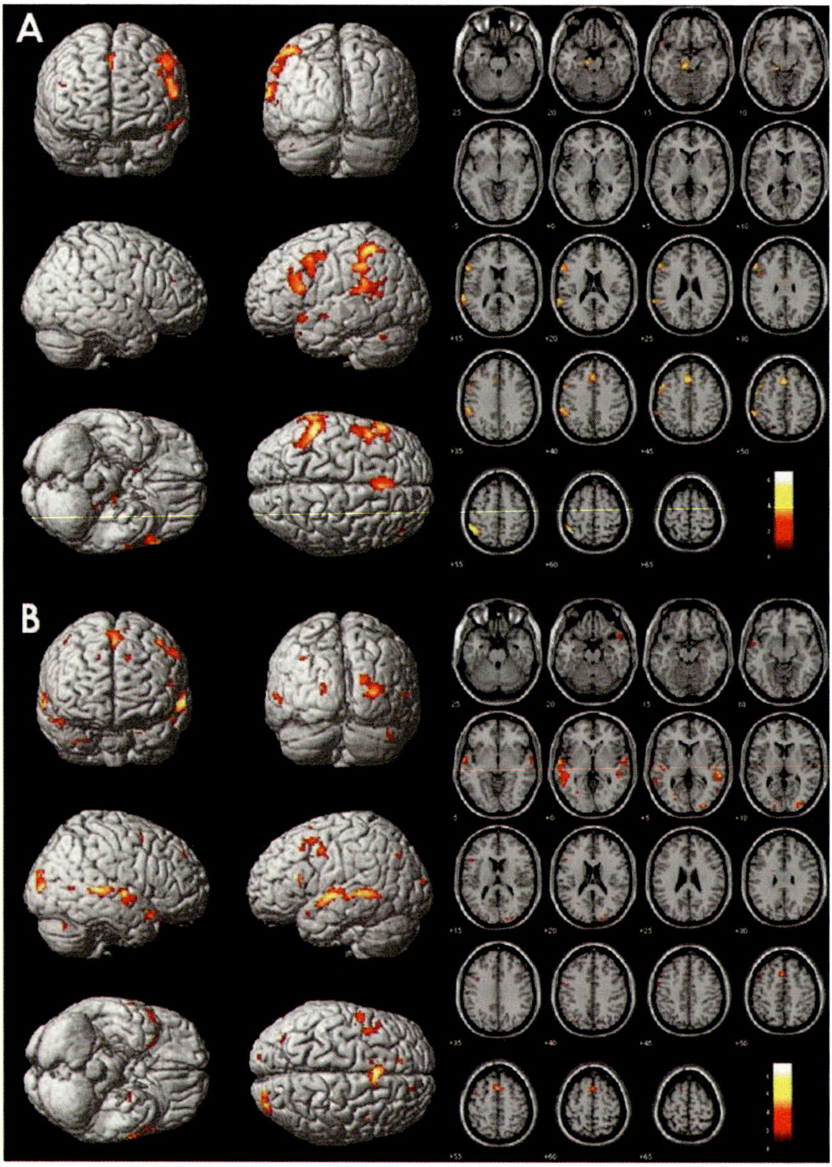

그림 8. 단어따라하기(청각자극)에서의 활성영역 활성영역(A. 한국어, B. 중국어)

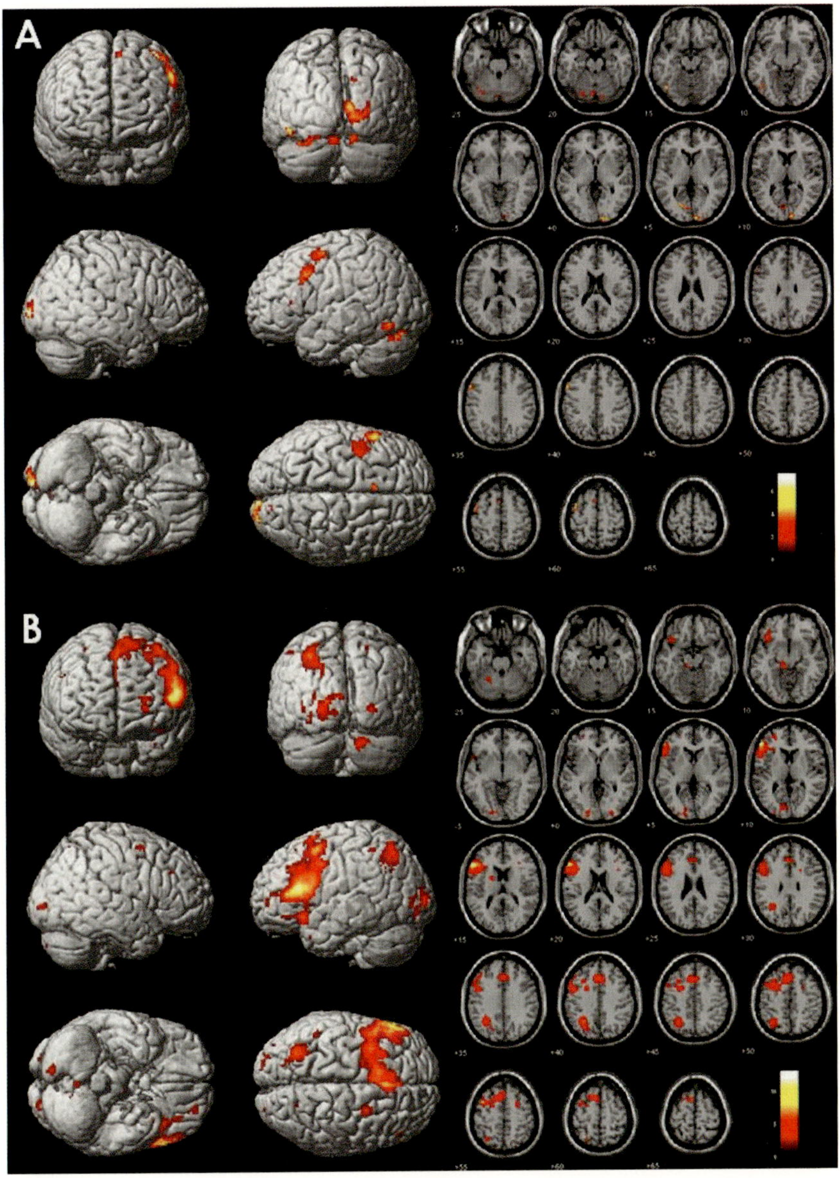

그림 9. 동사만들기-단어따라읽기(시각자극)에서의 활성영역 활성영역(A. 한국어, B. 중국어)

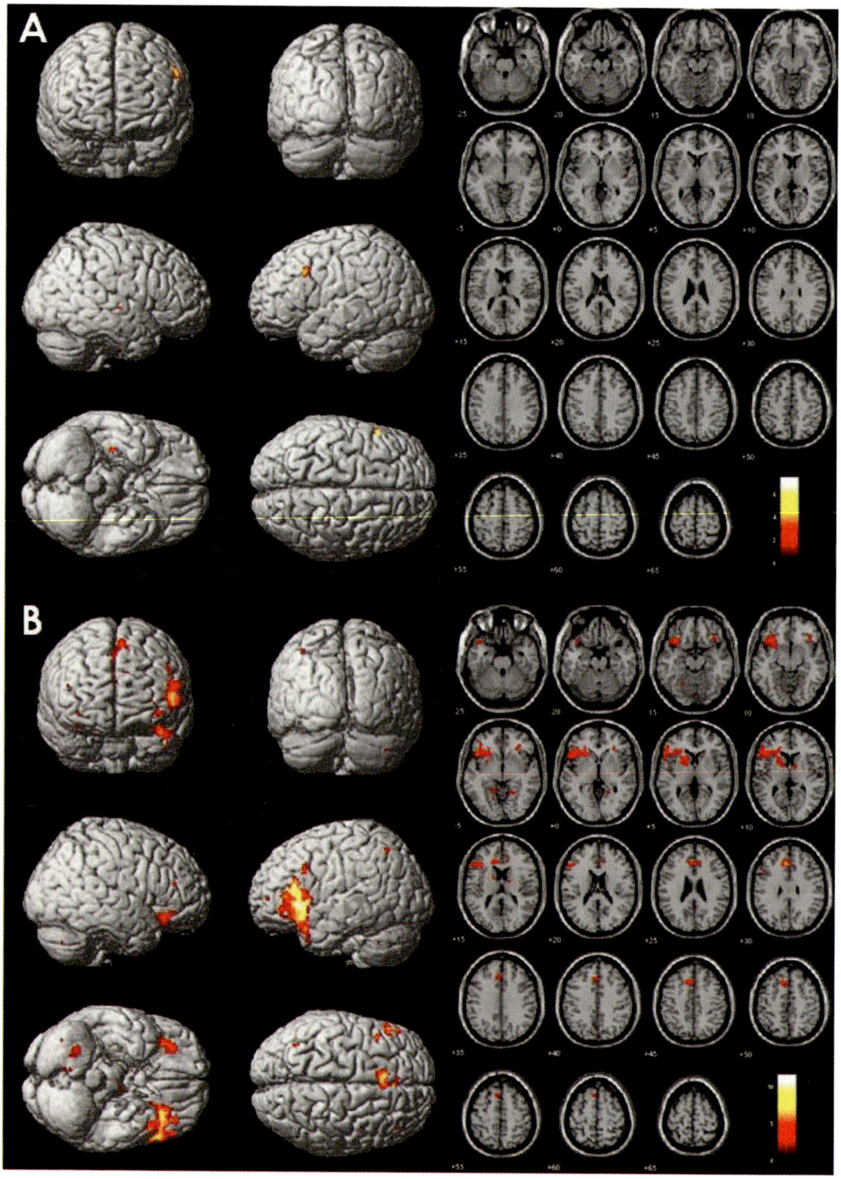

그림 10. 동사만들기-단어따라하기(청각자극)에서의 활성영역 활성영역(A. 한국어, B. 중국어)

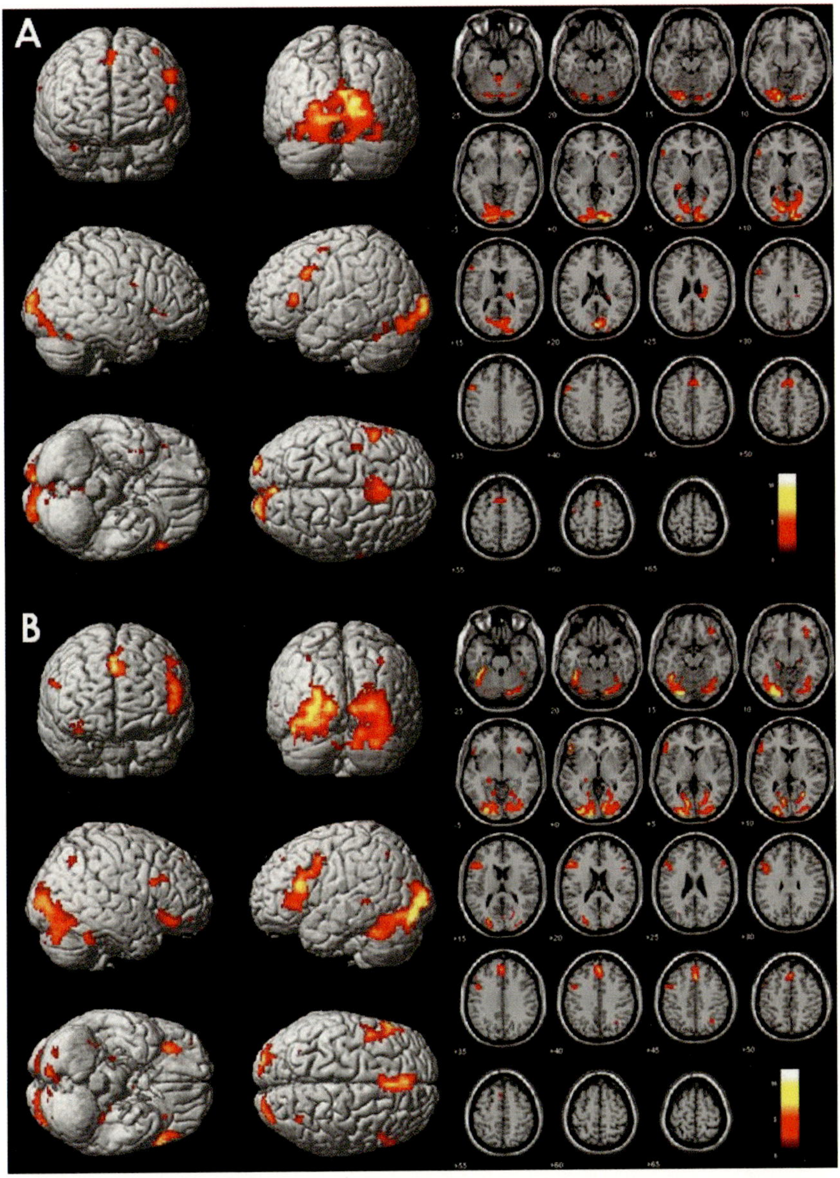

그림 11. 추상어 동의어 구별(시각자극)에서의 활성영역(A. 한국어, B. 중국어)

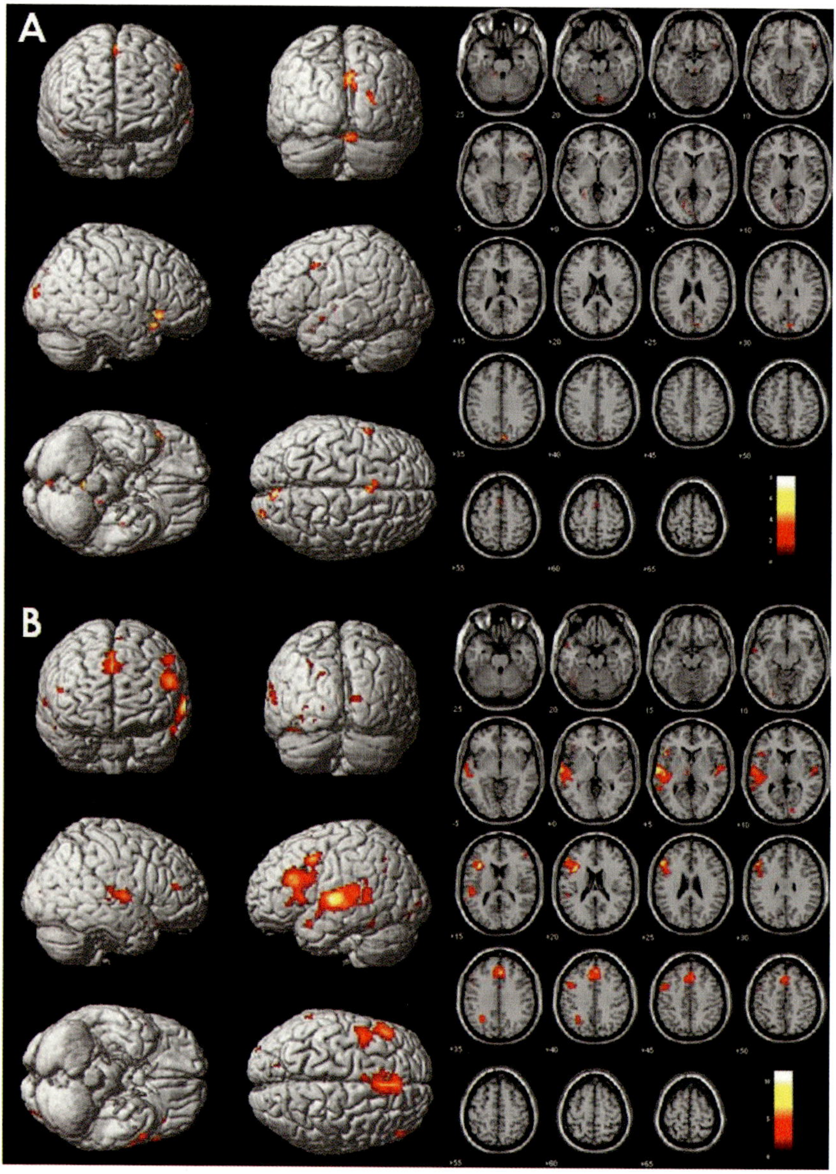

그림 12. 추상어 동의어 구별(청각자극)에서의 활성영역(A. 한국어, B. 중국어)

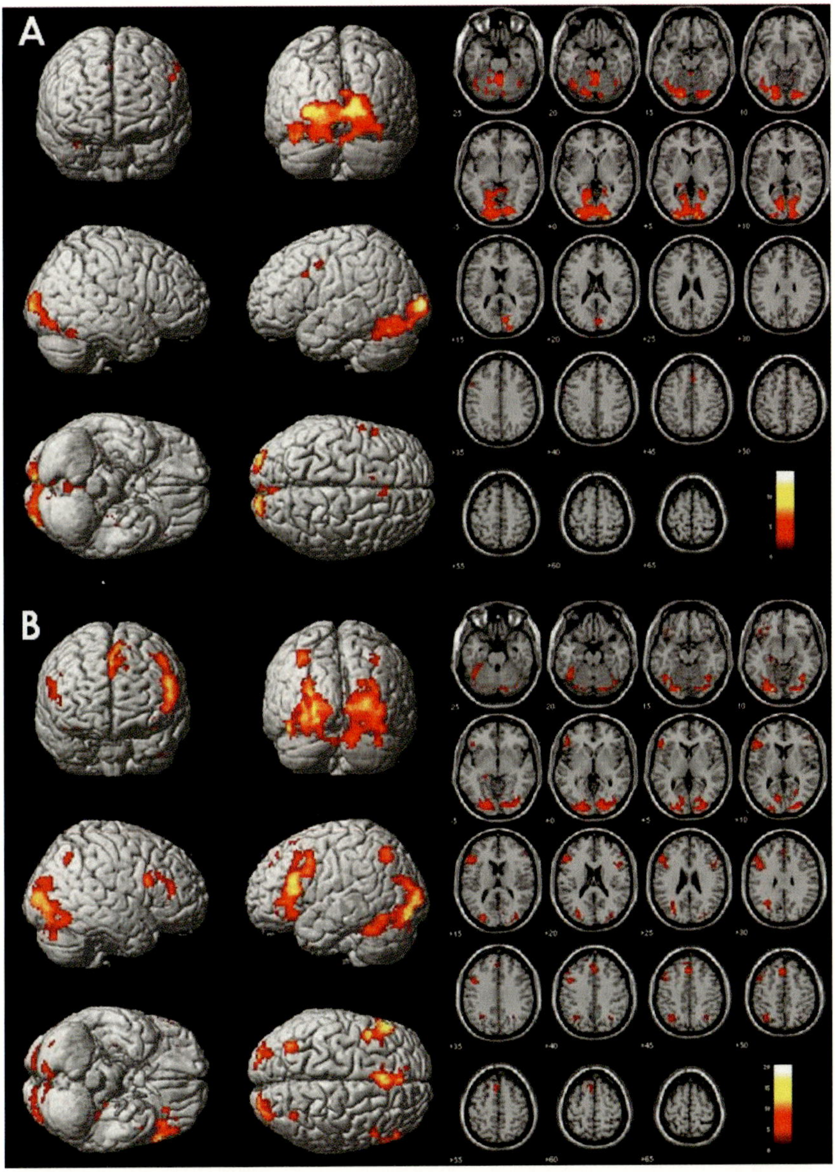

그림 13. 구체어 동의어 구별(시각자극)에서의 활성영역(A. 한국어, B. 중국어)

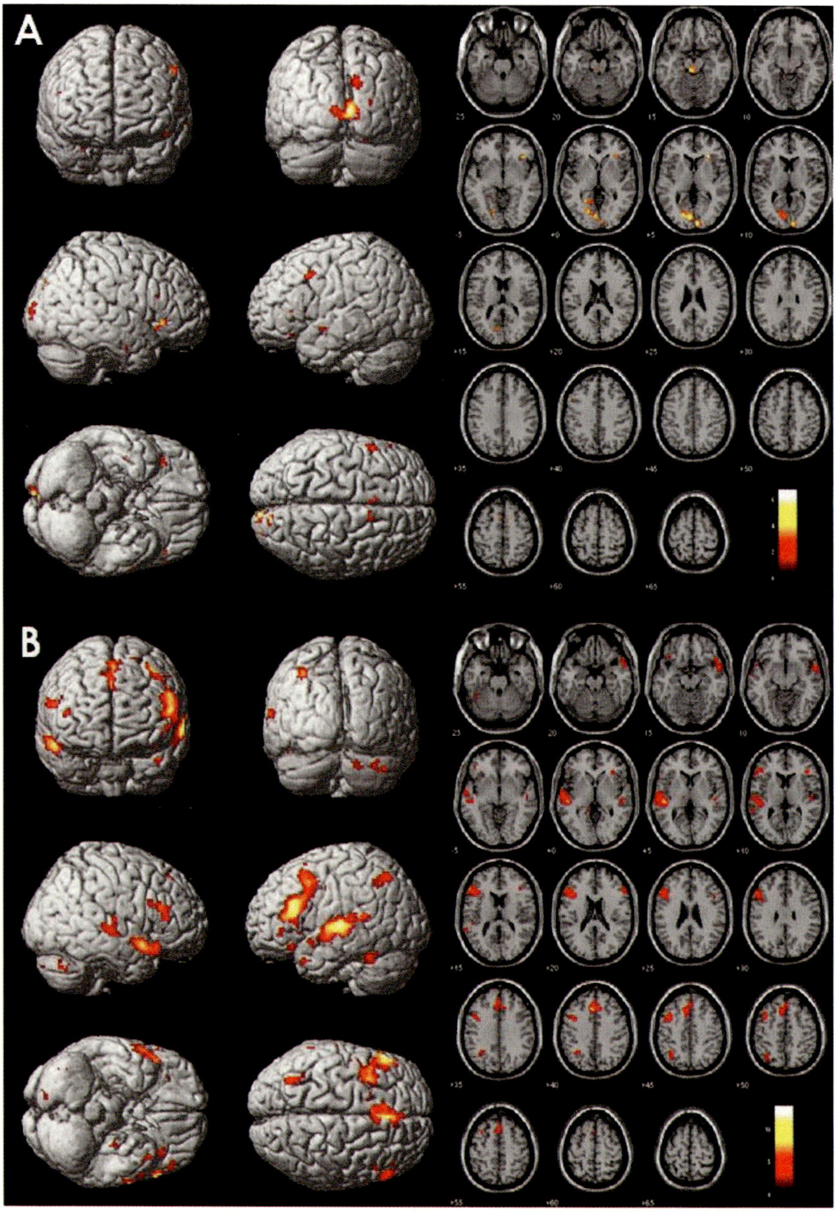

그림 14. 구체어 동의어 구별(청각자극)에서의 활성영역(A. 한국어, B. 중국어)

2.3 단어 구별하기

단어구별하기 과제에서 나타난 수행력은 표 4와 같았다. 시각과제에서 추상어와 구체어 모두 한국어의 수행능력이 중국어에 비해 높았다 ($p<0.01$). 특히 청각과제에서 추상어와 구체어 모두 한국어가 중국어에 비해 높은 수행력을 보였다.

시각자극을 활용한 추상 단어 구별하기에서는 한국어에서 좌측 하전두 및 중전두이랑 그리고 양측 일차시각피질(primary visual cortex) 및 방추상회(fusiform gyrus) 등에서 활성을 보였다. 중국어에서도 한국어와 동일한 활성 패턴을 보였으며 좌측 후두정엽에서 추가 활성을 보였다(그림 11).

청각자극을 활용한 추상 단어 구별하기에서도 한국어에서 양측 하전두 및 중전두이랑, 전보완운동영역 그리고 양측 측두이랑 등에서 활성을 보였다. 중국어에서도 한국어와 동일한 활성 패턴을 보였다(그림 12).

시각자극을 활용한 구체 단어 구별하기에서는 한국어에서 우측 하전두 및 중전두이랑 그리고 양측 일차시각피질 및 방추상회 등에서 활성을 보였다. 중국어에서는 양측 하전두 및 중전두이랑에서 활성을 보였으며 전보완운동영역에서 추가 활성을 보였다(그림 13).

청각자극을 활용한 구체 단어 구별하기에서는 한국어에서 양측 하전두 및 중전두이랑, 전보완운동영역 그리고 양측 상측두이랑 등에서 활성을 보였다. 중국어에서도 동일한 활성 패턴을 보였다.

표 5. 단어구별하기 과제에서의 수행능력

과제	자극	한국어		중국어	
		정확도 (%)	반응시간 (ms)	정확도 (%)	반응시간 (ms)
추상어	시각과제	94.8±3.4	528±64	80.0±16.9	533±61
	청각과제	58.5±17.4**	285±43**	19.8±6.0	734±114
구체어	시각과제	96.7±4.1	529±61	84.7±15.2	518±38
	청각과제	52.6±15.5**	303±38**	21.7±4.8	645±127

2.4 그림보고 명명하기

그림보고 명명하기 과제에서 나타난 수행력은 표5와 같았다. 중국어가 한국어에 비해 반응시간이 전체적으로 빨랐지만 통계적인 의미는 없었다. 동물그림 명명하기 과제에서 한국인에서 좌측 하전두이랑과 양측 일차시각피질및 방추상회, 양측 해마옆이랑 등에서 활성을 보였다. 중국인에서는 좌측 하전두이랑과 중전두이랑, 전보완운동영역에서 활성이 일어났으며 양측 일차시각피질 및 방추상회 등에서는 한국인보다 약한 활성을 보였다(그림 15).

신체부위 그림 보고 명명하기 과제에서 한국인에서 양측 하전두이랑과 후두정영역 및 전보완운동영역에서 활성이 일어났으며 특히 후두정영역과 양측 일차시각피질및 방추상회, 우측 해마옆이랑 등에서 강한 활성을 보였다. 중국인에서 좌측 하전두이랑과 후두정영역 및 전보완운동영역에서 활성이 일어났으며 양측 일차시각피질 및 방추상회 등에서는 한국인보다 약한 활성을 보였다(그림 16).

도형그림 명명하기에서 한국인에서 양측 하전두이랑(좌측이 강함)과 후두정영역(우측이 강함)에서 활성이 일어났으며 전보완운동영역과 양측 일차시각피질및 방추상회, 우측 해마옆이랑 등에서 강한 활성을 보였다. 중국인에서는 양측 하전두이랑(좌측이 강함)과 좌측 후두정영역, 전보완운동영역에서 활성이 일어났으며 좌측 일차시각피질에서 활성을 보였다(그림 17).

도구그림 명명하기 한국인에서 좌측 하전두이랑과 양측 후두정영역에서 활성이 일어났으며 전보완운동영역과 양측 일차시각피질및 방추상회, 우측 해마옆이랑 등에서 활성을 보였다. 중국인에서는 좌측 후두정영역, 전보완운동영역에서 활성이 일어났으며 좌측 일차시각피질에서 활성을 보였다(그림 18).

표 6. 그림보고 명명하기 과제에서의 수행능력

과제	한국어		중국어	
	반응률 (%)	반응시간 (ms)	반응률 (%)	반응시간 (ms)
동물그림 명명하기	95.7±8.2	988±273	96.4±6.1	669±199
신체부위 명명하기	95.7±6.5	954±194	96.8±3.9	666±146
도형그림 명명하기	91.1±8.1	1085±207	91.1±11.2	799±234
도구그림 명명하기	94.3±6.8	1018±225	92.1±6.9	766±226

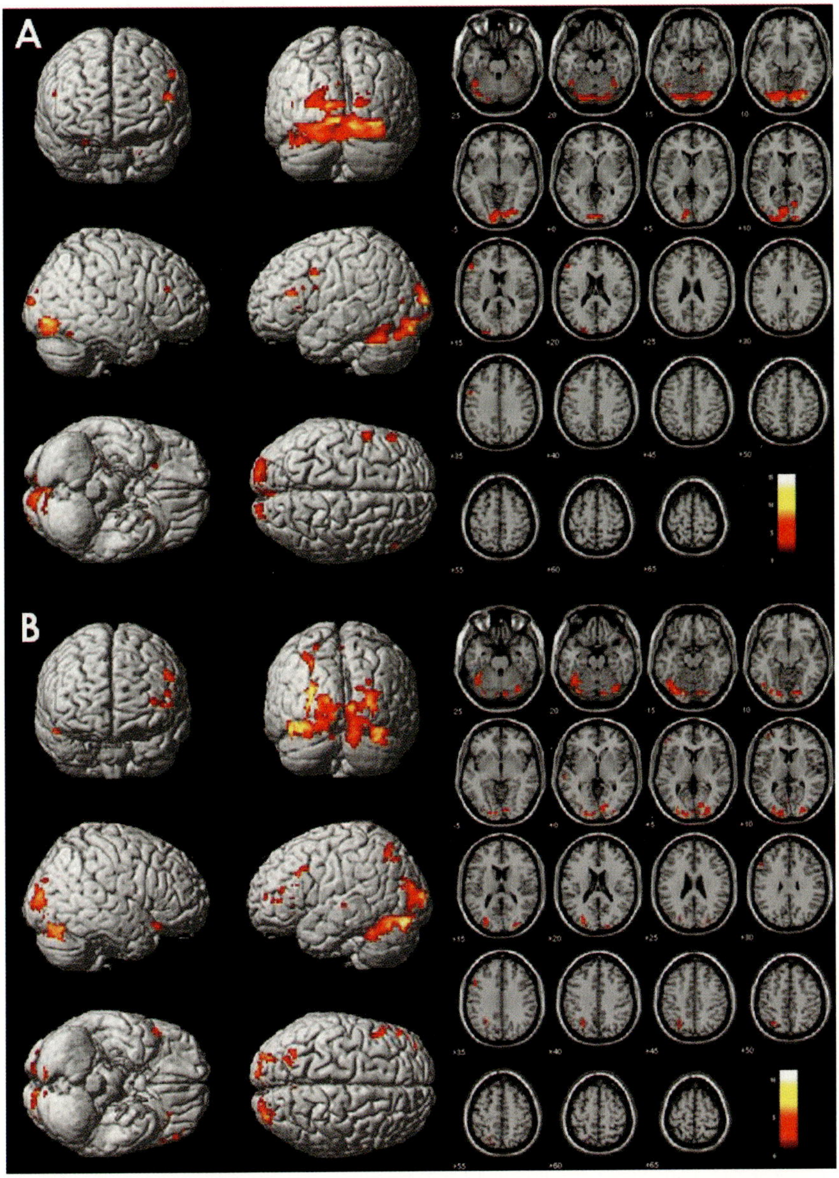

그림 15. 추상어 단어 구별(시각자극)에서의 활성영역(A. 한국어, B. 중국어)

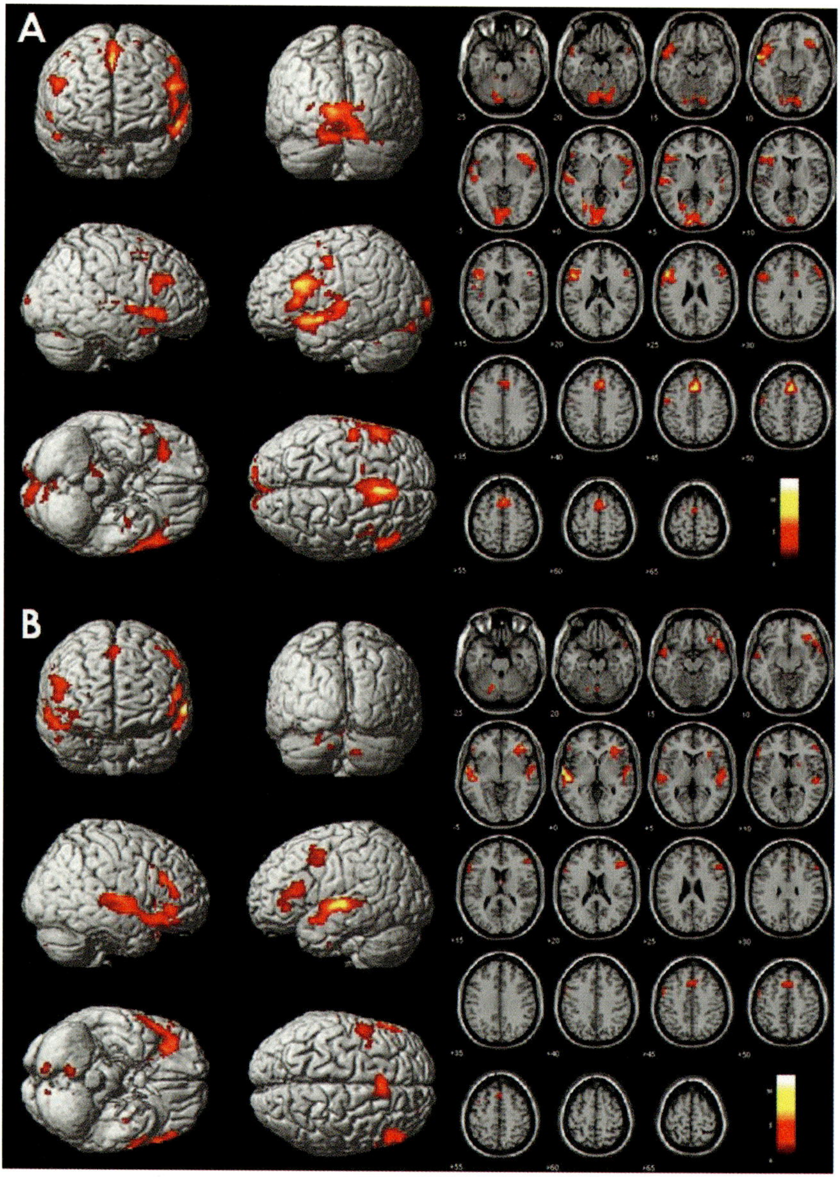

그림 16. 추상어 단어 구별(청각자극)에서의 활성영역(A. 한국어, B. 중국어)

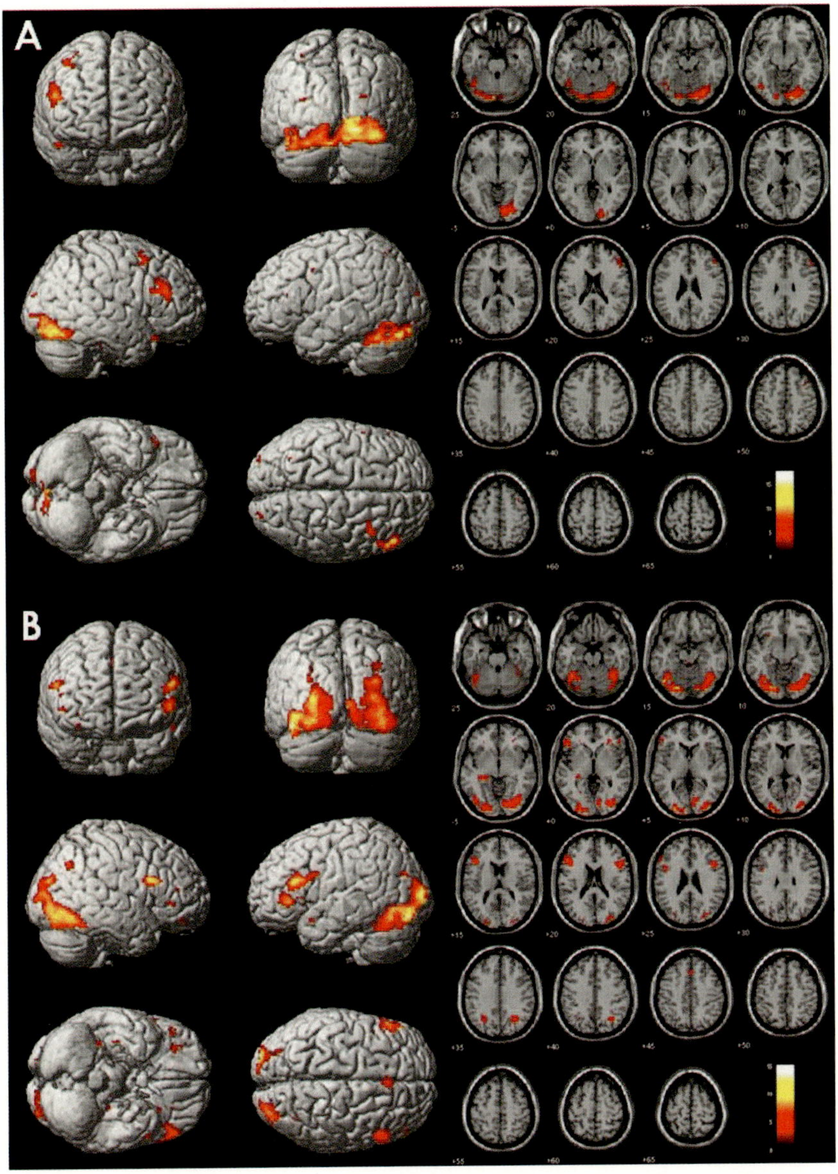

그림 17. 구체어 단어 구별(시각자극)에서의 활성영역(A. 한국어, B. 중국어)

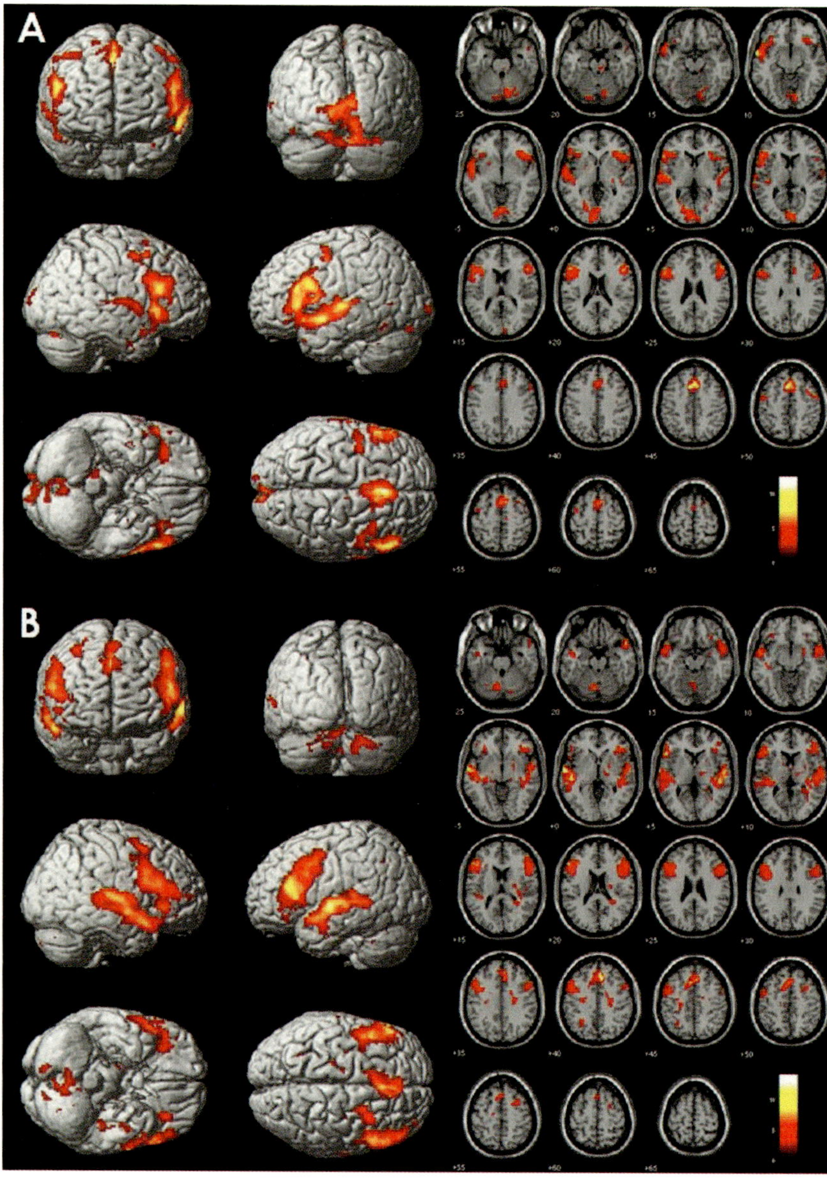

그림 18. 구체어 단어 구별(청각자극)에서의 활성영역(A. 한국어, B. 중국어)

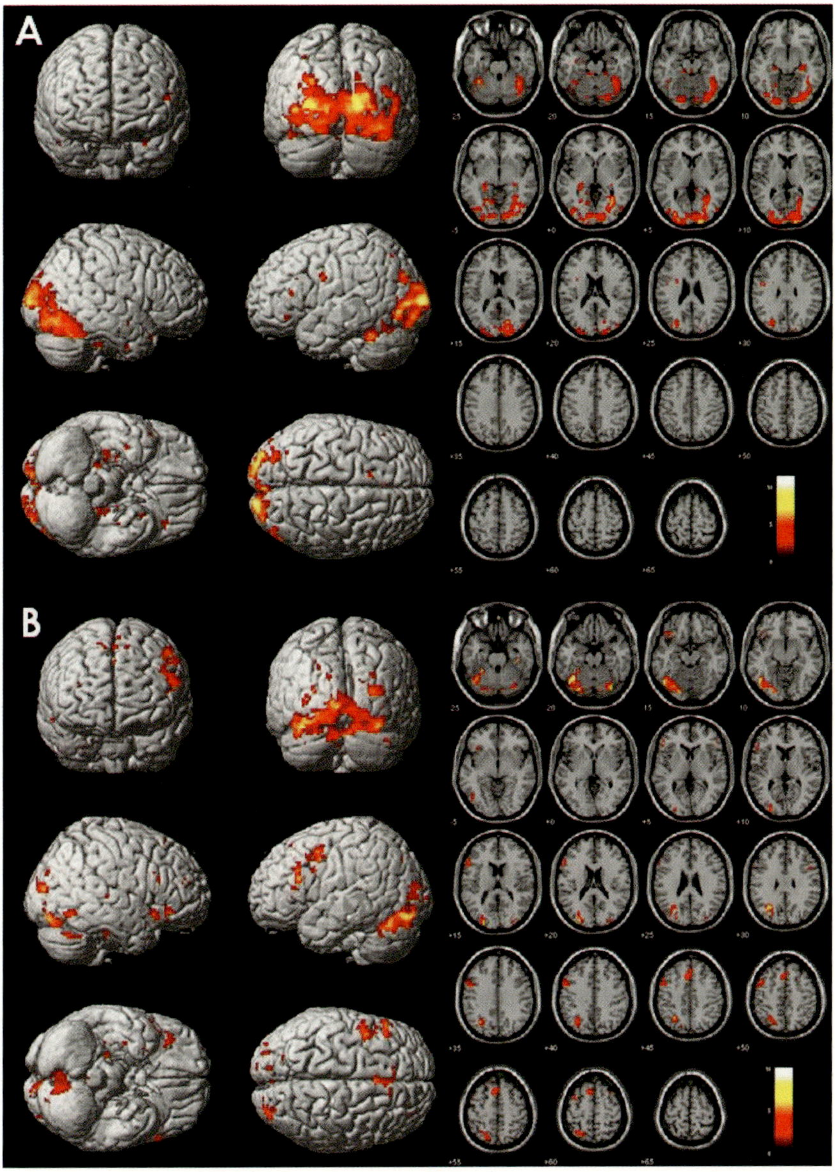

그림 19. 동물그림 명명에서의 활성영역(A. 한국어, B. 중국어)

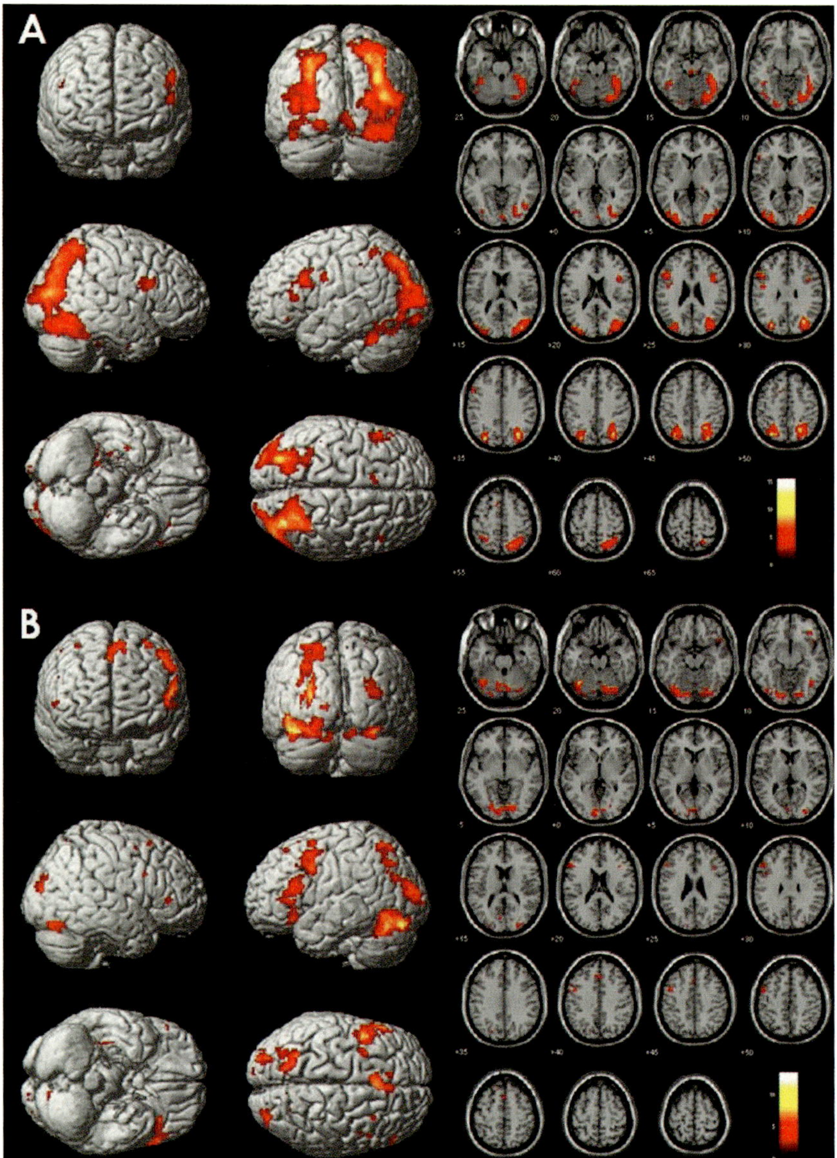

그림 20. 신체부위 명명에서의 활성영역(A. 한국인, B. 중국인)

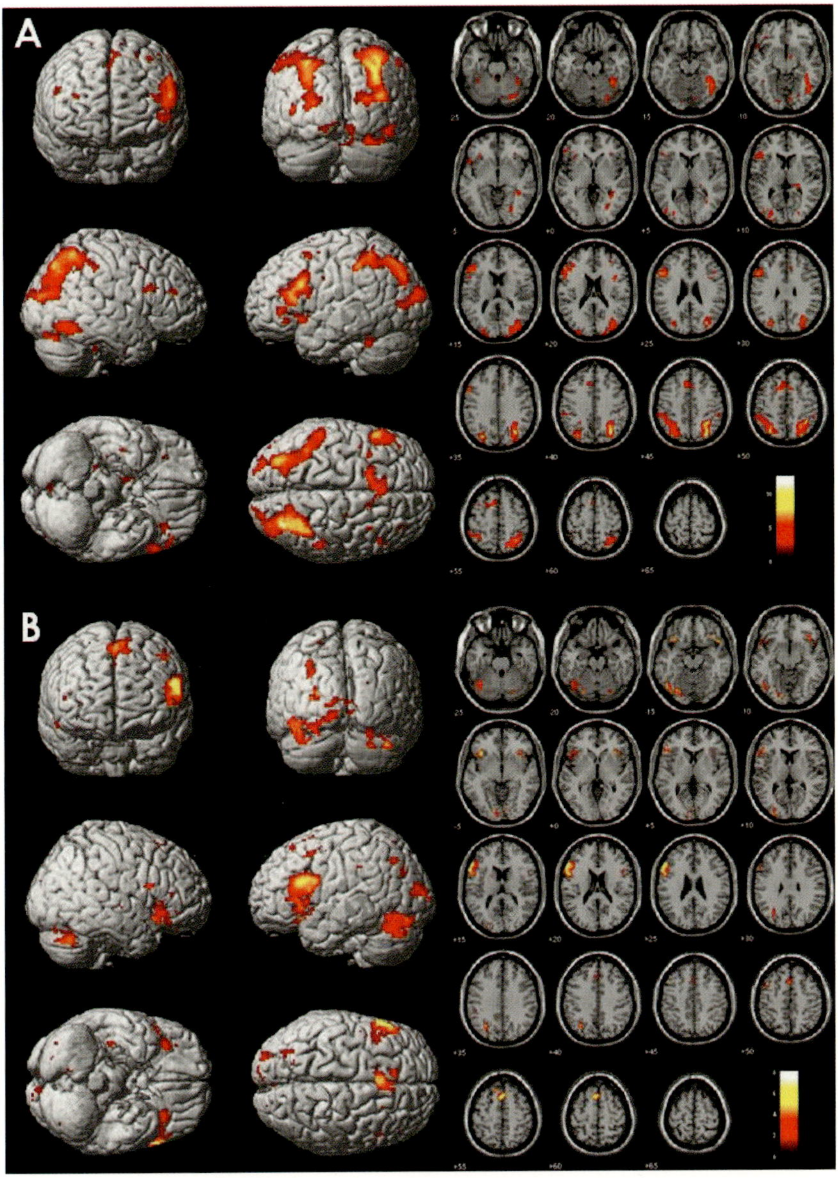

그림 21. 도형그림 명명에서의 활성영역(A. 한국어, B. 중국어)

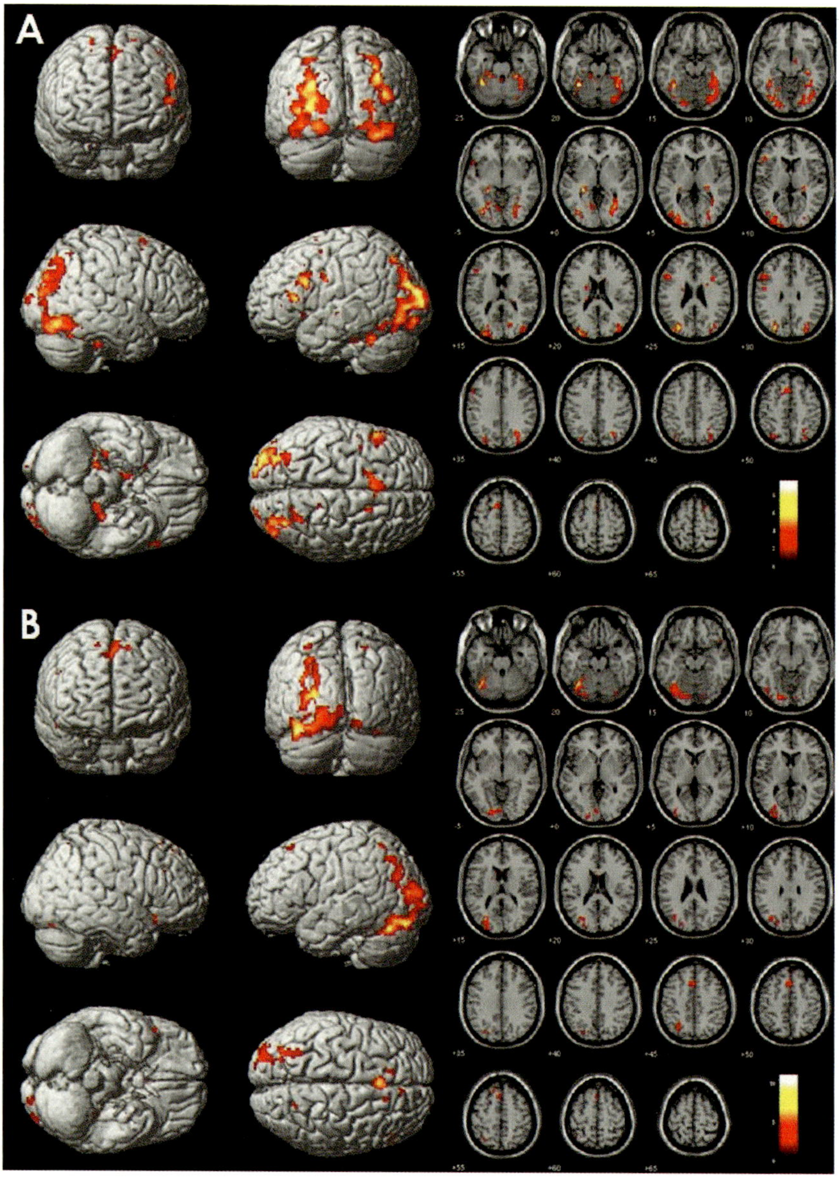

그림 22. 도구그림 명명에서의 활성영역(A. 한국어, B. 중국어)

3) 고찰 및 결론

본 연구에서는 한국인 10명과 중국인 10명을 대상으로 다양한 언어과제 수행 시 나타나는 뇌 영역의 기능적 활성을 비교하였다. 1차년도에 얻어진 자료에 피험자의 수를 늘려 보강하였고 개인별 데이터를 SPM99 software를 사용하여 분석한 후 집단데이터의 분석은 무선 효과 모델(Random effect analysis)로 통계적 처리를 실시하여 뇌영역 활성의 통계적 신뢰성을 높였다.

시각적 및 청각적 언어자극에 대한 반복 또는 읽기와 동사만들기 수행 시의 뇌활성을 보면, 한국인과 중국인 모두 동사만들기에서 좌측 하전두엽의 활성을 강하게 보여 좌측 편향을 보여주었고 우측 전두엽의 활성은 거의 보이지 않았다. 이는 일반적으로 동사만들기 과정에 좌측 하전두엽 즉, 브로카영역이 주 역할을 담당한다는 기존의 연구결과들과 일치되며, 두 언어 간에 큰 차이가 없음을 보여준다. 그러나 한 가지 특이한 점은 중국어에서 시각적 언어자극에 의한 동사만들기 시 양측 두정엽의 활성을 보였고 이는 좌측 두정엽에서만 활성을 보인 한국어군과는 다른 양상이었다. 두정엽의 활성부위는 두정간구를 중심으로 상 및 하두정엽에 걸쳐 나타났는데, 일반적으로 언어의 프로세싱에 관여하는 좌측 두정엽뿐 아니라 우측 두정엽이 함께 활성된 것은 중국어의 프로세싱에 비언어적 시공간지각에 관련된 뇌영역의 활동을 필요로 하기 때문으로 추정된다. 그러나 이러한 현상은 시각적인 언어자극 시 특히 동사만들기와 같은 의미적 처리가 필요한 경우에만 국한되어 나타났으며, 청각적 자극이나 따라읽기에서는 보이지 않았다. 중국어에서 시각적 단어자극에 대한 우측 두정엽의 활성은 의미적인 처리를 필요로 하는 동의어 찾기 과제에서도 역시 같은 유형으로 나타났다. 즉 동의어 찾기 중 구체어, 추상어에서 중국어는 모두 양측 두정엽의 활성을 보였으나 한국어에서는 좌측에서만 활성이 나타났다.

동의어찾기 과제 수행 시 나타난 뇌활성의 또 다른 특징은 중국어에서 한국어 과제에 비하여 우측 전두엽의 활성이 두드러지게 나타난다는 점이다. 우측 전두엽의 활성은 주로 하전두엽의 Brodmann area(BA) 44와 45에 걸쳐 나타났다. 이 현상은 시각과 청각적 언어 자극에서 모두 나타났으며, 구체어에서 추상어보다 전반적으로 좀더 강한 활성양상을 보였다. 한편, 동의어찾기의 반응시간과 정확도를 보면 중국어는 한국어에 비하여 반응시간은 같았지만 정확도가 낮았다. 이와 같은 사실은 중국어의 의미적인 처리가 한국어에 비하여 많이 필요로 하여 언어처리의 좌측 편향이 감소되어 있고 우측 후두정엽과 우측 하전두엽의 활성을 더 많이 일으키며, 시각 및 청각적인 의미처리의 난이도가 더 높은 것을 보여주었다. 그러나 이러한 결과를 중국어의 특성으로 단정짓기 전에 본 연구에서 사용한 중국어와 한국어 동의어찾기 과제의 언어별 난이도와 중국인 피험자들이 중국어를 모국어로 하지만 대부분 현재 한국에 유학중인 학생으로서 최근의 언어 환경이 모국어가 아니었다는 환경적 요인이 고려되어야 할 것이다.

단어구별하기 과제에서 한국인과 중국인 모두 추상어에 비하여 구체어에서 청각 및 시각영역과 전두엽의 활성이 더 높게 나타났으며, 전두엽의 활성은 좌측뿐 아니라 우측에서도 보여 양측성으로 나타났다. 시각적인 언어 자극이 주어졌을 때 중국인은 한국인에 비하여 후두엽의 활성이 더 높았다. 청각과제에서 중국어는 강한 양측성 전두엽 활성을 보였는데, 이때의 반응시간은 한국어보다 의미 있게 느리고 정확도가 낮았다. 이에 비하여 그림명명하기 과제 수행 시의 뇌활성에서 중국인은 한국인에 비하여 후두엽의 활성이 낮았으며 양측 후두엽 활성이 아니라 좌측에 주로 편향된 일측성 활성을 보였고, 반면 좌측 전두엽부의 활성은 더 높았으며 우측에서도 약간의 활성을 보였다.

이와 같은 결과들을 종합하여 볼 때 중국어는 한국어에 비하여 단어의 구별만을 위해서는 후두엽의 활성을 더 많이 필요로 하지만 의미적인 처리를 위해서는 우측 후두정엽과 하전두엽의 활성을 동반하는 양측성을 보였으며, 이에 비하여 중국인에서 그림명명하기 과제 수행에는 오히려 후두엽의 활성이 더 적어 언어 및 인종적인 차이가 뇌영역의 기능적 분화에도 차이를 일으켰음이 추정되었다.

2. 실험 심리학적 언어 인지

1) 전체 연구 목적 및 연구 추진 계획

언어와 사유는 상호 유기적이어서 언어가 사유를 지배하기도 하고, 사유가 언어에 영향을 주기도 한다. 사유의 표현 수단 또는 사유의 틀이 되기도 하는 언어의 구조나 의미는 사용자인 인간의 신체적 특징과 그에 따른 생리적/심리적 경험, 사회문화적/환경적 맥락들을 모두 고려할 때 제대로 이해될 수 있을 것이다. 본 연구에서는 주로 감각과 감정의 측면에서 언어를 연구하였는데, 이는 언어 속에 반영되어 드러나는 사유 및 인지 과정을 초기 처리에서부터 후기 처리까지 고루 살펴보기 위해서였다.

이를 위해 본 연구는 크게 두 부분으로 나뉘어 진행되었다. 첫 번째는 감각 중 시각 정보 처리의 측면에서 언어를 살펴본 연구로서 이는 언어를 글자라는 측면에서 본 것이다. 글자는 그것을 구성하는 기본적인 세부 특징(feature)의 처리라는 점에서는 어떤 언어를 사용하느냐와 상관없이 공유되는 측면이 있으나 그것이 의미있는 정보로서 처리되기 위해서는 사전 지식이나 경험이 필요하다는 측면에서 후기 정보 처리를 포함한다. 즉 매우 짧은 정보 처리 순간에도 하향적(top-down) 피드백(feedback) 또는 병렬적 처리를 고려해야 할 가능성이 있다는 것이다. 본 연구에서는 글자의 이러한 측면을 고려하여 서로 다른 언어의 정보 처리 과정 간의 공통점과 차이점을 살펴보고자 하였다.

두 번째로 본 연구에서는 감정 또는 정서 표현 수단으로서의 언어에 대한 연구를 수행하였다. 정서에는 생리적 측면과 아울러 문화적 보편성과 상대성이 두루 반영되기 때문에 정서 연구는 신체적 체험에서부터 인지적 해석에 이르는 정보 처리 단계를 모두 살펴볼 수 있게 해줄 수 있다. 정서적 표현 속에는 신체에 대한 직간접적인 묘사가 들어있고, 문화적 특성에 따라 언어적 표현 범위가 달라지기도 한다[6]. 게다가 정서는 특정 개인이 느끼는 상태만이 아니라 대인 또는 사회관계에서도 발생될 수 있기 때문에 정서적 표현을 통해 인간관계에 대한 민감도나 사회 및 집단에 대한 태도나 인식을 들여다 볼 수도 있다. 본 연구에서는 감정 또는 정서적 측면에서 언어를 연구하였으며 이는 다시 일반 이미지에 대한 것과 대인 관계를 반영하는 표정 인식에 대한 연구로 나뉘었다.

이상의 목적을 달성하기 위해 각각 1차년에는 표정 인식과 정서 어휘에 대한 연구를, 2차년에는 이미지의 지각과 정서 어휘에 대한 연구를, 3차년에서는 글자 정보 처리에 대한 연구를 중심 과제로 두었다. 구체적으로는 각 연차의 목표 달성을 위해서는 다음과 같은 준비 작업이 수행되었다.

가) 표정 인식과 어휘 표현
- 기존 연구 리뷰
- 표정 자료 및 언어권별 정서 어휘 준비
- 실험 프로그램 작성

나) 이미지 지각과 어휘 표현
- 기존 연구 리뷰
- 이미지 수집 및 정리
- 이미지 관련 정서 어휘의 수집 및 정리
- 실험 프로그램 작성

다) 글자 정보 처리
- 기존 연구 리뷰
- 글자 유형별 정리
- 실험 프로그램 작성

2) 하위 연구별 목적 및 연구 추진 계획

(1) 표정 인식과 어휘 표현

정서의 환유적/은유적 표현들과 얼굴 표정 간의 관계를 파악하기 위해

6) 신체 상태의 직접적 묘사에 치중하거나 추상화시키는 정도의 차이 또는 정서적 표현의 억제 정도 등의 양상으로.

정서 표현들에 대해 주요한 판단 근거가 된 얼굴 영역을 확인해보았다. 기존의 국어학 연구에 의하면(임지룡, 2000), 화(분노)로 대표되는 불쾌 정서의 경우 우리말에서는 안색을 포함한 얼굴 전반의 변화 또는 눈 부위의 변화를 활용한 정서 표현들이 가장 많이 나타나고 있으며, 이러한 자료는 실제로 얼굴 표정 지각에서 눈 부위가 가장 많이 활용된다는 연구 결과와도 어느 정도 일치한다(한재현과 정찬섭, 1998). 대체로 표정을 통해 정서를 파악할 때는 눈과 입 부위에 대한 지각이 가장 중요시되는데, 이들의 비중 및 기타 얼굴 부위의 비중이 문화권별로 어떻게 다를 수 있는지를 정서 어휘들과 표정 간의 관계 분석을 통해 파악하고자 하였다.

신체 부위 (외부)	얼굴	눈	이마	볼	관자놀이	이	입	입술	고개	목	몸체	사지	손	주먹	계
관습적 표현	13	11	2	2	2	3	6	5	1	3	2	1	1	2	53

화의 신체 부위별 감정 표현

(2) 이미지 지각과 어휘 표현

얼굴 표정은 주로 관계 속에서 인식되는 시각적 요소인 반면, 일반적인 이미지에 대한 지각은 보다 광범위하며 따라서 관련되는 어휘 표현의 범위도 넓을 수 있다. 이미지에 대한 시각적 정보 처리 과정 그 자체는 모든 인간에게서 거의 유사하지만, 그로부터 유발되는 감정적 상태는 생리적 측면 이외에 자신이 속한 사회문화 또는 자연환경의 영향을 받을 수 있다. 따라서 이미지를 지각하는 데 관련되는 어휘의 범위를 살펴보고, 이미지의 특성과 변화에 따른 심리적 내용을 살펴보는 것도 문화권별 사유 특징을 파악하는 자료가 될 수 있을 것이다.

(3) 글자 정보 처리

언어는 시각과 청각이라는 두 가지 감각에 기반한다. 이 중 시각적 측면에서 언어 처리과정을 살펴보기 위해 대표적인 글자 정보 처리 현상인 단어 우월 효과(WSE: word superiority effect)를 활용하였다. 영어와 같은 알파벳 문자에서는 비교적 오래 전부터 단어 우월 효과가 보고되고 있으나, 한글이나 한자(중국어)에 대한 연구는 그다지 많지 않다. 본 연구에서는 한글이 가지고 있는 독특한 글자 조합 방식이 시각 정보 처리 과정에 영향을 끼치는지를 살펴보고자 하였다.

3) 연구 내용

① 개별 논문 요약

연구 목적을 달성하기 위해 진행된 개별 연구 논문의 요약은 다음과 같다.

〈표정 인식과 어휘 표현〉

2003. 5. 31. 한국인지과학회. 발표 논문집
<얼굴 표정의 물리적 특징 분석: 표현 대 지각>

본 연구에서는 얼굴 표정에 대한 산출자(poser)와 지각자 간의 차이에 대해 살펴보았다. 표정 산출자들은 정찬섭, 오경자, 이일병, 변혜란(1998)의 연구에서 사용된 6인으로서 연기를 전공하거나 전문적으로 연기 활동을 하는 남녀였다. 자극으로 사용된 83개의 표정들은 정찬섭 등에서 사용한 정서 어휘 83개에 상응하는 것들로, 쾌-불쾌, 각성-수면 차원에서 해당되는 좌표 값을 가지고 있는 것들이었다. 각각의 표정을 두 정서 차원에 대해 평정하도록 하여 수집한 자료를 가지고 산출자와 지각자 각각에서 표정 표현이나 지각에 중요한 물리적 변수들이 무엇인지를 비교, 분석하였다. 산출자와 지각자 간에 표정에 있어서 공통으로 중요한 물리적 변수를 확인하였으나 차이도 존재하였으며, 시야/반구 비대칭성도 볼 수 있었다. 예비 연구로서, 표정 지각과 정서 어휘의 사용에 있어서 문화적인 차이가 있는지를 살펴보기 위해 인도인(산스크리트어), 중국인(중국어)에 대한 실험 및 조사를 수행하였다.

- 2004. 8. 24. ECVP(유럽시각학회). 국외 학회지

<The difference between the facial expressions and interpretations based on cultural difference>

Although the two principal dimensions of emotion are known be universal, it is uncertain whether expression and interpretation of the emotion depend on identical facial features and what features receive the main consideration by people with different cultural basis. In study 1, the difference between expressions and interpretations were studied on the basis of evaluation of facial expressions [Chung et al, 1998, in Winter Seminar of Korean Psychological Association (Korean Psychological Association) pp. 121 - 160]. The observers grasped the intention of posers using unnecessary and additional facial features as well as necessary features. In study 2, facial expressions of Koreans were evaluated by Chinese participants. They misinterpreted the degree of pleasure because they considered unrelated features which led to misinterpretation. These results imply that the process of expression and interpretation may be different, and cultural basis may influence interpretation of facial expressions.

- 2005. 5. 13. 대한인간공학회, 한국감성과학회, 일본인간공학회. 발표 논문집.

<얼굴인식에서 공간주파수 필터링이 정서추정 및 연령추정에 미치는 효과>

고주파수 정보와 저주파수 정보가 정서 및 연령 추정에 미치는 효과를 비교하였다. 쾌-불쾌 차원과 각성-이완 차원 모두에서 고주파수 정보가 저주파수 정보보다 정서 추정에 중요한 역할을 하는 것으로 나타났다. 연령 추정에서는 저주파수와 고주파수 필터링 모두 고연령대에 대한 연령 추정에 영향을 미치는 것으로 나타났다.

〈이미지 지각과 어휘 표현〉

- 2004. 3. 31. 한국감성과학회. 국내 학회지.

<사진 이미지와 관련된 감성 어휘 분석 및 색 유무에 따른 감성 반응 비교>

본 연구에서는 사진 이미지에 대해 어떠한 감성들이 나타날 수 있는지를 확인하여 이를 구조화할 수 있는 기본 감성 모형을 개발하였다. 그런 다음, 이 모형을 바탕으로 주요한 시각 속성 중 하나인 색의 유무가 감성에 어떠한 영향을 줄 수 있는지에 대해 알아보았다. 연구 1에서는 다양한 기법과 소재가 반영된 사진가들의 사진을 제시하고 각 사진에 대해 감성 반응을 받은 다음 이를 분석하였다. 얻어진 자료를 주축 기법을 이용하여 요인 분석한 결과 감성 어휘 변량 중 약 42%를 세 요인만으로 설명할 수 있었다. 세 요인은 각각 긍정적-부정적 인상, 동적-정적 인상, 가벼운-무거운 인상으로 명명되었다. 연구 2에서는 세 요인을 감성 공간의 기본 차원 축으로 삼아 색의 유무가 사진 감성에 미치는 영향을 살펴보았다. 대표적인 칼라 사진 90장을 흑백으로 전환하여 칼라와 흑백 각각 90장의 사진 이미지를 자극으로 사용하였으며, 각각의 사진 이미지들이 세 감성 차원들에 대해 평정되었다. 감성 차원별로 색의 유무에 대해 t검증을 실시한 결과, 모든 감성 차원에서 색의 유무에 따라 통계적으로 유의한 차이가 나타났다. 흑백으로 전환된 이미지는 더 부정적이고 정적이며 무거운 이미지로 느껴지는 것으로 나타났다. 이러한 결과는 사진 이미지에서 동일한 소재와 동일한 구도라 할지라도 기본적인 시지각 속성의 변화만으로 감성반응에 중요한 차이를 유발할 수 있음을 시사한다.

- 2005. 8. 23. ECVP(유럽시각학회). 국외 학회지.

<Effects of brightness, contrast, and colour tone on the affective impressions of photographic images>

To investigate affective impressions of brightness, contrast and color tone on photographic images, we performed three experiments. In experiment 1, black-and-white photographs were used to see the affective impressions of brightness and contrast. The brighter photographic images were, more positive, more dynamic and lighter feelings were rated. The varying contrast did not show any significant effect on the dynamic-static dimension, while it added more negative and heavier impression to the overall stimuli. When color photographs were used in experiment 2, it gave similar results to experiment 1; however, the affective impressions were less obvious in bright conditions than in dark ones. In experiment 3, each photograph was filtered through color tones of cyan, magenta, yellow, black, red, green, blue, and white. Black and white tone filtering produced similar effects to those of brightness-change condition, showing the comparable results to previous experiments. Other 6 color filtering did not give any obvious affective impressions, while the change of impression on the static and heavy dimensions were slightly mediated by blue and yellow tones.

〈글자 정보 처리〉

- 2005. 10. 22. 한국인지과학회, 한국정보과학회. 발표 논문집.

<한글 글꼴 동일성 여부에 따른 단어 우월 효과>

한글의 글꼴 동일성 여부가 단어 우월 효과에 미치는 영향을 알아보기 위해 두 편의 실험을 수행하였다. 첫 번째 실험에서는 바탕체 글꼴을 탐사 자극으로 사용하여 검사 자극과의 글꼴 일치 여부가 단어 우월 효과에 미치는 영향을 자극 제시 시간에 따라 알아보았다. 두 번째 실험에서는 첫 실험에서 얻어진 결과를 토대로 탐사 자극의 글꼴을 각각 바탕체와 세벌체로 하고, 검사 자극이 탐사 자극과 일치하는 경우와 그렇지 않은 경우의 단어 우월 효과에 대해 알아보았다. 두 실험 결과, 탐사 자극과 검사 자극의 글꼴 일치 여부는 한글 단어 우월 효과에 영향을 주지 않는 것으로 나타났다. 이는 탐사 자극과 검사 자극의 문자형이 서로 달라도 단어 우월 효과가 나타날 수 있음을 의미하는 것으로 단어 우월 효과가 국지적인 시각 자극의 속성에 영향을 받지 않음을 보여주는 것이다.

- 2004. 11. 17. ACV(아시아시각학회). 국외 학회지.

<Word superiority and character superiority effect in Hangul, Korean characters>

A letter in the word is perceived faster than a letter alone in English (Reicher, 1969). English words are linearly (horizontally) composed of alphabetic letters. Unlike English, Hangul is presented in a syllabic unit - in this paper, we have referred to a syllabic unit as a character, and its words are usually a composition of these syllabic units which consist of letters. Moreover, the compositions of Hangul characters are conducted in a complex way; most of letters are combined in a square-framework which has an upper, middle, and lower position to form a character. In previous study (Kim, 1994) used same paradigm as English, regardless of those difference, thus word superiority effect in Hangul was not clear. The word superiority effect and character superiority effect were similar to our previous study that was using the same array as English words (Jung & Park, 2004). Also, the first letter (first consonant) superiority effect was founded.

② 연구 내용 정리

<표정 인식과 어휘 표현>

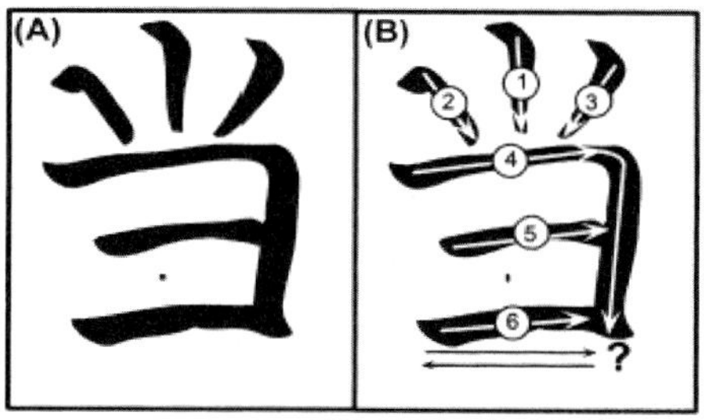

그림. Tse와 Cavanagh(2000)의 실험 자극.

움직임 지각 같은 초기 시지각(visual perception) 과정(인지 과정의 초기 처리)도 문자에 대한 지식에 의해 영향을 받는다(Tse & Cavanagh, 2000). Tse와 Cavanagh에 의하면, 중국인들은 한자(漢字) 형식으로 제시된 시각 자극에서는 실제의 움직임과 반대일지라도 그럴 듯한 방향(즉, 글자를 쓸 때의 획의 방향)으로 움직임을 지각하는 경향이 있다. 이러한 현상은 비교군인 미국인들에게서는 나타나지 않았다. 즉 문자에 대한 지식이 상당히 초기 정보 처리 과정에도 영향을 줄 수 있는 것이다. 마찬가지로 그늘 글씨는 글자에 대한 지식이 없는 경우에는 단순한 세부 특징 분절의 나열 이상의 의미를 갖지 못한다. 이러한 현상들은 매우 초기 시지각 정보 처리에도 우리의 언어생활이 영향을 줄 수 있음을 보여주는 것이며, 이로 볼 때 보다 뒷단계인 인지 또는 사유/사고 과정에서는 언어생활이 더 큰 영향을 줄 수 있을 것이다.

인지 언어학(cognitive linguistics)에서는 언어의 구조와 의미가 사용 주체인 사람의 신체 및 정신적 체험, 그리고 문화적 맥락과의 유기적인 틀 속에서 동기화되어 있다고 본다(임지룡, 2000). 이런 면에서 보면, 정서 또는 감정은 언어와 사유 간의 관계를 신체적 측면에서부터 철학적 측면에 이르기까지 살펴보는데 좋은 주제가 될 수 있을 것이다. 왜냐하면, 정서는 생리적 반응에 기반하며, 사회문화적 보편성과 상대성의 양면을 파악하기 좋은 주제로서 언어학뿐 아니라 철학, 심리학, 문화인류학, 생리학, 의학 등에 걸쳐 연구될 수 있기 때문이다. 정서 어휘들은 얼굴 표정이나 동작(gesture) 같은 신체의 외적 표현을 직간접적으로 반영하거나 각종 장기의 상태와 같은 내부적 상태를 직간접적으로 표현하는 어휘들로 구성되어 있다. 전자는 지각자(perceiver)의 측면에서 정서 상태를 표현하고 있는 것이라 할 수 있는 반면, 후자는 발화자(發話者)만이 알 수 있는 상태를 표현하는 것으로 볼 수 있다. 이들 어휘들은 사람들이 정서를 표현할 때 어떤 생리적 측면이 중요한지뿐 아니라 문화적 또는 문명권적 차이가 반영되는 양상을 보여준다. 신체 상태에 기반한 표현의 비중이나 강도(표현 여부를 포함하여), 다양성은 그 문화권에 속하는 사람들의 사유가 주로 어디에 토대하는지를 보여줄 수 있다. 신체화 표현의 비중은 사유가 구체적인 것에 토대하는지 추상적인 것에 토대하는지를 보여줄 수 있으며, 내적 표현의 다양성은 신체 및 심리 상태의 파악에 대한 민감도를, 외적 표현의 다양성은 타인과의 관계에 대한 민감도를 반영할 수 있다[7]. 정서 표현을 은유화시키는 양상을 살펴보는 것은 사람들의 사유 체계를 살펴보는 하나의 수단이 될 수 있는데, 정서의 은유화 양상이 신체의 생리적 환유에 뿌리를 두고 있다고 보는 경우(임지룡, 2000)에는 더 그러하다.

실험 참가자. 한국인의 경우 각각의 얼굴 표정을 보고 어떤 정서 상태 인지를 판단하는 과제에 184명(남 93인, 여 88인, 미확인 3인; 평균 연령

7) 게다가, 아마도 오랜 세월을 걸치면서 정서 표현의 양상이나 다양성은 역으로 사람들이 타인을 지각하는 데에도 영향을 줄 수 있게 되었을 것이다.

약 20세 4개월)의 남녀 대학생이 참가하였다. 이들은 연세대학교와 광운대학교에 재학 중인 학생들이었다. 참가자들은 남녀 각 한 명씩의 83개 표정에 대한(즉, 166개) 정서 상태 평정을 정서 차원 축에 해당하는 두 개의 9점 척도 상에서 하였다. 남녀 각 한 명의 전문 배우들의 표정에 대해서는 92명(남 44인, 여 45인)의 참가자가 평정을 하였으며, 나머지 두 벌(남녀 1인씩 2인 1조)에 대해서는 각각 54명(남 37인, 여 17인), 39명(남 12인, 여 26인)의 참가자들이 평정을 하였다.

다른 언어권의 실험 참가자들의 경우 연구 대상 어휘가 고대어(古代語)이고 게다가 해당 국가들이 지리적으로 먼 곳이라는 점 때문에 충분히 많은 참가자를 확보하지 못하였다. 범어의 경우는 총 여덟 명의 남녀가 참여하였으나 그 중 분석 가능하였던 것은 범어 학자 두 명(남자는 만 49세, 여자는 만 47세)의 자료였다. 이들은 연령상 한국인 참여자들과 차이가 많은데, 이는 범어가 현재 일상적으로 사용되는 언어가 아니기 때문에 빚어진 문제이다. 다른 참가자들의 경우 범어가 현대 힌디와 유사한 점이 있다는 것을 활용하려 하였으나 범어를 다시 힌디로 전환하는 과정에서 제대로 된 어휘 이해가 어려웠다[8]. 중국어의 경우는 1차로 다섯 명(남 4인, 여 1인; 평균 연령 약 21세 10개월)이 참가하였으며, 이들은 모두 산뚱(山東) 출신의 대학생들이었다. 2차로 10명(남녀 각 5인)의 베이징(北京) 출신의 대학생이 실험에 참가하였으며 전체 15명의 연령 평균은 약 20세 11개월이었다. 희랍어의 경우는 만 22세인 두 명의 희랍어 전공 여대생이 실험에 참가하였다. 다른 언어권의 경우엔 적절한 참가자들을 충분히 구하기 어려웠기 때문에 한국어 실험과 달리 각 참가자들이 전체 6인의 얼굴 표정 자료 모두를 평정하고, 정서 어휘들 역시 모두 평가하도록 하였다.

얼굴 표정 자료. 얼굴 표정 자료는 정찬섭, 오경자, 이일병, 그리고 변혜란(1998)의 연구에서 수집된 한국인 6명(남녀 각 3명, 연기 전공자)의 자료를 사용하였다. 각각의 표정 산출자(poser) 별로 83개의 한국어 정서 표현에 상응하는 표정 자극이 있으며, 이들 각각은 쾌-불쾌, 각성-수면(이완)의 2차원 공간에서 해당되는 좌표 값들을 가지고 있었다. 쾌-불쾌와

8) 범어에 대해서는 설문 자료만이 분석되었다.

각성-수면의 정서 공간 자체는 범문화적으로 보편적인 것으로 알려져 있으나, 이 공간 내에서 분포하는 개별 어휘들은 종류나 양상이 다를 수 있어서 경우에 따라서는 특정 문화권에는 존재하는 표현이 다른 문화권에서는 존재하지 않는 경우도 있다.

그림. 얼굴 표정 자료의 예

한국어 정서 모형. 정찬섭 등(1998)에서 도출된 정서 모형이 사용되었다. 전체적으로 볼 때 정서 어휘들은 정서 공간에서 고루 분포되어 있기는 하나, 매우 낮은 각성 상태의 불쾌를 표현하는 어휘는 보기 어렵다. 이는 한국인들이 매우 낮은 각성 상태를 불쾌한 상태로 인식하지 않는 것으로 해석할 수 있다. 대체로 불쾌한 정서 상태는 어느 정도 이상의 각성을 동반하고 있으며, 따라서 불쾌한 정서 상태는 상대적으로 강렬하게 인식되거나 표현되고 있다고 볼 수 있다. 상대적으로 쾌한 상태를 표현하는 어휘의 비중은 적은데 정서 표현의 이러한 비대칭성은 쾌한 상태는 덜 분화되게 인식하지만, 불쾌한 상태는 보다 섬세하게 그 원인을 분석하고 분류한다는 연구 결과들과 어느 정도 일치한다. 차단 가설(Interrupt hypothesis: Mandler, 1975)에 의하면 부정적 정서가 발생될 경우 사람들은 그것을 불러일으킨 상황을 변화시키고자 하며 그러기 위해서는 전략이 보다 세분화될 필요가 있기 때문에 정서도 세분화되는 반면, 긍정적 정서는 만족스러운 상태이기 때문에 그러한 과정이 필요하지 않고 따라서 덜 세분화된다. 쾌한 상태에서도 낮은 각성을 표현하는 어휘는 매우 적어서 전체적으로 낮은 각성을 표현하는 어휘들이 적음을 볼 수 있다.

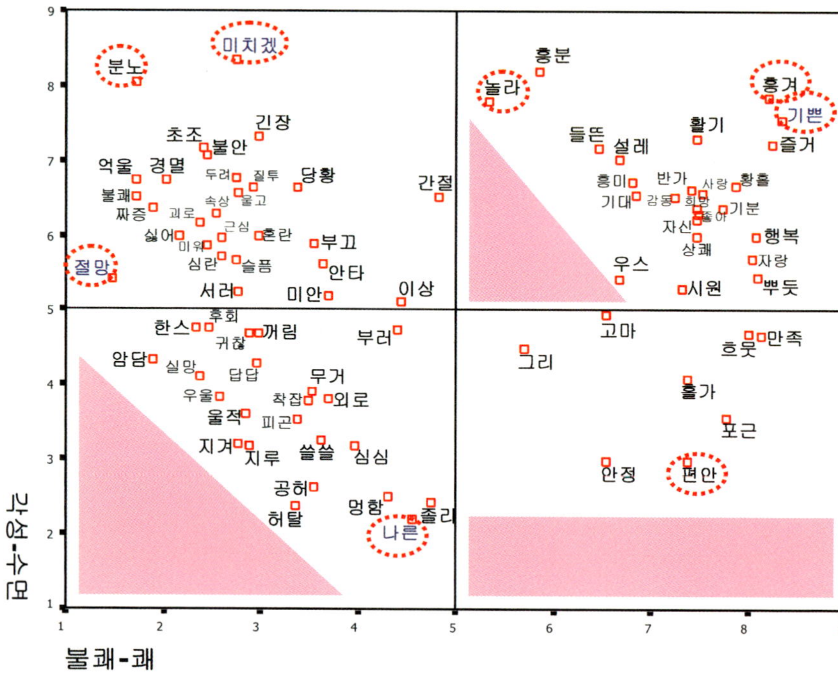

그림. 한국어 정서 모형

표. 실험에 사용된 어휘 목록. 설문에 사용된 어휘 목록과 조금 다르다.

	한국어	범어	중국어	희랍어
1	간절한	utsuka	迫切	spoudai=oj
2	감동적인	vikāraprotita (vismayotpatti)	感人	oi)ktro/j
3	경멸스러운	sāvalepa (sāvajña)	輕蔑	o)li??/gwroj
4	고마운	kṛtajña	謝謝	eu)xa/ristoj
5	공허한	śūnya	空虛	keno/j
6	괴로운	duḥkhāvaha	痛苦	o)dunhro/j
7	귀찮은	bādhaka	討厭	luphro/j
8	그리운	naṣṭa	懷念	e)piqumi/a
9	근심스러운	vyākulita	擔心	peri?/foboj
10	기대하는	apekṣita	期望	me/nein
11	기분좋은	sukhakara	情緒好	h)du/j

12	기쁜	sukhin	高興	h)du//j	terpno/j
13	긴장하는	śirāla	緊張	deilo/j	
14	꺼림직한	aniṣṭa	惡心	kakopaqei=n	
15	나른한	jaḍa	沒勁兒	a)peirhkw/j	
16	놀라운	vismita	驚人	qaumasto/j	
17	답답한	nivīta	煩悶	pnighro/j	
18	당황스러운	mohita	驚慌	a)/poroj	
19	두려운	bhayaṁkara	害	peri/foboj	
20	들뜬	vyākula	浮	e)/mplhktoj	a))kata/stoj
21	만족스러운	saṁtoṣaka	滿意	a))gaphto/j	
22	멍한	śūnyahṛdaya	發呆	e)/)mplhktoj	
23	무거운	bhāravat	重	baruj	
24	미안한	anutapta	不好意思	metamelei/a	
25	미워하는	garhita	恨	miaro/j	
26	미치겠는	unmatta	發狂	maniw/dwj	
27	반가운	āhlāda	歡喜	h((du/j	fi/loj
28	부끄러운	lajjākara	愧	kathfh/j	
29	부러운	serṣya	羨慕	e))pi/fqonoj	fqonero/j
30	분노하는	kopin	憤怒	xalepo/j	
31	불안한	ātura	不安	mete/wroj	
32	불쾌한	apriya	不愉快	dusxerh/j	
33	뿌듯한	vyāpta	滿		
34	사랑스러운	priya	可愛	kalo/j	
35	상쾌한	navīkṛta	爽快	a))/kopoj	
36	서러운	saśoka	悲傷	luphroj	
37	설레는	vicala	激動	sfu/zein	
38	속상한	śokāvaha	傷心	a))/qumoj	
39	슬픈	viṣaṇṇa	悲哀	a))/qumoj	du/sfrwn
40	시원한	śīta (mukta)	涼快	poto/j	
41	실망스러운	manohata	失望	sfa/lleisqai	
42	싫어하는	aniṣṭa	不願意	a))hdh/j	
43	심란한	vyāmuha	難	kinei=n	
44	심심한	avasāda	無聊	e(/wloj	
45	쓸쓸한	nibhṛta	寂寞	e))rh=moj	
46	안정된	sthira	安定	be/baioj	
47	안타까운	moghīkṛta	心焦	e))leei=n	
48	암담한	satimira	暗淡	a))/qumoj	du/squmoj
49	억울한	doṣāropita	冤枉	a))/dikoj	
50	외로운	vivikta	孤獨	e))rh=moj	
51	우스운	hāsajanaka	可笑	ge/loioj	

52	우울한	khinna		憂鬱	a))/qumoj	
53	울고싶은	avasanna		慾哭	dakru/ein	
54	울적한	aprabha		憂鬱而寂寞	a)/qumoj	dusqu/moj
55	이상한	apūrva		奇怪	a))llo/trioj	
56	자랑스러운	abhimānin		値得驕傲的	se/mnoj	
57	자신있는	āpta		滿懷信心	pi/unoj	
58	절망한	nirāśa		絶望	a)/qumoj	a))ne/lpistoj
59	졸리운	suṣupsu		困	u((pnw/doj	
60	좋아하는	anukūla		愉快	fi/ltatoj	
61	즐거운	pramodin		高興	h))du/j	
62	지겨운	āyāsaka		令人厭倦	diakorh/j	
63	지루한	atidīrgha		厭煩	o))xlhro/j	
64	질투하는	matsarin		嫉	e))pi/fqonoj	
65	짜증나는	krodhana		不悅	du/skoloj	
66	착잡한	viṣama		雜亂		
67	초조한	śirāla	vyagra	焦急	o))cu/j	
68	편안한	sukhada		舒服	h((du/j	
69	포근한	mṛdu		柔軟	qermo/j	
70	피곤한	śrāṁta		疲勞	talai/pwroj	
71	한스러운	śocya		可恨	metagignw/skein	
72	행복한	prita		幸福	h((du/j	
73	허탈한	kṣayam		虛脫	ma/thn	
74	혼란스러운	unmatta		混亂	a))/taktoj	
75	홀가분한	cayala (niścinta)		容易	eu)/qumoj	
76	활기찬	udāra		活躍	i((/laroj	
77	황홀한	mohana		恍惚	farma/ssein	
78	후회하는	khinna		後悔	metagignw/skein	
79	흐뭇한	sukha		滿足	a))gaphto/j	a))resto/j
80	흥겨운	hṛṣṭa		興緻勃勃	eu)/qumoj	
81	흥미로운	manohara		興趣	prusagwgo/j	
82	흥분한	prakopita		興奮	mete/wroj	o)rqo/j
83	희망적인	āśānvita		希望	eu)/elpij	

정서 어휘의 번역. 범어(Sanskrit), 중국어, 희랍어(Greek) 어휘들이 모두 수집되고 분석되면 한국어 정서 모형과 같은 독자적인 정서 모형을 구축할 수도 있을 것이나, 이는 매우 방대한 작업으로서 단순히 어휘의 수집만으로 이뤄지기 어렵다. 따라서 본 연구에서는 한국어 정서 어휘들을

각 언어권의 어휘로 번역하여 그 어휘들 간의 관계 양상을 살펴보았다. 어휘들은 각 언어의 전문가들이 번역하였으며, 범어의 경우 범어 학자들과의 논의 후에 일부 수정되었고, 희랍어의 경우에는 희랍인 실험 참가자에게 번역된 어휘가 정서 어휘로서 적절한지에 대한 평정을 하도록 하여 어휘들을 일부 정리하였다.

설문 조사 절차. 설문 조사는 각 언어권별로 정서 차원 공간 내에서 정서 어휘의 좌표 값을 확인하기 위해 실시되었다. 참가자들은 정서 차원의 각 축에 해당하는 두 개의 9점 척도 상에서 각각의 정서 어휘들을 평정하였다(1 불쾌 - 9 쾌; 1 수면 - 9 각성). 범어의 경우에는 두 명의 범어 학자들에게는 79개(중복 어휘 네 개 정리)의 어휘에 대한 평정을 실시하였으며, 학자들의 논의를 거쳐 추가 설문에서는 일부 어휘를 수정하고 추가하여 84개의 어휘를 사용하였다. 범어의 경우는 총 8인의 자료가 분석되었으나, 한국인 또는 중국인 참가자들과 다른 기준의 사람들이었다는 점이 문제가 될 수 있다. 이들은 연령상 한국인 또는 중국인 참가자들에 비해 고연령이었으며 이는 연령에 따른 차이라는 점에서 비교 시 문제가 될 수 있다. 중국어의 경우에는 유사어를 포함하여 85개(중복 어휘 한 개 정리)의 어휘에 대해 평정이 이뤄졌다. 희랍어의 경우에는 번역 과정에서 가능한 후보 어휘들이 많아(128개: 중복 어휘 13개 정리) 이들 모두를 설문 조사에 반영하였으며, 어휘들이 정서 표현으로서 적절한지(yes/no)에 대한 판단을 추가로 실시하였다.

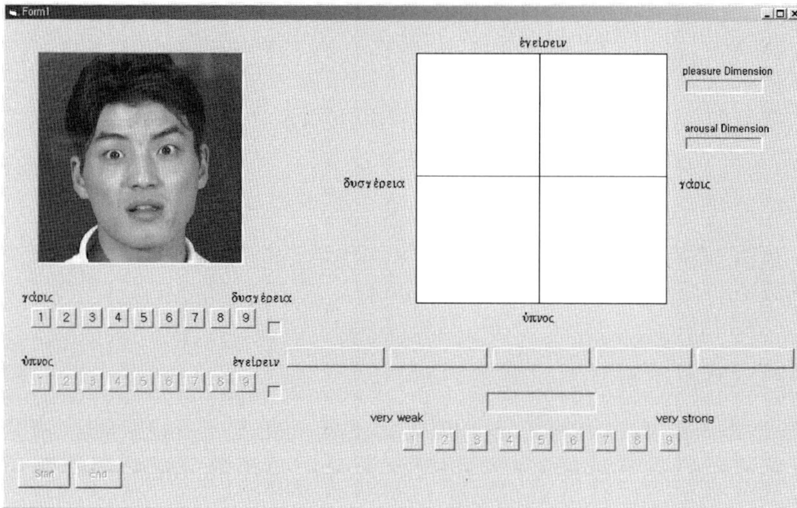

그림. 실험 프로그램의 예

실험 프로그램 및 실험 절차. 실험 프로그램은 Visual Basic으로 작성되었으며, 해상도 1024 X 768 화소(pixel)의 17inch CRT 모니터 화면에 제시되었다. 모니터에서 실험 참여자까지의 거리는 평균 약 60 cm 정도였으며, 얼굴 표정 자극의 크기는 가로 8 cm X 세로 8 cm 로, 시각(visual angle)으로 환산하면 7 °35′41″ X 7°35′41″이었다. 실험 프로그램은 각 언어권별로 해당 언어를 제시하도록 달리 작성되었으며, 범어의 경우 윈도우즈(WINDOWS) 환경에서 글꼴(font)이 확보되지 않아 알파벳 기호로 표기된(romanize) 문자들이 사용되었다. 화면 왼쪽 상단에는 각각의 표정들이 동일 인물(표정 산출자) 내에서 무선적(無選的, random)으로 제시되었다. 실험 참가자가 할 과제는 몇 개로 하위 부분으로 나뉘었다. 첫 번째로 참가자는 화면 왼쪽 하단의 두 척도 상에 제시된 표정의 정서 상태를 평정하였다(1 쾌 - 9 불쾌; 1 수면 - 9 각성). 각각의 척도는 해당 언어로 제시되었다. 두 척도 모두에 대한 평정을 마치면 화면 오른쪽 상당의 좌표 공간 내에 평정 값에 기초한 위치가 하나의 빨간 점으로 표시되었다. 참가자는 이 점을 참조점(reference point)으로 삼아 이 점을 중심으로 주변부를 탐색하여 제시된 표정에 가장 적절한 정서 어휘가 좌표 공간 하단의 다섯 항목 중 하나에 나타나면 해당 위치를 마우스 왼쪽 버튼을 클릭(click)하여 표시한 다음(파란 점으로 표시됨) 다섯 개의 어휘 중 하나를 선택하였다. 마지막으로 실험 참가자들은 자신이 선택한 어휘가 제시된 표정을 표현하는데 얼마나 적절하다고 생각하는지에 대한 확신도를 9점 척도 상에서 표시하였다(1 매우 약하다 - 9 매우 강하다).

설문 조사 결과의 전체적 논의. 설문 조사를 통해 수집된 자료는 평균을 내어 2차원 정서 공간의 좌표 값으로 활용하였다. 한국어를 제외하면, 현재의 자료만으로 타 문명권에서의 정서 어휘 분포를 확정적으로 말하기는 어렵다. 본 연구의 자료를 토대로 볼 때, 각각의 언어권별로 어휘의 분포 양상에 차이를 볼 수는 있었다. 따라서 비록 제한적이긴 하지만 이러한 결과를 토대로 볼 때 본 연구 결과는 번역 과정에서 어감의 차이가 어떤 식으로 나타나는지, 더 적절한 정서 표현은 무엇인지를 파악하는 데 도움을 줄 수 있을 것이며, 이는 번역 작업에서 단순히 언어의 변화가 아니라 특정 언어권의 사용자의 사유적 측면까지 고려하게 함으로써 번역의 질(quality)을 높이는 데 도움이 될 수 있을 것이다.

중국어 설문 조사 결과와 논의. 중국어의 경우엔 높은 각성의 불쾌를 표현하는 어휘들이 나타나지 않았다. 이는 중국어에 이와 같은 어휘가 별로 분포하지 않기 때문일 수도 있지만, 본 연구에서 어휘를 번역하여 사용함으로써 한국어의 어휘와 대응되지 않는 또 다른 어휘들이 반영되지 않았기 때문일 수도 있다. 만약 전자라면 중국인들은 불쾌를 그다지 강렬하고 긴장된 경험으로 인식하지 않는다고 볼 수 있는데, 스스로도 불쾌를 높은 각성으로 표현하지 않거니와 타인의 불쾌 반응에 대해서도 높은 각성으로 인식하지 못할 가능성이 있다. 중국인의 특성으로 흔히 표현되는 만만디(慢慢的)의 낙천성이 이와 관련된 것이 아닐까 싶다. 반면, 후자라면 중국어 표현이 한국어 표현보다 더 다양한 것으로 해석될 수 있을 것이다. 그러나 이 가능성은 그다지 높지 않을 것으로 예상되는데, 한자로 된 한국어 정서 표현이 중국어 정서 표현과 상당 부분 흡사했음에도 불구하고, 그 분포 양상에 차이가 나타났기 때문이다. 한자로 된 한국어 정서 표현과 중국어 표현 간에 공통분모가 많이 있음에도 불구하고 분포 양상에 차이가 있는 점은 흥미롭다. 전반적으로 볼 때 각성은 주로 쾌와, 비각성은 주로 불쾌와 상관이 있었다. 이는 상대적으로 불쾌감은 덜 강렬하게 느끼고 쾌감은 매우 강렬하게 느끼는 것으로 해석될 수도 있다. 가장 쾌한 상태와 가장 불쾌한 상태를 표현하는 어휘는 각각 '기쁜'과 '미워하는'에 해당되었다(한국어의 경우 '기쁜'과 '절망한'). 가장 높은 각성과 가장 낮은 각성을 표현하는 어휘는 각각 '기쁜'과 '졸린'에 해당되는 어휘들이었다(한국어의 경우, '미치겠는'과 '나른한'). 한국어에서 가장 높은 각성 어휘가 불쾌한 상태를 나타내는 어휘였던 데 반해, 중국어에서는 쾌한 상태를 나타내는 어휘가 보고되고 있다.

범어 설문 조사의 결과와 논의. 범어의 경우, 참가자 수 못지않게 대부분의 참가자들이 범어를 일상적으로 사용하는 사람들이 아니어서 범어에 대한 이해가 힌디의 확장이었을 수 있다는 점과 한국인이나 중국인에 비해 참가자의 평균 연령이 높다는 점이 문제가 될 수 있다. 범어의 경우엔 정서 공간 내에서 어휘가 분포하지 않는 영역이 매우 넓게 보고되었다. 설문에서는 표정 판단을 하는 상황처럼 실제 사용상의 문제가 개입되기 어려우므로 이 결과는 단순히 참가자들의 연령 때문이라고 보기는 어려울 것 같다. 각성과 쾌 간의 상관이 중국어에서보다 더 두드러지는 것을 볼 수 있다. 또한 낮은 각성의 불쾌 상태를 표현하는 어휘는 매우 잘 분화되어 있는 반면, 상대적으로 낮은 각성의 쾌 상태를 표현하는 어휘들이 나타나지 않았다. 후자의 어휘들은 한국어와 중국어의 경우에서도 별로 많지는 않으며, 이는 동양 문화권에서 이완된 쾌(여유로움과 연결되는)가 더 많이 나타날 것이라는 기대와는 다른 것이라 할 수 있다. 모형에 근거하여 볼 때 인도인들은 불쾌 상태를 긴장되게 경험하거나 표현하지 않을 가능성이 높다. 그럼에도 불구하고 낮은 각성의 불쾌 반응을 섬세하게 분화시키고 있다는 점은 이것이 인도 철학의 발달에 어떤 영향을 주었거나 또는 그로부터 영향을 받았을 가능성에 대해 생각하게 한다. 한편, 쾌 어휘들은 높은 각성과 관련이 높은 것으로 나타나 기대와 달리 인도인들이 쾌를 매우 흥분된 상태로 경험할 가능성을 시사한다.

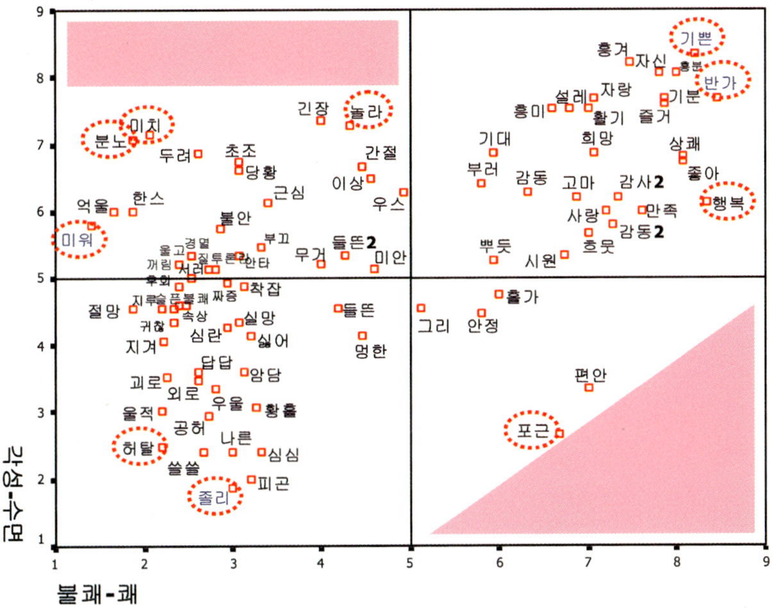

그림. 중국어 정서 모형

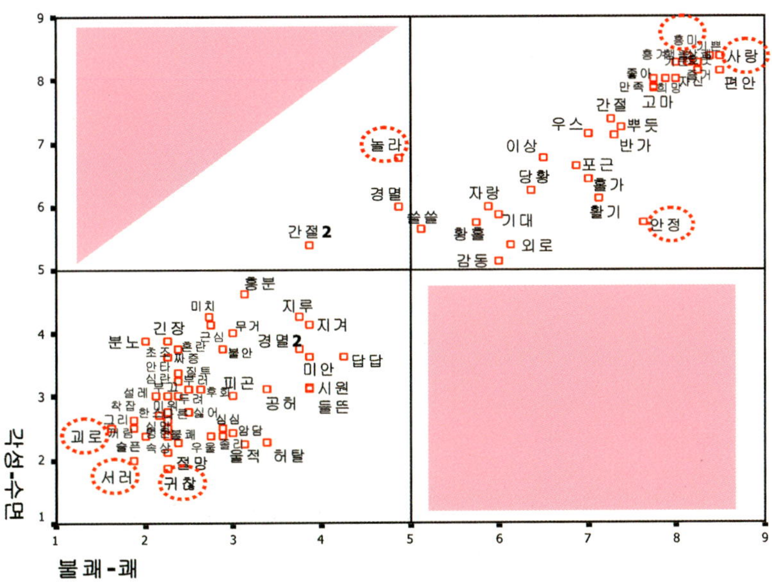

그림. 범어 정서 모형

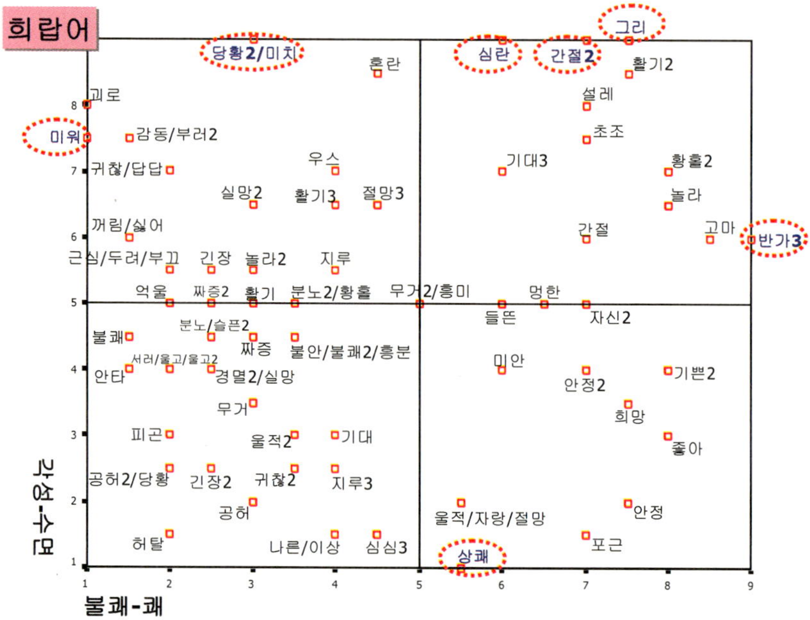

그림. 희랍어 정서 모형. 자료가 적어 해석이 곤란하다.

희랍어 설문 조사의 결과와 논의. 희랍어의 경우는 특히나 적은 자료라서 얻어진 결과를 확대 해석해서는 안 된다. 그럼에도 불구하고 탐색적인 측면에서 수집된 자료를 살펴보았다. 희랍어의 경우에는 어휘가 가장 고르게 분포되었는데, 이는 희랍어의 경우엔 충분히 많은 어휘들이 후보 어휘로 거론되었기 때문이기도 한 듯하다. 희랍어의 경우 하나의 한국어 어휘가 어감(nuance)에 있어 차이가 나는 많은 어휘들로 번역되었기 때문에 다른 언어권에 대한 설문 조사와 달리 매우 많은 어휘들이 포함되었다. 고른 어휘 분포가 일반적이라면 희랍에서는 어떤 정서 상태도 인식 또는 표현 가능한 것으로 해석될 수 있을 것이다; 이것이 신체 상태 인식에 대한 민감도 탓인지 추상화된 표현의 풍부함 때문인지는 본 연구에서는 해석할 수 없다. 가장 쾌한 상태와 불쾌한 상태를 나타내는 어휘는 각각 '반가운'과 '미워하는'에 해당하는 어휘들로 대인 관계 속에서 발생하는 측면이 강한 어휘들이었으나 이는 실험 참가자들의 특성 때문일 수도 있다. 가장 낮은 각성 상태를 표현하는 어휘는 '상쾌한'에 해당하는 어휘로 다른 언어권에서는 비교적 높은 각성 상태를 표현하는 어휘였다.

실험 결과 및 논의. 본 연구에서 사용된 정서 어휘들은 환유적(換喩的) 표현들이 아니었다. 각 문화권별로 어떤 표현들이 정서 상태를 나타내는 환유적 표현들인지를 확인하지 못하였기 때문이다. 아마도 정서와 관련된 환유적 표현들은 정서 파악에 있어 주로 관여되는 신체 부위들과 밀접한 관련이 있을 것이다.

실험 참가자의 수를 고려하여 실험 결과의 분석은 주로 한국인과 중국인의 차이에 초점을 맞추었다. 정서 차원의 주요 축 중 하나(사실상 제 1축)인 쾌 정도에 대한 판단의 경우, 한국인과 중국인의 정서 지각에는 통계적으로 유의한 차이가 나타났다, $t(164)=4.614$, $p<.01$. 한국인 지각자는 한국인 표정 산출자의 정서 상태를 비교적 정확하게 지각하는데 반해, 중국인 지각자는 한국인의 표정을 실제보다 더 불쾌한 쪽으로 지각하는 경향이 있었으며 이 차이는 통계적으로 유의하였다, $t(164)=3.384$, $p<.01$. 다중 회귀 분석(multiple regression analysis) 결과, 한국인 지각자와 중국인 지각자 모두 미간 부위와 우시야(右視野, right visual field)의 눈썹산을 공통적으로 관찰하고 있음에도 불구하고 이와 같은 차이가 나오는 것은 얼굴 하단부에서 고려하는 세부 특징이 서로 다르기 때문이라고 할 수 있다. 즉 한국인 지각자와 중국인 지각자 모두 미간이 좁아지면 불쾌한 상태로 인식하는 데는 차이가 없으나, 입 꼬리와 입의 벌린 정도에 대한 지각에 있어 고려되는 요인이 서로 다른 것이 지각에 영향을 주고 있는 것으로 판단된다. 중국인들은 각성 판단에서는 입 벌린 정도를 주요하게 고려했음에도 불구하고 이를 쾌 판단에는 사용하지 않았다. 이러한 차이는 환유적 표현들에 반영되어 있을 가능성이 있다. 또한 주로 보는 시야에서도 차이가 나타나 중국인과 한국인은 서로 다른 쪽을 중점적으로 지각하였는데, 이는 한자와 한글의 제시 방식의 차이 때문에 반구의존성의 정도에 차이가 생겨서일 수 있을 것이다.

수면-각성 판단의 경우엔 한국인 지각자와 중국인 지각자 모두에서 입 벌린 정도와 우시야의 입 꼬리가 올라간 정도 및 눈 뜬 정도와 관련된 부분이 가장 중요하게 영향을 주는 것으로 나타났다. 즉, 대개 입을 벌리거나 우시야 쪽 눈을 크게 뜨면 높은 각성 상태(가령, 놀람)로 인식하였다.

표. 정서 상태 파악에 대한 얼굴 표정의 물리적 특징들의 효과

지각된 정서	R2	Adjusted R2	얼굴 세부 특징	Beta	t	p
한국인 쾌	.795	.790	P15	.142	2.934	.004
F(7, 75)=133.257	.823	.816	P19	.234	5.973	.000
p<.001	.870	.863	P12	-.771	-14.098	.000
	.902	.895	P16	.177	3.973	.000
	.917	.911	P18	.460	6.538	.000
	.923	.916	P6	.291	3.901	.000
	.926	.919	P8	-.182	-2.270	.026
중국인 쾌	.829	.822	P15	.086	2.142	.035
F(5, 77)=215.941	.913	.908	P4	.439	11.308	.000
p<.001	.922	.918	P16	.168	4.371	.000
	.931	.926	P8	-.107	-2.867	.005
	.933	.929	P11	-.705	-21.069	.000
한국인 각성	.300	.291	P19	.436	4.632	.000
F(7, 75)=24.603	.457	.443	P18	-.469	-3.245	.002
p<.001	.524	.505	P21	.353	4.206	.000
	.587	.566	P4	.701	4.948	.000
	.615	.590	P15	-.272	-3.484	.001
	.642	.614	P12	-.706	-4.488	.000
	.697	.668	P1	.501	3.674	.000
중국인 각성	.468	.462	P19	.742	11.603	.000
F(4, 78)=52.519	.678	.670	P12	-.511	-8.438	.000
p<.001	.706	.694	P21	.242	3.645	.000
	.729	.715	P9	.179	2.612	.011

본 연구의 결과는 중국인과 한국인의 표정 판단에 있어 생길 수 있는 오해가 쾌-불쾌 판단의 착오에서 생길 수 있음을 시사한다. 특히 중국인이 각성 판단에서는 입 벌린 정도를 주요하게 고려했음에도 불구하고 쾌 판단에서는 이 정보를 고려하지 않고 있다는 것이 흥미를 끈다. 이에 대해서는 중국인이 중국인의 쾌 판단에서도 이들 정보를 고려하지 않는지

에 대한 비교 분석이 필요하다. 그밖에도 더 정확한 비교를 위해서는 중국인의 표정에 대해 한국인과 중국인 지각자가 판단하는 비교 연구가 필요하다.

각각 두 명씩의 자료라서 해석에 제약이 있으나 인도인 지각자와 희랍인 지각자로부터 얻어진 결과를 간략히 소개한다. 인도인 지각자나 희랍인 지각자의 경우 미간이 좁아지면 불쾌한 상태로 인식하며 입 꼬리가 올라가면 쾌한 상태로 인식하는 경향이 있었다. 이는 전반적으로 공통되는 부분이라 할 수 있다. 수면-각성 판단의 경우에는 한국인, 중국인과 마찬가지로 입 벌린 정도와 지각자 우시야의 입 꼬리가 올라간 정도가 공통되게 나타났다. 즉, 대개 입을 벌리면 높은 각성 상태로 인식하는 것이다. 희랍인이 나머지 세 문화권의 참가자와 가장 달랐는데, 이것이 일반적이라면 정서 공간의 제 1차원인 쾌-불쾌에 비해 수면-각성 차원에서는 문화적 보편성이 약화될 결과일 수 있을 것이다. 동양인이 서양인을 또는 서양인이 동양인의 얼굴을 판단하는 데 어려움을 겪는다는(own-race effect 또는 other-race effect) 연구와 연결해 생각할 만한 부분이다. 얼굴 표정에 있어 동족 효과(own-race effect)가 있다면 이는 쾌-불쾌보다는 수면-각성 차원에서 문화권별로 고려되는 요소가 다르기 때문에 나타나는 것일 가능성이 있다. 희랍인의 자료에서는, 상대적으로 얼굴의 적은 부위만이 고려되는 것으로 나타났는데, 이는 수면-각성 상태를 파악하는 데는 얼굴 표정 정보를 덜 활용되기 때문이거나(회귀 분석 결과의 설명량이 다른 문화권에 비해 상대적으로 작다는 점과 관련), 아니면 아주 적은 수의 단서로서 수면-각성 판단을 하기 때문일 수 있다(즉 신체적 변화에 근거한 판단이 가장 덜한 것).

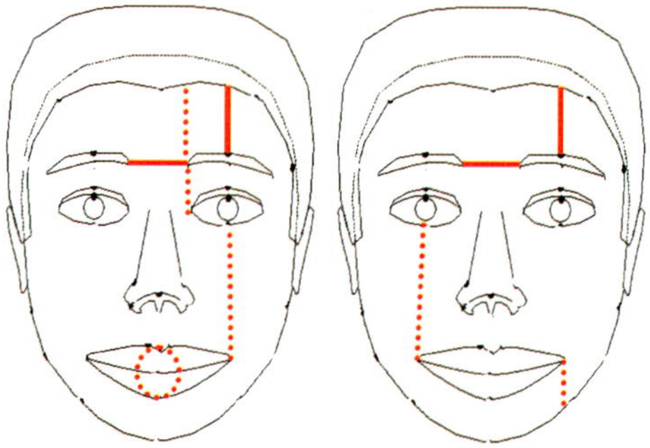

(가)

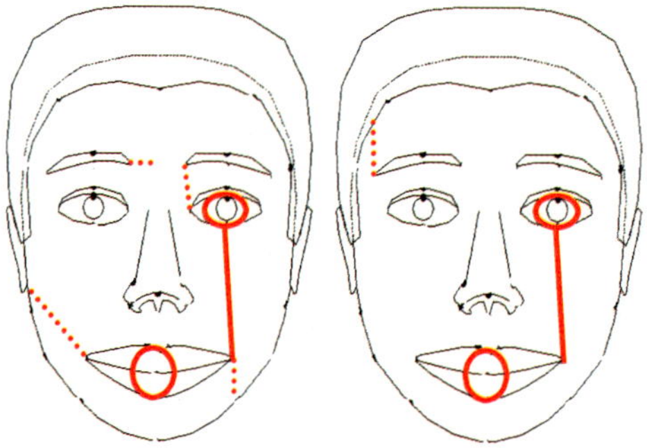

(나)

그림. 한국인 지각자와 중국인 지각자가 정서 판단을 위해 고려한 얼굴의 물리적 특징[9)]

9) (가) 쾌-불쾌 판단 (나) 각성-수면 판단. (가)와 (나) 모두에서 왼쪽 그림은 한국인 지각자, 오른쪽 그림은 중국인 지각자가 고려한 특징들이다. 실선으로 표시된 것은 문화권에 따른 차이가 없이 공통적으로 정서 판단과 관련된 특징들이며, 점선으로 표시된 것은 문화권별로 차이가 있는 특징들이다. 각각은 다중회귀 분석으로 얻어진 결과이다.

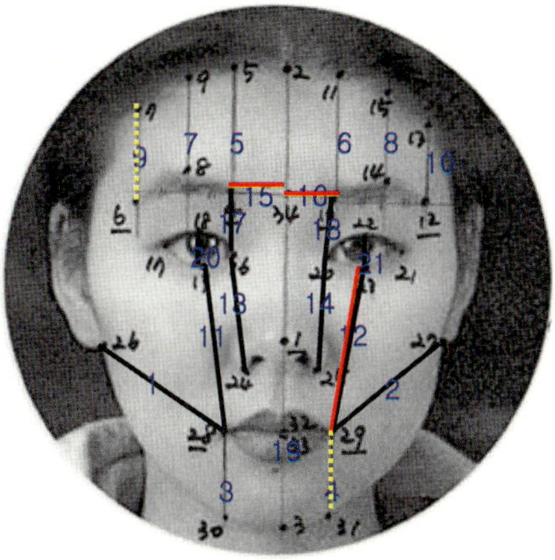

인도인 지각자의 쾌-불쾌 판단
근거(설명량: 90%)

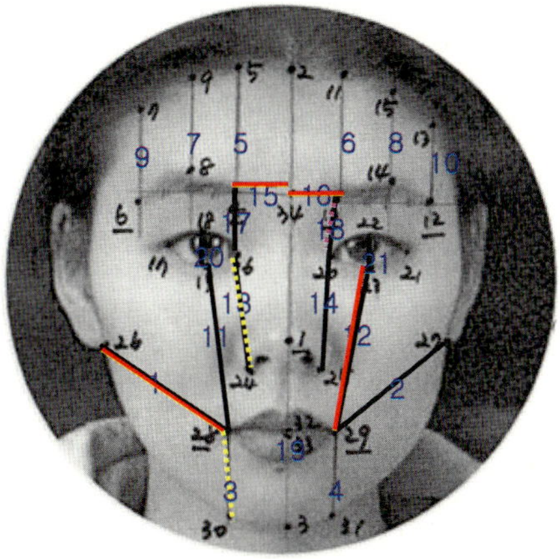

희랍인 지각자의 쾌-불쾌 판단
근거(설명량: 91%)

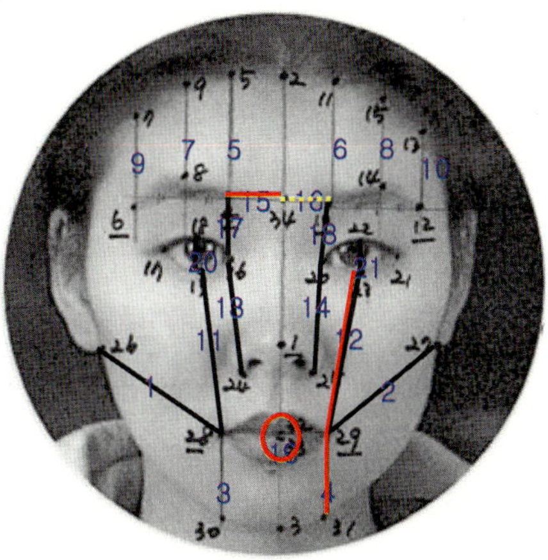

인도인 지각자의 수면-각성 판단
근거(설명량: 87%)

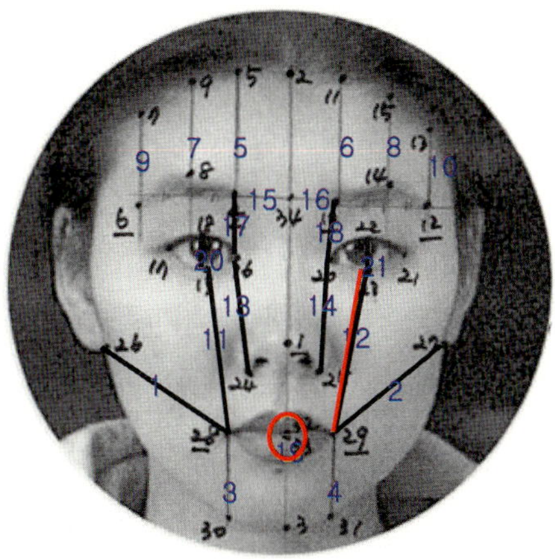

희랍인 지각자의 수면-각성 판단
근거(설명량: 62%)

범문화적으로 공통되는 기본적인 정서 판단에 있어서도 고려하는 얼굴 부위들이 서로 다를 수 있다는 것은 서로 다른 문화권 간의 비언어적 의사소통에 오해의 소지가 있음을 보여준다. 또한 고려되는 얼굴 부위의 수가 다르다는 것은 정서 판단에 있어 상대의 표정 변화를 얼마나 다양한 측면에서 파악하는지, 얼마나 신체적 변화에 근거하여 판단하는지를 보여주는 것이라 할 수 있다. 각 문화권별로 얼굴 표정 파악에 있어 어떤 지각적 요소들이 중요하게 고려되는지를 확인하는 것은 사회관계의 문화적 차이를 이해하는 데 도움을 줄 수 있으며, 실질적인 측면에서는 인간관계 개선 훈련이나 치료 또는 역할 연기 등에 도움을 줄 수 있을 것이다. 특히나 문화권별 차이는 이러한 과제들이 그대로 수입되어서는 안 되며 문화적 특성에 맞춰 개선되거나 개발되어야 함을 시사한다.

<이미지 지각과 어휘 표현>

① 이미지에 대한 한국인의 감성 모형

참가자. 연세대학교에서 교양심리학을 수강하는 162명의 20대 남녀 대학생이 평정에 참가하였다.

이미지 자료. 감성 반응 평정에 사용된 이미지들은 162장의 칼라 및 흑백 이미지들이었다. 이들 이미지들은 대표적인 국내 사진가 44명의 작품에 해당하는 것들로서 1차적으로 수집된 1,985장 중 다양한 기법과 소재들이 반영되도록 선정된 것들이었다. 최근에는 카메라 폰이나 저가형 디지털 카메라의 보급으로 일반인들도 쉽게 이미지를 만들어내고 공개하지만, 이들 이미지들은 완성도 면에서 부족한 경향이 있기 때문에 전문 사진가(professional photographer)들의 이미지를 분석 대상으로 삼았다. 이

그림. 이미지의 예

때 표정이나 얼굴은 인간 시각 정보 처리 과정에서 특정 처리 영역이 할당될 정도로 독특한 소재이기 때문에 이러한 요소들이 부각되는 인물 사진들은 배제되었다.

감성 어휘 자료. 감성 반응 평정에 사용된 어휘들은 대학생 197명을 대상으로 하여 1차적으로 수집된 2,988개의 감성 관련 어휘를 보고된 빈도의 분석, 적절성 평가, 유사어 제거 등의 과정을 통해 149개의 어휘로 정리하여 사용하였다. 어휘 보고 빈도의 경우, 1차적으로 조사에 참여한 사람들의 수가 197명이었던 점을 감안하여 대략 그 10%인 20명 이상이 보고한 어휘들(빈도로는 20회 이상)만을 남겼다. 어휘 적절성에 대해서는, 전문가 4인이 각각 평가한 다음, 그 중 3인 이상이 적절하다고 평가한 어휘들만을 적절한 것으로 정리하였다. 어휘의 적절성에 대한 평가는 매우 어려운 과제로서, 감성 어휘와 묘사어/기술어를 구분하거나 특정 어휘가 해당 분야의 감성 어휘로서 적절한지를 판단하는 것은 일반인들에게는 어려운 일이다(박수진과 정찬섭, 1999). 이에 본 연구에서는 연구목적에 대한 충분한 이해가 있는 전문가들의 적절성 판단 자료를 활용하였다. 마지막으로, 정리된 어휘 중 매우 유사한 어휘들은[10] 중복을 피하기 위해 사용 빈도가 높은 어휘를 중심으로 정리하였다.

평정 절차. 참가자들은 각각 한 대의 PC에서 모니터를 통해 제시된 사진을 보고 유발되는 감성을 정도 값으로 평정하였다. 이미지는 1024 X 768 화소, 32 bit true color의 17인치 CRT 모니터 화면에 각각 하나씩 제시되었다. 참가자자로부터 모니터까지의 거리는 약 70㎝, 화면에 제시된 이미지의 크기는 가로 4~16㎝, 세로 5~12㎝로 시각으로는 각각 3°15 ' 14 "~ 12°52 ' 30 " , 4°5 ' 8 "~ 9°43 ' 39 " 에 해당되었다. 참가자는 149개의 어휘 각각에 대해 제시된 이미지에서 느껴지는 감성을 평정하였다. 참가자들은 네 조로 나뉘어 각각 서로 다르게 무선화된 어휘들을 제시받았으며, 각각의 반응은 11점 척도로 측정되었다(0 전혀 아니다 - 10 매우 그렇다).

---

10) 예를 들어, 신비롭다, 신비스럽다, 신비하다

결과 및 논의. 수집된 감성 평정 값을 자료로 하여 주축 기법(principal axing)으로 요인분석(factor analysis)을 실시하였다. 분석 결과, 감성 반응에 대한 전체 변량의 41.5%를 세 요인만으로 설명할 수 있었으며, 추가로 요인의 수를 늘려도 변량은 크게 증가하지 않았다. 분석에 포함된 어휘가 많고 어휘들의 의미가 다양하고 복합적이었다는 점을 고려할 때 비교적 적은 수의 요인으로 어휘들이 잘 설명되었다고 볼 수 있다. 요인 1은 이미지와 관련된 감성 어휘 전체 변량의 23.6%를 설명하는 것으로 나타났다. 행복한, 즐거운, 아름다운, 사랑스러운, 산뜻한, 맑은, 밝은, 평화로운 등이 +.70 이상의 요인 부하량을, 음산한, 음침한, 음울한, 암울한, 어두운, 불안한, 불길한, 두려운, 으스스한, 공포스러운, 우울한 등이 -.70 이하의 요인 부하량을 보였다. 요인 2는 이미지와 관련된 감성 어휘 전체 변량의 14.1%를 설명하는 것으로 나타났다. 활기찬, 활동적인, 역동적인, 동적인, 열정적인, 정열적인, 흥겨운, 화려한 등이 +.60 이상의 요인 부하량을, 심심한, 정적인, 조용한, 쓸쓸한, 적막한 등이 -.60 이하의 요인 부하량을 보였다. 요인 3은 이미지와 관련된 감성 어휘 전체 변량의 3.8%를 설명하는 것으로 나타났다. 전체적으로 요인 부하량이 낮았으며, 일상적인, 초라한, 낡은, 토속적인, 애처로운, 엄숙한, 정돈된 등이 ±.30 이상의 요인 부하량을 보였다. 이 요인에 대한 명명은 쉽지 않아서, 요인 1, 2에 더 높은 부하량을 보였던 어휘들까지 점검하여 명명하였다. 일반적인 정서 모형들도 3차원 이상에서는 서로 다른 견해들을 보일 정도로 3차원이 뚜렷하게 정립되지 않으며(Averill, 1975; Russell & Bullock, 1986) 한국인을 대상으로 한 정찬섭 등(1998)의 일반 정서 모형에서도 3차원의 설명량이 작았던 점을 고려하면 세 번째 요인이 다른 두 요인에 비해 명명이 쉽지 않은 것은 정서/감성 연구에서 일반적인 현상이라 생각된다. 세 요인은 각각 긍정적-부정적(positive-negative impression), 동적-정적(dynamic-static impression), 가벼운-무거운 인상(light-heavy impression)으로 명명되었다.

본 연구에서 추출된 요인들은 쾌-불쾌(pleasure-displeasure), 이완-각성(sleep- arousal 또는 각성의 정도), 지배성 정도(dominance) 등으로 구성된 일반 정서 모형(Mehrabian & Russell, 1974)과 유사하지만, 이미지에 대한 감성은 표정을 중심으로 연구된 일반 정서에서는 표현되기 어려운 감성

들(이차적 감성: Gaunt, Leyens, & Demoulin, 2002)까지를 포함하므로 독자적인 모형으로 표현되는 것이 낫다. 특정 대상을 전제로 한 감성은 대상에 따라 그 범위나 내용이 달라질 뿐 아니라, 문화나 시대적 배경 같은 것에 의해서도 그 양상이 달라질 수 있으며(이구형, 1997; 김경인과 김창순, 1998) 보편성을 염두에 둔 일반 정서 모형에서는 이러한 측면이 고루 반영되기 어렵기 때문이다.

본 연구는 한국인들이 이미지를 볼 때 긍정적인지 부정적인지, 정적(靜的)인지 동적(動的)인지에 대한 느낌을 주로 받는다는 것을 보여준다. 특히 2차원 이미지가 동적으로 움직이는 대상까지도 정지된 이미지로 담아낸 것임에도 불구하고 이미지에서 정적인지 동적인지가 주요한 인상이라는 것은 흥미롭다.

② 이미지에서 색채의 유무가 한국인의 심리적 반응에 끼치는 영향

실험 참가자. 연세대학교에서 교양심리학을 수강하는 88명의 20대 남녀(각 감성 요인별로 29, 30, 29명)가 평정에 참여하였다.

이미지 자극. 대표적인 칼라 이미지 90장을 자극으로 활용하였다. 자극은 원본 그대로의 칼라 이미지 90장과 이를 흑백으로 전환한 이미지 90장이었다. 흑백 이미지들은 색의 세 요소(색상, 명도, 채도) 중 색상 요소만을 제거한 것이었다.

실험 절차. 이미지에 대한 감성 반응은 긍정적-부정적, 동적-정적, 가벼운-무거운 인상의 차원에서 정도 값으로 보고받았다. 참가자는 인쇄된 지시문을 받고 1024 X 768 화소, 32 bit true color의 17인치 CRT 모니터 앞에 앉아 연습 시행을 하였다. 연습 시행에서는 본 시행에서 사용하지 않은 10장의 이미지를 본 시행과 동일한 감성 척도로 평정해보도록 하였으며, 이를 통해 실험 과제에 익숙해지도록 하였다. 본 시행에서는 무선적으로 180장의 이미지를 제시하고, 각각을 세 가지 감성 요인 중 한 요인에 대해 평정하도록 하였다. 사진들은 회색(neutral gray) 배경에서 제시되었으며, 참가자로부터 모니터까지의 거리는 약 70㎝, 화면에 제시된 사진의 크기는 가로 4~16 ㎝, 세로 5~12㎝로 시각으로는 각각 3°15 ' 14 "~

12°52'30", 4°5'8"~ 9°43'39"에 해당되었다. 각각의 감성 반응 정도는 9점 척도로 측정되었다(1 매우 긍정적이다 - 9 매우 부정적이다; 1 매우 정적이다 - 9 매우 동적이다; 1 매우 가볍다 - 9 매우 무겁다).

실험 결과. 칼라 이미지와 흑백 전환 이미지는 세 가지 감성 요인 모두에서 유의한 감성 차이를 일으켰다. 긍정적-부정적 인상의 경우, 칼라 이미지와 흑백 이미지에 대한 감성 평정 평균은 각각 4.46(±1.05), 5.52(±0.79)로 나타났으며 이 차이는 통계적으로 유의했다, $t(89)=-18.69$, $p<.01$. 동적-정적 인상의 경우, 칼라 이미지와 흑백 이미지에 대한 감성 평정 평균은 4.42(±1.52), 3.83(±1.46)으로 이 차이 역시 통계적으로 유의했으며, $t(89)=13.06$, $p<.01$, 가벼운-무거운 인상의 경우에서도 칼라 이미지와 흑백 이미지에 대한 감성 평정 평균은 4.50(±1.11), 5.83(±0.83)으로 이 차이도 통계적으로 유의했다, $t(89)=-22.33$, $p<.01$.

전체적으로 볼 때, 칼라 이미지를 흑백으로 전환하는 것은 한국인에게는 부정적이며, 정적이고, 무거운 인상 쪽으로 감성을 이동시키는 것으로 나타났다. 이는 동일한 내용을 담고 있는 이미지에서 색 요소를 빼는 것만으로도 감성에 큰 변화를 일으킬 수 있음을 보여주는 것이다. Detenber, Simons, 그리고 Reiss(2000)는 동영상 클립(video clip)을 사용하여 미국 대학생들에게서 본 연구와 비슷한 결과를 얻어내었다. 이들은 일반 정서 모형의 차원들을 평정 척도로 삼아 동영상을 판단하게 하였는데, 그 결과 미국인들도 칼라 동영상을 흑백 동영상에 비해 유쾌하고, 더 각성되는 것으로 보고하였다. 이 연구 결과만을 비교해보면 색의 유무는 보편적으로 비슷한 심리적 변화를 유발할 것으로 기대되지만, 그럼에도 불구하고 본 연구만으로는 그러한 일반화를 하기는 다소 부족하다. 본 연구에서 사용한 이미지들이 전체적으로 색이 고루 포함되도록 선정된 것들이었음에도 불구하고 컬러 이미지에서조차 비교적 정적인 것으로 평가되었기 때문이다. 즉 본 연구의 결과는 본 연구에서 사용된 칼라 이미지가 흑백 이미지보다 상대적으로 동적이라는 것을 의미한다. 이는 2차원 이미지가 그 자체로 정적이기 때문일 수도 있지만 다른 한편으로는 한국인 사진가들이 보다 정적인 인상을 주는 이미지를 선호하기 때문일 수 있다. 이미지에 대한 감성 반응 모형을 이루는 주요한 차원 축 중 하나가 정적이냐 동적이냐에 관한 것임을 감안하면 후자의 가능성이 좀 더 높다고 볼 수 있다. 이에 대해서는 추가적으로 다른 문화권의 사진가들이 촬영한 이미지와의 비교 분석이 필요하다. 더불어 색의 유무에 따른 선호도나 예술성 판단에 대한 조사를 실시하면 한국인들의 색에 대한 느낌 반응과 태도를 파악해 볼 수 있을 것이다.

"Ἔνθ᾽ ἄλλοι μὲν πάντες ἐπευφήμησαν Ἀχαιοί
αἰδεῖσθαί θ᾽ ἱερῆα καὶ ἀγλαὰ δέχθαι ἄποινα·
ἀλλ᾽ οὐκ Ἀτρεΐδῃ Ἀγαμέμνονι ἥνδανε θυμῷ,
ἀλλὰ κακῶς ἀφίει, κρατερὸν δ᾽ ἐπὶ μῦθον ἔτελλε·
"μή σε, γέρον, κοίλῃσιν ἐγὼ παρὰ νηυσὶ κιχείω
ἢ νῦν δηθύνοντ᾽ ἢ ὕστερον αὖτις ἰόντα,
μή νύ τοι οὐ χραίσμῃ σκῆπτρον καὶ στέμμα θεοῖο·
τὴν δ᾽ ἐγὼ οὐ λύσω· πρίν μιν καὶ γῆρας ἔπεισιν
ἡμετέρῳ ἐνὶ οἴκῳ, ἐν Ἄργεϊ, τηλόθι πάτρης,
ἱστὸν ἐποιχομένην καὶ ἐμὸν λέχος ἀντιόωσαν·
ἀλλ᾽ ἴθι, μή μ᾽ ἐρέθιζε, σαώτερος ὥς κε νέηαι."

그림. 그리스어로 쓰인 일리아드(Lliad)

밝기와 대비, 색조(color tone)을 좀더 정교하게 변화시켜 살펴본 결과는 색의 유무에 따른 결과와 비교해볼 만하다. 이미지를 보다 밝게 하면 한국인들은 더 긍정적이고 더 동적이며 더 가벼운 인상을 받았다. 대비를 변화시키는 것은 정적-동적 차원에서는 통계적으로 유의한 차이를 일으키지 않았으나 나머지 두 차원에서는 더 부정적이고 더 무거운 인상을 주는 것으로 나타났다. 전반적인 색조의 변화는 파랑-노랑 톤의 변화에서 감성 차원에 영향을 줄 수 있는 것으로 나타났다.

<글자 정보 처리>

단어 우월 효과(word superiority effect: WSE)란 단독으로 제시된 낱자(자모)보다 단어 속에서 제시된 낱자가 더 빠르고 정확하게 지각되는 현상(Reicher, 1969; Wheeler, 1970)을 일컫는다. 이 현상은 글자에 대한 처리가 개별 낱자에서 단어로 일방적이며 순차적으로만 이뤄지지는 않을 것임을 반영한다.

영어의 경우 단어 우월 효과는 꽤 오랜 시간 동안 검증되고 확인된 현상이다(Grainger, & Jacobs, 1994; Henderson, 1987; McClelland, 1986; Paap, Newsome, McDonald, & Schvaneveldt, 1982; 그 외 다수). 본 연구는

चारों वेदों की वाणियां चार वेदों के नाम को धारण करती हुई भी मंत्र की रचना की दृष्टि से ऋक्, यजुः और सामरूप है । मंत्रो की यहा तीन हीद संज्ञायें हैं । चौथा जो अथर्व वेद है उसके भी मंत्र इन्ही संज्ञाओं वाले है जबकि वेद की दृष्टि से विचार करने पर वह चौथा वेद है । वेद में ज्ञान और भाषा दोनों गुथे हैं । ये पृथक् नहीं हो सकते हैं । भगवान् ने जहाँ ज्ञान दिया वहां भाषा भी दी । अतः वेद ज्ञान भी है और भाषा भी । परन्तु वेद की भाषा कभी भी संसार में न बोलचाल की भाषा रही, न है, और न होगी । यदि वह किसी समय बोलचाल की भाषा बनाई जावे तो बन नहीं सकेगी । बोलचाल की भाषा में रूढ़ि शब्दों के विना कार्य नहीं चल सकता । परन्तु वेद में रूढि शब्द हैं ही नहीं । सभी शब्द यौगित हैं । बाह्य विचार का नाम भाषा है और आन्तरिक भाषा का नाम विचार है । कोई भाषा विना विचार के नहीं रह सकती और विचार विना भाषा के नहीं हो सकता है । मन में उत्पन्न विचार भी तो वाक्य बन कर ही भाष की लड़ी पर चलते हैं । बोली की भाषा की भाषायें बाद में वेद की भाषा के आधार पर अर्थ संकोच करके बनाई जाति हैं । भाषा का संकोच क्रम है विकासक्रम नहीं ।

그림. 범어로 쓰인 베다(Veda)

언어의 시각적 정보 처리와 관련하여 단어 우월 효과가 다른 시각 구조를 가진 언어에서도 일관되게 나타나는지를 확인하고자 하였다. 그리스어를 포함한 서양식 알파벳 체계의 언어들은 영어와 유사하게 낱자가 가로 방향으로 배열되어(풀어쓰기 형식) 단어를 이루는 경향이 있으며 통상 단어가 띄어쓰기의 단위가 된다. 반면, 범어나 중국어, 한국어 등은 이와 다른 구조를 가지고 있다. 범어의 경우 가로선에 엮듯이 쓰며, 특정한 낱자는 단어 속에 쓰이면서 형태가 변하기도 한다. 중국어의 경우에는 문장 내에서 띄어쓰기는 이뤄지지 않으며 부수를 포함하여 단독 글자가 이뤄진 후 단어가 구성되는데, 이 때 부수나 다른 요소들의 배열은 영어에서처럼 풀어쓰기 형식으로 되어 있지 않다. 한편, 한글의 경우에는 반드시 단어가 띄어쓰기 단위가 되지는 않지만 띄어쓰기가 존재하며, 낱자가 모아쓰기의 형식으로 글자를 구성한 후 글자가 모여 단어가 되는 게 일반적이다.

기존에 한글의 단어 우월 효과를 검증한 논문들은(김민식과 정찬섭, 1989; 김재갑과 김정오, 1991; 김재갑, 1994; 김정오와 김재갑, 1992; 박권생, 1995) 일관성 있는 단어 우월 효과를 보고하지 못하고 있는데, 이는 아마도 한글의 문자형이 다양하고[11] 그래서 방법론적으로 영어와 동일한 실험 패러다임을 사용하기 어렵기 때문에 빚어진 결과라고 판단된다.[12] 영어 단어의 경우 풀어쓰기 형식이기 때문에 판단해야 할 낱자의

11) 한글에서는 같은 자음이라도 초성에 쓰였는지, 종성에 쓰였는지에 따라, 그리고 자음에 붙는 모음이 세로형인지 가로형인지에 따라 형태가 바뀐다.

12) 또한 기존 연구에서는 실험 상황이 단어 우월 효과 보다는 글자 우월 효과(Character Superiority Effect, 박창수와 방승양, 2001)를 보여주는 것에 더 가깝다. 한글에서는 영어와 달리 단어 우월 효과가 아닌 글자 우월 효과라는 개념

위치 아래/위에 검사 낱자를 제시하는 방법을 사용할 수 있지만, 한글의 경우에는 동일한 실험 패러다임을 사용하면 어느 위치의 낱자를 판단해야 하는지가 불분명해질 수 있다. 따라서 한글에서의 단어 우월 효과를 검증하기 위해서는 한글에 어울리는 실험 패러다임이 제안될 필요가 있다.

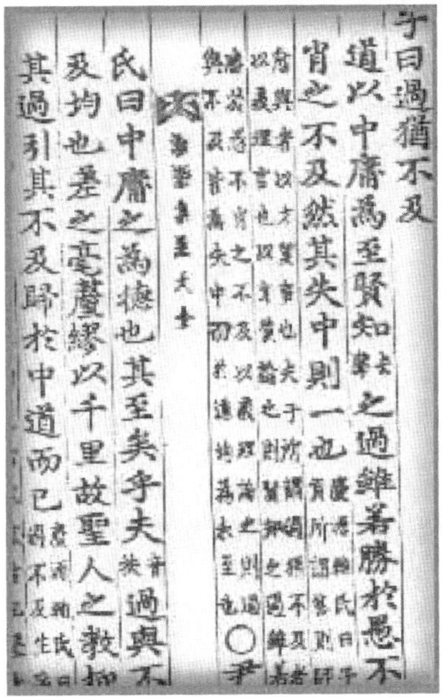
子曰過猶不及
道以中庸爲至賢知之過雖著勝於愚不
肖之不及然其失中則一也 ○尹
氏曰中庸之爲德也其至矣乎夫過與不
及均也差之毫釐繆以千里故聖人之教抑
其過引其不及歸於中道而已

그림. 한자로 쓰인 논어(論語)

단어를 구성하는 방식이나 배열하는 방식이 영어와 다른 중국어에서도 단어 우월 효과는 보고되고 있으며 이를 위해 중국어 연구자들은 영어에서 쓰이는 고전적인 Reicher의 패러다임과 다른 방법을 채택하였다(Cheng, 1981; Mattingly & Xu, 1994). 그 결과 시각적 구조가 다른 중국어에서도 단어 우월 효과가 보고되고 있으며 이에 따라 단어 우월 효과를 언어학적으로 특수한 언어에서 존재하는 현상이 아니라 일반적인 현상으로 해석하고 있다.

본 연구에서는 글자 체계가 다른 한글에 적합한 실험 패러다임을 제안하고 이를 통해 한글의 단어 우월 효과를 확인하고자 하였다.

① Reicher의 패러다임과 새 실험 패러다임의 비교

Reicher의 패러다임과 본 연구에서 제안한 실험 패러다임이 등가적인지를 살펴보았다. 이를 위해 실험에 사용된 자극은 받침 없는 글자와 단어로 이뤄졌으며, 이는 풀어쓰기 형식의 영어 단어들과 유사한 것이었다[13].

실험 참가자. 연세대학교에서 교양심리학을 수강하는 24명의 20대 남

이 별도로 고려될 수 있는데 이는 한글이 조합형으로 모아쓰기를 하는 글자이기 때문에 나올 수 있는 현상이다.

13) 그럼에도 불구하고 영어와 달리 한글에서는 단어를 이루는 낱자들의 간격이 동일하지 않으며 자음과 모음의 순서도 일정하다.

녀 대학생이 실험에 참가하였다.

실험 자극. 실험에 사용된 자극은 각각 낱자-비단어-단어를 한 쌍으로 하여 총 여덟 쌍이었다. 자극으로 사용된 단어는 두 글자(2음절) 단어로서 국립국어연구원(2003)의 현대 국어 사용 빈도 조사 결과를 토대로 고빈도어(명사)를 추출하여 사용하였다. 단어, 비단어(non-word) 조건의 경우, 낱자 판단 위치가 첫 글자 자음인 경우, 첫 글자 모음인 경우, 두 번째 글자 자음인 경우, 두 번째 글자 모음인 경우 두 쌍씩으로 나뉘었다.14)

실험 절차. 참가자들은 각각 한 대의 PC 앞에 앉아 모니터를 통해 제시된 자극을 보고 키보드로 반응을 하였다. 화면은 1024 X 768 화소, 16 bit true color의 17인치 CRT 모니터 화면이었으며, 참가자로부터 모니터까지의 거리는 약 70㎝, 화면에 제시된 글자의 크기는 자음은 평균적으로 약 1㎝ X 1㎝, 모음은 평균적으로 약 0.6㎝ X 1.6㎝ 이었다.

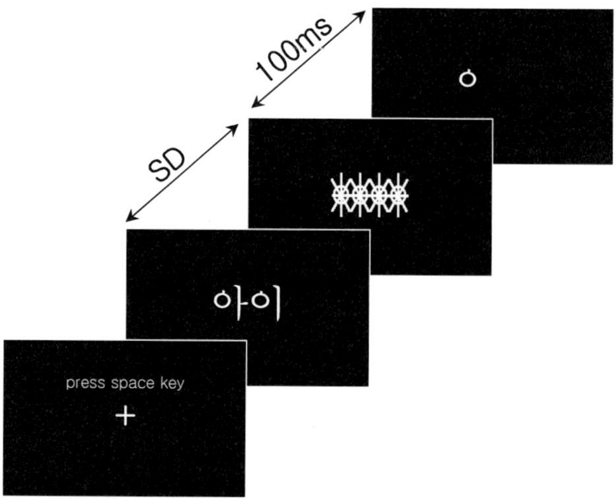

그림. 실험 절차

실험이 시작되면 화면 중앙에 + 자 모양의 응시점(fixation point)과 더불어 "press space key"라는 문장이 응시점 상단에 제시되었다. 24회의 예비 실험을 통해 실험 참가자가 스페이스 키(space key)와 반응키를 누르는 것을 포함한 실험 과제에 익숙해지도록 하였다. 실험 참가자가 스페

14) 실험에 사용된 자극 쌍 중 첫 글자의 초성 낱자를 판단해야 하는 경우의 예를 들면 단어 조건에서는 '아이'와 '나이'가, 비단어 조건에서는 '이아'와 '니아'가, 낱자 조건에서는 'ㅇ'과 'ㄴ'이 자극으로 사용되었다.

이스 키를 누르면 응시점 위치에 낱자, 비단어, 단어 중 하나가 제시되었다. 자극 제시 시간(SD: stimulus duration)은 조건에 따라 40, 60, 또는 80ms 이었다. 자극이 제시되었다가 사라지자마자 차폐 자극(mask)이 100ms 동안 제시되었다. 차폐 자극이 사라지고 나면 탐사 자극(probe stimulus)에서와 동일한 위치에 검사 자극(test stimulus)이 제시되었다. 실험 참가자의 과제는 제시된 검사 자극이 동일한 위치에 나왔던 탐사 자극의 낱자와 같은지를 판단하는 것이었다. 동일한 자극이었는지 아니면 다른 자극이었는지를 키보드 오른쪽의 '/' 키나 키보드 왼쪽의 'z' 키를 눌러 반응하도록 하였다.

실험 결과 및 논의. 자극 제시 시간에 따른 정확 반응 빈도를 변량 분석(variance analysis)한 결과 이들 간의 차이도 통계적으로 유의했으며 ($F(2, 46)=88.142$, $MSE=5.094$, $p<.001$), 낱자의 제시 위치 주효과도 통계적으로 유의했다($F(3, 69)=73.270$, $MSE= 6.794$, $p<.001$). 사후 분석 결과, 첫 글자와 두 번째 글자 모두 초성에 대한 반응이 중성에 대한 반응보다 정확하였으며($F(1,23)=84.300$, $p<.01$; $F(1,23)=151.333$, $p<.01$) 같은 초성 간에도 차이가 있었는데($F(1,23)=9.406$, $p<.01$), 이는 일종의 초두 효과로 볼 수 있을 것이다

자극 제시 시간에 관계없이 모든 조건에서 단어 우월 효과가 관찰되었다($F(2,46)=62.802$, $MSE=5.960$, $p<.01$). 사후 분석 결과 단어 대 비단어, 단어 대 낱자, 비단어 대 낱자 모두 유의한 효과 차이가 있었다 ($F(1,23)=12.701$ $p<.01$; $F(1,23)=76.407$ $p<.01$; $F(1,23)=58.455$ $p<.01$). 이러한 결과는 한글을 이용한 기존 연구에서 단어 우월 효과가 잘 나타나지 않거나 경우에 따라 단어 열등 효과가 나타나기까지 한 이유가 실험 절차상에서 한글의 글자 특성이 제대로 고려되지 않았기 때문일 수 있음을 시사한다. 본 연구의 결과를 보면 비단어 조건의 정확 반응 빈도도 단독 낱자 조건보다 높으며 단어 조건과 비슷한 정도임을 알 수 있다(글자 우월 효과).

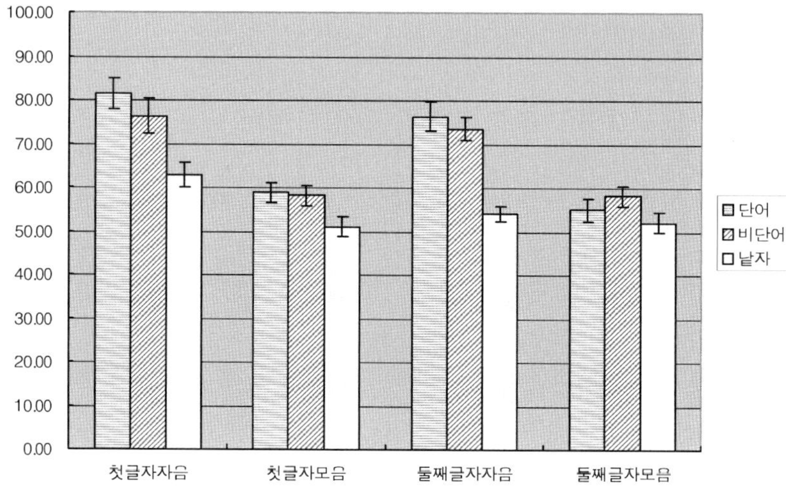

100.00
90.00
80.00
70.00
60.00
50.00
40.00
30.00
20.00
10.00
0.00
첫글자자음
첫글자모음
둘째글자자음
둘째글자모음
단어
비단어
낱자

(가) 40ms

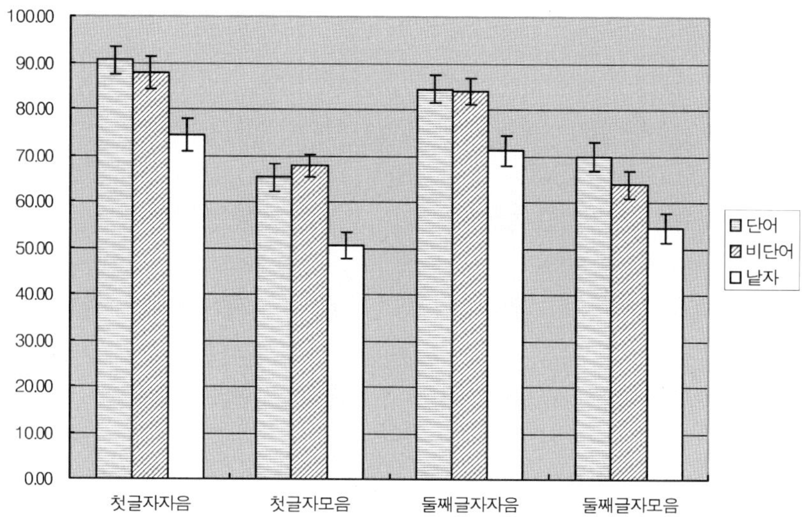

100.00
90.00
80.00
70.00
60.00
50.00
40.00
30.00
20.00
10.00
0.00
첫글자자음
첫글자모음
둘째글자자음
둘째글자모음
단어
비단어
낱자

(나) 60ms

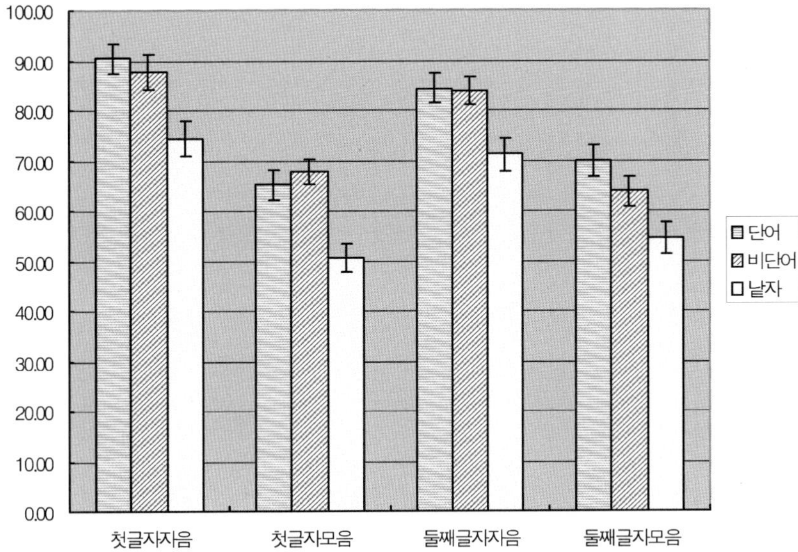

(다) 80msec

그림. 탐사 자극 제시 시간별 정확 반응률

본 연구의 글자 우월 효과는 낱자의 위치 단서를 시각적으로 제시한 김정오와 김재갑(1992)의 연구 결과와는 다르나 청각적으로 위치 단서를 제시한 김민식과 정찬섭(1989)의 연구 결과와는 일치한다. 이는 김정오 등의 연구에서 단어 우월 효과나 글자 우월 효과가 나타나지 않았던 경우의 이유가 한글의 모아쓰기 특성 때문이 아니라 차폐 자극 이후에 제시되는 낱자를 판단할 때 위치에 대한 단서가 시각적으로 제시되어 단어나 글자 조건이 낱자 조건에 비해 처리 부담이 컸기 때문이었을 수 있음을 의미한다. 위치 단서를 청각적으로 제시한 김민식 등의 연구와 표적 낱자의 위치에 검사 낱자를 제시함으로써 부가적인 위치 단서가 필요 없는 본 연구의 결과가 일치하는 것은 이러한 해석을 지지해주는 결과라고 할 수 있다.

또한 본 연구에서는 초성 낱자가 중성 낱자보다 정확 반응 빈도가 높은 것으로 나타났다. 이 결과 역시 김정오와 김재갑(1992)의 연구와는 불일치하는 결과인 반면, 김민식과 정찬섭(1989)의 연구 결과와는 일치한다. 글자 우월 효과와 마찬가지로 이 차이 역시 위치 단서가 주어진 방식과 관련될 수 있다. 중성보다 초성에서 정확 반응 빈도가 높은 또 다른 이유는 중성은 수평선과 수직선만이 사용되어 그들의 길이와 조합 방식에 의해 표현되는데 비해 초성은 수평선, 수직선 외에 곡선, 사선과 같은 더 많은 세부 특징이 사용되어 세부 특징 분석 수준에서 쉽게 구분되기 때문이라고 해석할 수 있다.

본 연구의 결과는 한글에서 단어 우월 효과와 글자 우월 효과가 있을 수 있음을 보여주며, 차폐 자극 후 두 개의 검사 낱자를 제시하고 표적 낱자가 무엇이었는지를 강제 선택법으로 반응하도록 하는 방법보다 표적 낱자의 위치에 검사 낱자 하나만을 제시한 다음 표적 낱자와 같은 것이 었는지의 여부를 판단하도록 하는 것이 한글에서의 단어 우월 효과를 검증하는 더 효과적인 방법이 될 수 있음을 보여준다.

② 새로운 패러다임을 사용한 받침 있는 글자의 단어 우월 효과 연구

실험 참가자. 연세대학교에서 교양심리학을 수강하는 26명의 20대 남녀 대학생이 실험에 참가하였다.

실험 자극. 실험에 사용된 자극은 각각 낱자-비단어-단어를 한 쌍으로 하여 총 36 쌍이었다. 자극으로 사용된 단어는 두 글자 단어로서 국립국어연구원(2003)의 현대 국어 사용 빈도 조사 결과를 토대로 고빈도어를 추출하여 사용하였다. 단어, 비단어 조건의 경우 받침 있는 두 음절 글자들이었으며, 이들은 다시 낱자 판단 위치가 첫 글자 초성인 경우, 첫 글자 중성인 경우, 첫 글자 종성인 경우, 두 번째 글자 초성인 경우, 두 번째 글자 중성인 경우, 두 번째 글자 종성인 경우 두 쌍씩으로 나뉘어졌다[15]. 본 연구는 이전 연구에서 유형 1의 글자만이 사용되었다는 한계를 넘기 위해 수행되었다.

실험 절차. 자극 제시 시간이 80ms인 것을 제외한 나머지 절차는 이

15) 실험에 사용된 자극 쌍 중 첫 글자(음절)의 초성 낱자를 판단해야 하는 경우의 예를 보면 단어 조건은 '통일'과 '동일'이, 비단어 조건에서는 '톨잉'과 '돌잉'이, 낱자 조건에서는 'ㅌ'과 'ㄷ'이 자극으로 사용되었다.

전 실험과 같았다. 받침 있는 글자를 완전히 차폐할 수 있도록 차폐 자극이 조금 더 복잡해졌다.

실험 결과 및 논의. 낱자의 제시 유형과 낱자의 제시 위치의 상호작용 효과가 통계적으로 유의하였으나(F(10,250)=3.015, MSE=3.412, p<.001), 이는 각 조건별 차이의 정도가 다른데서 기인한 것이었다. 낱자의 제시 위치 주효과는 통계적으로 유의하였고(F(5, 125)=45.390, MSE=5.459, p<.001), 사후 검증 결과 초성 우월 효과를 확인할 수 있었다(첫 글자 초성 대 중성 F(1,25)=184.806, p<.001; 두 번째 글자 초성 대 중성 F(1,25)=84.856, p<.001). 더불어 중성의 정확 반응률이 가장 낮은 중성 열등 효과도 확인할 수 있었다(첫 글자 종성 대 첫 글자 중성 F(1,25)=51.324, p<.001; 두 번째 글자 종성 대 두 번째 글자 중성 F(1,25)=40.948, p<.001). 낱자의 제시 유형의 주효과도 통계적으로 유의하였다(F(2, 50)=29.269, MSE=17.720, p<.001). 사후 분석 결과 단어 대 비단어, 단어 대 낱자, 비단어 대 낱자 모두 통계적으로 유의한 차이가 나타났다(F(1,25)=28.737, p<.001; F(1,25)=38.224, p<.001; F(1,25)=19.167, p<.001).

그림. 변형된 차폐 자극.

실험 결과는 새로운 실험 패러다임을 사용하여 영어와 같은 배열 방식인 받침 없는 글자뿐 아니라 받침 있는 글자에서도 단어 우월 효과가 나타남을 보여준다. 따라서 한글을 이용한 기존 연구에서 단어 우월 효과가 일관성 있게 나타나지 않았던 것은 실험 절차에 한글의 글자 특성이 제대로 반영되지 않았기 때문일 수 있다.

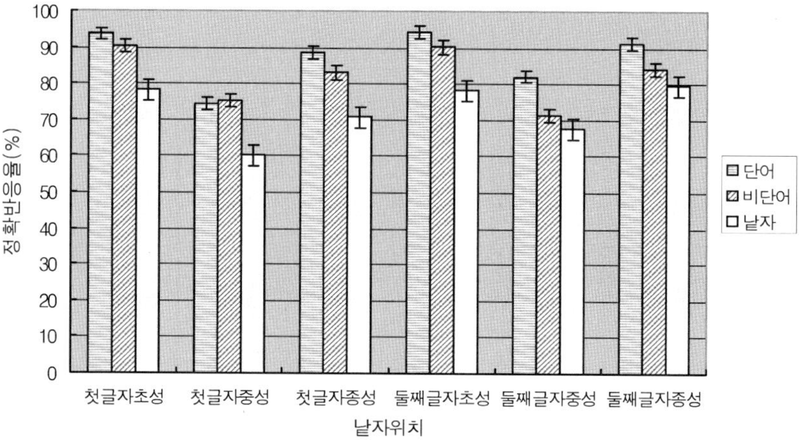

그림. 실험 결과.

③ 탐사 자극과 검사 자극의 글꼴 불일치가 단어 우월 효과에 미치는 효과

실험 참가자. 연세대학교에서 교양심리학을 수강하는 60명의 20대 남녀 대학생이 실험에 참가하였다. 세 가지 자극 제시 시간 조건별로 각각 20명의 참가자들이 실험을 수행하였다.

실험 자극. 검사 자극으로 탐사 자극과 동일한 휴먼명조체와 함께 세벌체 중 하나인 안상수체가 사용되었다는 점을 제외하고는 실험 자극은 이전 실험과 같았다. 이때 두 글꼴에서 낱자의 평균 크기는 거의 유사하도록 하였다.

실험 절차. 이전 실험과 같았다.

실험 결과 및 논의. 전체 실험 참가자 중 한 명은 실험 자극을 거의 탐지하지 못하여(평균 탐지율 10% 이하이며, 대부분의 경우에서 탐지율 0%) 자료 분석에서 제외되었는데, 이 실험 참가자는 나머지 참가자들이 거의 천장 효과(ceiling effect)를 보인 80msec의 탐사 자극 제시 시간 조건에서 실험한 사람이었다.

본 연구는 탐사 자극과 검사 자극의 일치 여부가 단어 우월 효과에 영향을 주는지를 알아보기 위한 것이었으나, 글꼴 일치 여부에 따른 정확 반응률의 차이는 어느 제시 시간 조건에서도 통계적으로 유의하지 않았다. 본 연구에서 세 가지 제시 시간 조건을 사용한 것은 글꼴이 불일치할 경우 부가적인 정보 처리 과정이 개입될지를 알아보기 위한 것이었으나, 글꼴의 일치 여부는 어느 시간 조건에서도 영향을 주지 않는 것으로 나타나 글꼴 변화에 따른 부가적 정보 처리 과정은 고려할 필요가 없는 것으로 판단된다.

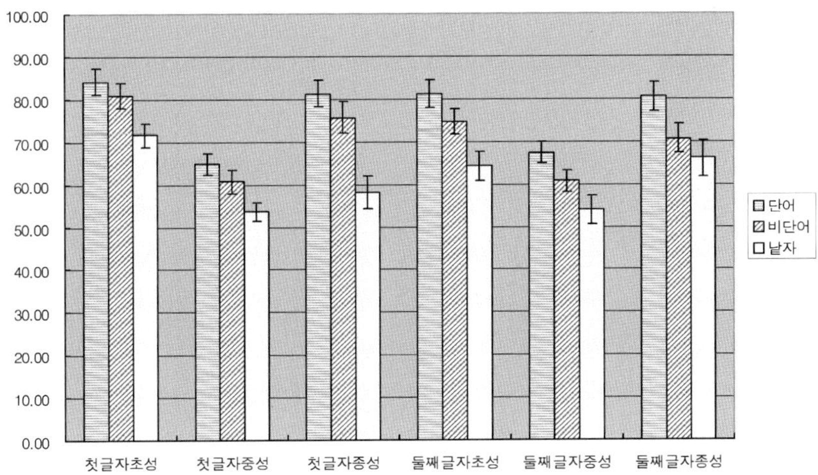

(가) 40ms

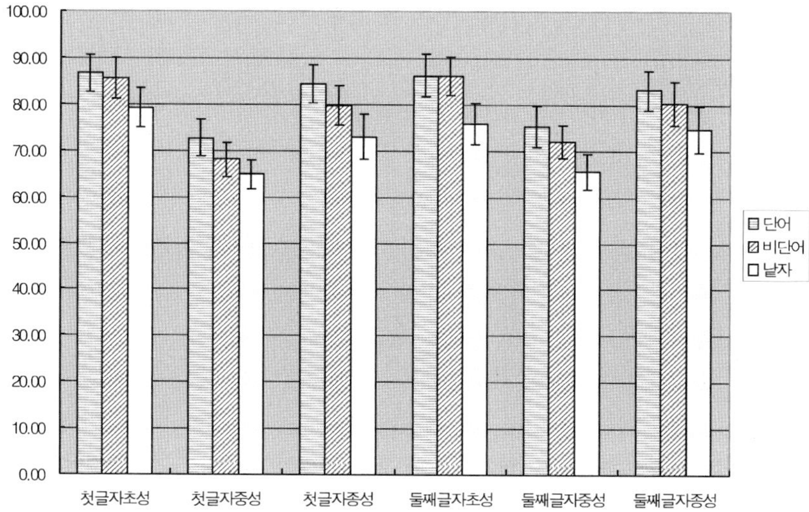

(나) 60ms

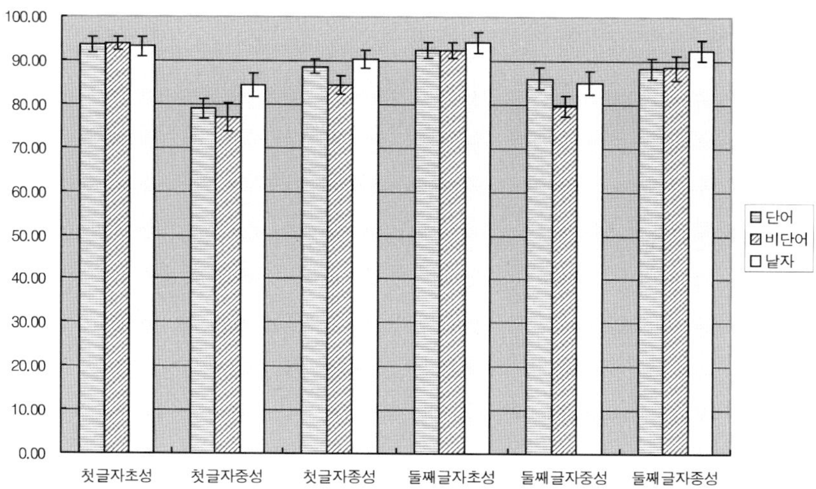

(다) 80ms

그림. 탐사 자극 제시 시간별 정확 반응률

40msec의 탐사 자극 제시 조건에서는 낱자 위치와 제시 유형[16]에 따른 상호작용 효과가 통계적으로 유의하게 나타났으며($F(10,190)=2.144$, $MSE=1.978$, $p<.05$), 낱자 위치와 제시 유형에 따른 정확 반응률의 차이도 각각 통계적으로 유의하였다($F(5,95)=29.231$, $MSE=3.439$, $p<.001$; $F(2,38)=25.559$, $MSE=7.972$, $p<.001$). 60msec에서는 낱자 위치와 제시 유형에 따른 정확 반응률의 차이가 각각 통계적으로 유의하였다($F(5,95)=24.470$, $MSE=2.773$, $p<.001$; $F(2,38)=8.504$, $MSE=9.183$, $p<.001$). 80msec에서는 낱자 위치에 따른 정확 반응률의 차이만이 통계적으로 유의하였다($F(5,90)=13.803$, $MSE=3.318$, $p<.001$).

본 연구의 결과는 탐사 자극의 제시 시간에 관계없이 낱자의 위치에 따른 정확 반응률의 차이가 모두 통계적으로 유의하였음을 보여주는데, 이는 첫 번째 실험에서 얻은 결과와도 일치한다. 초성 우월 효과와 중성 열등 효과가 관찰되었으며, 이는 박권생(1995)의 연구 결과와 부분적으로 일치하는 것이다. 박권생의 연구에서는, 단어일 때는 초성(자음) 우월, 낱자일 때는 중성(모음) 우월 효과를 보고하고 있는데 반해, 본 연구의 결과는 단어든 낱자든 중성이 열등하고 초성이 우월함을 보여주고 있다. 이는 아마도 자음이 모음에 비해 낱자를 구성하는 세부 특징의 수가 많아서 보다 쉽게 구별할 수 있기 때문에 생기는 현상일 것이다.

제시 유형에 따른 차이는 80msec에서는 통계적으로 유의하게 나타나지 않아서 이전 실험들과 부분적으로 불일치하나, 본 실험에서 정확 반응률이 높고 참가자들 간의 편차가 작은 것으로 볼 때 이는 천장 효과 때문에 나타난 결과라 생각된다. 80msec를 제외한 나머지 두 제시 시간 조건에서는 단어 제시 조건이 낱자 제시 조건보다 유리한 것으로 나타났으며 이는 검사 자극의 글꼴 유형이 무엇인지와는 관련이 없었다. 이 결과는 단어를 지각하는 과정에서 우리가 세세한 세부 특징을 일일이 대조하여 처리하는 대신 세부 특징 간의 관계에서 파생되는 전체적인 구조나 의미에 의존할 수 있음을 시사한다.

④ 글꼴 일치성 여부에 따른 단어 우월 효과의 확장

실험 참가자. 연세대학교에서 교양심리학을 수강하는 76명의 20대 남

---

16) 단어, 비단어, 또는 낱자로 제시되었는지의 여부

녀 대학생이 실험에 참가하였다. 이 중 39명은 탐사 자극이 바탕체인 조건, 37명은 세벌체인 조건에서 실험을 하였다.

실험 자극. 조건에 따라 탐사 자극으로 바탕체와 더불어 세벌체도 사용되었다는 점을 제외하면 자극은 이전 실험에서 사용된 것과 같았다.

실험 절차. 탐사 자극의 제시 시간이 약 66msec로 통일된 조건이 사용되었음을 제외하면 이전 실험들과 동일한 절차가 사용되었다. 본 실험은 60msec 조건에 대응하여 생각해 볼 수 있을 것이다.

실험 결과 및 논의. 탐사 자극이 바탕체일 때 낱자 위치와 제시 유형에 따른 정확 반응률은 각각 통계적으로 유의한 차이를 보였다 ($F(5,190)=66.279$, $MSE=2.472$, $p<.001$; $F(2,76)=6.611$, $MSE=8.097$, $p<.01$). 탐사 자극이 세벌체일 때는 낱자 위치와 제시 유형에 따른 상호작용 효과가 통계적으로 유의하게 나타났으며($F(10,360)=3.493$, $MSE=1.572$, $p<.001$), 낱자 위치와 제시 유형에 따른 정확 반응률도 각각 통계적으로 유의한 차이를 보였다($F(5,180)=19.578$, $MSE=3.710$, $p<.001$; $F(2,72)=22.119$, $MSE=8.127$, $p<.001$). 탐사 자극과 검사 자극 간 글꼴 일치 여부에 따른 정확 반응률의 차이는 바탕체와 세벌체 모두에서 통계적으로 유의하지 않았다.

이 결과는 탐사 자극과 검사 자극 간의 글꼴 일치 여부가 단어 우월 효과에 영향을 주지 않음을 보여주는 이전 실험의 결과를 다시 확인한 것으로서, 한글의 단어 우월 효과가 문자형과 같은 국지적인 시각 정보에 영향을 받지 않음을 보여주는 것이다. 영어의 경우 글꼴이나 단어의 모양에 상관없이 단어 우월 효과가 보고되는데(Adams, 1979; McClelland, 1976), 본 연구의 결과는 한글에서도 유사한 결과가 얻어질 수 있음을 보여준다. 이는 영어든 한글이든 기본적으로 글자 인식 과정에서 같은 종류의 정보 처리 과정을 거칠 것임을 시사하는 것으로 해석될 수 있을 것이다.

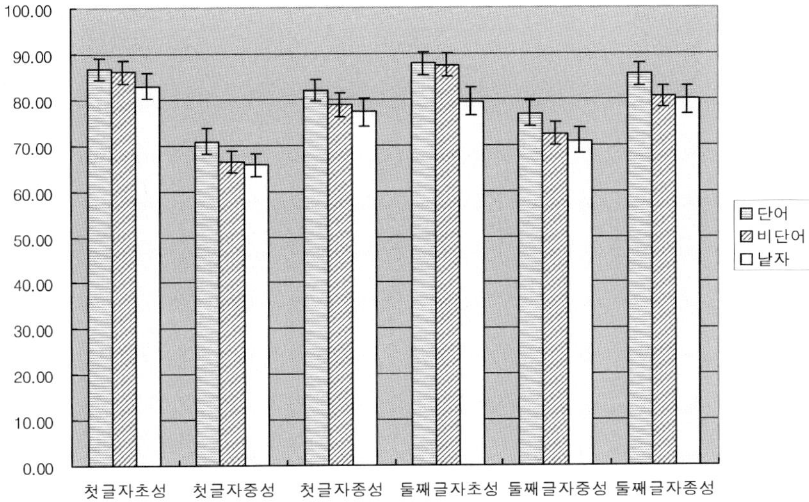

(가) 탐사 자극이 바탕체일 때

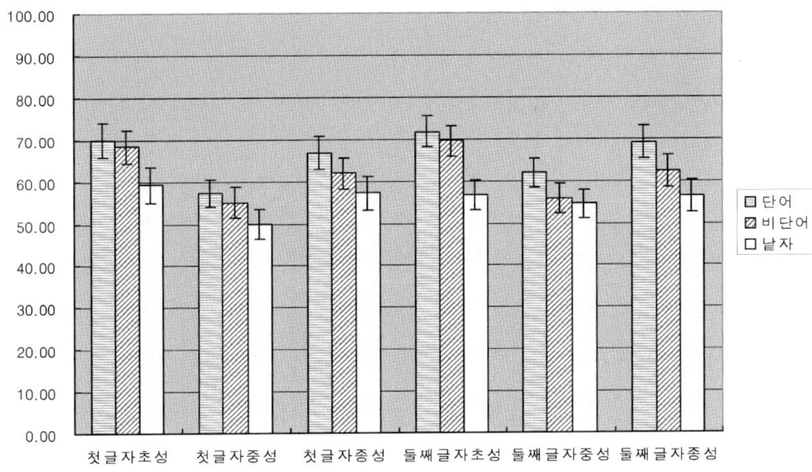

(나) 탐사 자극이 세벌체일 때

그림. 탐사 자극과 검사 자극 간 글꼴 일치 여부에 따른 정확 반응률. 글꼴의 일치 여부에 관계없이 낱자 위치와 제시 유형에 따른 정확 반응률의 차이가 각각 통계적으로 유의하였다.

영어와 유사하게 한자(Cheng, 1981; Mattingly, & Xu, 1994)나 한글에서도(이상의 네 실험 결과) 단어 우월 효과가 보고되는 것으로 보아 단어 우월 효과는 특정한 언어의 시각 구조에 영향을 받지 않는 보편적인 현상이라 생각된다. 이로서 언어의 시각적 정보처리가 서로 다른 언어에서 공통적으로 이뤄지는 과정에 근거하는 것으로 해석될 수 있을 것이다.

【참 고 문 헌】

국립국어연구원 (2003). 현대 국어 사용 빈도 조사. 서울: 국립국어연구원.

김경인과 김창순 (1998). 풍토 조건이 색채 감성에 미치는 영향. 1998 한국감성과학회 춘계학술대회 논문집, 183-188.

김민식과 정찬섭 (1989). 한글의 자모 구성 형태에 따른 자모 및 글자 인식. 인지과학, 1(1), 27-75.

김재갑 (1994). 한글 글자 맥락에서의 자모 지각. 서울대학교 박사학위 청구논문.

김재갑과 김정오 (1991). 강제 선택 과제에서 글자 처리가 낱자의 지각에 미치는 영향. 1991 한국인지과학회 춘계학술대회 논문집, 83-90.

김정오와 김재갑 (1992). 한글 단어 재인에 있어서 글자 처리와 낱자의 지각. 한국심리학회지: 실험 및 인지, 4, 36-51.

박권생 (1995). 한글 단어 재인을 위한 시각 처리 과정. 한국심리학회지: 실험 및 인지, 7(2), 61-78.

박수진과 정찬섭 (1999). 우리말 감성 어휘의 범주-차원 모형: 직물 디자인의 시각적 요소와 관련하여. 감성과학, 2(1), 77-94.

박수진, 한재현, 및 정찬섭 (2001). 한국인 20대 여성 얼굴의 감성 모형. 감성과학, 4(2), 47-55.

박수진, 한재현, 및 정찬섭 (2002). 얼굴의 물리적 특징 분석 및 얼굴 관련 감성 어휘 분석: 20대 한국인 여성 얼굴을 대상으로. 인지과학, 13(3). 1-10.

박창수와 방승양 (2001). 상호 활성화 모형을 이용한 한글에서의 글자 우월 효과 특성 분석. 인지과학, 11(2), 69-78.

이구형 (1997). 인간 감성 특성과 감성의 측정 평가. 1997 한국감성과학회 연차학술대회 논문집, 37-42.

임지룡 (2000). 화의 개념화 양상. 언어, 25(4), 693-721.

정찬섭, 오경자, 이일병, 및 변혜란 (1998). 감성 인터페이스: 얼굴 표정의 인식 및 합성 모형. 1998 한국심리학회 동계 연구 세미나, 121-160.

한재현과 정찬섭 (1998). 얼굴 표정에 의한 내적 상태 추정. 감성과학, 1(1), 41-58.

Adams, M. J. (1979). Models of word recognition. *Cognitive Psychology, 11*, 133-176.

Cheng, C. M. (1981). Perception of Chinese characters. *Acta Psychologica Taiwanica, 23*, 137-153.

Detenber, B. H., Simons, R. F., & Reiss, J. E. (2000). The emotional significance of color in television presentations. *Media Psychology*, 2, 331-355.

Gaunt, R., Leyens, J., & Demoulin, S. (2002). Intergroup relations and the attribution of emotions: control over memory for secondary emotions associated with the ingroup and outgroup. *Journal of Experimental Social Psychology 38*, 508-514.

Grainger, J. & Jacobs, A. M. (1994). A dual read-out model of word context effects in letter perception: Further investigations of the word-superiority effect. *Journal of Experimental Psychology: Human Perception and Performance, 20*, 1158-1176.

Henderson, L. (1987). Word recognition: A tutorial review. In M. Coltheart (Ed.), Attention and performance XII: The psychology of reading (pp. 171-200). London: Erlbaum.

Mandler, G. (1975). *Mind and emotion.* New York: John Wiley & Sons.

Mattingly, I. G., & Xu, Y. (1994). *Word superiority in Chinese.* In H.-W. Chang, J.-T. Huang, C.-W. Hue, & O. Tzeng (Eds.), Advances in the study of Chinese language processing. Vol. 1(pp. 101-111), Taipei: National Taiwan University Press.

McClelland, J. L. (1976). Preliminary letter identification in the perception of words and nonwords. *Journal of Experimental Psychology: Human Perception and Performance*, 2, 80-91.

McClelland, J. L. (1986). The programmable blackboard model of reading. In J. L. McClelland, D. E. Rumelhart, & the PDP Research Group (Eds.), *Parallel distributed processing: Exploration in the microstructure of cognition, vol. 2: Psychological and biological model.* Cambridge: MIT Press.

Paap, K. R., Newsome, S. L., McDonald, J. E., & Schvaneveldt, R. W. (1982). An activation-verification model for letter and word recognition: The word superiority effect. *Psychological Review, 89*, 573-594.

Reicher, G. M. (1969), Perceptual recognition as a function of meaningfulness of stimulus material, *Journal of Experimental Psychology, 81*(2), 274-280.

Russell, J. A., & Bullock, M. (1986). Fuzzy concepts and the perception of emotion in facial expressions. *Social Cognition, 4*, 309-341.

Tse, P. U., & Cavanagh, P. (2000). Chinese and Americans see opposite apparent motions in a Chinese character. *Cognition, 74*, B27-B32

Wheeler, D. D.(1970). Processes in word recognition. *Cognitive Psychology, 1*, 59-85.

3. 성대음 인지 : Lx Speech Studio를 이용한 전기성문파형 측정치 분석

1) 개설

음성이 만들어지려면, 뇌의 언어중추의 명령에 의하여 신경망을 통하여 '호흡기관(폐와 흉곽, 호흡관련 근육들)'과 '발성기관(주로 후두 즉, 성대)' 그리고 '조음, 공명기관(인두, 구강 및 비강)'의 근육들이 유기적으로 작용하여야 한다. 호흡 과정 중 흡기(inspiration)과정을 통하여 폐 내에 공기를 받아들인 후에 호기(expiration) 근육들의 작용에 의하여 지속적으로 후두 쪽으로 공기를 보내게 되며, 이때 성내 내전근의 수축에 의하여 성대가 닫히게 되면, 성문하압이 형성되게 되고, 공기역학적인 현상에 의하여 성대의 점막 표층의 주기적인 개폐운동에 의하여 성문을 지나가는 공기의 흐름을 주기적으로 차단하여 성대음이 만들어지는 것이다. 이렇게 만들어진 성대음은 인두강과 구강 혹은 비강을 지나면서 공명이 되고 조음기관(주로 혀, 연구개, 입술 등)의 상호작용에 의하여 조음(articulation)이 되어 입술 혹은 비강 밖으로 방출된다.

음성이 형성되는 과정 중에서 '발성기관(후두)'에서 형성된 성대원음에 관한 분석을 하기 위해서 흔히 사용되는 것이 전기성문파형검사이다. 전기성문파형검사(Electroglottography, EGG)는 성대진동 시 성대접촉 여부에 따른 전기저항을 그래프로 나타낸 것으로서 비 침습적으로 성대 진동 과정 중 점막 접촉 양상에 관한 정보를 얻을 수 있는 방법이다. 다시 말해, 물체를 통해 흐르는 전류는 전기 저항에 반비례하는 Ohm's 법칙을 후두에 적용하여 갑상연골(Thyroid cartilage) 양측 피부에 부착시킨 두 전극을 통하는 전기의 저항을 측정한다(그림 1). 성대가 열려있을 때에는 양 성대 사이에 절연체 역할을 하는 공기가 있어 전기가 흐르지 않으므로 전기 저항이 커지고, 발성을 하여 성대가 닫혔을 때는 양측 성대를 통해 전류가 흐르게 되어 전기 저항이 작아지게 된다. 전기 저항의 변화를 그래프로 나타내면 특징적인 진동파형(Vibratory cycle)이 생기게 되는데, 이것이 사람의 목소리를 구성하는 주파수 중 가장 기본이 되는 기본주파수(Fundamental frequency)이다. 성대의 상순(upper lip)과 하순(lower lip) 중 성대 하순이 먼저 닫히고 그 후에 상순이 따라서 닫히고, 일정시간 즉, 폐쇄기(closed phase)가 있은 후, 성문하 호기압이 증가됨에 따라 성대 하순이 열리기 시작하고, 이어서 성대상순이 열리면서 개방기(open phase)로 이행되는 진동 파형을 이루게 된다 (그림 2). 이러한 과정으로 측정된 신호는 성도(vocal tract)를 통해 방사된 음성신호와 구별된다. 발성시 성대원음에 대한 정보를 바로 전기적 신호로 측정되기 때문이다.

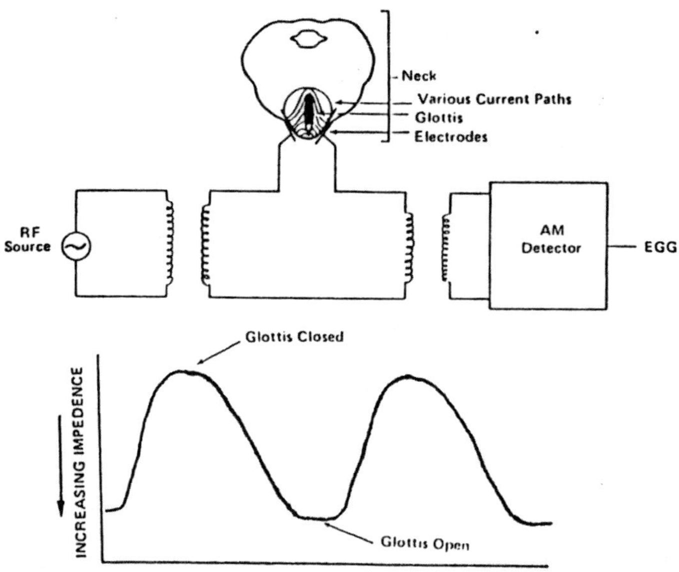

그림 1. 전기성문파형검사의 원리 및 측정된 파형

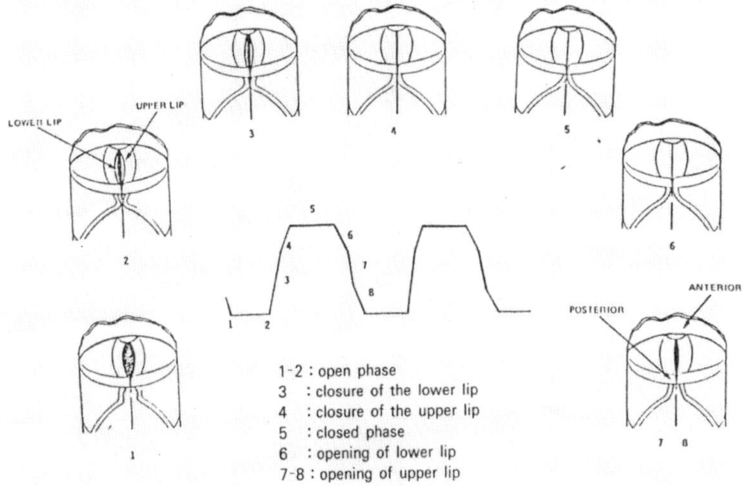

그림 2. 발성시 성대의 움직임과 전기성문파형을 도식화한 그림

전기성문파형검사 프로그램의 하나인 Lx Speech Studio(Laryngograph Ltd, UK)는 모음연장발성뿐만 아니라 2분 이상의 음성을 분석할 수 있도록 고안되었다. Lx Speech Studio는 두 가지 프로그램으로 구성되어 있다. 첫째, SPEAD(Speech Pattern Element Acquisition and Display)는 4 channels에서 Speech Pattern Element Displays, speech spectrogram, fundamental frequency contours, Lx contact quotient contours의 analogue waveform을 실시간으로 나타낼 수 있다. 이 중, Speech Pattern Element displays는 fundamental frequency contours에 Amplitude와 friction이 함께 표현될 수 있는 독특한 파형이다. 분석구간을 지정하여 Voice Profile Analysis를 하면 기본주파수(Fx), 성문폐쇄율(Qx), Jitter, Shimmer, HNR을 측정할 수 있으며, LPC와 FFT spectrum 분석도 가능하다. 또한 음성 녹음시에 4 channels을 포함한 주화면(main screen) 하단에는 EGG 파형이 실시간으로 확대되어 나타난다. 둘째, Quantitative Analysis(Qa)는 SPEAD 프로그램에서 녹음된 SPE file 전체를 분석하는 프로그램으로서, 2분 이상의 음성자료를 요구한다. 여러 가지 측정치에 관한 수치적 분석뿐만 아니라 측정치 간에 관계를 그래프를 통해 다양하게 제공하고 있어, 음성의 다각적인 분석이 가능하다.

이 연구는 Lx Speech Studio program을 이용하여 모음연장발성과 문단 읽기과제시 분석한 EGG 측정치를 각 언어권에 따라 비교하고자 한다. 또한 Quantitative Analysis가 제공하는 그래프를 비교하여 각 언어권의 음성 특징을 살펴보고자 한다.

2) 연구방법

(1) 연구대상

피험자는 총 37명으로 후두스트로보스코피 검사를 통해 성대의 이상 병변이 없을 뿐 아니라, 청력과 조음의 문제가 없으며 음성 녹음시 감기나 비염 등 인후두계통의 질환을 앓고 있지 않은 것을 확인하였다. 피험자에 관한 자세한 정보는 다음과 같다(표 1).

표 1. 피험자 특징

		남	여	남	여	남	여
대상자수		8	6	4	4	9	6
연령	평균	23	27	37	44	21	20
	범위	20-30	20-31	27-49	38-47	21-25	20-22

(2) 자료수집 및 분석

EGG의 전극(electrode)을 대상자의 갑상연골 양측에 고정시킨 후, 평상시 편안한 목소리로 모음 /i/, /a/, /u/를 약 2초간 연장발성하고, 문단 읽기를 시행하였다. Lx Speech Studio의 SPEAD 프로그램을 이용하여, 모음은 안정구간 500ms에서 기본주파수(Fx), 성문폐쇄율(Qx), Jitter, Shimmer, HNR을 측정하였다. 녹음된 문단은 Quantitative Analysis를 하여 기본주파수분포평균(DFx), 음성강도분포평균(DAx), 성문폐쇄율분포평균(DQx), 주파수의 비주기성(CFx), 강도의 비주기성(CAx)을 측정하였다. 발

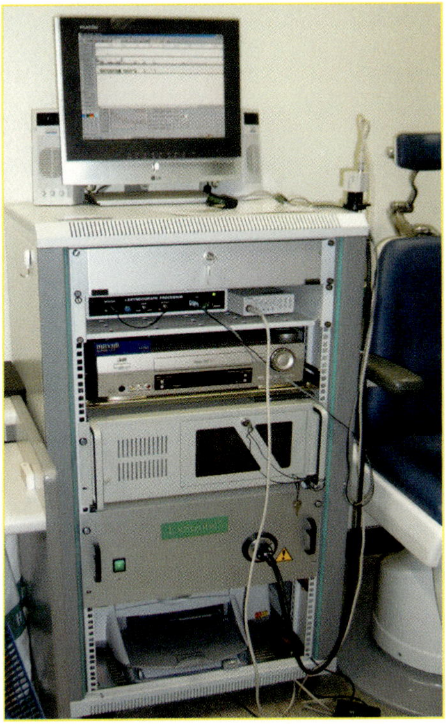

그림3. Lx Speech Studio(Laryngograph Ltd, UK)

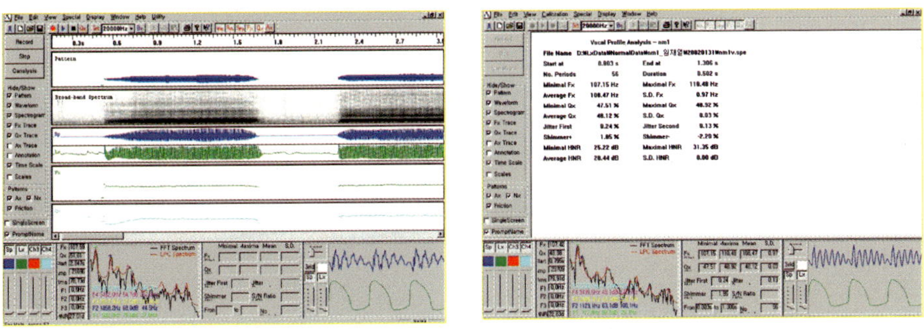

그림4. Lx Speech Studiod의 SPEAD(Speech Pattern Element Acquisition & Display)프로그램을 이용한 모음 분석의 예

성기관은 성별에 따라 생물학적 차이가 뚜렷하며, 성대 진동 양상에서도 이러한 차이점이 반영되기 때문에 각 측정치를 성별로 나누어서 분석하였다.

2-1 분석 측정치 용어 설명

1) 기본주파수 (Fx: Fundamental Frequency) : 하나의 복합주기 곡선 중 가장 낮은 주파수의 구성성분, 복합주기 곡선의 반복률. 즉, 가장 낮은 배음(the lowest harmonic)을 가리킴. 단위 Hz.

2) 성문폐쇄율 (Qx: Closed Quotient) : 성대진동의 한 주기 내에서 성대가 닫혀있는 시간을 비율로 나타낸 것. 단위 %.

3) Jitter : 후두 원음이 그려내는 파형의 불안정성을 표시해 주는 항목 중 하나로서, 특히, 기본주파수 안에서 관찰되는 cycle간의 변이 양상을 수치화하여 보여준다.

4) Shimmer : 후두 원음이 그려내는 파형의 불안정성을 표시해 주는 항목 중 하나로서, 특히, 성대 진폭의 변이 양상을 수치화하여 보여준다.

5) HNR (Harmonic to Noise Ratio) : 배음과 소음에 대한 비율.

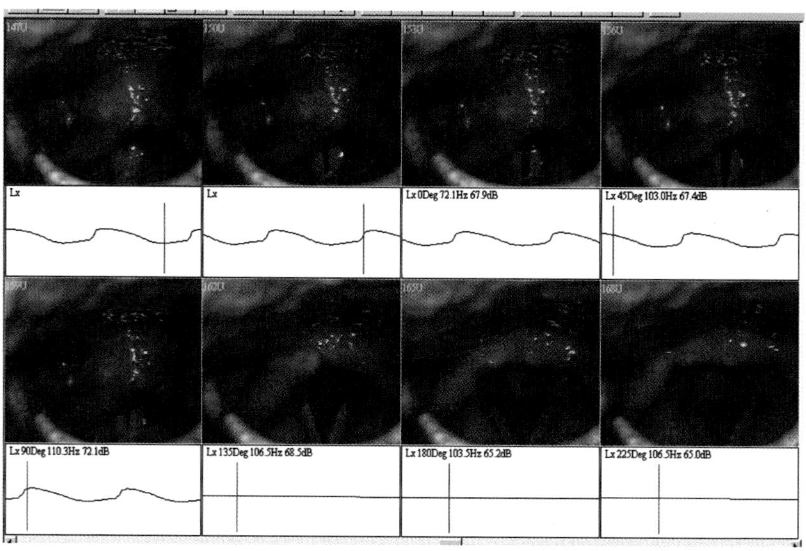

그림 3. 한국인 남자 발성시 성대진동 모습

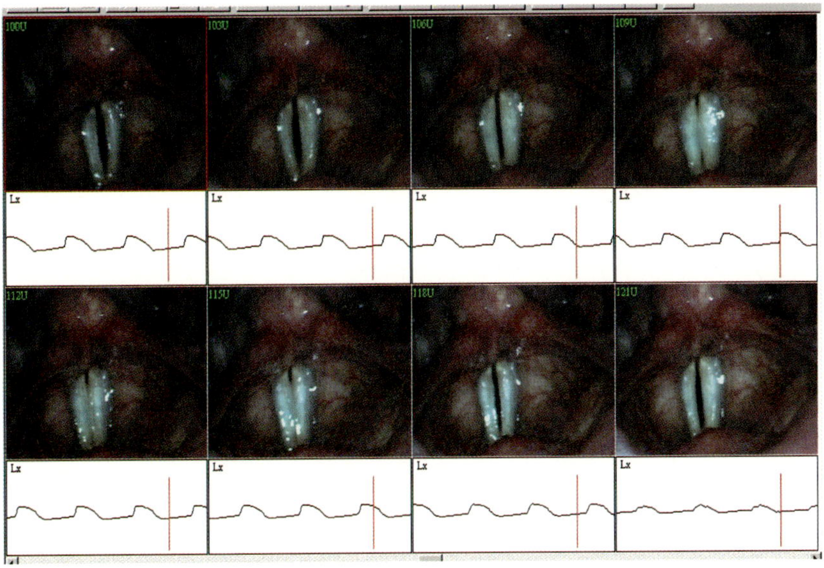

그림 4. 인도인 남자 발성시 성대진동 모습

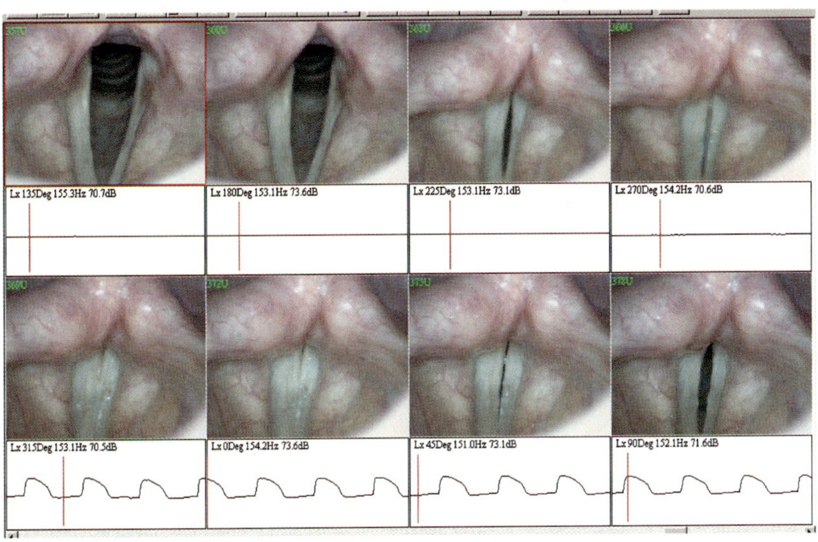

그림 5. 중국인 남자 발성시 성대진동 모습

(3) 통계

통계학적 검증은 SPSS(Statistical Package for the Social Science)로 하였고, 모음연장 발성에서 세 집단별(한국인, 인도인, 중국인)간에 차이가 있는지 비교하기 위하여, Mixed ANOVA(반복측정 일원분산분석)을 실시하였고, 문단읽기과제에서 세 집단 간의 비교를 위하여, ONE way ANOVA (일원분산분석)을 실시하여 유의성을 검증하였고, 유의수준은 95%로 하였다.

3) 결과

(1) 모음 측정치 비교

1-1. 남성 화자의 모음 측정치 비교

각 언어권별 피험자 수는 범어 4명(평균연령 37세), 한국어 8명(평균연령 23.6세), 중국어 9명(평균연령 22.3세)으로 총 8명이었으며, 모음연장발성 시 언어권에 따른 측정치는 기본주파수(Fx)만 세 집단 간에 유의한 차이가 있었고, 범어가 가장 높았고 중국어, 한국어 순이었다 $(F(2,16)=11.907,\ p<.05)$.

표 2. 각 모음에 따른 남성 화자의 모음 측정치 비교

	한국어			인도어			중국어			F
	/ i /	/ a /	/ u /	/ i /	/ a /	/ u /	/ i /	/ a /	/ u /	
Fx(Hz)	109.92	110.54	109.94	152.44	144.26	152.45	150.38	151.24	151.20	11.907*
Qx(%)	54.59.	51.86	55.17	48.73	54.24	52.32	52.46	48.79	51.32	3.278
Jitter(%)	0.30	0.49	0.22	0.65	0.46	0.62	0.40	0.36	0.32	1.414
shimmer	5.22	6.20	3.35	3.59	3.45	3.93	5.83	3.33	4.01	0.611
HNR(dB)	27.87	23.59	28.77	32.58	29.26	32.82	30.23	26.84	32.10	0.322

* : p〈.05

1) 기본주파수 (Fx: Fundamental Frequency)

기본주파수는 음성 신호를 이루는 복합주기 곡선 중 가장 낮은 주파

수로서, 보통 음높이와 관계되어 있다. 전체 모음의 평균을 비교하면, 한국어는 110.13Hz로 범어(149.72Hz)와 중국어(144.48Hz)에 비해 낮은 편이었다. 이러한 차이점을 언어권에 따른 차이로 해석하기 이전에, 주의해야 할 점은 기본주파수가 연령변수에 민감하다는 사실이다. 어린 아동의 경우는 성대가 작고 얇기 때문에 기본주파수가 300Hz이상이었다가 신체의 성장과 함께 성대도 길고 굵어지게 되어 기본주파수가 하강하게 된다. 한편, 노화가 시작되면 호르몬의 변화와 더불어 성대근육의 위축(atrophy)이 동반되어 기본주파수가 다소 상승하게 된다. 범어 피험자의 경우, 연령이 37세이고. 중국어 화자들의 평균 연령은 20대 초반이므로 연령에 따른 기본주파수에 차이가 있을 수 있으나, 범어의 경우, 대상자 4명중 2명이 40세 후반으로 노화가 시작되는 연령으로 이러한 요인이 범어의 기본주파수의 상승에 영향을 미칠 수 있다고 여겨진다. 중국어 화자들과 한국어 화자들의 평균연령이 비슷한 점을 감안한다면, 중국어의 기본주파수가 한국어에 비해 약 40Hz 정도 높다는 것은 언어 간의 차이로 설명가능하다. (그림 3).

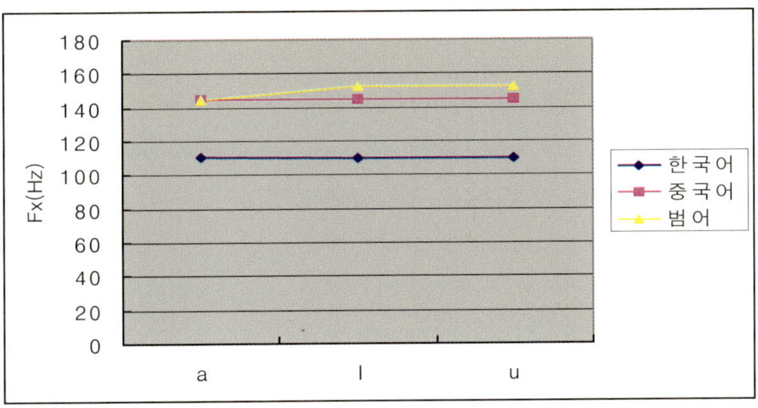

그림 6. 각 언어권에 따른 남성 화자의 기본주파수(Fx)

2) **성문폐쇄율** (Qx: Closed Quotient)

성문폐쇄율은 성대진동의 한 주기 내에서 성대가 닫혀있는 시간을 비율로 나타낸 것으로서, 성대 진동시 성대가 얼마나 오랫동안 접촉하고 있는가와 관계된 변수이다. 한국어의 경우, 기존 연구를 통해 보고된 정상 성인의 성문폐쇄율은 약 50%정도이다. 전체 모음의 성문폐쇄율을 비교하면, 한국어(53.87%)가 중국어(49.80%)나 범어(51.76%)보다 약간 높게 나타났으나, 모음별 분석에서 보면 모음의 종류에 따라 다른 접촉률을 나타내었다(그림 4).

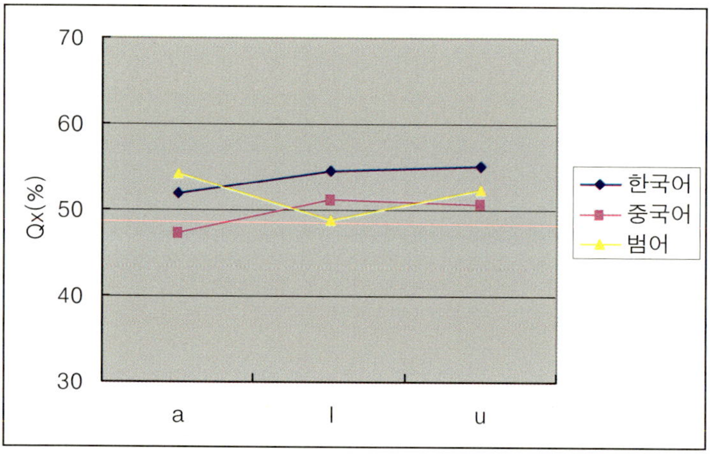

그림 7. 각 언어권에 따른 남성 화자의 성문폐쇄율(Qx)

3) Jitter

Jitter는 성대 원음이 그려내는 파형의 불안정성을 표시해 주는 항목 중 하나로서, 특히, 기본주파수 안에서 관찰되는 cycle간의 변이 양상을 수치화하여 보여주는 수치이다. 수치가 높을수록 파형의 불안정성이 높다고 해석할 수 있다. <그림 5>와 같이, Jitter는 각 언어권에 따른 차이가 크게 나타나지 않았다(범어 0.58%, 한국어 0.34%, 중국어 0.36%).

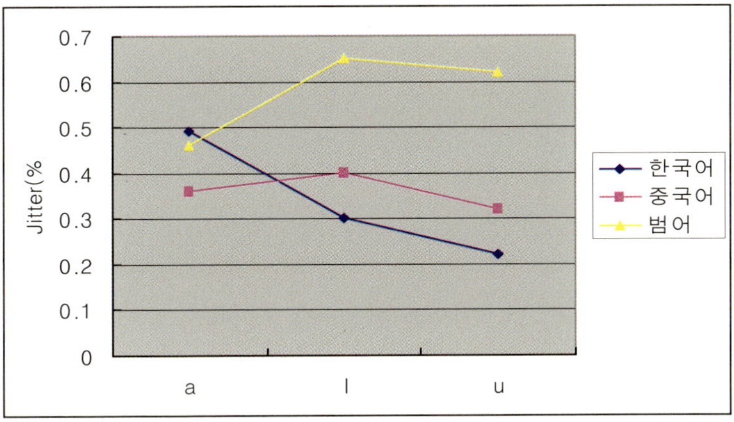

그림 8. 각 언어권에 따른 남성 화자의 Jitter

4) Shimmer

Shimmer는 성대 원음이 그려내는 파형의 불안정성을 표시해 주는 항목 중 하나로서, 특히, 성대 진폭의 변이 양상을 수치화하여 보여준다. 분석결과, 한국어(4.92%)가 범어(3.66%)와 중국어(4.39%)에 비해 약간 높게 나타났다(그림 6).

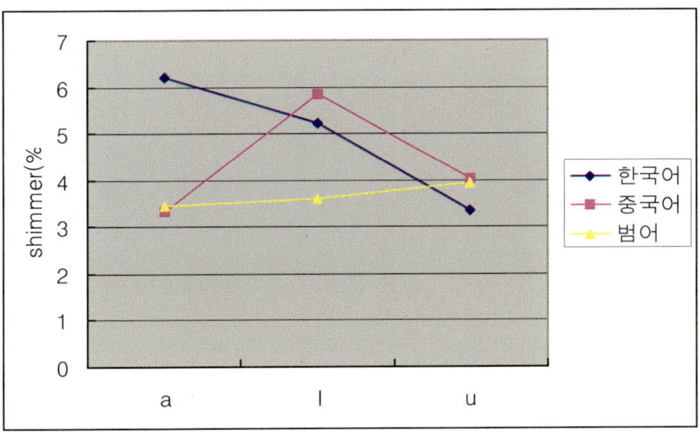

그림 9. 각 언어권에 따른 남성 화자의 Shimmer

5) HNR (Harmonic to Noise Ratio)

HNR은 배음과 소음에 대한 비율로써, 수치가 높게 나타날수록 배음 성분 비율이 높다는 것을 의미한다. 분석결과, 언어에 따른 차이(범어 31.55, 한국어 26.74, 중국어 29.72)보다는 모음에 따른 차이가 각 언어권에서 공통적으로 나타남을 살펴볼 수 있다. 모음 /a/가 /i/와 /u/에서보다 HNR이 낮게 나타났다(그림 7).

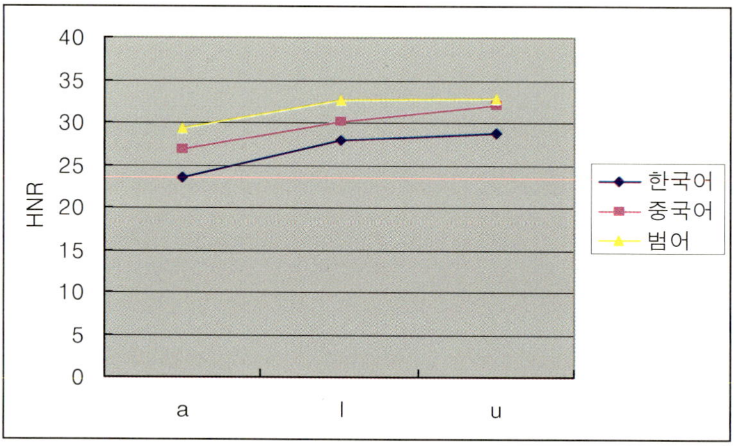

그림 10. 각 언어권에 따른 남성 화자의 HNR

1-2. **여성 화자의 모음 측정치 비교**

각 언어권별 피험자 수는 범어 4명(평균연령 43세), 한국어 6명(평균연령 24.5세), 중국어 6명(평균연령 20.6세)으로 총 16명이었으며, 모음연장 발성 시 언어권에 따른 측정치는 기본주파수(Fx)만 세 집단 간에 유의한 차이가 있었으며, 중국어가 가장 높았고, 범어, 한국어 순이었다 ($F(2,13)=3.505$, $p<.05$).

표 3. 각 모음에 따른 여성 화자의 모음 측정치 비교

	한국어			인도어			중국어			*F*
	/ i /	/ a /	/ u /	/ i /	/ a /	/ u /	/ i /	/ a /	/ u /	
Fx(Hz)	222.11	219.57	217.90	230.5	227.0	217.5	254.48	258.32	258.77	8.70*
Qx(%)	45.57	45.22	45.43	52.43	52.69	50.89	48.86	47.86	45.83	1.97
Jitter(%)	0.28	0.36	0.32	0.34	0.29	0.32	0.67	1.43	0.51	3.50

shimmer	5.33	4.17	5.70	4.98	5.05	5.68	6.16	5.06	3.82	0.07
HNR(dB)	35.75	31.88	35.49	38.09	31.54	37.63	35.77	26.96	35.55	2.38

* : p<.05

1) **기본주파수** (Fx: Fundamental Frequency)

전체 모음의 평균을 비교하면, 중국어(257.19Hz)가 범어(225.01Hz), 한국어(219.86Hz)에 비해 높게 나타났다(그림 8). 중국어가 다른 언어권보다 기본주파수가 높게 나타난 것은 남성 화자에서의 결과와 마찬가지로 성조의 영향으로 해석된다.

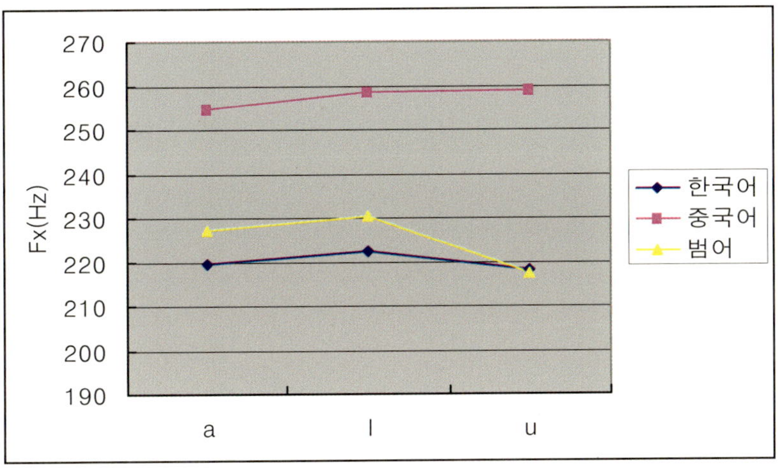

그림 11. 각 언어권에 따른 여성 화자의 기본주파수(Fx)

2) **성문폐쇄율** (Qx: Closed Quotient)

전체 모음의 평균을 비교하여 보면, 범어(48.99%), 중국어(47.33%), 한국어(45.41%) 순으로 나타났다(그림 9). 이러한 순위는 남성의 경우와 순서가 같지 않으므로, 언어에 따른 차이라기보다 개인적인 변이라고 설명하는 것이 타당하다.

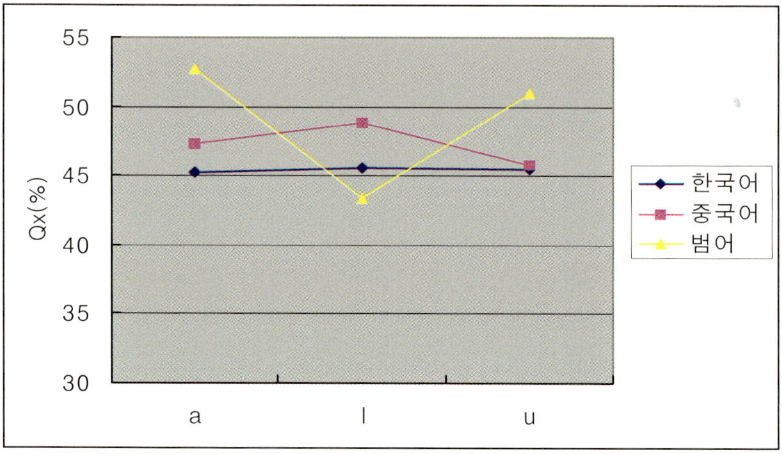

그림 12. 각 언어권에 따른 여성 화자의 성문폐쇄율(Qx)

3) Jitter

전체 모음의 평균을 비교하여 보면, 중국어(0.87%)가 한국어(0.32%), 범어(0.32%) 에 비해 높게 나타났다(그림 10).

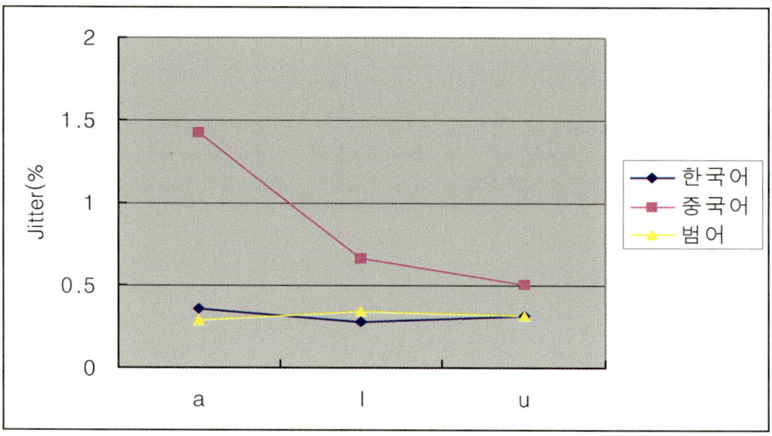

그림 13. 각 언어권에 따른 여성 화자의 Jitter

4) Shimmer

전체 모음의 평균을 비교하여 보면, 범어(5.24%)가 한국어(5.07%)와 중국어(5.01%)에 비해 다소 높게 나타났다(그림 11).

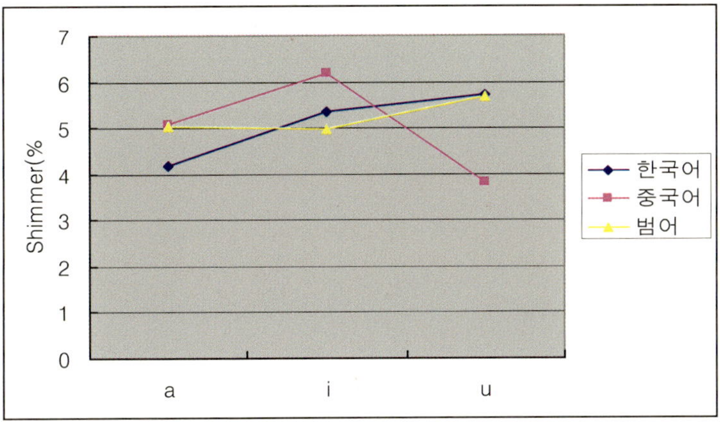

그림 14. 각 언어권에 따른 여성 화자의 Shimmer

5) HNR (Harmonic to Noise Ratio)

분석 결과, 남성과 마찬가지로, HNR은 언어에 따른 차이(범어 35.75, 한국어 34.37, 중국어 32.76)보다는 모음에 따른 차이가 각 언어권에서 공통적으로 나타남을 살펴볼 수 있다. 모음 /a/가 /i/와 /u/에서보다 HNR이 낮게 나타났다(그림 15).

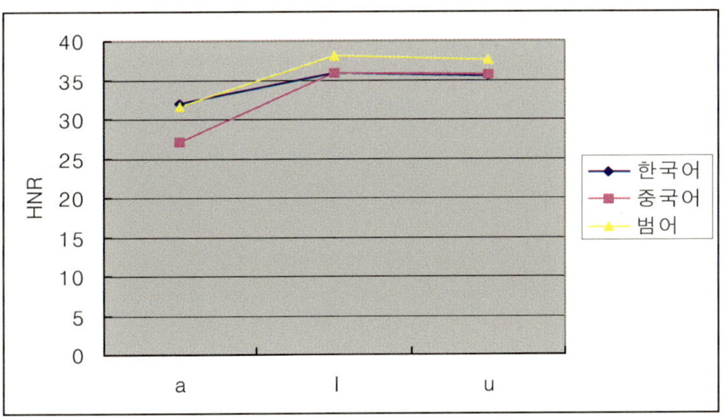

그림 15. 각 언어권에 따른 여성 화자의 HNR

2. 문단 읽기 측정치 비교

2-1. 기본주파수 분포 평균(DFx)는 문단 읽기를 하는 동안의 시간에 따른 기본주파수 분포의 평균이다. 분석결과, 남성 화자의 경우는 모음 측정치와 마찬가지로 평균기본주파수 분포(DFx)에서 통계적으로 유의하게 차이가 있는 것으로 나타났으며, 범어가 다른 언어에 비해 높게 나타났고, 중국어, 한국어 순이었다($F(2,16)=7.010$, $p<.05$).

여성 화자의 경우도 남성화자와 마찬가지로 범어(228.54Hz)가 가장 높고, 중국어(225.65Hz), 한국어(210.20Hz)순으로 동일한 결과를 나타내었으나, 통계적으로 유의한 차이는 없었다.

2-2. 주파수의 비주기성(CFx)은 음질과 관련 있는 수치로서, 비주기성이 높을수록 거친 음성으로 지각된다. 중국어가 남성과 여성 모두 가장 높게 나타났으나, 여성만 통계적으로 유의하였다($F(2,13)=5.446$, $p<.05$).

2-3. 성문폐쇄율 분포 평균(DQx)은 남성의 경우, 중국어가 범어와 한국어에 비해 약간 높게 나타났으며, 통계적으로 세 집단 간에 유의한 차이가 있었으나.($F(2.16)$ = 3..355, $p<.05$), 여성의 경우 범어가 중국어나 한국어에 비해 높게 나타났으나, 통계적으로 유의한 차이는 없었다.

2-4. 강도의 비주기성(CAx) 역시 주파수의 비주기성과 마찬가지로 음질과 관련된 수치로서, 비주기성이 높을수록 거친 음성으로 지각된다. 음성강도 분포 평균(DAx)는 남녀 모두 범어에서 높게 나타났으나, 세 집단 간에 통계적으로 유의한 차이는 없었다.

표 4. 남성 화자의 문단 읽기 측정치 비교

	한국어	범어	중국어	F
DFx(Hz)	119.09	137.88	137.09	7.010*
CFx(%)	4.84	5.97	7.44	0.557
DQx(%)	50.38	48.25	50.83	3.355*
DAx(dB)	70.00	72.50	71.38	0.811
CAx(%)	8.39	5.16	7.02	1.523

* $p〈.05$

표 5. 여성 화자의 문단 읽기 측정치 비교

	한국어	범어	중국어	*F*
DFx(Hz)	210.20	228.54	225.65	1.505
CFx(%)	1.99	3.31	4.50	5.446*
DQx(%)	46.5	51.5	49.0	2.923
DAx(dB)	69.0	74.0	68.5	0.156
CAx(%)	2.88	3.70	3.96	1.480

* $p < .05$

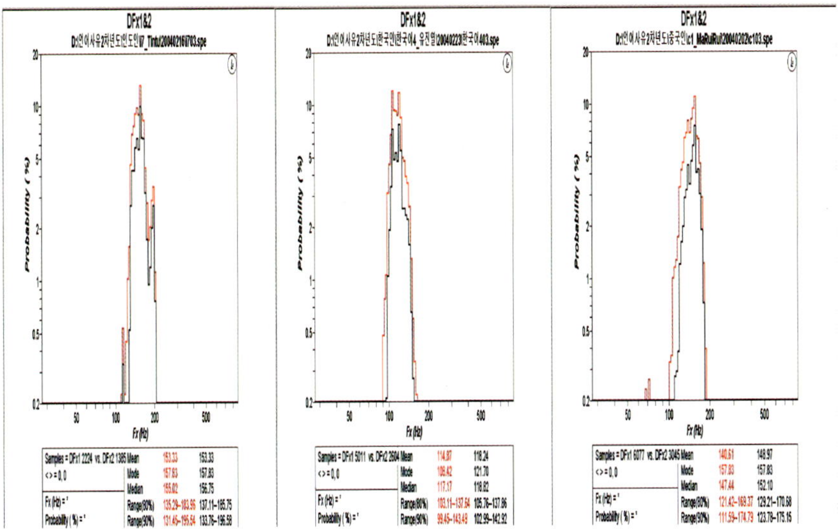

그림.13.각 언어권 별 한 대상자들의 DFx(평균기본주파수분포;

한국인,인도인,중국인)

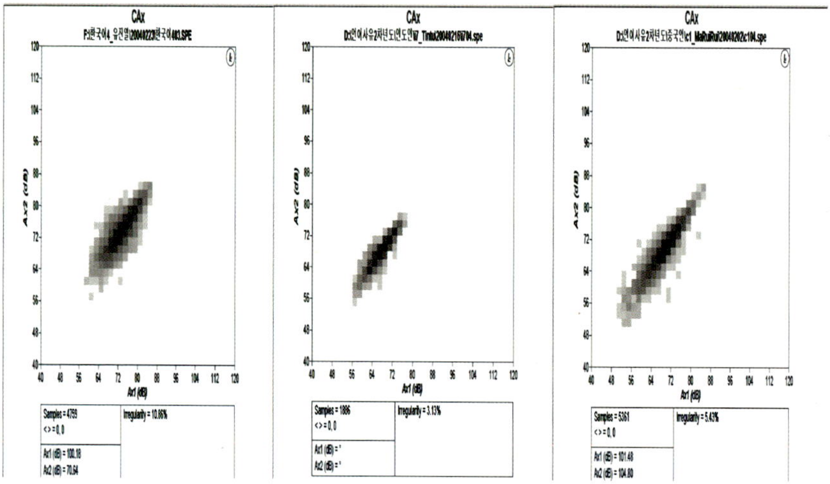

그림 14. 각 언어권 별 한 대상자들의 CAx(강도규칙성분포;한국인,인도인,중국인)

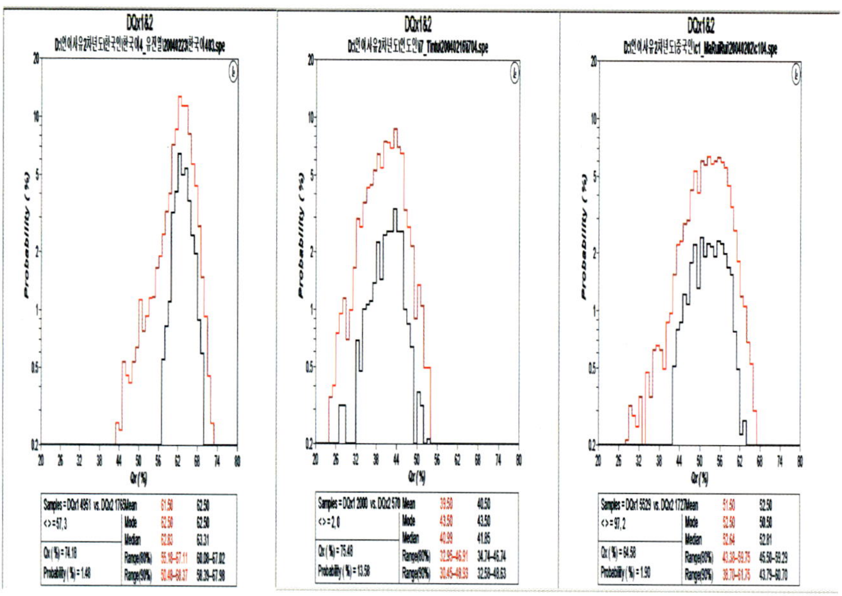

그림.15.각 언어권 별 한 대상자들의 DQx(평균폐쇄율분포;한국인,인도인,중국인)

4) 고찰 및 결론

말소리 형성과정에서 조음단계 이전의 발성단계, 즉 성대 진동 양상을 전기성문파형검사를 통해 언어별로 분석한 결과, 기본주파수의 경우 범어와 중국어가 한국어에 비해 매우 높은 것으로 나타났는데, 범어의 경우 평균연령이 다른 언어권에 비해 높아 연령에 따른 기본주파수의 상승효과를 배제할 수 없다. 특히, 범어가 모음이나 문장읽기 검사에서 모두 제일 높게 나타났으며, 중국어의 경우 한국어와 평균 연령이 비슷한 점을 고려할 때, 한국어에 비해 높게 나타나 언어 간 차이를 보였다. 또한 주파수의 비주기성은 중국어가 남녀 모두 가장 높게 나타나, 중국어가 성조를 가진 언어이기 때문인 것으로 여겨진다. 강도의 비주기성의 경우, 범어가 남녀 모두 다른 언어권에 비해 높게 나타났으나, 통계적으로 유의한 차이는 없었다. 배음과 소음에 대한 비율인 HNR의 경우, 범어가 다른 언어권에 비해 남녀 모두 높게 나타나 배음 성분이 높은 언어임을 보여주었으나, 언어 간의 차이는 통계적으로 유의하지 않았고. 대체로 모음 종류에 있어서 저모음인 /아/모음이 고모음인 /우/나 /이/모음보다 낮게 나타난 것은 세 언어 간에 공통적인 특징이었다. 따라서 범어, 한국어, 중국어, 세 언어 간의 성대 진동 양상은 기본주파수와 성대폐쇄율 분포에서 통계적으로 유의한 차이를 보였으나, 다른 측정치들은 통계적으로 유의한 차이가 나타나지 않아 세 언어 간의 성대 진동양상은 차이점보다는 유사성이 더 많은 것으로 나타났다. 본 연구의 제한점으로는 범어의 경우, 평균연령이 다른 언어권에 비해 상대적으로 매우 높고 집단내의 연령도 다양하여, 연령에 따른 음성의 질에 대한 영향을 완전히 배제 할 수는 없으므로, 추후의 연구에서는 연령 간의 유사한 비교가 언어 간의 차이점을 더 정확히 설명할 수 있으리라 본다.

Ⅲ. 음성에 관한 물리적/생체학적인 분석

1. 성도 MRI(자기 공명 영상)과 음향정보(F1 & F2 formants)를 이용한 한국어, 중국어, 산스크리트어, 그리스어 단모음 분석 및 판별

1) 머리말

우리는 여기서 각 언어권의 음성자료를 대상으로 하여, 해부학적 공명강의 특성을 음향적 수치로 표현해보고자 하였다. 결과물로, 각 언어권(한국어, 중국어, 산스크리트어, 그리스어)의 자음 및 모음 분절음(segment) 자료를 대상으로 하여, 성도(vocal tract)의 필터(filter) 특성을 음향적 수치로 표현해주는 포먼트 주파수(F1/F2) 측정 작업이 시험적으로 이루어졌다.

더 나아가 한국어 단모음(monophthong) 6개(이, 에, 아, 오, 우, 으)의 포먼트 측정 작업과 함께, 한국인 피험자 1인의 성도 자기 공명 영상을 이용하여 4개 국어 모음 전체를 분석 기술할 수 있는 최종 실험 프로토콜을 완성하는 데 주안점을 두었다. 성도 자기 공명 영상의 분석을 통해, 모음 조음 시의 특정 성도 좁힘점(constriction point)을 두 군데 찾아내고, 찾아진 좁힘점을 중심으로 앞/뒤의 성도 구역을 획정한 다음, 각 영역의 체적(volume)을 측정할 수 있는 알고리즘의 확정(즉 전체 연구의 프로토콜 확정)이 주된 내용이다. 이 알고리즘의 내용을 순서에 따라 정리하면 다음과 같다.

1) 4개 언어 중, 한국어를 대상으로 작업을 진행한다(파일럿 테스트 → 프로토콜 확정).

2) 조음에 전문적인 훈련을 받은 남자 성악가 1인의 한국어 단모음 6

개 [아, 에, 이, 오, 우, 으]를 대상으로 성도 공명주파수(포먼트, F1 & F2)를 측정한다.

3) 동일인을 대상으로 각 모음을 조음할 시의 성도 MR 영상을 얻는다 ==> 수평(horizontal) 방향과 관상(coronal) 방향.

4) 자기공명영상을 이용하여 성도의 분절작업을 하고 성도 3차원 영상을 구한다.

5) 자기공명영상을 이용하여, 능동적 조음부(articulator)인 혀(tongue)와 수동적 조음부인 구개(palate), 인두벽이 이루는 각 모음의 좁힘점을 확정한다.

6) 좁힘점 확정은, 수동부와 능동부가 이루는 성도 단면적(cross-sectional area) 값을 연속 추적하여 최소값으로 나타나는 부분으로 결정한다.

7) 위와 같은 좁힘점을 구개 부분에서 하나 얻어내고, 인두벽 부분에서 하나 얻어내어 총 3등분한 뒤, 각 부분을 구강입구에서부터 a, b, c로 명기(label)한다.

8) a, b, c 각 부분의 체적(volume)을 구하고 비례 관계를 구한다.

9) 각 모음의 포먼트 값(음향변수)과 체적값(성도 자체 변수)을 통계적으로 관련지어 모음 판별 방정식을 구한다.

3차년도에는, 2차년도에 확정된 연구 프로토콜을 바탕으로 하여 한국어 남성 2인을 대상으로 한국어 단모음 8개, 중국인 남녀 각 1인을 대상으로 중국어 단모음 6개, 그리스인 남녀 각 1인을 대상으로 그리스어 단모음 4개와 장모음 1개, 그리고 인도인 남녀 각 1인을 대상으로 산스크리트어 단모음 5개를 분석하였다.

본문의 내용은 다음의 순서로 이루어져 있다. 구체적인 사항은 본문 속에서 확인하면 될 것이다.

1) 먼저 성도의 공명주파수(resonance frequency)인 포먼트에 대한 간략한 이론적 설명과 함께 본 연구에서 활용한 포먼트 측정 세팅 파라미터와 측정 방법, 스펙트로그램 상의 측정 구간 등에 대한 부분을 다룬다.

2) 성도 자기 공명 영상 자료를 획득하는 방법론, 관련된 파라미터 등

과 함께 성도 부분에 대한 분절(segmentation) 작업 과정, 그 결과로 얻는 3차원 영상 등을 소개한다.

3) 본 연구의 가장 중요한 연구방법론인 pixel-based 성도 단면적 추적 기법을 적용하여 성대에서 입술까지의 단면적을 추적하여 구강면에서 1개, 인두강면에서 1개 도합 2개의 최소 좁힘점을 확정하는 과정을 소개한다.

4) 수평(horizontal) 방향과 관상(coronal) 방향 2 면의 영상 데이터만 확보하였으므로, 성도가 '기역'자로 꺾어지는 원호 부분 즉 목젖 부분에서 시작하여 후인두(laryngo- pharynx)까지의 부분은 정확한 단면적을 구할 수 없어, 이 부분의 단면적을 수학적으로 추정하는 과정을 다룬다.

5) 2개의 좁힘점을 중심으로 하여 성도 앞쪽 부분부터 차례로 a, b, c 원통 영역을 구분하여 각 영역의 체적을 구한다.

6) 과정 1)과 5)를 거쳐 구한 음향 매개변수(F1, F2)와 해부학적 매개변수(원통 a, b, c의 체적) 둘 다를 파라미터로 하여 통계학적 판별함수를 각 언어별로 구하고, 구해진 판별함수에 원래의 파라미터(독립변수) 값을 대입하여 본래 모음으로 재배치되는 확률(%)을 구해본다.

2) 말소리의 해부학

인체의 발성기관과 조음기관을 사람에게만 고유한 것이며, 말소리를 내기 위한 기관으로만 생각하는 사람들이 많은데, 이는 착각이다. 우리의 발성기관은 다른 여타 동물과 마찬가지로 1차적으로 생명유지를 위한 수단이 된다. 숨을 쉬기 위하여 허파와 기관(trachea)이 존재하며, 이물질이 들어가는 것을 막고 가래의 배출을 쉽게 하며 산모가 애를 낳기 위해 힘을 줄 때나, 대변 혹은 무거운 짐을 들 때 필요한 순간적인 힘을 얻기 위하여 성대가 존재한다. 말하는 동안 분주히 움직이는 혀는, 엄밀하게 말하자면 발성기관이 아닌 조음기관으로 분류되는데, 사실은 맛을 보고 음식을 목구멍으로 밀어 넣으며 타액이 골고루 섞이게 하는 소화기의 구실이 우선이다. 동물적 생존의 관점에서 그렇다. 크로마뇽인을 거치면서 직립의 체계가 더욱 확실하게 되고, 후두(larynx)가 위치하는 부위의 각도가 바로 서게 되면서, 이 생명유지의 기관들은 말하는 목적으로도 사용할 수 있게 되었다.

말소리가 인체에서 만들어지기 위해선 음파의 생성에 필요한 다음의 세 가지 단계를 밟아야 한다. 원시적 에너지 즉 기류(air stream)를 폐에서 일으키는 발동(initiation)의 단계와, 이 기류가 후두에 위치한 성대를 통과하면서 아직까지는 의미를 담지 못하는 성문파(glottal wave)로 바뀌어, 최종적으로 입에서 조음되는 말소리의 수레 역할을 담당하는 발성의 단계, 그리고 마지막으로 성대 위에 위치한 성도(vocal tract: 소리가 지나는 통로)를 통과하여 특정한 가치를 지닌 말소리로 바뀌는 조음의 단계이다. 이를 알기 쉽게 도해하면 다음과 같이 정리할 수 있을 것이다(표 2.1).

발동부(폐, 기관)	기류의 생성: 말소리의 1차적 에너지
발성부(후두, 성대)	성문파(glottal wave) 생성: 단순한 pulse
조음부(성도)	음가와 의미를 지닌 말소리

<표 2.1> 말소리의 3 단계 생성과정

2.1. 공명강

폐에서 발동되어 올라온 기류가 후두의 성문을 통과하며 진동한 결과 성문파가 만들어졌다. 여기까지가 말소리의 원시적 형성 단계라고 하면, 이 성문파가 성대에서부터 입술에 이르는 약 17cm 길이의 성도(vocal tract)를 통과하며, 의미와 한 나라 말로서의 가치를 지닌 말소리로 만들어지는 과정을 조음(articulation)이라 한다. 말소리의 진정한 형성 단계라고 할 수 있을 것이다.

조음 기관은 그 위치가 고정되어 있는 수동부와 자유롭게 움직일 수 있는 능동부로 나뉘는데, 수동부로는 윗입술, 윗니, 입천장, 인두벽(pharyngeal wall) 등이 있고, 능동부에는 아랫입술, 아랫니, 혀, 성대 등이 있다. 성대에서 만들어진 성문음은 후두강(laryngeal Cavity), 인두강(pharyngeal C.), 구강(oral C.), 순강(lip C.), 비강(nasal C.)의 다섯 개 공명강(resonance cavity)에서 각각 제 구색이 맞는 특정 소리의 공명이 이루어져야만 듣는 이의 귀에 올바른 말소리로 전달이 된다. 이들 공명강은 인간의 발성기관을 구성하는 매우 유연하고 변화가 풍부한 구조로 되어 있다. 성대음은 이러한 공명강을 통과하면서 공명강의 모양에 따라 다양한 공명 특색을 띄게 된다. <그림 2.1>은 공명강의 횡단면도이다.

<그림 2.1> 성도(vocal tract) 단면도, 다섯 공명강

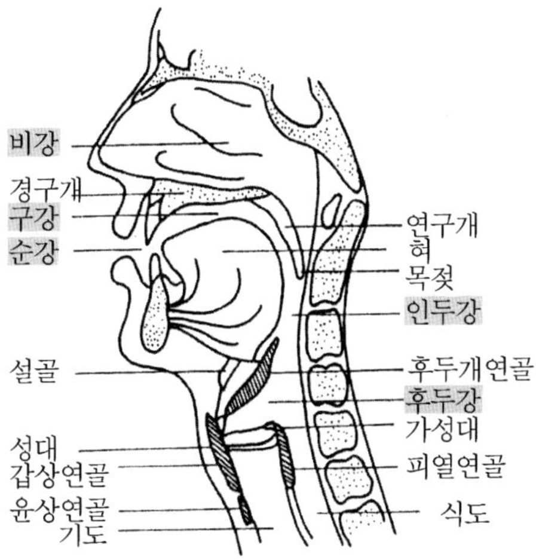

후두강과 인두강은 성대와 목젖 사이의 공간을 이분하여 일컫는 용어이다. 성문에서 만들어진 성문파 곧 성대음은 가장 먼저 후두강과 인두강으로 올라간다. 후두강이나 인두강을 주요 공명강으로 삼아 발성하는 경우는 드물지만, 혀의 위치에 따라 후두강과 인두강의 모양에 변화를 일으켜서, 성대음의 공명에 영향을 미치기도 한다. 성대음이 후두강과 인두강에 들어온 후 생기는 공명은 음성을 형성하는 데에 상당히 중요한 작용을 한다. 아랍어권의 일부 언어는 마찰음 중의 일부를 이쪽 공명강에서 만드는 경우가 있다.

후두강과 인두강은 인간의 진화과정에서 발성 능력을 높이는 데에 매우 커다란 공헌을 하였다. 일반적으로 동물의 성문은 매우 높아서 성문과 구강 사이에 거의 공간이 들어설 여지가 없으므로, 혀와 연구개가 활동할 수 있는 여지가 매우 적다. 그러나 인간은 꾸준한 진화의 결과 구강과 성문의 위치가 서로 많이 떨어지게 되어 그 사이에 몇 십 mm 정도의 공간이 형성될 수 있었다. 이 공간이 후두강과 인두강이 되었다. 그 결과, 혀와 연구개가 자유롭게 움직일 수 있는 충분한 공간이 확보되어 공명강에 갖가지 변화를 일으켜 여러 가지 소리를 낼 수 있게 되었다. 언급했듯이 후두강과 인두강으로 직접 음을 내는 경우는 매우 드물지만, 후두강과 인두강이 형성되어 인간의 언어를 신속하게 발전시키는데 매우 중요한 작용을 하였다.

이러한 분류법과 함께, 인두 부분을 세 가지 영역으로 구분하여 파악하는 관점도 있다. 이 경우 인두(pharynx)는 후인두(laryngo-pharynx), 구인두(oro-pharynx), 비인두(naso-pharynx) 의 세 영역으로 나누어진다. 후인두는 후두의 바로 위에서 시작해 혀의 기저(base)에서 끝난다. 후인두는 구인두와 연결되는데, 연구개까지 확장되는 구인두는 이어서 비인두에 연결된다. 비인두는 두 비강이 시작되는 곳에서 끝난다.

후인두와 구강인두는 후두가 생성하는 성문음에 직접적으로 공명을 더하는 역할을 담당한다. 이러한 분류법에서 후인두는 위 단락에서 언급한 후두강에 비유될 수 있으며, 구인두는 보편의 인두강으로 파악할 수 있다. 비인두는, 이들과 역할이 좀 달라서, 단지 비음(nasal sound)에만 눈에 띄는 공명을 더한다. 비강은 보통 비음이 아닌 말소리를 생성하는 동안에는 닫혀 있다. 연구개와 목구멍을 둘러싼 근육들은 이런 닫음을 수행하는 것을 돕는다.

구강은 인간의 발성기관 가운데 가장 중요한 부분으로서 발음활동의 복잡한 변화가 모두 구강 안에서 진행된다. 움직임이 가능한 발성부위(즉 능동부)들이 거의 구강에 집중되어 있기 때문이다. 발성의 능동부는 구강의 모양·넓이·기류의 통로를 변화시켜 성문음에 여러 가지 다른 공명 특색을 부가하기도 하고, 또 수동부에 접촉하여 막음이나 장애를 일으켜 기류의 흐름을 방해하기도 한다. 이런 방식으로 만들어진 소리들을 장애음(obstruents)이라고 부르며 마찰음, 폐쇄음, 파찰음 등이 이에 속한다. <그림 2.2>는 구강의 단면도인데 치아·잇몸·경구개 이 외에는 모두 능동적인 활동이 가능하다.

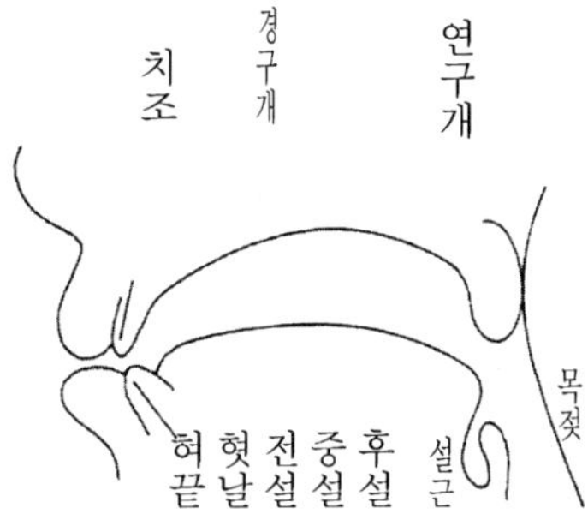

<그림 2.2> 구강(oral cavity) 단면도: 입술(lips)-목젖(uvula), 혀(tongue)

구강에서 가장 중요하고도 유연한 기관은 혀(tongue)이다. 혀의 생물학적 기능은 혀에 있는 미각 돌기(taste bud)를 이용하여 맛을 감지하고, 잘 씹고 삼키기 위해 입에서 음식 주위를 움직이는 것이다. 물론 혀는 말소리 생산에도 중요한 역할을 한다.

해부학적으로 혀는 혀끝(tip), 혓날(blade), 혀등(dorsum), 혀뿌리(root)로 구분된다. 가장 얇고 유동적 부분인 혀끝은 조음에 있어 중요한 역할을 한다. 혓날은 혀끝 다음의 작은 부분이다. 안정적인 위치에서 혓날은 치조 바로 아래에 있는 혀의 부분이다. 혀등은 전설, 중설, 후설부를 포함하는 혀의 가장 넓은 부분이다. 경구개, 연구개와 접해있다. 혀의 가장 뒷부분은 혀뿌리(설근)라 불린다.

혀는 신경전류가 충분히 공급되므로, 세로, 수직, 가로의 근육 섬유를 이용하여 빠른 움직임을 만들 수 있다. 이들 근육의 움직임 때문에 혀는 길게, 짧게, 혹은 말아 올릴 수도, 잡아 뺄 수도, 그리고 평평하게 할 수도 있다. 이런 움직임은 구강의 크기를 바꾸고 소리의 공명 특색을 바꾸어 낸다. 혀의 위치, 모양, 그리고 활동방식은 음성 분류의 작업에서 가장 중요한 역할을 수행했고, 그 근거를 제공해 왔다.

입술은 성도(vocal tract)의 바깥 입구로서 치아(teeth)와의 사이에 순강(lip cavity)을 형성한다. 입술은 완전히 다물어 기류를 막거나, 좁게 구멍을 내어 공기를 마찰시켜 통과시키거나, 또 동그랗게 오므려서 순강을 연장하여 공명작용을 바꿀 수 있다. 입술의 이러한 활동은 모두 소리에 뚜렷한 변화가 생기게 한다. 또 말하는 사람의 감정과 얼굴의 표정이, 발성할 때 입술의 동작을 통하여 나타날 수도 있기 때문에, 입술은 어느 발성기관에서도 할 수 없는 작용을 하기도 한다.

입술과 볼의 근육은 얼굴 근육 조직의 한 부분이다. 입술은 입을 둘러싸고 있는 구륜근(orbicularis oris)으로 이루어져 있다. 턱과 볼의 몇몇 근육들은 이 구륜근에 연결되어 있다. 입술의 다양한 움직임은 이들 근육의 덕분이다. 볼의 대부분을 구성하는 크고 평평한 근육은 볼근(buccinator)이라 하는데, 그 안쪽 면은 점액질의 막으로 덮여 있다. 얼굴과 입술의 다른 근육과 함께 몇몇 말소리들을 조음하는 것을 돕는다. 입술은 대개 입술소리(순음: labial sounds)라는 소리 그룹을 조음해낸다. 예를 들어 [p] 혹은 [b]와 같은 파열음이나, [m]과 같은 비음을 내기 위해 입술을 사용한다.

연구개(soft palate; velar)와 목젖(uvula)도 구강 안에서 움직임이 가능한 부위로, 주로 기류의 통로를 바꾸는 작용을 한다. 연구개는 낮춰질 수 있고 올려질 수 있는 동적인 구조의 말랑말랑한 근육이다. 자신의 혀로 입천장을 앞에서 뒤로 쓰다듬어 보면, 윗이빨 바로 뒤의 딱딱한 부분인 치조(alveolar)와, 흡사 빨래판의 주름처럼 여겨지는 경구개를 지나, 부드러운 조직의 연구개까지 느껴볼 수 있다. 이 부위가 아래쪽으로 낮춰지면(lowering) 비강은 열리고 코를 통한 호흡이 가능해진다. 올려지면(raising) 구강으로부터 비강이 닫혀진다. 이 과정에서 후두 근육은 연구개의 근육들과 만나기 위해 안쪽으로 움직인다. 비강과 통하는 연인두문(velopharyngeal port)은 이때 닫힌다. 발음된 소리는 오직 입을 통해서만 방출되는 구강음(oral sound)이 된다.

보통의 말을 구강음(oral sound)과 비음(nasal sound)으로 구분할 수 있다. 연구개와 목젖이 상승하여 비강으로 통하는 통로인 연인두문이 막히면, 성문음은 구강으로만 나가게 되는데, 이를 구강음이라 한다. 대개의 말소리는 구강음으로 분류된다. 연구개와 목젖이 하강하여 연인두문이 열리게 되면, 성문음이 구강과 비강으로 동시에 나갈 수 있어, 두 공명강에서 모두 공명이 될 수 있다. 이 때 만약 구강에서 어느 부위를 차단하여 기류를 막으면, 소리가 비강으로만 나가서 비음이 된다. 만약 구강과 비강의 통로가 모두 막힘없이 잘 통하면, 소리가 두 갈래의 통로로 동시에 나와 비음화된 소리(nasalized sound)가 된다. <그림 2.3>은 이 세 가지 소리에 대한 연구개의 상황을 보여주고 있다.

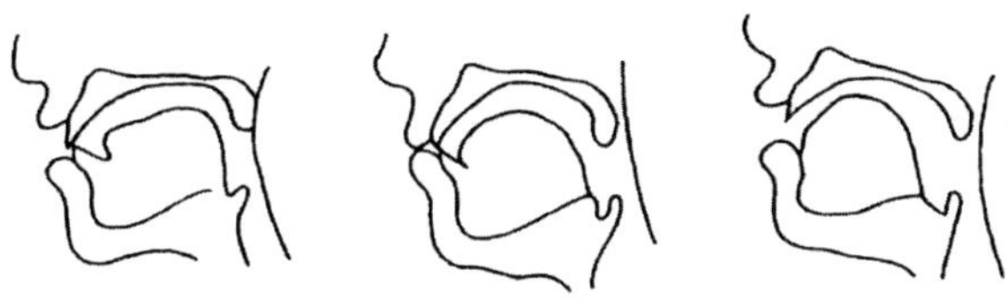

A B C

<그림 2.3> 구강음(oral sound: A), 비음(nasal sound: B), 비음화된 음(nasalized sound: C)

A는 연구개와 목젖이 상승하여 소리가 구강으로만 나오는 모습이다 (velopharyngeal.port가 닫힌 상태). B는 연구개와 목젖이 하강하여 비강 통로가 개방되어 있다. 정상대로라면 소리가 구강과 비강의 두 갈래의 통로에서 동시에 나올 수 있지만, 입술을 다물어 기류가 밖으로 나가는 것을 차단하면, 기류는 비강으로만 나가게 되어 비음 [m,n,ng] 등을 만들어 낸다. 그림 C는 두 갈래의 통로가 모두 잘 통하여 구강음과 비강음의 특징을 동시에 갖춘 비음화된 소리(nasalized sound)가 만들어진다. 불어의 [ã]과 같은 비모음은 이러한 방식으로 조음되는 소리이다. 아래 <그림 2.4>는 구강과 비강으로 기류가 빠져나가는 모양을 단순화시켜 모델링해 본 것이다. 발동부에서 발성부, 그리고 조음부 전반의 과정을 쉽게 이해할 수 있을 것이다.

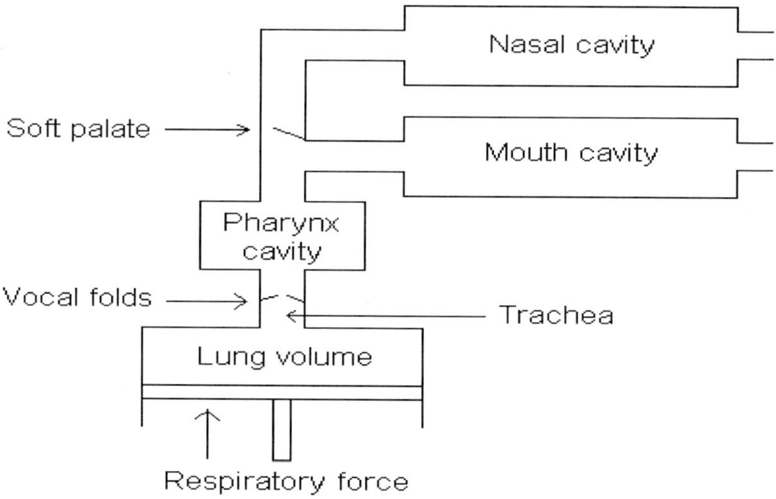

<그림 2.4> 발동부, 발성부, 조음부 전체에 대한 개괄적 모델링

3) 포먼트 주파수

3.1. 공명(resonance)의 개념

소리를 낼 수 있는 물체마다 고유의 주파수가 있다. 이를 자연주파수(natural frequency)라 한다. 만약 두 물체의 자연주파수가 같다면, 그 중 하나가 외부 힘의 작용으로 소리를 낼 때, 다른 물체도 같은 주파수의 공기 입자운동의 영향을 받아서 함께 소리를 낼 수 있다. 이러한 현상을 소리의 공명(resonance) 작용이라고 한다. '함께 운다', '함께 진동한다'고 하여 공명(共鳴) 혹은 공진(共振)이라는 용어를 쓴다. 미국 어느 도시의 금이 조금 간 콘크리트 교각이 마침 불고 있던 바람소리의 주파수에 공진되어 무너진 일화를 상상해보면, 그 개념이 잡힐 것이다.

어떤 진동체에 힘을 가한 후 최초의 에너지원을 없애고 그대로 내버려둠으로써 생기는 진동을 자유 진동(free vibration)이라고 한다. 이러한 자유 진동하는 물체의 진동에 이끌려 강제로 진동이 부가된 경우를 강제 진동(forced vibration)이라 한다. 위의 예에서 다리를 무너뜨린 바람은 자유 진동을 했으며, 무너진 다리는 강제 진동을 당한 것이다. 즉 공명이 일어난 대상이 일으킨 진동에 대해 강제 진동이라는 용어를 사용한다. 자유 진동하는 원래의 진동체에서 진동의 에너지가 고갈되지 않는 이상 강제 진동의 시스템은 계속 작동된다.

이러한 에너지 공급을 추진력(driving force)으로, 또 이것이 공급되는 시스템을 가동 시스템(driven system)으로 생각할 수 있다. 즉, '추진력을 받아 움직이는 가동시스템은 공명시스템'인 것이다. 시스템의 고유 특질이 무엇이건 간에, 공명의 상태에 도달하면 강제 진동의 최대 진폭이 발생하고 추진력의 주파수가 가동 시스템의 공명 주파수와 일치하게 된다. 이 상태에서 주어진 입력 에너지에 대한 최대 출력을 얻을 수 있다.

화학실험에 사용되는 유리관을 이용하여 말소리가 최종적으로 만들어지는 성도(vocal tract)의 공명 특성을 파악할 수 있다. 우리 성도의 대략적 길이에 해당하는 17 cm 길이의 유리관을 사용하여 그 공명 주파수를 살펴보면, 추진력으로 사용되는 소리 주파수가 500 Hz 일 때 가장 큰 반향을 보이게 된다. 좀 더 학술적으로 풀면, 500 Hz 신호를 추진 주파수로 방출했을 때, 가동되는 유리관이 공명이 되었다는 것이다. 즉, 최대의 진폭으로 반응했다는 것이다. 추진력의 주파수를 계속해서 올리면 1500Hz와 2500Hz에서 또 다른 공명을 얻을 수 있다.

유리관과 같은 공기기둥(air column)에서의 복합적인 공명은 말소리 조음의 원천이 된다. 이것은, 공기기둥이(즉 인체의 성도가), 배음을 풍부하게 담고 있는 뭔가.. 근원적인 추진력에 의해 가동되면, 공기기둥의 공명 시스템이 추진력이 가지고 있는 성분파들 중 특정의 주파수에 반응하여 최대 진폭을 만들어낸다는 것을 의미한다. 성도는 강제 진동하여 500, 1500, 2500Hz 혹은 더 높은 영역에서 높은 진폭으로 응답할 것이다. 여기서 성도를 강제 진동시키는 추진력은 성대에서 만들어진 성문파(glottal wave)가 된다. 17 cm로 유리관으로 단순하게 모델링된 성도는, 그러나 실질적으로는, 입안에 자리한 다양한 공명강(구강, 비강, 인두강, 후두강, 순강 등의)이 복합적으로 작용하고 있는 것이므로, 말소리를 비롯한 다양한 음색의 각양각색의 소리를 만들어내는 이유가 된다.

그러면 왜 500 Hz에서 17 cm 유리관이 반응(공명)을 하였으며, 1500, 2500 Hz에서, 그리고, 짐작할 수 있듯이, 3500 Hz 부근에서 공명이 발생해야 할까? 먼저, 공기 기둥의 모양을 갖추고 있는 17cm 유리관을 '한쪽 끝이 막혀 있는 관 구조물(one closed end pipe)'로 모델링하는 작업이 필요하다. 막혀 있는 끝부분에 성대 혹은 관악기의 리드(reed)가 있다고 가정했을 때, 추진력으로 작용하는 성문파 혹은 리드에서 만들어진 파는 공기기둥과 나란히 달리다가 뚫려있는 입구 부근에서 유리관의 가장자리를 건드리며 최대의 진폭을 한 번 얻어내게 된다. 이 때 최대의 진폭을 얻는 뚫려있는 가장자리를 골(antinode)라고 하며, 파가 출발한 막힌 부분을 마디(node)라고 한다.

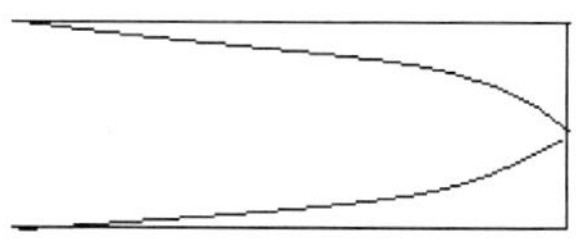

length = 17 cm , λ= 68 cm

<그림 3.1> 한쪽 구멍이 막혀 있는 관 구조에서 만들어진 첫 번째 성분파

이런 반응을 보여준 음파는 그 한 파장이 68 cm라는 것을 알 수 있다(17 x 4). 막혀있는 입구에서 뚫려 있는 입구까지 음파는 자기 고유의 파장에 비교해 1/4 파장만큼 이동할 수 있을 것이기 때문이다. 즉, 1/4 파장이 17 cm 관의 길이가 된다(그림 3.1). 이런 방식으로 두 번째 만들어지는 파는 유리관 입구에서 자기 고유의 파장에 비교해 3/4 파장만큼 이동할 수 있으며, 세 번째 만들어지는 파는 유리관 입구에서 자기 고유의 파장에 비교해 5/4 파장만큼 이동할 수 있게 된다. 그 이상도 마찬가지 방식이다.

500 Hz라는 주파수 값을 얻어내기 위해선, v=fλ 공식을 상기할 필요가 있다. 물리 공식에서 속도는 단위 시간당 움직인 거리로 표시되는데(v=s/t), 파장(λ)을 거리의 개념으로 간주하여 s=λ로 치환하면 v= λ/t와 같이 될 것이다. 주파수는 시간의 역수이므로, 1/t을 주파수 f로 치환하면(f=1/t 이므로) v=fλ와 같은 최종 공식이 완성된다. 즉, 속도는 주파수에

파장을 곱한 것이라는 개념이 유도되는 것이다. 첫 번째 파의 λ(파장)는 17 x 4 하여 68 cm를 얻었고, 두 번째 파의 파장은 17 x 4/3 하여 약 22.7 cm가 되며, 세 번째 파의 파장은 17 x 4/5 하여 13.6 cm가 된다. 이러한 배열을 수식화하면 다음과 같이 나타낼 수 있다.

$v=f\lambda$

1) $L=\lambda/4$, $\lambda=4L$, $f=v/4L$
2) $L=3\lambda/4$, $\lambda=4L/3$, $f=3v/4L$
3) $L=5\lambda/4$, $\lambda=4L/5$, $f=5v/4L$
4) $L=n\lambda/4$, $\lambda=4L/n$, $f=nv/4L(n=1,3,5,...)$

즉, 첫 번째 주파수를 홀수배로 곱해 가면, 공명주파수의 나머지 부분들을 구해낼 수 있는 것이다. 첫 번째 공명 주파수는 공기 중에서 소리의 전달 속도인 340m/sec을 분자로, 17cm를 분모로 하여 답을 구하면 500 Hz가 된다.

이렇게 500 Hz, 1500 Hz, 2500 Hz 등 500에서 출발하여 홀수배로 진행하는 배음의 구조는 17 cm 도관으로 모델링되는 우리 인체의 성도(vocal tract)가 나타내는 공명 특성이라 정리할 수 있다. 성문파라고 하는 수천 개의 배음으로 이루어진 복합파가 이와 같은 공명 특성을 지니고 있는 성도를 지나게 되면, 그 성분파 중 500 Hz, 1500 Hz, 2500 Hz 에 가장 가까운 성분이 공명을 하여 말소리를 만들어내는 것이다. 이렇게 공명된 주파수를 일컬어 포먼트(formant)라고 한다. 낮은 주파수부터 출발하여 제 1 포먼트, 제 2 포먼트, 제 3 포먼트 등으로 부른다.

3.3. F1/F2 측정

포먼트 주파수는 네덜란드에서 개발된 Praat 4.3.12를 이용하여 측정하였다. Praat 4.3.12에서 포먼트 측정을 위한 세팅 조건은 다음과 같이 이루어졌다(표 3.1).

parameter	setting	기타
time step	10 msec	
maximum number of Formants	5 개	
maximum Formant frequency	5500 Hz	
window length	25 msec	Gaussian-like
pre-emphasis	50 Hz	a=0.97
dynamic-range	20 dB	
method	Burg	

<표 3.1> Praat 4.3.12 에서의 포먼트 검출 조건

최대 포먼트 주파수 영역을 4,000 Hz로 하고 구하는 포먼트 개수를 4개로 하여 측정하였다. [i, e, a, o. u] 각 모음 안정구간(모음 신호 시작부에서 약 1/3 지점) 약 100 msec 정도의 구간을 잡아 그 평균치로 측정하였다. <그림 3.2>에 스펙트로그램 상 포먼트 측정 부위에 대한 정보가 나와 있다. 아래 화면에 가로로 흘러가는 점선이 포먼트 주파수이다.

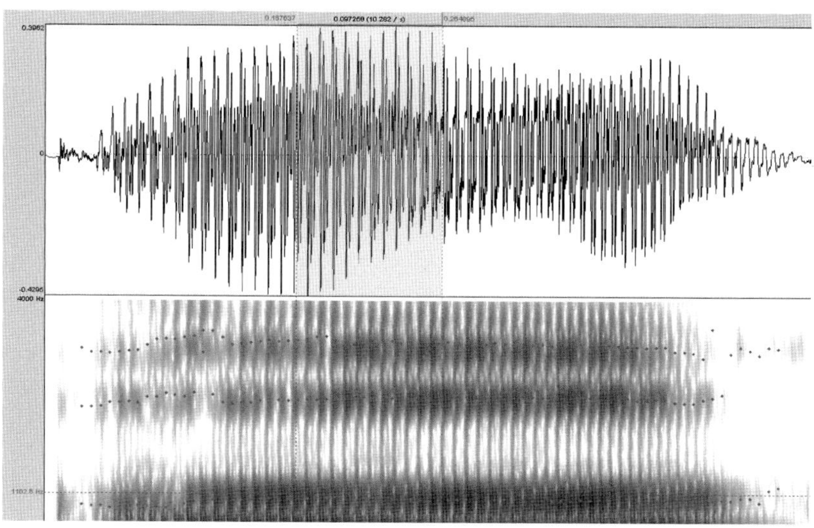

<그림 3.2> 인도 남성의 산스크리트어 [a] 모음 포먼트 측정 부위

4) 포먼트 측정 실험 조건

4.1. 녹음 및 A/D

한국어, 중국어, 산스크리트어, 그리스어를 대상으로 하여, 기본 자/모음의 포먼트(성도의 공명주파수)를 측정하였다. 녹음은 음악 및 영화 전문 스튜디오인 M&F에서 이루어졌는데, digidesign 사의 software, controller, convertor와 Apple 컴퓨터를 본체로 한 Protools system으로 녹음받은 후 Panasonic의 SV-3800 DAT로 옮겼다. 마이크는 Neumann의 컨덴서 마이크인 U87Ai를 사용하였다. 녹음 시 표본화 율은 48 kHz로 하였다. 분석을 위한 컴퓨터 입력 시(A/D) 표본화율(sampling rate)은 44.1 kHz로 하였으며, 16 bit로 양자화하였다.

4.2. 측정 대상

1) 한국인 남성 2인을 대상으로 한국어 단모음 8개
   [이, 에, 애, 아, 어, 오, 우, 으]
2) 중국인 남녀 각 1인을 대상으로 중국어 단모음 6개
   [i, u, ü, a, o, e]
3) 그리스인 남녀 각 1인을 대상으로 그리스어 단모음 5개
   [i, e, a, o, y]
4) 인도인 남녀 각 1인을 대상으로 산스크리트어 단모음 5개
   [i, e, a, o, u, a:]

4.3. 피험자

피험자는 한국, 중국, 인디아, 그리이스어 표준어를 구사하는 언어장애가 없는 원어민들로 구성되었다. 피험자에 대한 상세 내용은 아래 5장에 제시하였다.

5) 4개 국어 단모음 포먼트 측정 결과

5.1. 한국어

한국어는 본래 10개의 단모음 /이, 에, 애. 아, 어, 오, 우, 으, 위, 외/ 조직에 두 개의 반모음 음소 /w, y/가 있다. 현재 한국어에서는 /외, 위/가 음운상 변화과정에 있어, 노년층과 젊은이 세대 간 차이점을 보여준다. 이 실험에서는 젊은이 세대의 발음에 주목하여 **8**개의 단모음을 실험대상으로 상정한다.

한국어의 경우, 단모음 [이, 에, 애. 아, 어, 오, 우, 으]에 대한 남, 여 포먼트 측정값은 이미 많은 문헌 정보를 통하여 확보되어 있다. 본 실험에서는 성도 자기 공명 영상 촬영에 참가한 두 명의 남성 피험자가 발성한 결과 값을 제시한다. 피험자에 대한 정보는 다음과 같다.

이름	성별	출생지	연령	10세 이전 성장지	10세 이후 성장지
JKH	남	수원	21	수원	수원, 서울
SDI	남	인천	21	인천	인천, 서울

<표 5.1> 한국인 피험자 상세 정보

vowel	Formant	1	2	3	4	5	6	7	mean	s.d.
[이]	F1	285	302	271	276	295	291	266	283.7	13.2
	F2	2324	2384	2296	2351	2319	2265	2365	2329.1	41.1
[에]	F1	512	519	517	535	523	547	528	525.9	12.0
	F2	1918	1938	1896	1928	1937	2003	1979	1942.7	36.6
[애]	F1	529	538	501	540	517	544	539	529.7	15.6
	F2	1966	1956	1973	1866	1892	1889	1879	1917.3	45.7
[아]	F1	776	787	769	792	795	794	766	782.7	12.2
	F2	1317	1316	1265	1296	1275	1299	1243	1287.3	27.5
[어]	F1	589	597	613	626	608	622	619	610.6	13.6
	F2	1031	1033	1041	1059	1007	1044	1008	1031.9	19.0
[오]	F1	387	377	376	392	422	386	391	390.1	15.4
	F2	849	830	810	837	841	786	795	821.1	24.3
[우]	F1	347	339	333	328	360	337	352	342.3	11.3
	F2	909	903	878	886	878	869	838	880.1	23.4
[으]	F1	373	379	374	372	378	375	394	377.9	7.6
	F2	1412	1356	1364	1349	1413	1123	1280	1328.1	100.9

<표 5.2> 한국인 남성 피험자 JKH의 한국어 단모음 8개에 대한 F1, F2 포먼트 주파수(n=7)

vowel	Formant	1	2	3	4	5	6	7	mean	s.d.
[이]	F1	253	235	232	232	226	228	238	234.9	9.0
	F2	2177	2242	2255	2216	2232	2195	2209	2218.0	27.2
[에]	F1	467	480	456	461	467	473	473	468.1	8.1
	F2	1873	1890	1938	1889	2005	1884	1892	1910.1	46.6
[애]	F1	455	457	476	485	471	486	468	471.1	12.3
	F2	1757	1924	1909	1802	1985	1885	1839	1871.6	77.7
[아]	F1	676	701	709	740	740	725	723	716.3	22.9
	F2	1156	1241	1213	1250	1226	1209	1234	1218.4	31.1
[어]	F1	504	486	529	527	518	505	510	511.3	14.9
	F2	946	918	889	935	906	936	928	922.6	19.7
[오]	F1	362	351	350	333	330	352	348	346.6	11.3
	F2	673	722	680	697	684	671	673	685.7	18.3
[우]	F1	327	321	312	321	317	294	300	313.1	12.0
	F2	834	824	816	792	882	880	869	842.4	35.0
[으]	F1	294	287	275	291	285	277	286	285.0	6.9
	F2	1580	1580	1528	1772	1677	1689	1669	1642.1	83.4

<표 5.3> 한국인 남성 피험자 SDI의 한국어 단모음 8개에 대한 F1, F2 포먼트 주파수(n=7)

5.2. 중국어

중국어 모음에 해당하는 성모(聲母) 중 주요모음(principal vowel)을 구성하는 단모음은 [i, u, ü, a, o, ə]로 되어 있다. 전설 반고 혹은 전설 반저 모음에 해당하는 [e] 음가가 단모음 목록에는 관찰되지 않는다. 피실험자에 대한 정보와 남녀 별 포먼트 측정결과는 다음과 같다.

이름	성별	출생지	연령	10세 이전 성장지	10세 이후 성장지
DP	남	중국 산동 위방	43	산동 위방	위방, 제남, 북경
WT	여	중국 산동 제남	31	산동 제남	제남, 북경

<표 5.4> 중국인 피실험자 상세 정보

vowel	Formant	1	2	3	4	5	6	7	mean	s.d.
[a]	F1	931	932	931	931	931	931	931	931.1	0.4
	F2	1210	1204	1203	1202	1207	1205	1207	1205.4	2.8
[ə]	F1	662	663	665	665	662	666	665	664.0	1.6
	F2	1237	1232	1235	1236	1233	1236	1236	1235.0	1.8
[o]	F1	555	554	548	546	552	549	553	551.0	3.4
	F2	849	848	847	845	847	847	848	847.3	1.3
[u]	F1	515	510	511	512	511	511	517	512.4	2.6
	F2	1167	1160	1154	1172	1164	1171	1159	1163.9	6.6
[i]	F1	328	330	330	331	328	328	328	329.0	1.3
	F2	2660	2669	2667	2764	2662	2659	2660	2677.3	38.4
[ü]	F1	333	334	334	334	332	332	331	332.9	1.2
	F2	2299	2306	2301	2305	2299	2296	2294	2300.0	4.4

<표 5.5> 중국인 남성 피험자의 중국어 단모음 F1, F2 포먼트(n=7)

vowel	Formant	1	2	3	4	5	6	7	mean	s.d.
[a]	F1	982	980	978	979	979	978	980	979.4	1.4
	F2	1485	1487	1485	1485	1485	1486	1487	1485.7	1.0
[eo]	F1	717	716	708	708	729	725	715	716.9	7.9
	F2	1302	1303	1302	1302	1305	1302	1304	1302.9	1.2
[o]	F1	640	616	659	653	640	655	652	645.0	14.7
	F2	993	984	1003	997	994	998	997	995.1	5.9
[wu]	F1	447	440	441	444	442	444	437	442.1	3.2
	F2	708	716	715	711	711	709	719	712.7	4.0
[yi]	F1	319	318	319	319	319	319	319	318.9	0.4
	F2	3067	3069	3066	3066	3067	3068	3066	3067.0	1.2
[yu]	F1	317	319	318	318	317	318	318	317.9	0.7
	F2	2567	2564	2565	2564	2565	2564	2564	2564.7	1.1

<표 5.6> 중국인 여성 피험자의 중국어 단모음 F1, F2 포먼트(n=7)

5.3. 산스크리트어

산스크리트어의 단모음 목록은 표 5.7에 제시된 데와나가리이 문자표의 위단에 나와 있다. 산스크리트어에서 진정한 단모음은 [a, i, u] 만이다. [e]의 경우는 [a+i]로 생성되고, [o]의 경우는 [a+u]로 만들어진다. 그런데 단모음 [a]의 경우 음가가 IPA의 [ə]와 비슷하다.

<표 5.7> 데와나가리이 문자로 표기된 산스크리트어 자.모음 목록

피실험자 정보는 다음과 같다.

이름	성별	출생지	연령	10세 이전 성장지	10세 이후 성장지
SM	남	인디아 Ambala	44	Ambala	뉴델리
RM	여	인디아 Amritsar	44	Amritsar	Ambala, 뉴델리

<표 5.8> 인도인 피실험자 상세 정보

vowel	Formant	1	2	3	4	5	6	7	mean	s.d.
[a]	F1	470	543	573	509	500	502	546	520.4	35.0
	F2	1020	1120	1120	1079	1200	1137	1123	1114.1	55.0
[i]	F1	281	297	283	258	301	283	268	281.6	15.1
	F2	2105	2075	2059	2068	2052	2036	2250	2092.1	72.8
[u]	F1	297	316	327	297	312	291	288	304.0	14.5
	F2	792	792	830	700	747	788	794	777.6	41.8
[e]	F1	373	382	380	384	382	384	383	381.1	3.8
	F2	1926	1871	1915	1914	1861	1834	1867	1884.0	34.4
[o]	F1	396	409	396	379	408	407	419	402.0	12.9
	F2	711	820	731	783	812	883	774	787.7	57.8
[aː]	F1	641	590	595	594	616	623	615	610.6	18.6
	F2	1071	1095	1105	1124	1147	1171	1137	1121.4	33.8

<표 5.9> 인도인 남성 피험자의 산스크리트어 단모음 F1, F2 포먼트(n=7)

vowel	Formant	1	2	3	4	5	6	7	mean	s.d.
[a]	F1	677	676	668	586	686	646	653	656.0	33.9
	F2	1223	1265	1260	1178	1194	1192	1166	1211.1	39.2
[i]	F1	390	334	369	343	345	336	346	351.9	20.3
	F2	3012	3180	3149	3279	3233	3225	3112	3170.0	89.2
[u]	F1	433	419	409	460	433	435	445	433.4	16.6
	F2	906	823	864	771	805	871	809	835.6	46.5
[e]	F1	428	434	456	457	439	443	454	444.4	11.5
	F2	2772	2838	2686	2810	2871	2825	2731	2790.4	64.7
[o]	F1	514	510	518	649	668	695	726	611.4	94.2
	F2	988	994	925	1002	962	1022	1058	993.0	42.3
[aː]	F1	1010	985	956	1011	989	1033	966	992.9	27.1
	F2	1329	1230	1226	1259	1252	1253	1242	1255.9	34.5

<표 5.10> 인도인 여성 피험자의 산스크리트어 단모음 F1, F2 포먼트(n=7)

5.4. 그리스어

현대 그리스어 단모음은 /a, e, i, o, u/ 음소 목록을 보여주는데, 이 중 /u/의 경우는 이중모음 /oy/에서 비롯된 것이므로 단모음 목록에서는 다루지 않는다. 다만, 포먼트 값을 측정할 때는 다른 나라 언어와 형평을 맞추기 위해 /oy/ 의 포먼트 값을 측정하였다. 철자법상 단모음은 다음 목록 / A α, E ε, H η, I ι, O o, Y υ, Ω Ω/ 의 모음으로 구체화되는데, 이 중 /a, e, i, o, y/를 대표 모음으로 선별하여 자기 공명 영상 분석법을 시행하였다.

/i/와 /y/는 음가 상으로는 [i]로 동일하나 후자가 조금 더 긴장 모음(tense vowel)의 음가를 가진다. 녹음 및 촬영에 임한 피험자 정보와 포먼트 값은 다음과 같다. 그리스어의 경우, 인용형(citation form) 녹음 1회 + 낱말 내에 포함시켜서 4회 낭독을 하였는데, 실제 측정은 인용형 1회에 대해서만 하였다.

이름	성별	출생지	연령	10세 이전 성장지	10세 이후 성장지
KZ	남	Chalkidiki(Gk)	23	Chalkidiki	Chalkidiki, Athene
AT	여	Crete(Gk)	30	Crete	Crete, Athene

<표 5.11> 희랍인 피실험자 상세 정보

vowel(male)	Formant	measurement	vowel(female)	measurement
[a]	F1	849	[a]	837
	F2	1221		1233
[e]	F1	520	[e]	566
	F2	1808		2018
[i]	F1	345	[i]	341
	F2	2372		2431
[o]	F1	551	[o]	519
	F2	950		836
[u]_diph	F1	348	[u]_diph	330
	F2	794		509
	F1	296		319
[y]	F2	2376	[y]	2402

<표 5.12> 희랍인 남/녀 피험자의 그리스어 단모음 F1, F2 포먼트(n=1)

6) MRI 프로토콜 확정 실험 및 결과

성도(vocal tract)의 3차원 모델링 작업은 좀 더 정확한 조음-음향 모델을 얻기 위한 노력의 일환으로 발달되어 왔다. 60~70년대 X-ray 영상을 이용한 Fant(1960)의 모델과 Liljencrants and Fant(1975)에 소개된 성도 공명 주파수를 계산하기 위한 면적함수 등은 2차원적 평면에서 성도를 튜브 형태로 모델링한 뒤, 성도를 지나는 중앙선을 기초로 하여 이루어졌다.

Baer et al.(1991), Narayanan et al.(1995), Titze & Story(1996), Engwall(1999), Behrends & Wismüller(2001) 등으로 이어지는 자기공명 영상(MRI)에 기초한 연구들은, 2차원 중앙 시상면(midsagittal plane)에 국한되었던 지난 연구들의 한계를 넘어서, 직접적으로 3차원 영상을 이용하여 면적 함수를 구할 수 있는 단계로 나아가는 모습을 보여준다. 조음합성 시스템 구축을 지향하는 이와 같은 일련의 논문들은, 성도 전달함수를 구하기 위하여 다각형 모델과 같은 여러 가지 방법으로 성도를 모델링한 뒤 면적 함수를 구하는 방식으로 연구를 진행하고 있다(Foldvik & Kristiansen 1995).

한국어의 경우, 조철우(1997)와 양병곤(1998)에서 이러한 시도를 찾아볼 수 있다. 조철우(1997)는 2차원 성도 모델을 MATLAB으로 구현하고 이에 따른 합성음을 만드는 시도와 함께, 자기공명 각 단면 영상으로부터 구한 단면적을 좌표 변환하여 3차원으로 구현하는 과정을 담고 있다. 양병곤(1998)은 자기공명 영상의 정중 시상 단면을 구한 뒤, 성도의 윤곽을 수작업으로 얻고 이를 바탕으로 소프트웨어를 활용하여 성도 단면적과 체적을 구하는 과정을 소개하고 있다. 이렇게 구한 성도 단면적 값을 Formfrek 프로그램에 입력하여 포먼트 주파수를 얻고 모음합성을 한 뒤 청취실험을 실시하였다.

지금까지 언급한 대개의 연구들은, 자기공명영상을 통해 성도의 정중 시상 단면 영상을 얻고 그로부터 성도 중앙선을 확정하고 적절한 모델링을 통하여 단면적을 추정하는 공통의 과정을 보여주고 있다. 본 연구에서는, 이러한 접근 방법과는 다르게 현대의 발달된 영상처리 기법을 직접적으로 성도모델링에 적용하고자 한다. 좀 더 정확하게는 분절된 성도 자기공명 영상 슬라이스의 픽셀 정보만으로 성도의 단면적과 체적을 계산해보려는 시도를 담고 있다.

이 연구는 이러한 전제를 바탕에 깔고, 크게 두 가지 주제로 진행될 것이다. 첫 번째는 자기공명 영상 슬라이스의 픽셀 정보를 활용하여 전 세계의 모음을 조음적 관점에서 기술할 수 있는 해부학적 조음 파라미터를 얻는 것이다. 좀 더 구체적으로, 능동 조음체와 수동 조음체가 이루는 전통적 관점에서의 좁힘점을, 슬라이스의 픽셀 정보에 기반을 둔 성도 면적 추적 기법을 활용하여 성도의 수평면과 수직면에서 각각 하나씩 총 2개를 구하고, 이를 중심으로 얻을 수 있는 총 3개 튜브에 대한 체적 비율 값을 구하고자 하는 조음 파라미터 값으로 삼는다. 두 번째는, 음성 정보를 통해 얻은 음향 파라미터(F1, F2 정보)를 조음 파라미터와 함께 복합적으로 활용하여 한국어 단모음을 기술하고 판별하는 일련의 과정을 시험적으로 제안하는 것이다.

6.1 성도 자기 공명 영상 수집

우선 한국인 피험자를 대상으로 표 6.1과 같은 파라미터로 성도 자기 공명 영상을 얻었다. 이 파라미터는 전 실험에 걸쳐서 동일하게 적용되는 프로토콜이다. 이 성도 자기 공명 영상은 20대 남성 1인을 대상으로 하여 얻었다. 키 172 cm, 몸무게 74 Kg의 성악가로 치아 보철에 의한 영상간섭이 없는 표준어 화자이다. 촬영은 충남대학 병원에서 이루어졌는데, 한국어 단모음 6개 [이, 에, 아, 오, 우, 으]를 각각 25초 내외로 입모양을 최대한 동일하게 유지하며 발성하게 한 후, 수평(Horizontal) 방향으로 60장, 관상(Coronal) 방향으로 36장이 촬영되었다. <표 6.1>에 상세한 파라미터 값이 나타나 있다. <그림 6.1>은 수평 방향 슬라이스와 관상 방향 슬라이스의 대략적인 촬영 범위를 보여주고 있다.

파라미터 명	파라미터 수치
촬영 방향	수평방향 : 60장 관상방향 : 36장
이미지 두께/ 간격	3mm/ 3mm
이미지 크기	256 픽셀 x 256 픽셀
픽셀의 크기	수평방향 : 0.987500mm x 0.987500mm 관상방향 : 0.703135mm x 0.703125mm

<표 6.1> 자기공명 영상 촬영을 위한 파라미터

<그림 6.1> 시상면(sagittal plane)에서 바라본 수평방향 슬라이스와 관상방향 슬라이스의 촬영범위

다음 <그림 6.2>에서 <그림 6.5>는 본 연구에서 사용된 자기공명 영상 중 모음 [아]와 [이]에 대한 각 방향별(수평, 관상) 영상 자료 일부를 보여주고 있다.

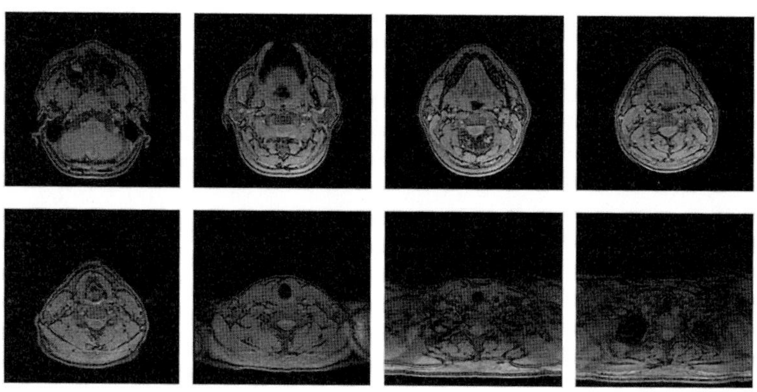

<그림 6.2> [아] 모음, 수평 방향의 자기공명 영상

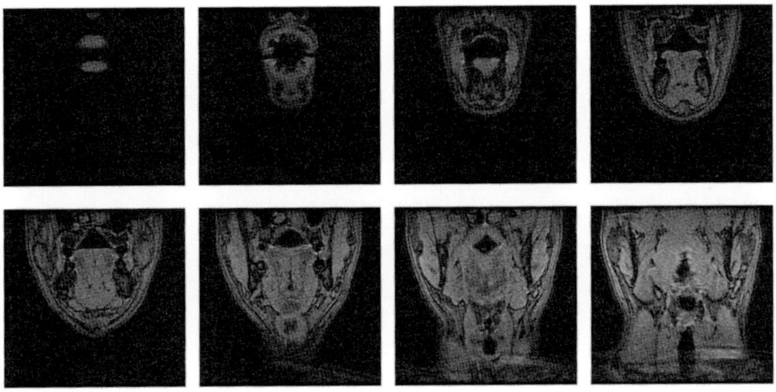

<그림 6.3> [아] 모음, 관상 방향의 자기공명 영상

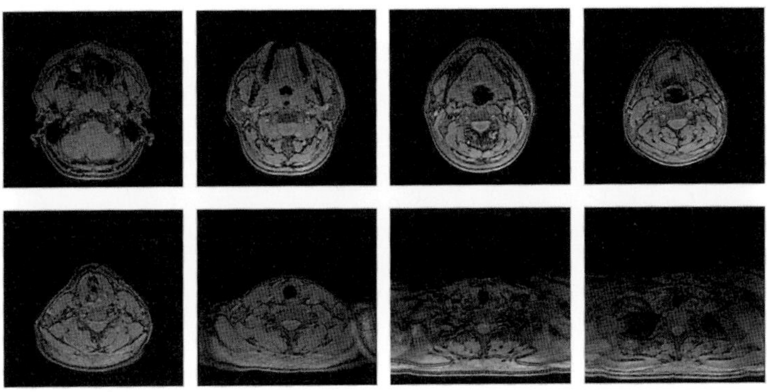

<그림 6.4> [이] 모음, 수평 방향의 자기공명 영상

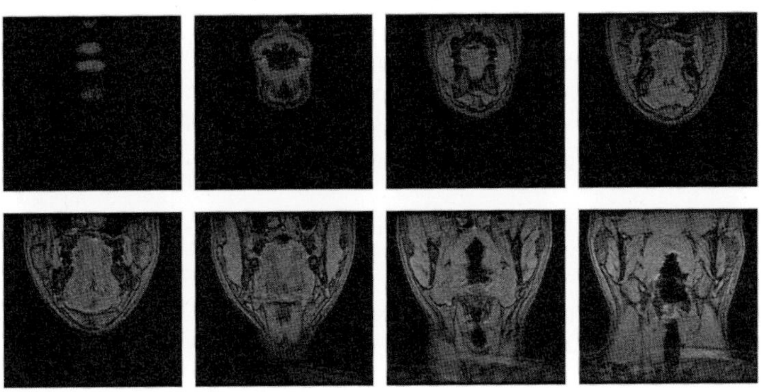

<그림 6.5> [이] 모음, 관상 방향의 자기 공명 영상

6.2. 성도 분할 및 3차원 복원

6.2.1. 성도의 분할 작업

본 연구에 사용된 자기공명 영상은 1차적으로 병원의 의료 영상 저장 전달 시스템(PACS)에서 사용되는 다이콤(DICOM) 파일 포맷으로 저장된다. 다이콤 파일은 환자의 신상 정보 및 촬영에 관련된 각종 파라미터와 영상 자료가 모두 포함된 형태의 파일 포맷으로서, 본 연구팀은 이들 파일을 영상처리에 이용하기 위하여 영상 자료 부분만을 재처리하여 성도 부분의 분할(segmentation) 작업을 수행하였다. 성도 분할을 위한 첫 번째 단계로, 다이콤 파일로부터 영상 자료 부분만을 획득한 후 이를 흑백 영상을 위한 무 손실 압축 파일 포맷인 PGM 파일 포맷으로 변환하였으며, 두 번째 단계로, 변환된 PGM 파일을 대상으로 일반적인 영상 편집 응용 프로그램과 도구(Tablet)를 활용하여 수동 방식으로 한 슬라이스씩 분할 작업을 수행하였다(Y.C. Sung et al., 2000). 최종적으로 얻은 영상은 흰색 픽셀과 검은색 픽셀로만 이루어진 2진 영상 자료로 만들어진다. <그림 6.6 ~ 6.9>는 분할작업이 완료된 결과 영상 중 [아] 모음의 관상 방향 원본 영상 처리 결과를 보여주고 있다.

수동 방식의 분할 작업은, 짐작할 수 있듯이 사람의 노력과 시간을 많이 들여야 하는 작업이라 자동 분할 알고리즘을 만들어내어야지만 경제적인 성과를 올릴 수 있게 된다. 성도의 분할과 관련해서, Titze & Story(1996)에서 다루고 있는 3차원 영역 증식(region growing) 방법이 일반적으로 유용하게 사용되고 있다. 그러나 자기공명영상에서는 치아와 경구개 부분의 분할이 힘들고 3차원 증식만으로는 공기층에 대한 깨끗한 분할이 힘든 까닭에 Behrends & Wismüller(2001)에서는 치아만을 위한 CT 영상을 따로 찍어서, 이를 자기 공명 영상에 포함시켜 처리하는 방식을 쓰고 있다.

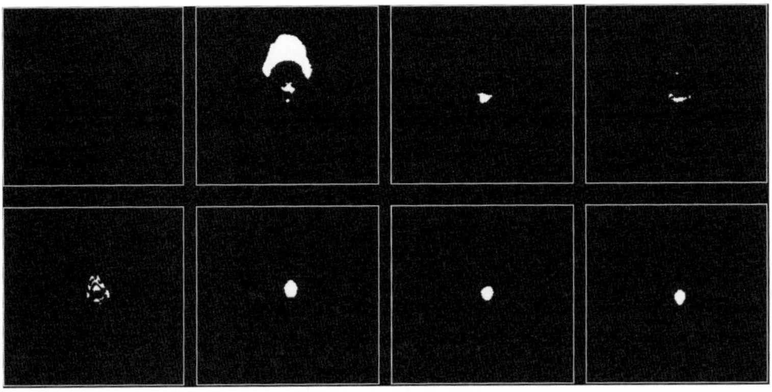

<그림 6.6> [아] 모음, 수평 방향의 분할 결과 영상

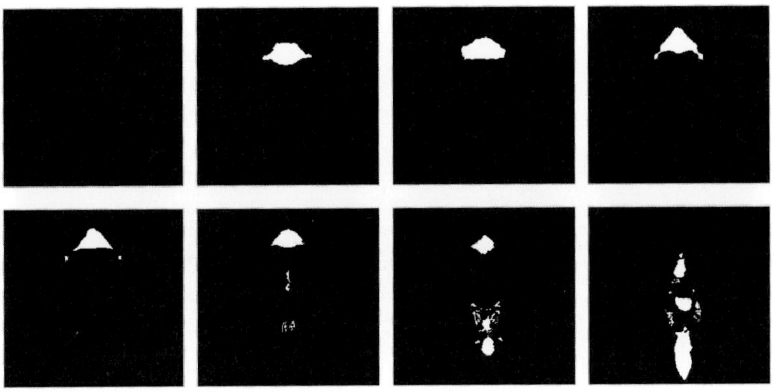

<그림 6.7> [아] 모음, 관상 방향의 분할 결과 영상

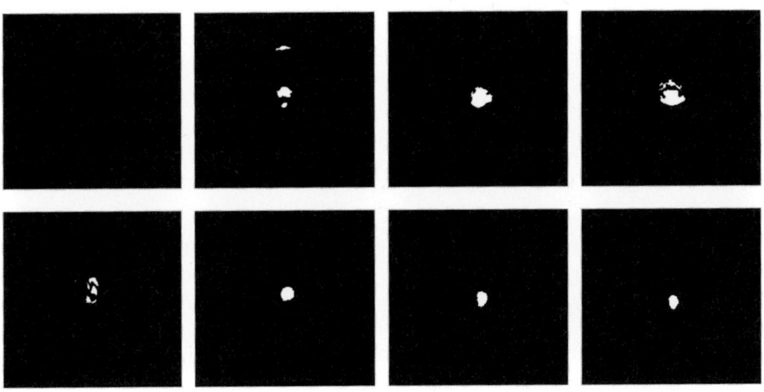

<그림 6.8> [이] 모음, 수평 방향의 분할 결과 영상

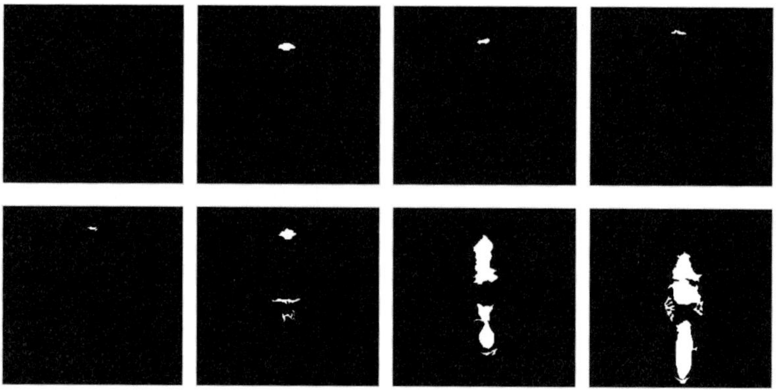

<그림 6.9> [이] 모음, 관상 방향의 분할 결과 영상

6.2.2 성도의 3차원 복원

성도의 3차원 복원은, 분할작업 결과로 얻은 영상을 이용하여 이루어지는데 이를 위해 보간 작업이 필요하다. 보간은 분할 작업된 영상을 3차원으로 재구성하기 위한 첫 단계로서, 각각 슬라이스 사이의 연속된 변화를 표현해 주기 위해 임의의 슬라이스를 삽입하는 작업이다. 3차원 재구성을 위한 응용프로그램 중의 하나인 ImagJ를 이용하여 작업을 수행하였다. 작업 완료 후 총 슬라이스 수의 변화는 다음 <표 6.2>와 같다.

촬영 방향	처리 전 슬라이스 수	처리 후 슬라이스 수
Horizontal	60	378
Coronal	36	299

<표 6.2> 보간(Interpolation) 작업에 의한 슬라이스 수의 변화

3차원 복원 작업은 마이크로소프트사의 Visual C++ 6.0과 OpenGL 라이브러리를 이용하여 수행하였으며, 작업의 결과 3차원으로 재구성된 성도의 동영상 파일(상영시간 약 21초)이 제작되었다. <그림 6.10~6.15>는 [이, 아, 우] 모음 동영상 결과물의 수평, 관상 방향의 영상을 보여주고 있다. 복원된 3차원 영상은 모음에 따라 구강과 인두강에서 좁혀지고 확

장되는 모습을 잘 보여주고 있다.[17]

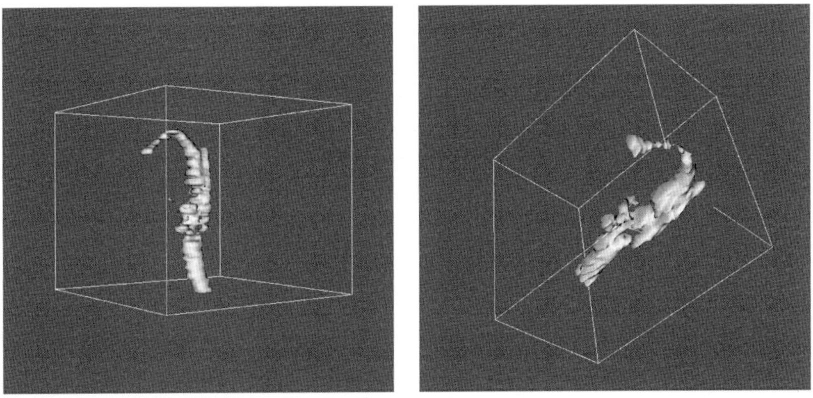

<그림 6.10> [이] 수평 방향 영상　　　　[이] 관상 방향 영상

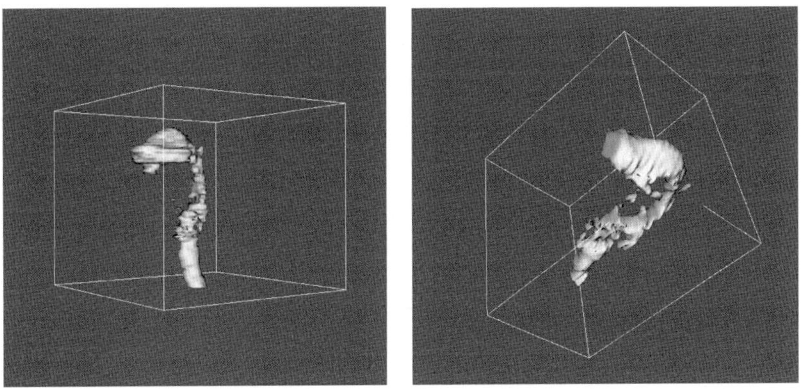

<그림 6.11> [아] 수평 방향 영상　　　　[아] 관상 방향 영상

17) 3차원 영상은 VTK(Visualization Toolkit)로 만들었는데, 이 도구는 주로 시각적 효과의 극대화에 초점이 맞추어져 있다. VTK는 광범위한 영상 표현, texture mapping, 특수 효과 및 강력한 시각효과만을 보여줄 뿐 3차원 상태에서 데이터의 측정은 불가능하다.

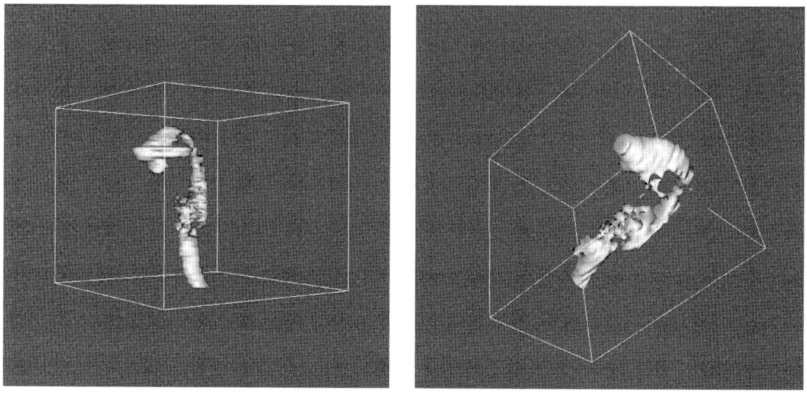

<그림 6.12>[오] 수평 방향 영상 [오] 관상 방향 영상

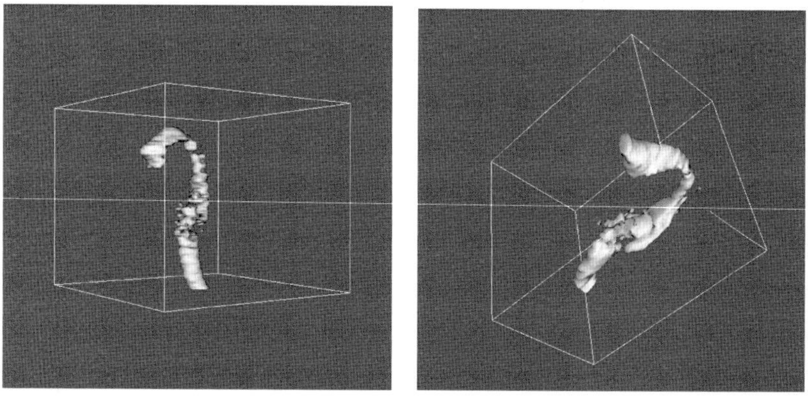

<그림 6.13> [우] 수평 방향 영상 [우] 관상 방향 영상

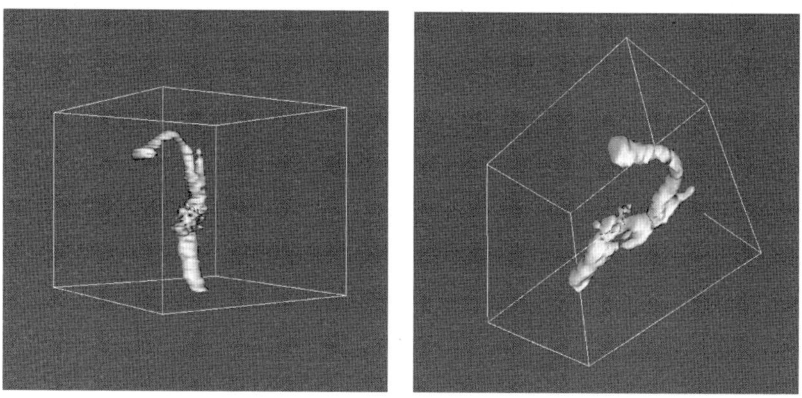

<그림 6.14> [에] 수평 방향 영상 [에] 관상 방향 영상

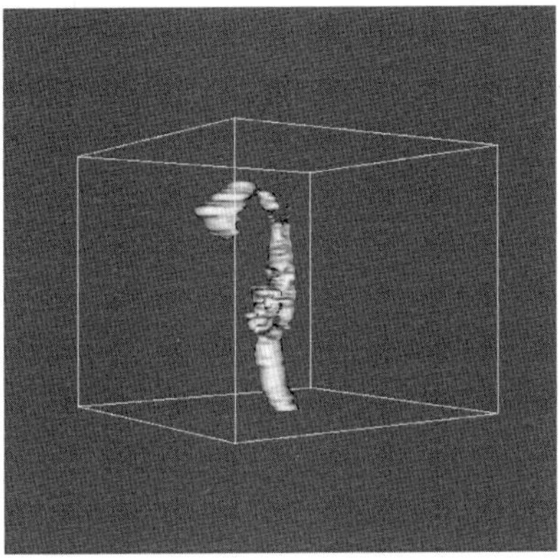

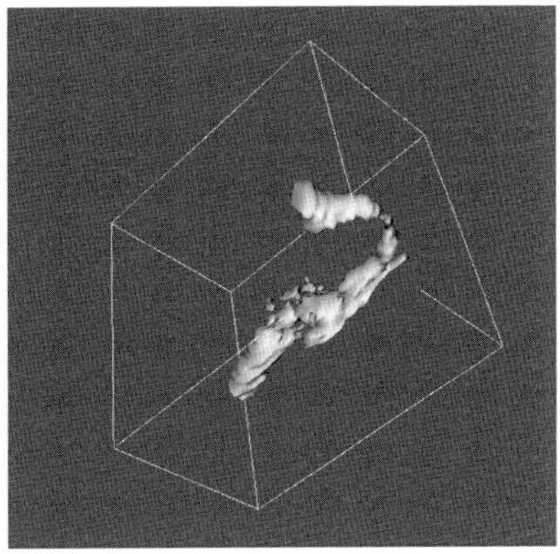

<그림 6.15> [으] 수평 방향 영상 [으] 관상 방향 영상

6.3. 성도 단면적 및 체적 계산

6.3.1. 성도 단면적 계산

복원된 3차원 이미지에서 실질적인 계산이 불가능하므로, 성도의 단면적과 체적은 자기공명 영상 한 슬라이스에 담겨있는 분할된 성도 이미지 부분 픽셀의 숫자를 활용하여 구하였다. 머리말에서 언급한 다각 모델링의 경우(Engwall, 1999; Behrends & Wismüller, 2001) 근사치 접근이라는 한계가 이미 노정되어 있기 때문에 본 논문에서 활용하고 있는 픽셀크기와 한 슬라이스 내에서의 픽셀 숫자를 이용한 단면적 계산법이 좀 더 실측치에 가깝다고 평가한다. 성도의 체적 또한 픽셀을 이용하여 구한 단면적 값에 (높이에 해당하는) 전체 슬라이스의 수와 슬라이스간의 간격을 응용하면 고전적인 면적 함수를 고려하지 않고도 어렵지 않게 구할 수 있다. 이미 이 방법은 Sung et al.(2000)을 통하여 충분히 검증되었다. 각 모음별 성도의 단면적은 다음 식 (1)의 방식으로 구할 수 있다.

$$A = N \cdot V_p \cdot H_p \qquad (1)$$

A: 단면적

N: 한 슬라이스에서 성도에 해당하는 영역의 픽셀 수
V_p: 수직 픽셀 영역, H_p: 수평 픽셀 영역

이 식을 조금 더 상세하게 설명하면 다음과 같이 알고리즘 연쇄로 풀어쓸 수 있다.

```
if ([Slice Number] == ([Start Slice Number] or [End Slice Number]))
Volume = ([Object Pixel #] * [Pixel Space] * ([Thick] * 1/2[Intv]))
  else
Volume = ([Object Pixel #] * [Pixel Space] * ([Thick] * [Intv]))
```

Object Pixel # : 성도에 해당하는 영역의 픽셀 수
Pixel Space : 한 픽셀의 실제 크기
Thick : 한 슬라이스의 두께
Intv : 슬라이스간의 간격

<표 6.3> 체적 계산 수식

고전적 관점에서 성도의 단면적 값은 머리말에서도 밝혔듯이 성도 전달함수를 구하는 데 있어 중요한 역할을 수행한다. 성도의 가운데를 통과하는 중앙선을 여러 계산 방식에 의해 추정하고, 성문에서부터 이 선을 따라 성도의 단면적 값을 면적함수 공식에 의해 구하게 되면, 공명 주파수로 특징지을 수 있는 성도 전달 함수를 얻게 된다(Engwall, 1999; Behrends & A. Wismüller, 2001). 즉, 필터의 특성을 구체적으로 기술하기 위해서 반드시 알아야 하는 부문이 성도의 단면적 값 추정이라 할 수 있다. 장비와 기술의 발달로 성도의 단면적을 영상처리 기법을 통해 그렇게 큰 어려움 없이 구할 수 있음을 식 (1)을 통해 알 수 있다.

그러나 본 연구에서 시도한 방식도 촬영 방향에 의한 단점이 잠재되어 있음을 시인하지 않을 수 없다. 수평방향, 관상방향, 두 방향만의 촬영이 이루어졌기 때문에, 성도가 '기역'자로 꺾어지는 연구개, 목젖 이후

연인두문(velo-pharyngeal port)에서 구-인두(oro-pharynx) 부분 연속된 부분의 단면적 값을 정확하게 추정할 수 없다는 것이다. 성도의 수평면은 수평면과 직각으로 만나는 관상방향의 슬라이스를 이용하면 되고 수직면은 수평 방향 슬라이스를 이용하면 되는데, 원호 모양으로 꺾어지는 부분은 이 면에 직각으로 작용하는 사각(oblique) 방향 영상이 없어 정확한 추정이 안 되는 것이다. 이를 보완하기 위해 수직, 수평의 면적 사이 값을 연속 추정하는 다음과 같은 수학적 보간 기법을 사용하였다.

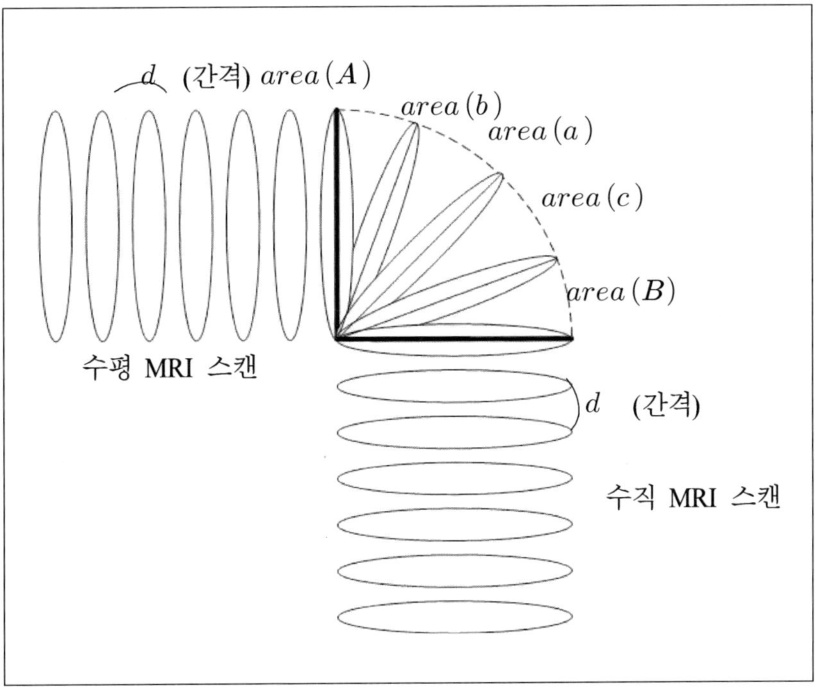

<그림 6.16> 보간법에 의한 중간 슬라이스의 단면적 계산 개념도.

<그림 6.16>에서 수평 MRI로 스캔한 마지막 슬라이스의 단면적을 $area(A)$라고 하고 수직 MRI로 스캔한 처음 슬라이스의 단면적을 $area(B)$라고 할 때, 중간에 있는 가상 슬라이스의 단면적을 다음 식 (2)와 같이 보간법에 의해 계산할 수 있다.

$$area(a) = \frac{1}{2}(area(A) + area(B))$$

$$area(b) = \frac{1}{2}(area(A) + area(a)) = \frac{1}{2}\left(area(A) + \frac{1}{2}(area(A) + area(B)\right)$$

$$area(c) = \frac{1}{2}(area(B) + area(a)) = \frac{1}{2}\left(area(B) + \frac{1}{2}(area(A) + area(B)\right)$$

(2)

위의 식은 다음 식 (3)과 같이 정리될 수 있다.

$$area(a) = \frac{1}{2}(area(A) + area(B))$$

$$area(b) = \frac{3}{4}(area(A) + \frac{1}{4}area(B))$$

$$area(c) = \frac{1}{4}(area(A) + \frac{3}{4}area(B))$$

(3)

이 경우, 슬라이스를 원이라고 가정하고, 다음과 같이 $area(A)$와 $area(B)$ 중에서 큰 면적을 가진 슬라이스의 직경을 R이라고 하면 R은 다음 식 (4)와 같다.

$$R = \sqrt{\max(area(A),\ area(B))/\pi} * 2$$

(4)

그러므로, $area(A)$와 $area(B)$의 사이에 같은 간격 d로 채워 넣어야하는 슬라이스의 수는 $\frac{\pi R}{4d}$(1/4 원둘레를 동일 간격(d)으로 나눈 것)이고 그 수만큼 보간법으로 슬라이스들의 단면적을 구한다. 따라서 <그림 6.17>에서의 K번째 위치 슬라이스의 단면적은 다음 식 (5)와 같다.

K번째 Slice의 단면적

$$= area(A) \times \frac{\frac{\pi R}{4d} + 1 - K}{\frac{\pi R}{4d} + 1} + area(B) \times \frac{K}{\frac{\pi R}{4d} + 1} \quad (5)$$

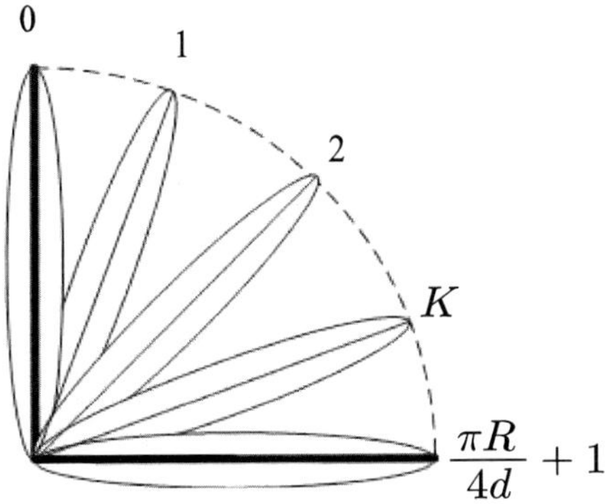

<그림 6.17> K번째 위치의 슬라이스.

이제 남은 문제는, 성대(성문)에서 출발하여 입술 쪽으로 진행하다가 성도의 수직면이 끝나고 곡면(그림 6.16의 원호 부분) 시작 부위를 나타내는 $area(B)$슬라이스와, 원호 구간이 끝나고 구강 쪽 수평면 시작을 알리는 $area(A)$ 슬라이스를 확정짓는 것이다. 이를 위하여 수평, 관상각 슬라이스의 방향별 단면적 변화율[18]을 추적하였다. 수평 방향 슬라이스의 경우는, 성대에서부터 출발하여 성도의 가운데 지점 이전 부근의 면적 변화율이 높아지기 직전 최소값 지점을 $area(B)$슬라이스로 확정하고, 관상 방향 슬라이스의 경우는 인두벽에서 출발하여 성도의 가운데 지점 부근을 지나 면적 변화율이 최소값으로 떨어지는 지점을 $area(A)$ 슬라이스로 확정하였다. <그림 6.18>과 <그림 6.19>는 [이, 아] 모음에 대해 두 지점을 확정해본 내용이다. 그림에서 중심점 1로 표현된 것은 $area(B)$슬라이스이고, 중심점 2로 지적한 지점은 $area(A)$ 슬라이스

---

18) 변화율= $\left(\frac{current\ slice}{past\ slice}\right) \times 100$

로 간주하면 된다.

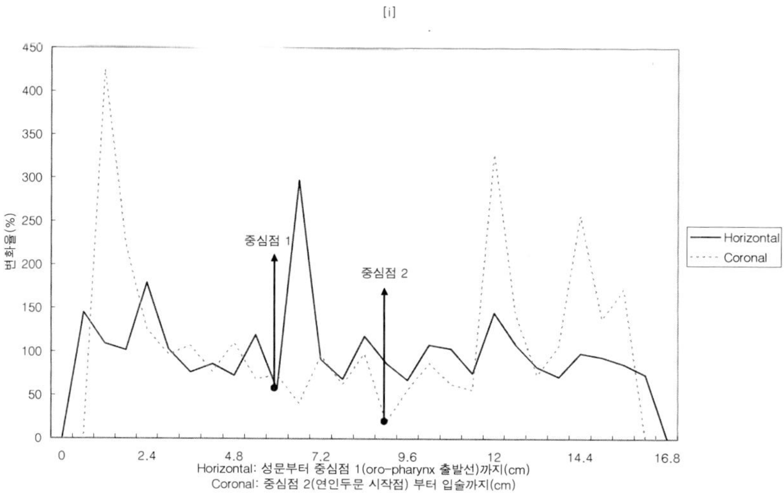

<그림 6.18> [이] 모음의 $area(B)$(중심점 1)와 $area(A)$(중심점 2) 확정 지점

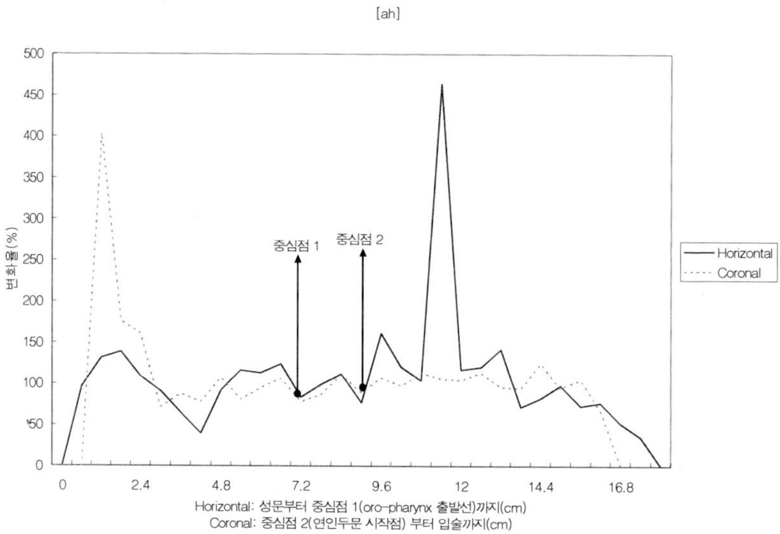

<그림 6.19> [아] 모음의 $area(B)$(중심점 1)와 $area(A)$(중심점 2) 확정 지점

<그림 6.18>과 <그림 6.19>에서 실선 부분은 수평방향 슬라이스의 면적 변화율을, 점선으로 표시된 부분은 관상방향 슬라이스의 면적 변화율을 보여준다. 수평방향 슬라이스에서 찾은 단면적은 성문에서부터 출발하여 후-인두(laryngo-pharynx)가 끝나고 구-인두(oro-pharynx)가 출발하는 선 즉 <그림 6.18, 6.19>의 중심점 1까지만 유효하며, 그 이후 값은 의미가 없다. 관상방향 슬라이스에서 찾은 단면적 값은 대략 연인두문 시작점 부근 혹은 목젖과 연구개 후단부 부근(중심점 2 부분)에서 입술까지의 결과만 유효하며 나머지는 의미가 없다.

성대에서 입술까지의 단면적은 결국, 세 부분 계산 결과의 조합으로 완성된다. 첫 번째는 성대에서부터 중심점 1까지의 수평방향 슬라이스 단면적 값을 이용한 성도 수직면 부분이고, 두 번째는 중심점 2에서 입술까지의 관상방향 슬라이스 단면적 값을 이용한 성도 수평면 부분이다. 세 번째는 중심점 1과 2 사이의 유사-원호로 모델링된 부분의 수학적 추정치이다. 이렇게 하여 추정된 성도 전체의 단면적 값을, 각 모음별로 <그림 6.20~6.25>에 제시한다. x-축은 입술로부터의 거리를 cm로 나타내고, y-축은 각 지점에서 측정된 성도 단면적 값을 cm^2로 나타낸다.

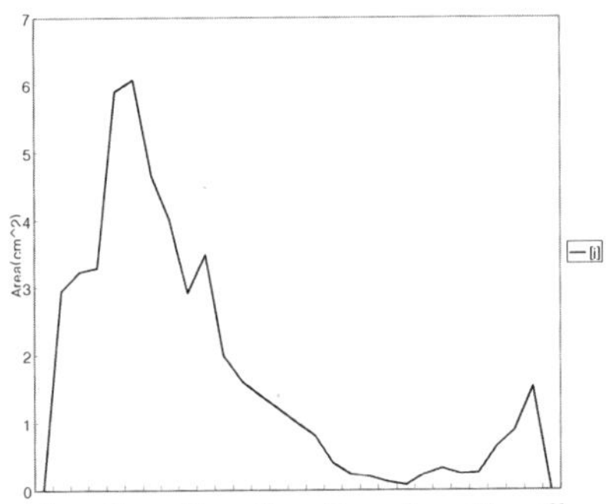

〈그림 6.20〉 [이]의 성도 단면적

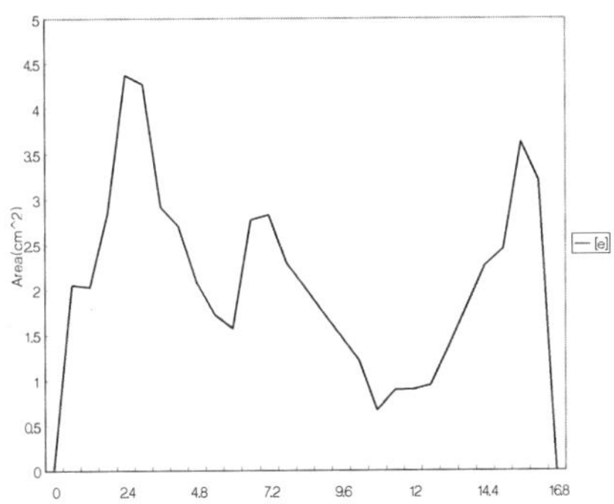

〈그림 6.21〉 [에]의 성도 단면적

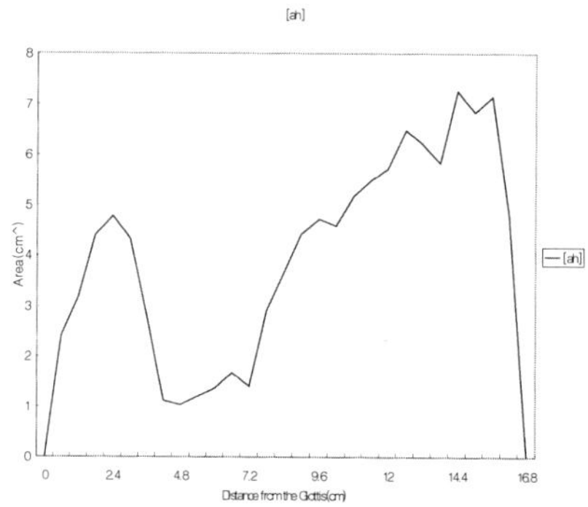

〈그림 6.22〉 [아]의 성도 단면적

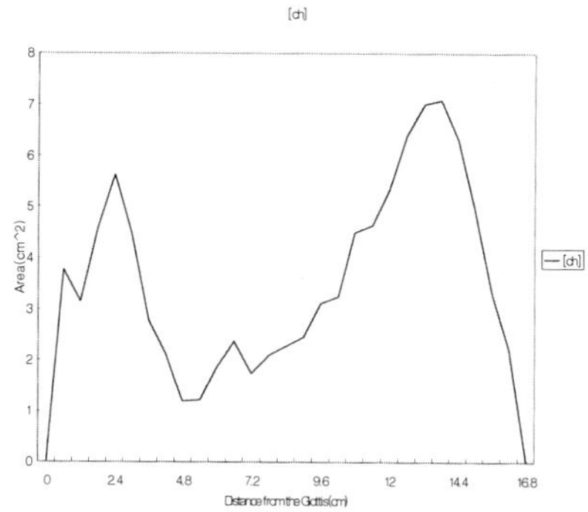

〈그림 6.23〉 [오]의 성도 단면적

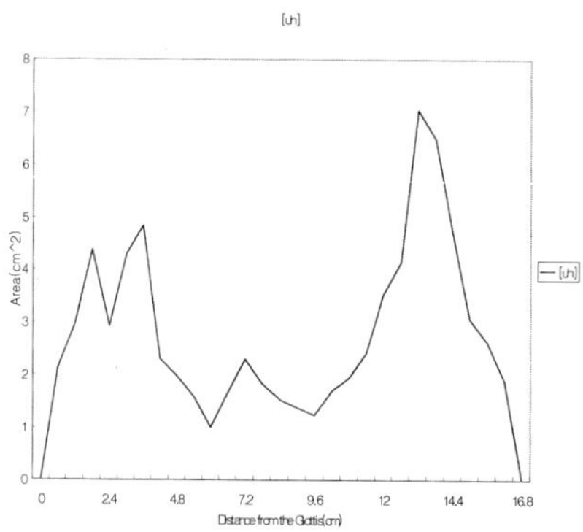

〈그림 6.24〉 [우]의 성도 단면적

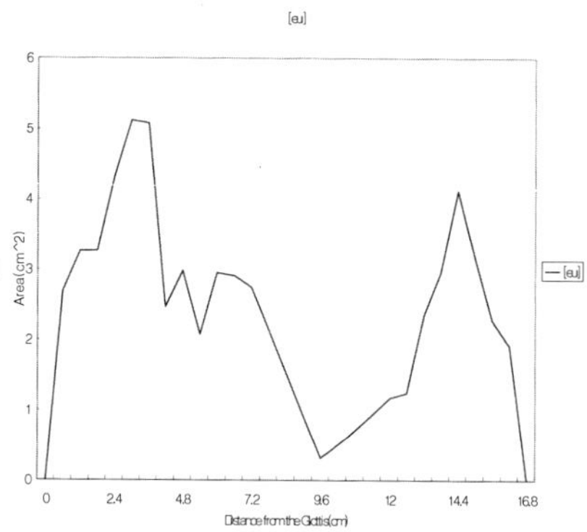

〈그림 6.25〉 [으]의 성도 단면적

6.3.2. 성도 체적 계산

이미 언급했듯이 성도의 체적은 성도로 분절된 슬라이스의 픽셀 정보에서 얻은 단면적 값에 전체 슬라이스의 숫자와 슬라이스간 간격을 곱해주면 얻어질 수 있다. 이를 공식화시키면 식 (6)과 같이 표현될 수 있다.

$$V_i = \begin{cases} p_i \cdot s_i \cdot t_i \cdot \dfrac{d_i}{2} & , i=1,N \\ p_i \cdot s_i \cdot t_i \cdot d_i & , \text{이외의 경우} \end{cases} \quad (6)$$

V_i : i 번째 슬라이스의 성도체적

N: 전체 슬라이스의 수

p_i: i 번째 슬라이스에서 성도에 해당하는 영역의 픽셀 수

s_i: i 번째 슬라이스에서 한 픽셀의 실제 크기

t_i: i 번째 슬라이스에서 한 슬라이스의 두께

d_i: i 번째 슬라이스에서 슬라이스간의 간격

이렇게 해서 나온 각 모음별 성도 체적 값은 다음 <표 6.4>와 같다.

모음	체적(ml)
이	53.8
에	45.8
아	98.2
오	77.2
우	62.2
으	55.2

<표 6.4> 각 모음별 성도 체적값(ml)

6.4. 성도 체적의 모음 판별 파라미터 응용

모음을 조음할 때 혀의 최고점보다는 좁힘점의 위치와 그 간극이 모음의 음가를 결정하는 데 있어서 더 중요하게 작용한다는 조음음성학적 지식에 기초하여 '좁힘점'을 모음 기술에 활용할 수 있는 방법을 찾아보고자 한다(김영송 1981). 성도 내에서 각 모음이 보여주는 좁힘점의 위치는 각 모음의 조음자리 특성과 어느 정도 연관 관계를 가진다. [이, 에, 애] 등의 전설 모음 그룹은 성도의 앞쪽 즉, 경구개 근처에서 좁힘점이 형성되고, [으, 우] 모음은 연구개 부위에서, [어, 아, 오] 등의 모음은 후

인두에서 좁힘점이 만들어진다고 한다(이호영 1996).

좁힘점의 위치가 모음에 따라 위와 같이 각기 다르며 그 위치도 다르게 형성되므로, 이를 모음 판별 작업에 유용한 파라미터로 활용하기 위해 각 모음별 좁힘점을 성도 수평면과 수직면으로 분할하여 2개의 값을 구하였다. 체적의 관점에서는 각 좁힘점을 기준으로 세 개의 튜브를 구분 짓는 결과를 낳게 된다. 각 영역의 체적을 구강 앞쪽 부분부터 차례로 체적 A, 체적 B, 체적 C로 명명하겠다. <표 6.5>에 각 영역의 정의가 나와 있다. <그림 6.26>은 이 세 영역을 명시적으로 잘 보여주고 있다.

A: 성도 수평면 좁힘점과 입술 사이이 성도 체적
B: 성도 수평면 좁힘점과 성도 수직면 좁힘점 사이의 성도 체적
C: 성도 수직면 좁힘점과 성문 사이의 성도 체적

<표 6.5> 성도 수평면과 수직면의 각 좁힘점을 중심으로 구분된 세 튜브의 체적 정의

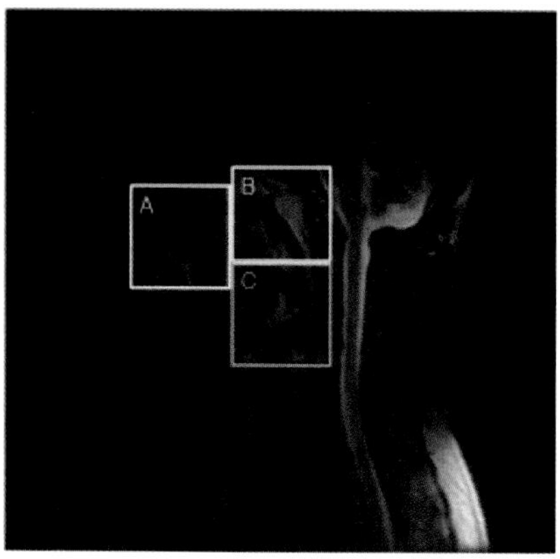

<그림 6.26> 성도 수평/수직 좁힘점을 중심으로 구분한 3 영역(A, B, C)

각 모음의 성도 수평면과 수직면 좁힘점은 4장의 내용을 최대한 응용하면 쉽게 얻어진다. <그림 6.18~6.19>에서 수평 방향 슬라이스를 통해 얻은 단면적 값은 [성문에서 중심점 1까지] 유효하다고 했으며, 관상 방

향 슬라이스를 이용하여 얻은 단면적 값은 [중심점 2에서 입술까지] 유효하다고 하였다. 성도의 수평면(구강)과 수직면(인두강)에서 각각 좁힘점을 하나씩 구하는 것이므로, 수평방향 슬라이스 단면적 유효 구간에서 최소값 하나를 찾고, 관상방향 슬라이스 단면적 유효구간에서 최소값 하나를 찾으면 총 2개의 성도 최소 단면적 값 즉 좁힘점을 구하게 된다. <표 6.6>은 [아] 모음을 대상으로 좁힘점 2개와 <표 4>의 A, B, C 세 튜브를 결정짓는 과정을 담고 있다. 성문에서 출발하여 4.8cm 부근의 단면적이 1.03 cm^2로서 성도 수직면 즉 인두강의 최소 단면적 지점을 나타내고 있으며 이는 일반적으로 알려져 있는 [아] 모음 좁힘점과 일치하는 곳이 된다. 나머지 <표 6.7 ~ 6.10>도 이러한 과정을 보여주고 있다.

성문-입술간 거리	[아] 단면적	중심점	좁힘점	영역
0	0			
0.6	2.4			
1.2	3.2			
1.8	4.4			
2.4	4.8			C영역
3	4.3			
3.6	2.8			
4.2	1.1			
4.8	1.0		수직면 좁힘점	
5.4	1.2			
6	1.4			
6.6	1.7			B영역
7.2	1.4	중심점1		
7.8	2.9			
8.4	3.7			
9	4.4	중심점2	수평면 좁힘점	
9.6	4.7			
10.2	4.6			
10.8	5.2			
11.4	5.5			
12	5.7			
12.6	6.5			A영역
13.2	6.2			

13.8	5.8			
14.4	7.3			
15	6.8			
15.6	7.2			
16.2	4.8			
16.8	0			

<표 6.6> [아] 모음의 중심점 1/2, 성도 수평/ 수직면 좁힘점, 성도 A/B/C 영역 확정

성문-입술간거리	[에] 단면적	중심점	좁힘점	영역
0	0			
0.6	2.056641			
1.2	2.030273			
1.8	2.847656			
2.4	4.368164			
3	4.271484			C영역
3.6	2.917969			
4.2	2.707031			
4.8	2.074219			
5.4	1.722656			
6	1.573242		C의 좁힘점	
6.6	2.777344			
7.2	2.830078	중심점1		
7.8	2.290651			
8.4	2.020938			B영역
9	1.751225			
9.6	1.481512			
10.2	1.211799			
10.8	0.672373	중심점2	A의 좁힘점	
11.4	0.894849			
12	0.899793			
12.6	0.944288			
13.2	1.379353			
13.8	1.824306			A영역
14.4	2.269258			

15	2.447239			
15.6	3.628836			
16.2	3.208603			
16.8	0			

<표 6.7> [에] 모음의 중심점 1/2, 성도 수평/ 수직면 좁힘점, 성도 A/B/C 영역 확정

성문-입술간거리	[i] 단면적	중심점	좁힘점	영역
0	0			C영역
0.6	2.953125			
1.2	3.225586			
1.8	3.287109			
2.4	5.897461			
3	6.073242			
3.6	4.649414			
4.2	4.007813			
4.8	2.917969			
5.4	3.489258			
6	1.995117	중심점1	C의 좁힘점	
6.6	1.597688			B영역
7.2	1.398973			
7.8	1.200259			
8.4	1.001544			
9	0.80283			
9.6	0.405401	중심점2		
10.2	0.22742			
10.8	0.197757			
11.4	0.123598			
12	0.069215		A의 좁힘점	A영역
12.6	0.22742			
13.2	0.326299			
13.8	0.237308			
14.4	0.25214			
15	0.647653			
15.6	0.889905			
16.2	1.532615			

16.8	0			

<표 6.8> [이] 모음의 중심점 1/2, 성도 수평/ 수직면 좁힘점, 성도 A/B/C 영역 확정

성문-입술간거리	[오] 단면적	중심점	좁힘점	영역
0	0			C영역
0.6	3.770508			
1.2	3.155273			
1.8	4.579102			
2.4	5.616211			
3	4.473633			
3.6	2.786133			
4.2	2.109375			
4.8	1.195313		C의 좁힘점	
5.4	1.212891			B영역
6	1.87207			
6.6	2.364258			
7.2	1.749023	중심점1		
7.8	2.100603			
8.4	2.276393			
9	2.452183	중심점2	A의 좁힘점	A영역
9.6	3.109724			
10.2	3.248154			
10.8	4.489078			
11.4	4.632451			
12	5.344375			
12.6	6.402374			
13.2	7.005532			
13.8	7.079691			
14.4	6.318327			
15	4.938974			
15.6	3.322313			
16.2	2.209931			
16.8	0			

<표 6.9> [오] 모음의 중심점 1/2, 성도 수평/ 수직면 좁힘점, 성도 A/B/C 영역 확정

성문-입술간거리	[우] 단면적	중심점	좁힘점	영역
0	0			C영역
0.6	2.135742			
1.2	2.944336			
1.8	4.376953			
2.4	2.926758			
3	4.297852			
3.6	4.833984			
4.2	2.302734			
4.8	1.986328			
5.4	1.59082			
6	1.010742		C의 좁힘점	
6.6	1.661133			B영역
7.2	2.302734			
7.8	1.828125	중심점1		
8.4	1.532052			
9	1.384016			
9.6	1.235979	중심점2	A의 좁힘점	A영역
10.2	1.710596			
10.8	1.947904			
11.4	2.42252			
12	3.529957			
12.6	4.143003			
13.2	7.040139			
13.8	6.496308			
14.4	4.716498			
15	3.060285			
15.6	2.630164			
16.2	1.898464			
16.8	0			

<표 6.10> [우] 모음의 중심점 1/2, 성도 수평/ 수직면 좁힘점, 성도 A/B/C 영역 확정

좁힘점 두 군데를 중심으로 구한 A, B, C 영역의 체적과 비율 값이 <표 6.11>에 제시되어 있다. <그림 6.27>은 이 내용을 수직 누적 막대 그래프로 표현해 본 것이다.

모음	영역 A	영역 B	영역 C	전체 영역
이	2.5 (4.6)	28.3 (52.5)	23.1 (42.9)	53.9 (100)
에	10.9 (23.8)	19.0 (41.4)	15.9 (34.8)	45.8 (100)
아	44.8 (45.6)	38.9 (39.7)	14.4 (14.7)	98.1 (100)
오	31.0 (40.2)	29.6 (38.3)	16.6 (21.5)	77.2 (100)
우	24.5 (39.4)	20.7 (33.2)	17.0 (27.4)	62.2 (100)
으	13.0 (23.5)	23.5 (42.5)	18.8 (34)	55.3 (100)

<표 6.11> 성도의 영역 분할에 따른 체적(ml)/ ( )는 비율 값

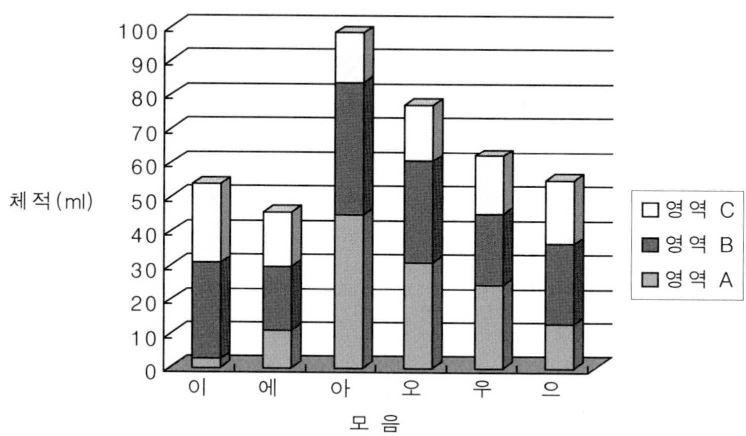

<그림 6.27> 각 모음의 성도 영역 분할에 따른 체적 값

각 영역 별로 부여된 비율 값은 음향공간의 F1, F2 값과 마찬가지로 그 모음 고유의 특성을 나타내주는 파라미터로 설정할 수 있다. 어떤 언어의 모음이든 자기공명 영상 정보만 있다면 그 조음적 특성을 상호 비교 분석할 수 있는 파라미터라 할 만하다. 이러한 비율 값을 응용하여 한국어 6개 단모음을 성도의 체적 파라미터로 기술하면, 각 모음별 성도 전체 체적 값과 비율 값을 곱하여 단순하게 표현할 수 있을 것이다. [이] 모음을 예로 들면 세 부분의 체적이 이루는 비율 값이 4.6:52.5:42.9이므로 전체 체적인 53.9(ml)를 이 세 영역 비율 값으로 표현해 본다면 (0.05*53.9)+(0.53*53.9)+(0.43*53.9)가 될 것이다. <표 6.12>는 각 모음에 대해서 이러한 표현을 일반화해 본 것이다.

[이]의 성도 체적 = 0.05V[이]+0.53V[이]+0.43V[이]
[에]의 성도 체적 = 0.24V[에]+0.41V[에]+0.35V[에]
[아]의 성도 체적 = 0.46V[아]+0.4V[아]+0.15V[아]
[오]의 성도 체적 = 0.4V[오]+0.38V[오]+0.22V[오]
[우]의 성도 체적 = 0.39V[우]+0.33V[우]+0.27V[우]
[으]의 성도 체적 = 0.24V[으]+0.43V[으]+0.34[으]

각 계수는 순서대로, 성도 내 A, B, C 체적 비율 값
V[*]: 각 모음별 성도 전체의 체적

<표 6.12> 각 모음의 좁힘점으로 구분된 성도 체적 비율 일반화 표현

6.5. 모음 판별

이 연구의 결과와 함께, 음향 파라미터인 모음의 F1, F2를 첨가하여 총 5개의 파라미터를 대상으로 통계학적 판별분석(discriminant analysis)을 수행해 보았다. 5개의 파라미터를 정리하면, 성도를 세부분으로 구분하여 구분한 A, B, C 각 영역의 체적 값 3개, 그리고 F1, F2 값이다. 각 모음에 대한 체적 변수 측정결과가 하나의 자료 밖에 없으므로, 원 값을 기준으로 ±5%(F1, F2는 Hz, 각 영역의 체적은 ml)씩 차례로 더하고 빼서

하나의 변수 당 총 20개의 토큰을 새롭게 생성하여 통계 작업을 하였다 (최종적으로 ±50% 까지 진행).

일반적으로 20개 정도의 데이터 샘플이 있어야 통계적으로 의미 있는 결과가 얻어진다고 하는데 주어진 영상 실험 자료는 1인의 1회 자료 밖에 없으므로 임의로 20개 정도의 자료를 만들 필요가 있었다. 이러한 임의성은 당연히 언어학적 중요도와 반비례하겠지만 추후 실제의 자료를 얻어 동일한 통계과정을 수행할 경우를 예상하여 시험적으로 판별함수와 모음 재배치결과를 얻어 보는데 의의가 있다고 할 수 있다. 따라서 이 작업의 결과는 실제의 데이터를 이용하여 진행한 것과 많은 차이가 날 수도 있고 그렇지 않을 수도 있다.

6.5.1. F1, F2 값 측정

피험자는 자기공명 영상 촬영에 참가한 동일 인물이다. 한국어 단모음 목록 중 [아, 에, 이, 오, 우, 으]를 무작위로 10회 반복하였다. 자기공명 영상 촬영이 누운 상태에서 이루어졌으므로, 음성 자료 역시 누운 상태에서 얻었다. 자기공명 영상 촬영기 내에서는 강한 자기장과 소음으로 인해 동시 녹음이 불가능하다. 이런 경우 사용하는 특수한 마이크가 있다고 하나 구할 수 없었고, 내부 소음이 워낙 커서 처음부터 시도할 엄두를 내지 못했다. 평상시 직립의 자세에서 녹음한 모음 음가와 누워서 발성한 음가 사이에 어느 정도의 편차가 있음은 예상할 수 있는 사실이다. 성도 체적과 좁힘점에 미묘한 차이가 생기기 때문이다.

녹음은 음악 및 영화 전문 스튜디오인 M&F에서 이루어졌는데, Digidesign 사의 소프트웨어, 컨트롤러, 컨버터와 애플 컴퓨터를 본체로 한 Protools system을 이용하여 Panasonic의 SV-3800 DAT로 옮겼다. 마이크는 Neumann의 컨덴서 마이크인 U87Ai를 사용하였다. 녹음 시 표본화율은 48 kHz로 하였다. 분석을 위한 컴퓨터 입력 시(A/D) 표본화 율은 42.1 kHz로 낮추었으며 양자화는 16 bit로 하였다. 포먼트 주파수는 Praat 4.3.12를 이용하여 측정하였다. Praat 4.3.12에서 포먼트 측정을 위한 세팅 조건은 다음 <표 6.13>과 같이 이루어졌다.

parameter	setting	기타
time step	10 msec	
maximum number of Formants	4 개	
maximum Formant frequency	4000 Hz	
window length	25 msec	Gaussian-like
pre-emphasis	50 Hz	a=0.97
dynamic-range	20 dB	
method	Burg	

<표 6.13> Praat 4.3.12 에서의 포먼트 검출 조건

[이, 에, 아, 오, 우, 으]의 모음 안정구간(모음 신호 시작부에서 약 1/3 지점) 약 25 msec 정도의 구간을 잡아 그 평균치로 측정하였다. <표 6.14>에 전체 측정 결과와 평균값, 표준편차 값을 제시한다.

		1	2	3	4	5	6	7	8	9	10	mean	s.d.
아	F1	661	686	720	652	645	620	702	715	750	695	685	39.8
	F2	1152	1194	1204	1500	1602	1187	1185	1207	1227	1154	1261	156.3
에	F1	448	518	452	443	460	503	511	495	451	515	480	31.3
	F2	2005	1998	1857	1758	1954	2114	2050	1657	1784	2001	1918	146.6
이	F1	277	244	203	282	245	227	265	274	285	291	259	28.7
	F2	2154	2546	2448	2540	2215	2003	1987	2067	2234	2167	2236	208.2
오	F1	362	377	398	402	392	421	405	387	411	385	394	17.2
	F2	746	758	784	725	695	710	745	708	796	743	741	32.7
우	F1	341	320	345	310	324	345	350	335	323	340	333	13.2
	F2	810	905	878	901	925	800	911	807	838	879	865	47.5
으	F1	384	354	305	370	335	374	355	390	308	312	349	31.9
	F2	1237	1140	1154	1355	1622	1158	1245	1130	1110	1204	1236	153.9

<표 6.14> [이, 에, 아, 오, 우, 으] 모음의 F1, F2, 평균, 표준편차(Hz)

6.5.2. 모음 판별분석

각 모음별로 Fisher의 판별함수(discriminant function)와 정준(canonical) 판별 함수를 구하였고, 이 함수를 바탕으로 원래 모음 재배치를 해본 결과, 100 %의 결과를 얻어 내었다. [아] 모음을 예로 들어, 판별분석에 사용한 ±5%씩 증감한 변수 값을 제시하면 다음 <표 6.15>와 같다. 음향 파라미터인 F1, F2의 경우 원래 10개의 측정값이 있었으므로 그대로 사용할 수도 있었으나, 다른 파라미터와의 적용 방법을 동일하게 하기 위하여 똑같이 평균값으로부터 ±5% 씩 증감하여 전체 변수를 구성하였다.

모 음	F1(Hz)	F2(Hz)	vol_a(ml)	vol_b(ml)	vol_c(ml)	증감
아	342	631	22.4	19.5	7.2	-50%
아	377	694	24.7	21.4	7.9	-45%
아	411	757	26.9	23.4	8.7	-40%
아	445	820	29.1	25.3	9.4	-35%
아	479	883	31.4	27.3	10.1	-30%
아	514	946	33.6	29.2	10.8	-25%
아	548	1009	35.9	31.2	11.6	-20%
아	582	1072	38.1	33.1	12.3	-15%
아	616	1135	40.4	35.0	13.0	-10%
아	650	1198	42.6	36.9	13.7	-5%
아	685	1261	44.8	38.9	14.4	0%
아	719	1324	47.1	40.9	15.2	+5%
아	753	1387	49.3	42.8	15.9	+10%
아	787	1450	51.6	44.8	16.6	+15%
아	822	1513	53.8	46.7	17.3	+20%
아	856	1577	56.0	48.7	18.1	+25%
아	890	1640	58.3	50.6	18.8	+30%
아	924	1703	60.5	52.6	19.5	+35%
아	958	1766	62.8	54.5	20.2	+40%
아	993	1829	65.0	56.5	20.9	+45%
아	1027	1892	67.3	58.4	21.7	+50%

<표 6.15> 모음 [아]의 각 파라미터별 ±5%(F1, F2는 Hz, 각 영역의 체적은 ml) 증감 자료

Fisher의 판별함수 결과는 다음 <표 6.16>과 같이 나타났다.

	모 음					
	이	에	아	오	우	으
F1(Hz)	-2.59	.145	-.011	.004	-.251	.429
F2(Hz)	.059	.021	.019	-.034	.062	-.132
vol_a(ml)	1.610	.100	.486	-.552	6.146	-7.539
vol_b(ml)	1.608	-3.343	2.087	1.407	-6.222	3.662
vol_c(ml)	-2.229	.412	-4.357	1.624	3.686	4.288
(상수)	-32.909	-29.285	-30.046	-15.910	-29.389	-29.057

<표 6.16> 모음 [이, 에, 아, 오, 우, 으]에 대한 Fisher의 선형 판별 분석 결과

이에 의해 각 모음은 다음과 같은 판별함수로 표현될 수 있다.

F([아]) = -30.046-0.011[F1]+0.019[F2]+0.486[vol_a]
+2.087[vol_b]-4.367[vol__c]

F([에]) = -29.285+0.145[F1]+0.0.21[F2]+0.1[vol_a]
-3.343[vol_b]+0.412[vol__c]

F([이]) = -32.909-0.259[F1]+0.059[F2]+1.610[vol_a]
+1.608[vol_b]-2.229[vol__c]

F([오]) = -15.910+0.004[F1]-0.034[F2]-0.552[vol_a]
+1.407[vol_b]+1.624[vol__c]

F([우]) = -29.389-0.251[F1]+0.062[F2]+6.146[vol_a]
-6.222[vol_b]+3.686[vol__c]

F([으]) = -29.057+0.429[F1]-0.132[F2]-7.539[vol_a]
+3.662[vol_b]+4.288[vol__c]

각 모음 그룹의 데이터는 평균 벡터와 공분산 행렬로 정리된다. 각 그룹이 모집단 수준에서 동일한 공분산 행렬을 갖는다고 가정하면 임의의 관측 벡터가 여타의 다른 그룹 중심점(centroid)보다 특정 그룹의 중심점에 더 가까이 있다고 판단할 기준은 마할라노비스(Mahalanobis) 거리의 대소로 표현된다. 이를 위 여섯 개의 식으로 설명해보면, 각 분류함수에 독립변수 값 즉, 동일 데이터 열의 [F1], [F2], [vol_A], [vol_B], [vol_C] 값을 대입하여 결과적으로 가장 큰 값(Mahalanobis distance)을 제시하는 모음의 집단으로 재대입 분류가 이루어진다. 예컨대, [아] 모음의 특정 데이터열에서 [F1], [F2], [vol_A], [vol_B], [vol_C] 값을 여섯 개의 판별함수식에 집어넣게 되면, [아] 모음의 마할라노비스 거리 값이 가장 크게 나타나게 된다.

		모음	예측 소속집단						전체
			1	2	3	4	5	6	
원래 값	빈도(%)	1	21(100)	0	0	0	0	0	21(100)
		2	0	21(100)	0	0	0	0	21(100)
		3	0	0	21(100)	0	0	0	21(100)
		4	0	0	0	21(100)	0	0	21(100)
		5	0	0	0	0	21(100)	0	21(100)
		6	0	0	0	0	0	21(100)	21(100)
교차 유효 값(a)	빈도(%)	1	21(100)	0	0	0	0	0	21(100)
		2	0	21(100)	0	0	0	0	21(100)
		3	0	0	21(100)	0	0	0	21(100)
		4	0	0	0	21(100)	0	0	21(100)
		5	0	0	0	0	21(100)	0	21(100)
		6	0	0	0	0	0	21(100)	21(100)

<표 6.17> Fisher의 판별함수에 의한 재대입 분류 결과(괄호 속은 백분율(%))

<표 6.17>은 위 판별함수에 근거하여 재대입 분류를 한 결과, 100% 원래 모음으로의 재배치가 이루어졌음을 보여준다. 1회 측정 자료를 대상

으로 ±5% 씩 20단계의 증감을 가한 인위적 데이터로 이루어진 통계이므로 재대입 분류의 결과 자체는 언어학적으로 중요한 의미를 가지지 못한다. 다만, 실측된 자료가 통계적으로 의미 있는 양이 확보되었다고 가정할 경우 위와 같은 과정을 거쳐 판별 함수를 도출하고, 미지 확률만큼의 재대입 분류가 이루어질 수 있을 것이라는 점을 밝히기 위한 실험적 시도라고 이해해주기 바란다.

6.5.3. 프로토콜 확정을 위한 한국어 파일럿 실험 정리

성도(필터)의 특성을 가장 잘 나타내는 음향변수는 성도의 공명특성인 F1, F2 값이라 볼 수 있다. 성도를 3차원으로 표현하여 각 모음에 따라 달라지는 좁힘점과 이에 따라 구분되는 세 가지 영역의 체적 값을 비율값으로 나타내본 이번 연구의 접근법은 성도의 조음적 특성을 나타내는 새로운 물리적 접근법이라 할 만하다. 음향적 파라미터인 F1, F2 값, 조음적 파라미터인 체적 값 등을 변수로 활용하여 설정된 모음 판별함수는 다양한 모음의 음향적/조음적 특성을 동시에 기술하고 비교할 수 있게 하는 자질 특성이라 할 수 있다. 지금까지의 결과를 정리하면 다음과 같다.

첫째, 한국어 단모음 [이, 에, 아, 오, 우, 으]의 성도 체적을 자기 공명영상을 이용한 3차원 영상 처리 기법으로 구해본 결과, 성도의 수평, 수직면에서의 좁힘점 두개를 중심으로 분할한 A:B:C 튜브 영역의 체적 비율값이 [이]는 4.6:52.5:42.9, [에]는 23.8:41.4:34.8, [아]는 45.6:39.7:14.7, [오]는 40.2:38.3:21.5, [우]는 39.4:33.2:27.4, [으]는 23.5:42.5:34로 나타났다.

둘째, 성문에서 입술까지 연속적으로 측정할 수 있는 성도 단면적의 관점에서 최소 단면적 형성은 [이]는 성문에서 12 cm, [에]는 10.8 cm, [아]는 4.8 cm, [오]는 4.8 cm, [우]는 6 cm, [으]는 9.6 cm에서 이루어졌다.

셋째, 음향 파라미터인 F1, F2 값과 체적 파라미터인 성도 내 3 영역

(A/B/C) 체적 값, 총 5개 파라미터의 ±5% 씩 20단계의 증감 데이터를 이용한 모음 판별 함수(Fisher's discriminant function)를 구하여 보았다. 이 함수를 이용하여 전체 독립변수를 재배치한 결과, 100 % 원래의 모음으로 재분류됨을 확인하였다.

넷째, 성도의 단면적과 체적을 구하는 데 있어 자기공명 영상 슬라이스의 픽셀 영역과 수에 기반을 둔 새로운 영상처리 기법을 적용하였다.

자기공명영상을 이용한 연구는 경제적, 시간적(주로 촬영 자체에 걸리는 시간)인 문제로 인해 난관을 겪게 된다. 실험내용에서 한국어 단모음 목록 8개를 6개로 줄인 1차적 이유이다. 또한, 이 연구는 향후 본격적 연구에 앞선 파일럿 실험의 성격이 강하기에 모음사각도에서 단모음의 윤곽을 최대한 얻어낼 수 있는 [이, 에, 아, 어, 오, 우] 6개 모음만으로 실험 자료를 한정하여 진행하였다.

7) 4개 국어 단모음 데이터 모음 기술 및 판별분석

이상 한국어 1인 피험자에게 적용하였던 모음 분석 기법을 4개 국어에 대해서도 동일하게 적용해보았다. 즉, F1, F2, 성도 3분할 영역 a, b, c의 체적 값을 기반으로 하여 5% 단위 ±21단계로 증감한 가상의 통계 데이터를 이용해서 각 언어의 단모음을 판별(discriminate)하는 과정이다. 이를 위하여 일단 음향데이터와 체적 데이터를 정리하였으며, 이를 기반으로 통계를 돌려 마할라노비스 거리 값으로 최종 결과를 제시하는 Fisher의 선형 판별함수를 구하였다.

7.1. 한국어 단모음 포먼트 및 성도 3분할 체적 값

음향 매개변수인 F1/F2 측정에 참여했던 동일 남성 피험자 2인을 대상으로 성도 자기 공명 영상을 얻었다. <표 7.1>은 피험자 JKH를 대상으로 얻은 한국어 단모음 8개 [이, 에, 애, 아, 어, 오, 우, 으]의 F1/F2 포먼트 평균값과 a, b, c 성도 영역 체적값을 보여준다. <그림 7.1>은 3 분할 체적 영역 누적 막대그래프이다. [이, 에, 애, 으]의 a_영역을 주목하고, [아, 어, 오, 우]의 c_영역을 주목할 필요가 있다. 최소 좁힘점이 전자는 구강 쪽으로, 후자는 인두강 쪽으로 분포하기 때문이다. 다른 나라 언어에도 비슷한 개념을 적용하여 해석하면 된다.

vowel	F1	F2	a	b	c	total
[이]	283.7	2329.1	16.1(8)	106.7(53.3)	77.5(38.7)	200.3
[에]	525.9	1942.7	78.2(38.4)	74.6(36.6)	50.9(24.9)	203.7
[애]	529.7	1917.3	27.9(15.9)	72.5(41.4)	75(42.8)	175.1
[아]	782.7	1287.3	105.7(41.7)	97.1(38.3)	50.5(19.9)	253.3
[어]	610.6	1031.9	29.1(16.2)	74.5(41.6)	75.5(42.2)	179.1
[오]	390.1	821.1	92.9(42.2)	61.3(27.9)	65.6(29.8)	219.9
[우]	342.3	880.1	70.8(31.0)	64.3(28.2)	93.0(40.8)	228.1
[으]	377.9	1328.1	31.3(16.0)	69.8(35.7)	94.2(48)	195.4

<표 7.1> 한국인 JKH를 대상으로 얻은 한국어 단모음 F1/F2 & a, b, c 성도 체적값

( )안은 비율값(%), F1/F2(Hz), 체적(ml)

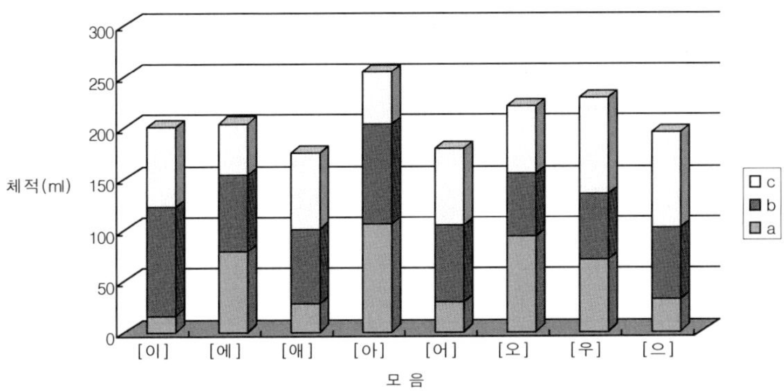

<그림 7.1>한국인 JKH를 대상으로 얻은 한국어 단모음 성도 a, b, c 부분 체적값

<표 7.2>와 그림 <7.2>는 피험자 SDI를 대상으로 얻은 한국어 단모음 8개 [이, 에, 애, 아, 어, 오, 우, 으]의 F1/F2 포먼트 평균값과 a, b, c 성도 영역 체적값이다.

vowel	F1	F2	a	b	c	total
[이]	234.9	2218	1.4(2.8)	12.7(25)	36.(72.2)	50.8
[에]	468.1	1910.1	73.1(50.9)	36.6(25.5)	33.7(23.5)	143.4
[애]	471.1	1871.6	32.3(22.5)	56.4(39.4)	54.5(38)	143.3
[아]	716.3	1218.4	70.6(49.8)	37.6(26.5)	33.8(23.8)	141.9
[어]	511.3	922.6	25.5(21.9)	46.2(39.7)	44.6(38.3)	116.3
[오]	346.6	685.7	73.9(46)	46.6(28.8)	41.5(26)	161.9
[우]	313.1	842.4	56.6(37.1)	45.7(29.9)	50.2(32.9)	152.5
[으]	285	1642.1	42.5(30.3)	48.2(34.4)	49.2(35.1)	139.9

<표 7.2> 한국인 SDI를 대상으로 얻은 한국어 단모음 F1/F2 & a, b, c 성도 체적값

( )안은 비율값(%), F1/F2(Hz), 체적(ml)

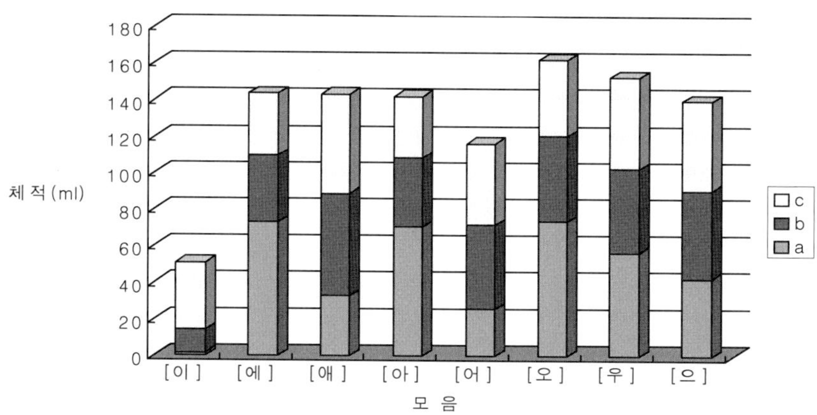

<그림 7.2>한국인 SDI를 대상으로 얻은 한국어 단모음 성도 a, b, c 부분 체적값

JKH의 경우는 한국어에서 예상할 수 있는 일반적 패턴을 관찰하기가 힘든다. 촬영 도중 약간의 들숨을 마신 흔적이 [이] 모음의 과다한 체적값에서 느껴지며, 전설모음인 [에]와 [애]가 혼동되어 발음된 것 같기도 하다. 성도 A 부분 즉 구강 앞면의 체적값이 [에]가 더 크기 때문이다. 피험자 SDI의 경우는 더 심하다. 구강 전설면(A)의 체적 비율이 [에]의 경우 50.9 %에 이르기 때문이다. 젊은이 세대에서 [에]와 [애] 모음의 심한 혼란을 느낄 수 있게 해주는 결과이다.

7.1.1. 한국어 단모음 데이터 판별분석

판별분석은 음향 매개변수와 체적 변수를 따로 구해본 다음, 최종적으로 이 두 변수를 합쳐서 진행하였다. 파라미터를 양분 시킨 이유는 음향변수와 체적변수 사이의 관계를 일종의 방정식으로 나타내보기 위해서이다. 먼저 음향 매개변수를 이용하여 판별분석을 진행한 결과는 다음과 같다. 먼저 JKH 자료를 대상으로 한 Fisher의 선형 판별함수는 <표 7.3>과 같이 나타났다.

	pro							
	이	에	애	아	어	오	우	으
F1	-.072	-.007	-.005	.075	.057	.028	.016	-.001
F2	.031	.011	.010	-.016	-.012	-.004	-.001	.006
(상수)	-28.251	-10.551	-10.268	-21.168	-13.354	-5.693	-4.486	-5.982

<표 7.3> JKH의 음향 데이터를 독립변수로 한 Fisher의 선형판별함수

SDI의 자료를 대상으로 한 결과는 <표 7.4>와 같다.

	pro							
	이	에	애	아	어	오	우	으
F1	-.066	-.003	.000	.083	.057	.035	.021	-.026

F2	.027	.009	.009	-.016	-.010	-.006	-.001	.014
(상수)	-24.001	-10.392	-10.042	-22.522	-11.935	-6.225	-4.726	-9.910

<표 7.4> SDI의 음향 데이터를 독립변수로 한 Fisher의 선형판별함수

JKH의 원 음향데이터를 <표 7.3>의 Fisher의 선형판별함수식에 재대입하여 분류해본 결과 다음 <표 7.5>를 얻었다. 원래의 집단 케이스 중 61.3 %가 올바로 분류되었다. 즉, JKH의 음향 데이터를 대상으로 통계적 판별분석을 수행하여 얻은 판별식의 판별능력이 61.3 %라 보면 될 것이다. SDI의 경우에는 65.5%가 올바로 분류되었다.

		pro	예측 소속집단								전체
			1	2	3	4	5	6	7	8	
원래값	빈도	1	19	1	0	0	0	0	0	1	21
		2	0	11	3	0	0	0	0	7	21
		3	0	10	4	0	0	0	0	7	21
		4	0	0	0	13	6	2	0	0	21
		5	0	0	0	7	8	6	0	0	21
		6	0	0	0	0	1	14	6	0	21
		7	0	0	0	0	0	1	20	0	21
		8	0	0	6	0	0	0	1	14	21
	%	1	90.5	4.8	.0	.0	.0	.0	.0	4.8	100.0
		2	.0	52.4	14.3	.0	.0	.0	.0	33.3	100.0
		3	.0	47.6	19.0	.0	.0	.0	.0	33.3	100.0
		4	.0	.0	.0	61.9	28.6	9.5	.0	.0	100.0
		5	.0	.0	.0	33.3	38.1	28.6	.0	.0	100.0
		6	.0	.0	.0	.0	4.8	66.7	28.6	.0	100.0
		7	.0	.0	.0	.0	.0	4.8	95.2	.0	100.0
		8	.0	.0	28.6	.0	.0	.0	4.8	66.7	100.0
교차 유효값 (a)	빈도	1	18	2	0	0	0	0	0	1	21
		2	0	8	6	0	0	0	0	7	21
		3	0	10	4	0	0	0	0	7	21
		4	0	0	0	13	6	2	0	0	21
		5	0	0	0	8	7	6	0	0	21
		6	0	0	0	0	1	14	6	0	21
		7	0	0	0	0	0	2	19	0	21
		8	0	0	6	0	0	0	2	13	21

%	1	85.7	9.5	.0	.0	.0	.0	.0	4.8	100.0
	2	.0	38.1	28.6	.0	.0	.0	.0	33.3	100.0
	3	.0	47.6	19.0	.0	.0	.0	.0	33.3	100.0
	4	.0	.0	.0	61.9	28.6	9.5	.0	.0	100.0
	5	.0	.0	.0	38.1	33.3	28.6	.0	.0	100.0
	6	.0	.0	.0	.0	4.8	66.7	28.6	.0	100.0
	7	.0	.0	.0	.0	.0	9.5	90.5	.0	100.0
	8	.0	.0	28.6	.0	.0	.0	9.5	61.9	100.0

<표 7.5> JKH의 원 데이터 재대입 분류 결과

a 분석시 해당 케이스에 대해서만 교차유효화가 수행됩니다. 교차유효화시 각 케이스는 해당 케이스를 제외한 모든 케이스로부터 파생된 함수별로 분류됩니다.

b 원래의 집단 케이스 중 61.3%이(가) 올바로 분류되었습니다.

c 교차유효화 집단 케이스 중 57.1%이(가) 올바로 분류되었습니다.

체적변수의 경우 JKH는 <표 7.6>과 같은 Fisher의 선형판별함수를 얻었고, SDI는 <표 7.7>과 같은 결과를 얻었다. 재대입 분류 결과는 JKH는 82.7 %, SDI는 77.4 %로 나타났다.

	pro							
	이	에	애	아	어	오	우	으
Vol_A	-.485	.214	-.178	.302	-.180	.425	.237	-.123
Vol_B	.833	.226	.086	.539	.109	-.395	-.662	-.323
Vol_C	-.359	-.280	.176	-.657	.156	.229	.679	.587
(상수)	-28.655	-11.776	-9.292	-27.683	-9.412	-17.220	-20.741	-16.532

<표 7.6> JKH의 체적 데이터를 독립변수로 한 Fisher의 선형판별함수

	pro							
	이	에	애	아	어	오	우	으
Vol_A	.129	.654	-.669	.559	-.572	.395	.207	-.213
Vol_B	-3.221	-.694	1.758	-.394	1.496	.119	-.740	.500

Vol_C	3.171	.176	-.705	-.015	-.607	-.298	.772	.007
(상수)	-39.998	-16.264	-21.615	-14.140	-15.832	-13.266	-10.410	-9.785

<표 7.7> SDI의 체적 데이터를 독립변수로 한 Fisher의 선형판별함수

지금까지의 결과를 바탕으로 포먼트 주파수 F1/F2로 대표되는 음향 파라미터와 체적값으로 나타나는 성도 a, b, c 영역 파라미터의 상관관계를 방정식으로 나타내 보도록 하자. 상관관계를 끄집어내는 데 필요한 첫 번째 가상의 아이디어는 음향변수와 체적변수가 동일 모음 하나를 사이에 두고 서로 다른 판별함수의 형태로 구현된다는 것이다. JKH의 모음 [아]를 예로 든다면, 음향변수의 경우, 다음과 같은 식을 세울 수 있다.

F[아]=0.075F1-0.016F2-21.168

체적변수의 경우, 다음과 같은 식을 세울 수 있다.

F[아]=0.302vol_A+0.539vol_B-0.657vol_C-27.683

음향변수의 오른쪽 변을 왼쪽으로 끌어와서 체적변수의 F[아] 위치에 치환시키면 다음 식으로 전개시킬 수 있다.

0.075F1-0.016F2-21.168=0.302vol_A+0.539vol_B-0.657vol_C-27.683

0.075F1-0.016F2=0.302vol_A+0.539vol_B-0.657vol_C-6.515

이러한 형태의 식을 2개 구할 수 있으면 연립방정식을 구하는 것과 같은 방식으로 F1과 F2를 체적변수를 이용한 방정식으로 정리할 수 있을 것이다. SDI의 데이터를 이용하여 같은 방식으로 식을 구하면,

F[아]=0.083F1-0.016F2-22.522
F[아]=0.559vol_A-0.394vol_B-0.015vol_C-14.140

0.083F1-0.016F2-22.522=0.559vol_A-0.394vol_B-0.015vol_C-14.140
0.083F1-0.016F2=0.559vol_A-0.394vol_B-0.015vol_C+8.382

최종적으로 두 개의 식이 나오게 된다.

0.075F1-0.016F2=0.302vol_A+0.539vol_B-0.657vol_C-6.515 (1)
0.083F1-0.016F2=0.559vol_A-0.394vol_B-0.015vol_C+8.382 (2)

위의 식 (1)에 0.075의 역수인 13.33을 곱하면
F1-0.213F2=4.026vol_A+7.185vol_B-8.758vol_C-86.845 (3)

식 (2)에 0.083의 역수인 12.048을 곱하면
F1-0.193F2=6.753vol_A-4.747vol_B-0.181vol_C+100.986 (4)

이 나오게 된다. 두 개의 식을 상쇄시켜 F1을 없애버리면
0.02F2=2.709vol_A-11.932vol_B+8.577vol_C+187.831

F2를 구하기 위해 양 변에 0.02의 역수인 50을 곱하게 되면
F2=135.45vol_A-596.6vol_B+428.85vol_C+9391.55 가 나오게 된다.

다시, (3) 식의 -0.213F2 값을 0.193F2로 만들기 위하여 (3) 식의 양변에 -0.9061을 곱하면 (5)가 나온다.

-0.906F1+0.193F2=-3.648vol_A-6.51vol_B+7.936vol_C+78.690 (5)

식 (4)와 (5)를 더하면
0.094F1=3.105vol_V-11.257vol_B+7.755vol_C+19.676 이 나온다.

0.094의 역수인 10.638을 양변에 곱하면
F1=33.171vol_V-120.259vol_B+82.847vol_C+210.199 가 나온다.

한국어 단모음 [아]의 경우, 두 남성 피실험자의 음향 데이터, 체적 데이터를 근본으로 한 판별함수를 이용하여 음향변수와 체적변수의 상관관계를 식으로 구하면 다음과 같이 최종 정리될 수 있다.

F1=33.171vol_V-120.259vol_B+82.847vol_C+210.199

F2=135.45vol_A-596.6vol_B+428.85vol_C+9391.55

음향변수인 F1과 F2, 그리고 체적변수 모두를 종합하여 판별함수를 구하면 다음 <표 7.8, 7.9>와 같다. 각기 JKH와 SDI의 결과값을 보여준다.

	pro							
	이	에	애	아	어	오	우	으
F1	−.127	.019	.098	.038	.112	−.059	−.059	.006
F2	−.007	.054	.042	−.029	−.032	−.005	−.011	.000
Vol_A	−.206	.466	−.194	.045	−.639	.547	.322	−.139
Vol_B	1.599	−1.178	−1.376	1.073	.369	−.005	−.116	−.341
Vol_C	−.422	−.166	.295	−.700	.135	.197	.634	.588
(상수)	−42.941	−29.853	−26.231	−35.003	−29.281	−20.319	−24.236	−16.562

<표 7.8> JKH의 음향 및 체적 데이터를 독립변수로 한 Fisher의 선형판별함수

	pro							
	이	에	애	아	어	오	우	으
F1	.022	−.044	−.014	.146	.105	−.051	−.028	−.095
F2	.005	.037	.021	−.012	−.021	−.014	−.033	.019
Vol_A	.024	.556	−.760	.157	−.778	.651	.507	−.025
Vol_B	−3.021	1.196	2.810	−1.276	.260	−.439	−2.246	1.622
Vol_C	2.719	−2.320	−2.167	.264	.491	.887	3.199	−.987
(상수)	−41.217	−30.629	−26.544	−33.448	−26.217	−20.684	−27.305	−18.380

<표 7.9> SDI의 음향 및 체적 데이터를 독립변수로 한 Fisher의 선형판별함수

원 데이터를 Fisher의 선형판별함수를 거쳐 본래의 모음으로 재배치시켜 본 결과, 두 피험자 모두 원래의 모음군으로 100 % 재분류되었다.

7.2. 중국어 단모음 포먼트 및 성도 3분할 체적값

한국어와 마찬가지 방식으로, 성도 자기 공명 영상 실험에 참가한 중국인 피험자 남녀 각각 1인의 음향 파라미터(F1, F2)와 성도 3분할 체적값을 구하였다. <표 7.9>는 피험자 DP(남)의 중국어 단모음 [a, ə, o, u, i, ü]의 F1/F2 포먼트 평균값과 a, b, c 성도 체적 평균값을 보여준다. 성도 2회 촬영분을 평균 낸 결과이다. <그림 7.3>은 체적 3영역 누적 막대그래프이다.

vowel	F1	F2	a	b	c	total
[a]	931.1	1205.4	93.2865	80.0465	33.19	206.523
[ə]	664	1235	40.5325	35.8745	51.0715	127.4785
[o]	551	847.3	60.519	62.9585	43.1635	166.641
[u]	512.4	1163.9	63.9045	50.543	51.5435	165.991
[i]	329	2677.3	8.81	18.978	70.281	98.069
[ü]	332.9	2300	8.0275	23.513	74.0255	105.566

<표 7.9> 중국인 남성 DP를 대상으로 얻은 중국어 단모음 F1/F2 & a, b, c 성도 체적
F1, F2(Hz), 체적(ml)

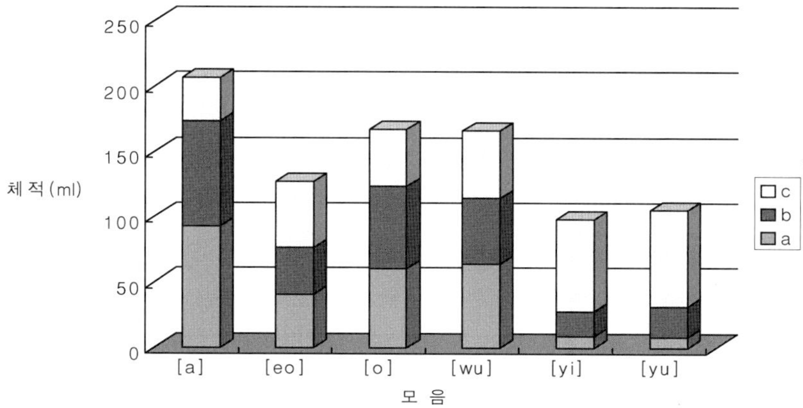

<그림 7.3>중국인 남성 DP를 대상으로 얻은 중국어 단모음 성도 a, b, c 부분 체적값

<표 7.10>와 <그림 7.4>는 여성 피험자 WT로부터 얻은 결과값(평균)이다.

vowel	F1	F2	a	b	c	total
[a]	979.4	1485.7	32.068	25.933	13.7405	71.7415
[ə]	716.9	1302.9	27.481	26.1	15.8535	69.4345
[o]	645	995.1	32.2115	21.752	17.736	71.6995
[u]	442.1	712.7	30.444	18.0605	21.185	69.6895
[i]	318.9	3067	3.307	24.2345	23.913	51.4545
[ü]	317.9	2564.7	3.68	33.455	21.6165	58.7515

<표 7.10> 중국인 여성 WT로부터 얻은 중국어 단모음 F1/F2 & a, b, c 성도 체적

F1, F2(Hz), 체적(ml)

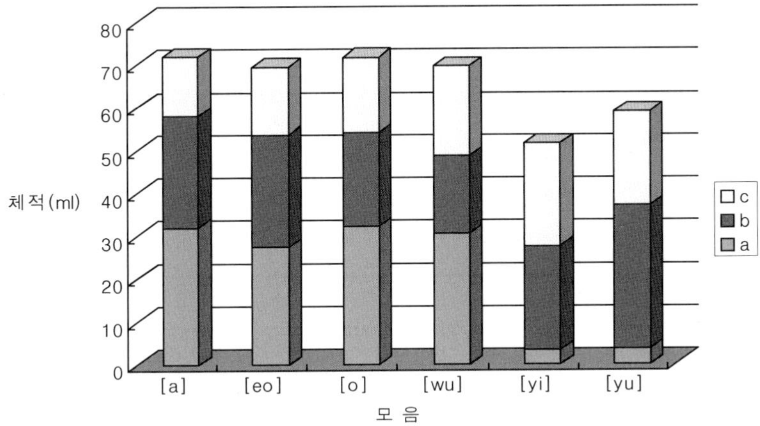

<그림 7.4> 중국인 여성 WT를 대상으로 얻은 중국어 단모음 성도 a, b, c 부분 체적값

중국인 남녀의 경우 전체 체적값에서는 차이가 보이나, 각 모음별 패턴에서는 어느 정도의 일관된 경향을 읽게 해준다. 전설 모음 계열에서는 구강 앞쪽의 좁힘으로 인한 체적 감소를 관찰할 수 있게 하고, 후설 모음 군에서는 인두강 쪽을 좁힘으로 인하여 구강 부위의 체적이 상대적으로 크다는 것을 알 수 있게 한다.

7.2.1. 중국어 단모음 데이터 판별분석

남성의 판별함수는 다음 <표 7.11>과 같이 나타났다.

	pro					
	[a]	[ə]	[o]	[u]	[i]	[ü]
F1	.041	.195	-.042	-.139	-.041	.007
F2	.039	-.043	-.031	-.006	.046	-.009
Vol_A	-.040	-.416	-2.039	3.319	.621	-1.407
Vol_B	.399	-1.562	3.164	-2.696	-.479	1.386

Vol_C	-1.672	1.093	.604	1.238	-.852	.432
(상수)	-30.913	-31.833	-27.946	-32.548	-24.353	-19.001

<표 7.11> 중국인 남성 DP의 음향 및 체적 데이터를 독립변수로 한 Fisher의 선형판별함수

여성의 판별함수는 <표 7.12>와 같이 나타났다.

	pro					
	[a]	[ə]	[o]	[u]	[i]	[ü]
F1	.137	.032	-.040	-.126	-.017	-.025
F2	-.002	-.016	.004	.011	.050	-.030
Vol_A	-1.642	-.757	1.433	2.999	1.344	-1.661
Vol_B	-1.168	1.448	-.189	-.013	-3.714	4.459
(상수)	-26.019	-11.032	-12.038	-23.241	-32.295	-30.801

<표 7.12> 중국인 여성 WT의 음향 및 체적 데이터를 독립변수로 한 Fisher의 선형판별함수

원 데이터를 Fisher의 선형판별함수를 거쳐 본래의 모음으로 재배치시켜 본 결과, 남녀 두 피험자 모두 원래의 모음 집합으로 100 % 재분류되었다.

7.3. 산스크리트어 단모음 포먼트 및 성도 3분할 체적값

성도 자기 공명 영상 실험에 참가한 인도인 남녀 피험자 각 1인의 음향 파라미터(F1, F2)와 성도 3분할 체적값을 구하였다. <표 7.13>은 피험자 SM(남)의 산스크리트어 단모음 [a, i, u, e, o. a:]의 F1/F2 포먼트 평균값과 a, b, c 성도 체적 평균값을 보여준다. 중국어와 마찬가지로 성도 2회 촬영분을 평균 낸 결과이다. [a] 모음의 경우, 실제 음가는 국제음성기호(IPA) [ə]와 비슷한 음가를 갖기 때문에 IPA [a]와 근접한 장모음 [a:] 모음도 조사 대상에 포함시켰다. <그림 7.5>는 SM의 체적 3영역에 대한 누적 막대그래프이다. [a:]의 구강 앞쪽 체적이 특징적임을 알 수 있다.

vowel	F1	F2	a	b	c	total
[a]	520.4	1114.1	52.8435	30.731	31.934	115.5085
[i]	281.6	2092.1	20.4665	29.973	56.8325	107.272
[u]	304	777.6	48.6525	22.6215	58.549	129.823
[e]	381.1	1884	27.494	25.8485	41.8295	95.172
[o]	402	787.7	61.024	23.7005	42.902	127.6265
[a:]	610.6	1121.4	74.7485	31.69	28.266	134.7045

<표 7.13> 인도인 남성 SM의 산스크리트어 단모음 F1/F2 & a, b, c 성도 체적 F1, F2(Hz), 체적(ml)

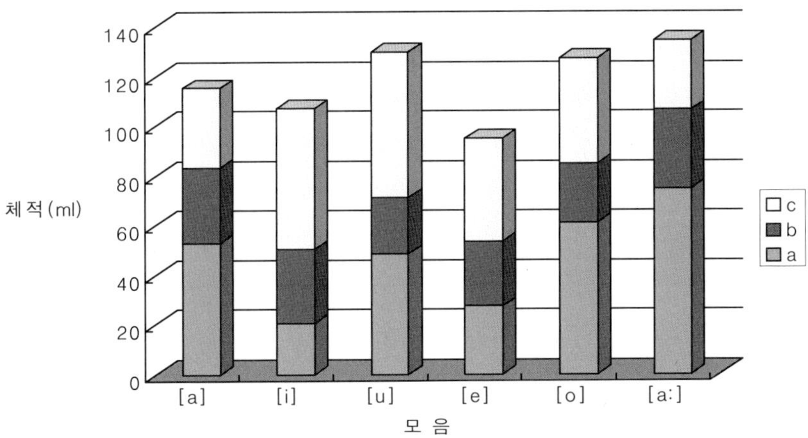

<그림 7.5> 인도인 남성 SM의 산스크리트어 모음 성도 a, b, c 부분 체적값

<표 7.14>와 <그림 7.6>은 인도인 여성 RM으로부터 얻은 결과이다.

vowel	F1	F2	a	b	c	total
[a]	656	1211.1	46.684	32.167	17.136	95.987
[i]	351.9	3170	9.5095	38.334	38.402	86.2455
[u]	433.4	835.6	50.911	38.7625	21.832	111.5055
[e]	444.4	2790.4	18.0625	36.356	32.173	86.5915
[o]	611.4	993.9	61.5565	34.9295	15.866	112.352
[a:]	992.9	1255.9	72.7265	39.1435	12.0755	123.9455

<표 7.14> 인도인 여성 RM의 산스크리트어 단모음 F1/F2 & a, b, c 성도 체적
F1, F2(Hz), 체적(ml)

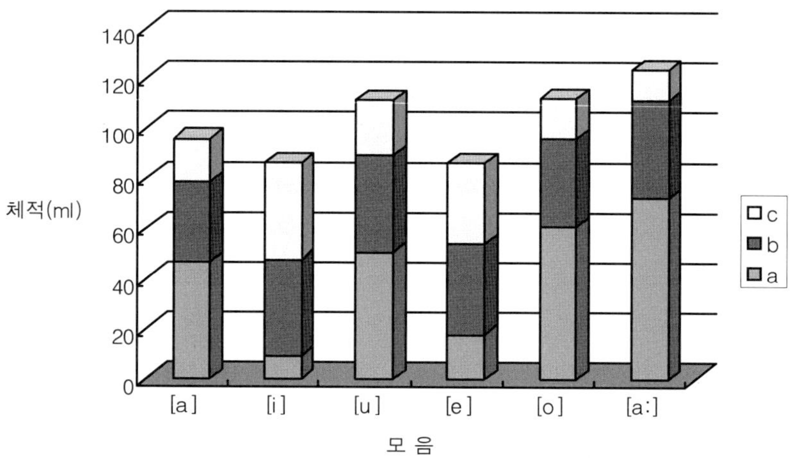

<그림 7.6> 인도인 여성 RM의 산스크리트어 모음 성도 a, b, c 영역 체적값

7.3.1. 산스크리트어 단모음 데이터 판별분석

남성 SM의 판별함수는 다음 <표 7.15>와 같이 나타났다.

	pro					
	[a]	[i]	[u]	[e]	[o]	[a:]
F1	.379	−.640	.267	.665	−.237	−.317
F2	−.112	.026	−.053	.040	.045	.054
Vol_A	−3.904	1.894	−1.553	−1.814	2.494	2.717
Vol_B	5.419	8.665	−2.038	−11.794	−1.901	1.012
Vol_C	.794	−1.954	2.256	2.091	−.379	−1.954
(상수)	−30.772	−32.955	−26.978	−32.928	−17.411	−25.553

<표 7.15> 인도인 남성 SM의 음향 및 체적 데이터를 독립변수로 한 Fisher의 선형판별함수

여성 RM의 판별함수는 <표 7.16>과 같이 나타났다.

	pro					
	1	2	3	4	5	6
F1	.546	.001	−.100	−.100	−.173	−.103
F2	−.153	.007	−.022	.045	.041	.063
Vol_B	−16.223	−.783	3.111	2.743	5.977	4.728
Vol_C	23.939	1.198	−.292	−4.757	−7.794	−9.184
(상수)	−32.279	−20.659	−27.886	−15.443	−11.751	−27.406

<표 7.16> 인도인 여성 RM의 음향 및 체적 데이터를 독립변수로 한 Fisher의 선형판별함수

원 데이터를 Fisher의 선형판별함수를 거쳐 본래의 모음으로 재배치시켜 본 결과, 남성SM의 경우는 100 % 원래의 모음 집합으로 재배치 분류되었고 여성 RM의 경우는 96.8 %가 올바로 분류되었다.

7.4. 그리스어 단모음 포먼트 및 성도 3분할 체적값

지금까지와 마찬가지 방식으로, 성도 자기 공명 영상 실험에 참가한 그리스인 남녀 피험자 각 1인의 음향 파라미터(F1, F2)와 성도 3분할 체적값을 구하였다. <표 7.17>은 피험자 KZ(남)의 그리스어 단모음 [a, e, i, o, y]의 F1/F2 포먼트 평균값과 성도 a, b, c 분할 영역체적 평균값을 보여준다. 성도 2회 촬영분을 평균 낸 결과이다. <그림 7.7>은 SM의 체적 3영역에 대한 누적 막대그래프이다. /y/는 /i/와 거의 흡사한 음가를 보여준다. 포먼트 상으로는 혀의 고저 위치를 관장하는 F1 값이 /i/보다 조금 더 낮아 /i/ 보다 고모음임을 조심스레 추측케 한다. 체적도 /i/보다 미세하게 적은 값을 보여준다.

vowel	F1	F2	a	b	c	total
[a]	849	1221	35.5155	48.2265	25.773	109.515
[e]	520	1808	15.7615	25.344	44.423	85.5285
[i]	345	2372	8.89	10.1755	60.0485	79.114
[o]	551	950	18.0865	43.463	35.3565	96.906
[y]	296	2376	8.2525	11.516	61.143	80.9115

<표 7.17> 그리스인 남성 KZ의 그리스어 단모음 F1/F2 & 성도 a, b, c 부분 체적

F1, F2(Hz), 체적(ml)

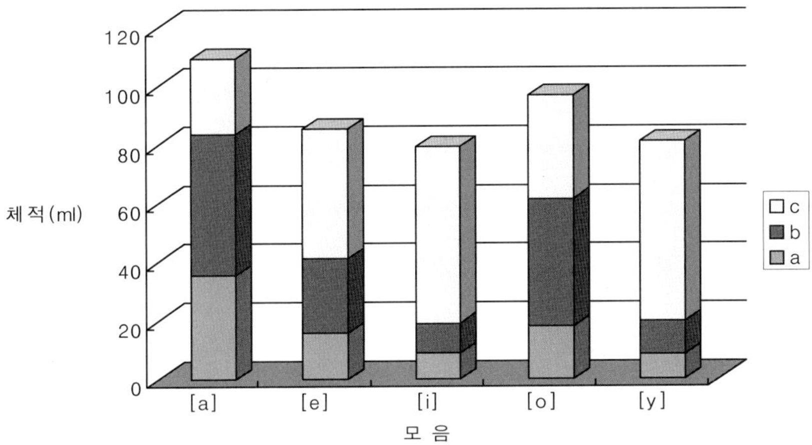

<그림 7.7> 그리스인 남성 KZ의 그리스어 모음 성도 a, b, c 영역 체적값

그리스 여성 AT의 결과는 표 <7.18>에 제시되어 있다.

vowel	F1	F2	a	b	c	total
[a]	837	1233	90.8175	96.23	45.2135	232.261
[e]	566	2018	49.6515	71.442	99.71	220.8035
[i]	341	2431	10.47	49.8205	140.273	200.5635
[o]	519	836	73.674	84.631	67.605	225.91
[y]	319	2402	18.4635	53.2425	142.495	214.201

<표 7.18> 그리스인 여성 AT의 그리스어 단모음 F1/F2 & 성도 a, b, c 부분 체적
F1, F2(Hz), 체적(ml)

그림 <7.8>은 그리스 단모음 체적에 대한 성도 3영역 누적 막대그래프이다.

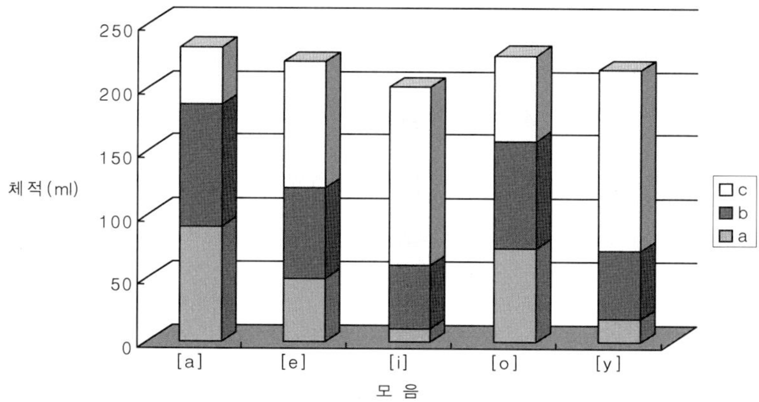

<그림 7.8> 그리스인 여성 AT의 그리스어 모음 성도 a, b, c 영역 체적값

여성의 경우, /y/의 F1, F2 포먼트 모두 미세하게 낮게 나타난다. 체적값은 오히려 /y/가 커서 긴장모음으로서의 의미가 상실되는 느낌이 있다. 따라서 /y/의 경우는, 많은 피험자를 통해 음향변수와 체적변수를 관찰해야만 의미 있는 결과를 기술할 수 있을 것이다.

7.4.1. 그리스어 단모음 데이터 판별분석

남성 KZ의 판별함수는 다음 <표 7.19>와 같이 나타났다.

	pro				
	[a]	[e]	[i]	[o]	[y]
F1	-.156	.673	.204	-.110	-.591
F2	.002	-.037	-.002	.007	.048
Vol_A	5.772	-10.230	-2.745	-2.010	8.365
Vol_B	-.483	-3.350	-1.559	3.240	3.060
(상수)	-27.500	-20.214	-14.387	-26.653	-23.190

<표 7.19> 그리스인 남성 KZ의 음향 및 체적 데이터를 독립변수로 한 Fisher의 선형판별함수

여성 AT의 판별함수는 <표 7.20>과 같이 나타난다.

	pro				
	[a]	[e]	[i]	[o]	[y]
F1	.243	−.458	.734	.029	−.493
F2	−.030	.166	−.208	−.079	.135
Vol_A	−1.376	3.134	−5.185	.212	3.248
Vol_C	.060	−2.038	2.565	1.275	−1.358
(상수)	−23.411	−15.780	−26.928	−26.903	−18.919

<표 7.20> 그리스인 여성 AT의 음향 및 체적 데이터를 독립변수로 한 Fisher의 선형판별함수

원 데이터를 Fisher의 선형판별함수를 거쳐 본래의 모음으로 재배치시켜 본 결과, 남성, 여성 모두 100 % 원래의 모음 집합으로 재배치 분류되었다.

8) 맺음말

지금까지 음향변수인 성도 공명 주파수 F1, F2 포먼트와 해부학적 성도 체적 변수 두 가지를 통계학적으로 결합하여 4개 국어 언어의 단모음을 새로운 방식으로 분석 판별하는 과정을 기술하였다. 자기 공명 영상 촬영이 포함되어야 하는, 경제적으로 시간적으로 어려운 연구였기에, 통계학적으로 의미 있는 만큼의 토큰 수가 확보되지 못한 점은 아쉽다고 할것이다. 그러나, 전통의 모음사각도 외에, 모음을 성도 체적의 3분할 비례값이라는 해부학적 매개변수를 이용하여 기술할 수 있는 가능성을 살펴볼 수 있었고, Fisher의 선형판별함수라는 매력적인 분류 장치를 언어학적 전망 속으로 끌어들였다는 점에서 큰 의의를 찾아볼 수 있겠다.

【참 고 문 헌】

김영송. 1981. <우리말 소리의 연구> 고친판. 서울: 과학사.

김차균. 1998. <음운학강의>. 태학사.

김형순. 1994. 음성인식. <제 1회 음성학 학술대회 논문집>. 대한음성학회. 156-165.

성철재. 1995. <한국어 리듬의 실험음성학적 연구>. 서울대학교 언어학과 박사학위 논문.

성철재, 심소희, 정슬. 2003. <음성학과 공학의 만남> 충남대학교 출판부.

심소희. 1999. 한국인이 발음하는 중국어 성조의 문제와 개선. 중국어문학지 제6집.

양병곤. 1998. MRI에 의한 모음의 성도 단면적 측정 및 면적 변이에 따른 합성 연구. 음성과학 4권 1호. pp. 19-34.

이호영. 1996. <국어음성학>. 태학사

정 슬. 2002. <디지털 신호처리 및 필터설계>. 도서출판 아진.

정현열. 1998. 음성인식 연구의 국내외 연구현황과 전망. <제 15회 음성통신 및 신호처리 워크숍 논문집> 15-1. 23-30.

조철우. 1997. MRI를 이용한 조음모델 시뮬레이터 구현에 관하여. 음성과학 제2권. 45-55.

허웅. 1985. <국어음운학-우리말 소리의 오늘·어제->. 샘문화사.

Baer, T., J. Gore, R. Gracco, and P. Nye. 1991. Analysis of Vocal Tract Shape and Dimension using Magnetic Resonance Imaging: Vowels. *JASA 90(2)*, 799-828.

Behrends, J. & A. Wismüller. 2001. A Segmentation and Analysis Method for MRI Data of the Human Vocal Tract. *FIPKM 37*. 179-189.

Engwall, O. 1999. Modeling of the Vocal Tract in 3 Dimensions. *Proc. of Eurospeech 1999*. 113-116.

Fant, G. 1960. *Acoustic Theory of Speech Production*, Mouton. den Haag.

Foldvik, A., U. Kristiansen & J. Kvaerness. 1995. Torp. 3-Dimensional and Magnetic Resonance Imaging: A new Dimension in Phonetic Research. *Proc. of ICPhS 95*. 46-49.

Johnson, K. 1997. *Acoustics Auditory Phonetics*. Blackwell.

Kim, D.Y. & J.W. Park. 2004. Computerized quantification of carotid artery stenosis using MRI axial images. *Magenetic Resonance Imaging. Vol 22/3*. 353-359.

Ladefoged, P. 1996. *Elements of Acoustic Phonetics*. 2nd ed. Chicago: Univ. of Chicago Press.

Liljencrants, J. & G. Fant. 1975. Computer program for VT-resonance frequency calculations. *KTH STL-QPSR vol. 4*. 15-20.

Narayanan, S. , A. Alwan, & K. Haker. 1995. Towards Articulatory-Acoustic Models for Liquid Approximants Based on MRI and EPG Data, *JASA 101(2)*, 1064-1089.

Pickett, J. M. 1985. The Sounds of Speech Communication. University Park Press: Baltimore.

Sung, Y.C., C.J. Song, S.M. Noh, J.W. Park. 2000. Fully Automatic Segmentation and Volumetry on Brain MRI of Coronal Section. 2000 International Conference on Circuits/Systems, Computers and Communications, Vol.1. 441-445.

Sung, Y.C., C. J. Song, S. M. Noh and J.W. Park. 2000. Tissue Segmentation and Volumetry on Brain MR Image of Coronal Section having the Partial Volume Artifact. Proc. of 2000 IEEE International Symposium on Intelligent Signal Processing and Communication Systems. Vol.I. pp. 369-372.

Sung, Y.C., C. J. Song, S. M. Noh and J.W. Park. 2000. Tissue Segmentation and Volumetry on Brain MR Image of Coronal Section having the Partial Volume Artifact. Proceeding of 2000 IEEE International Symposium on Intelligent Signal Processing and Communication Systems. Vol.I, 369-372.

Sung, Y.C., K.S. Han, C.J. Song, S.M. Noh, J.W. Park. 2000. Threshold Estimation for Region Segmentation on MR image of Brain having the Partial Volume Artifact. 2000 5th International Conference on Signal Processing Proceedings. Vol.II. 1000-1009.

Titze, I. & B. Story. 1996. Vocal Tract Area Functions from Magnetic Resonance Imaging. *JASA 100(1)*. 537-554.

2. '·'에 대한 음향음성학적 분석

-모음 사각도에서의 음가 위치 추정을 중심으로-

1) 머리말

각 나라 말(모음)의 음성학적 특징 비교 연구에서 훈민정음의 모음체계의 특징 해명이 중요한 과제로 대두되었다. 세종대왕의 한글 창제 원리 해명에서 '·', 'ㅡ', 'ㅣ'의 연관관계가 중요하기 때문이었다. 그런데 익히 알고 있다시피 '·'는 그 음가가 소실되어서 실험적으로 훈민정음 모음체계의 특징을 해명하는 데 어려움을 겪었다. 이에 우리는 1차적으로는 각종 문헌에 기초해서 '·'의 음가를 추정해보고자 하였고 다음으로 실험음성학적 실험을 통해서 '·'의 음가를 찾아보고자 하였다.

1.1. 연구의 목적

本稿는 '·'의 음성적 실체를 밝혀보고자 하는 데 목적을 둔다. '·'에 대해서는 李崇寧(1940)에서 본격적인 탐색이 시작된 이래 수많은 연구자들이 다각적으로 연구해 왔지만 아직까지 합의된 결론을 도출하지 못하고 있는 실정이다. 이렇게 된 데에는 여러 가지 이유가 있겠지만 무엇보다 '·'가 消失文字라는 점도 중요한 이유 중의 하나일 것이다. 중세 국어 당시에 '·'가 표상하던 '소리'가 變動과 變化를 입어 다른 소리와 合流되자[19] 더 이상 '소리'의 表象體로서의 기능을 할 수 없게 된 文字가

---

19) 일반적으로 '·'를 '消失音'으로 다루지만 이러한 용어의 사용은 지양되어야 한다고 본다. 어떤 문자가 더 이상 쓰이지 않으면 '消失文字'라고 할 수 있지만 어떤 音이 사라졌다고는 보기가 어려울 것이다. 그것은 약간의 變動을 겪어 다른 音과 合流되었다고 보는 것이 타당하다고 본다. 역사언어학에서는 '消失'이라는 용어보다 '合流'라는 용어를 사용하는 것이 더 적절하다고 보고 있다(백

사라짐으로써 音의 실체를 정확히 알 수 없게 된 것이다. '·'에 대한 연구가 본격적으로 시작된 지 60여 년 이상이 흘렀지만 아직도 새로운 견해가 제시되는 것이 이와 같은 현실을 뒷받침한다.

따라서 '·'의 실체에 접근하기 위해서는 기존의 접근법과 함께 새로운 연구 방법론이 요구된다고 하겠다. 本稿는 바로 이 점에서 시도되었다. 本稿에서는 문헌학적 방법과 음향음성학적 방법을 적용하여 '·'의 음성적 실체를 밝히고자 하는 데 목적이 있다.

1.2. **연구 내용 및 방법**

本稿에서는 크게 두 방향에서 '·'의 실체에 접근해 보고자 한다.

하나는 문헌 기록을 통해 '·'에 대해 종합적으로 고찰함으로써 그 音價(또는 모음도 상에서의 위치)를 추정해 보는 것이다. 이것은 기존의 연구 방법과 크게 다르지 않으나 '·'의 실체와 관련된 거의 모든 대상을 다루고자 했다는 점에서 기존의 연구와 차별성을 갖는다.

다음으로는, '·'의 잔존 형태로 인정되고 있는 제주 방언의 '·'를 대상으로 음향음성학적 분석을 시도할 것이다. 제주도 방언 화자들의 '·' 발음을 음향음성학적 방법으로 분석하여 그 음성적 특질을 분석해 낼 것이다.

1) **문헌적 방법**

담고 있어야 할 音이 變動(또는 變化)되어 다른 音에 合流되었기 때문에 '·'가 사라졌다면, '·'가 표상하고자 한 音의 실체를 추적할 때에는 훈민정음 창제 당시에 '·'와 일정한 관계를 형성하고 있던 다른 音에 대한 고려가 있어야 한다고 본다. '소리'는 사라지지 않고 변할 따름이라는 역사언어학적 견해를 받아들일 때 이와 같은 관계망 속에서의 탐구가 절실히 요청된다고 하겠다.

또한, 훈민정음 당시의 音價를 추정할 때에는 현대 국어의 音價를 전제하고 살피는 태도를 지양해야 할 것이다. 예를 들어, 'ㅏ'가 현대 국어와 같이 '平脣-中舌-低母音([a])'[20]이라고 확언할 근거를 마련하는 것은 쉬

응진 1999 : 81. 참조).

운 일이 아닌 것이다. 그럼에도 불구하고 우리는 은연중에 현대 국어로 중세 국어를 豫斷하는 경향이 있다. 본질에 다가가기 위해서는 바로 이러한 태도를 지양하는 것이 중요하다고 본다. 비록 현대 국어가 國語史的 변화의 '결과'라고는 하지만 수백 년의 시간을 사이에 둔 언어가 동일하다고는 생각하기 어렵기 때문이다. 文字에 사로잡혀 본질을 놓치는 잘못을 범해서는 안 될 것이다.

이를 위하여,

① 『訓民正音』의 모음자에 대한 이론적 설명을 바탕으로 하여 모음자 체계 내에서 '·'가 차지하는 위상을 점검하고,

② 고유어를 대상으로, '·'가 인접음으로 합류한 양상을 고찰하여 그 音價를 추정하고,

③ '·'로 표기된 동국정운식 한자음과 중국 원음과의 대비를 통해,

④ 전승 한자음(이하 '東音')에서 '·' 표기가 담지한 소리가 어떻게 변화되는지 살펴봄으로써 '·'의 음가를 추정해 보도록 한다.

2) 음향음성학적 분석

이상의 연구는 우리의 연구 방법 중 문헌학적 연구에 해당한다. 한편, '·'에 대한 음향음성학적 분석은 제주도 방언을 대상으로 이루어진다. 이미 두루 알려진 바와 같이, 제주 방언의 '·'는 다른 지역의 모음 체계와는 달리 매우 특이한 현상으로 받아들여진다. 지금까지의 연구 결과에 의하면 이것이 바로 중세어의 '·'가 지역적 특성으로 인해 잔존한 것이라고 한다.

우리는 ⑤ 제주도 방언의 '·'에 대한 음향학적 분석을 통해 '·'의 특질을 규명하고, 이를 통해 그 음가를 추정한다.

이와 같은 두 방향의 연구 결과를 상호 비교·대조함으로써 우리는 모음 사각도 상의 위치로 추정함으로써 '·'의 음가가 어떠했는지를 제시할 것이다.

---

20) 또는, '平脣-後舌-低母音([ɑ])'

2. 『訓民正音』과 ‘·’

2.1. 『訓民正音』의 문자 체계와 ‘·’ : <制字解>와 <中聲解>를 중심으로

훈민정음은 당시로서는 놀라운 音聲學的 지식을 바탕으로 하여 창제되었다. 이러한 音聲學的 지식은 『訓民正音』에 고스란히 들어 있다. 따라서 훈민정음 창제자들이 각 母音字에 담으려 했던 ‘소리’의 실상을 제대로 파악하기 위해서는 원문을 면밀히 검토하는 것이 당연하다고 본다.

本稿에서는 『訓民正音』의 <制字解>와 <中聲解> 등의 기록을 검토하여 基本 三母音의 ‘對立雙’을 파악하고, 이를 통하여 ‘·’의 音價를 추정하는 단서를 찾기로 한다.[21] 『訓民正音』에서는 母音字를 제정하면서 文字가 갖는 소리의 특성을 설명하기 위해 ‘對立雙’의 개념을 이용하고 있다. 그러므로 ‘·’의 音價를 포착하기 위해서는 다른 母音字와의 관계를 고려하지 않으면 안 된다.

1) 『訓民正音』 <制字解>에서의 모음 간 대립체계

가. 舌縮

‘·’는 ‘ㅡ’, ‘ㅣ’와 함께 基本母音 중의 하나이며, 그 중에서도 가장 기본이 되는 글자이다.[22] 이들 세 母音字에 대한 『訓民正音』의 설명은 다음과 같다.

---

21) 本稿에서는 일부 논란이 되고 있는 ‘·’의 音素로서의 자격에 대해서는 관심을 갖지 않는다. 그것은 本稿가 목표하는 바가 音 자체이지 音素였는가의 여부를 밝히고자 하는 것이 아니기 때문이다. 音素는 소리의 실체라기보다는 추상적 개념으로서의 ‘소리’이다. 그것은 音聲을 範疇化하는 言衆들의 ‘인식’의 문제이지 ‘소리’ 그 자체가 아닌 것이다.

22) 然三才爲萬物之先, 而天又爲三才之始, 猶·ㅡㅣ 三字爲八聲之首, 而·又爲三字之冠也. <制字解>

三才는 만물의 으뜸이 되고, 하늘은 또 三才의 시작[근본]이 되니, 오직 ·, ㅡ, ㅣ 세 字가 여덟 소리의 우두머리가 된다. 또 ·는 세 字의 으뜸이 된다.

[1] · 舌縮而聲深, 天開於子也. 形之圓, 象乎天也.
[2] ㅡ 舌小縮而聲不深不淺, 地闢於丑也. 形之平, 象乎地也.
[3] ㅣ 舌不縮而聲淺, 人生於寅也. 形之立, 象乎人也. <이상 制字解>23)

이것은 '· : ㅡ : ㅣ'의 대립을 '舌'과 '聲'의 자질로써 설명한 것이다. 그런데 '聲'의 자질은 일종의 聽覺映像을 말하는 것으로서 '舌'의 자질에 동반되는 副次的 資質(또는 잉여적 자질)로 간주할 수 있다.24) 그런데『訓民正音』에서는 모음의 음가를 결정하는 데 중요한 혀와 입술의 資質은 제시하고 있지만 開口度에 대한 정보는 제시하고 있지 않다. 이와 같은 사실도 '·'의 音價에 대한 논란이 지속되고 있는 이유 중의 하나일 것이다. 따라서 훈민정음의 기본 3모음의 音價를 추정하는 데에는 무엇보다 '舌'의 자질을 어떻게 해석하느냐가 중요한 관건이 된다.『訓民正音』에서는 '舌縮-舌小縮-舌不縮'의 대립을 통하여 이들 세 母音의 音價를 설명하고 있다.

<制字解>에서 제시된 '舌縮-舌小縮-舌不縮'에 대해서는 다음과 같은 다양한 해석이 있어 왔다.

1) 설소축=전설모음 설축=후설모음
2) 설소축=고모음 설축=저모음
3) 설소축=전설 또는 고모음 설축=후설 또는 저모음
4) 縮의 언어학적 의미를 부정

23) ·는 혀가 오그라들고 소리가 깊다. 하늘은 자시(子時)에 열리는데, 모양이 둥근 것은 하늘을 본뜬 것이다. ㅡ는 혀가 조금 오그라들고 그 소리가 깊지도 얕지도 않다. 땅은 축시(丑時)에 열리는데, 모양이 평평한 것은 땅을 본뜬 것이다. ㅣ는 혀가 오그라들지 않고 소리도 얕다. 사람은 인시(寅時)에 생기는데, 모양이 서 있는 것은 사람을 본뜬 것이다.

24) 소리가 나타내는 음감은 깊고 얕음, 중후하고 얄팍함 따위의 여러 가지가 있을 수 있는데, 원칙적으로 후설과 저설 방향으로 갈수록 음감이 깊어진다. 혀의 위치가 낮아지면 낮아질수록 공명강의 크기가 커지게 되기 때문이다. 음성학 연구에서 점차 청취 음성학과 음향 음성학 분야에 대한 관심이 깊어가는 상황이기는 하지만, 문자로 제시된 소리의 느낌이란 주변적인 사실을 위해서는 필요할 수도 있어도 해당 음운의 소리 자질과 정체성 확립에 직접적인 정보를 제공하지는 않는다. 그러므로 聲의 深과 淺은 '縮'과 관련하여서는 잉여적 자질의 구실을 할 뿐이다(최병선 1998:105).

5) 설축=혀뿌리와 목머리벽과의 좁힘

6) 설축=혀의 오그림, 舌根後縮, Retraction of the Tongue Root (김주원 1988 : 30)

일반적으로 音聲學에서 母音을 분류할 때에는 혀의 최고점과 접근점이 중요한 기준이 된다.25)

舌縮에 대한 지금까지의 대부분의 논의도 이와 같은 맥락에서 1), 2), 3)과 같이 '縮'을 혀의 전후 위치나 최고점의 고-저 대립으로 이해하고 있다. 이에 반하여, 5)는 舌縮을 평면적으로 이해하지 않고 입체적으로 이해한 결과이다. 김영송(1977)이 이에 해당하는 논의인데, 혀와, 혀의 접근점 사이에 형성되는 공간(공명강)을 표현하는 개념으로 이해하고, 이를 [compact]/[diffuse] 자질로 표시하였다.

이러한 논의들은 어디까지나 훈민정음 원문의 기록을 현대 언어학적 지식과 방법론을 원용한 해석한 결과이다. 이러한 연구 방법이 중세 국어 연구에 상당한 성과를 가져왔음에도 불구하고, 여전히 제기되는 문제점은 현대적 편견을 전적으로 배제할 수 있는가 하는 점이다. 특히, 1)과 2), 3)의 경우처럼 '舌縮'을 단순히 '前舌-後舌'이나 '高-低'와 같이 2차원적으로 해석해서는 실체적 진실에 접근하기 어렵다고 본다. 혀가 오므라드는 것은 뒤로 당겨지는 것이므로 '舌縮'의 자질은 가진 모음은 '後舌母音'이라고 해석하는 것만으로는 '·'의 본질을 밝힐 수 없는 것이다.

'縮'이란 글자 그대로 '줄어드는 것', '오그라드는 것'이다 이런 관점에서 '縮'을 '줄어듦, 오그라듦'으로 해석한 6)의 견해가 보다 타당하게 보인다.

설축이란 혀가 움츠러드는 소리인데 혀가 움츠러드는 가장 자연스러운 방법은 혀뿌리 전체가 뒤로 움츠러지는 (舌根後縮) 인 것이다. 사실상 모음을 분류하는 데 있어서 현대음성학에서 이야기하고 있는 바와 같은 혓바닥의 올라간 모양의 전후, 혀의 최고점의 고저라는 것은 전문적인 음성학자가 아니고서는 제대로 파악하기가 매우 힘든 것이다. 그에 비해

25) 최고점은 모음을 발음할 때 형성되는 혀의 곡선에서 입천장에 가장 접근한 점을 말하며, 접근점은 모음을 발음할 때 구강이나 인두강에서 가장 많이 좁혀지는 부분을 말한다(이호영 1996 : 54-55. 참조).

서 혀뿌리의 움직임은 비교적 쉽게 파악할 수 있는 것이다. 혀뿌리가 움츠러지는 것과 그렇지 않은 것은 누구나가 구별할 수 있는 것이다(김주원 1988:88).

이러한 김주원(1988)의 견해는 『訓民正音』 <制字解>의 설명을 통해서도 뒷받침된다.

ㅣ於深淺闔闢之聲, 並能相隨者, 以其舌展聲淺而便於開口也. 亦可見人之參贊開物而無所不通也.[26]

[3]에서 보는 바와 같이 'ㅣ'는 '舌不縮'이다. 이것을 위에서는 '舌展'이라고 하였다. 즉, 혀가 펴지는 것이다. '혀가 펴진다'는 것은 혀의 긴장도가 떨어지는 것으로 이해할 수 있다. 즉, 舌縮을 '舌根後縮'으로 이해할 때 '舌縮'은 '긴장모음', '舌不縮'은 '이완모음'으로 해석할 수가 있는 것이다.

淸格尔泰(1983)에서는 긴장모음을 혀뿌리가 뒤로 당겨지는 소리(舌根後縮)라고 하였다. 그런데 혀뿌리 전체가 뒤로 당겨지면 동시에 이완모음에 비해서 상대적으로 구강이 조금 더 열리며 혀가 조금 더 뒤로 치우친다고 하였다(김주원 1988:84. 참조). 이러한 언급은 무엇을 말해 주는가? 그것은 '舌根後縮'이 곧 開口度의 확대를 동반한다는 사실이다. 그러니까 '縮'의 개념에는 이미 '開口度'가 전제되어 있다고 볼 수 있을 것이다. '舌縮'에 따른 당연한 결과로서 '開口度'가 결정되는 것이다. 다만, 훈민정음 창제자들이 이와 같은 사실을 인지하였는지의 여부는 쉽게 추정할 수 없다. 그러나 다음에 볼 [표 2]에서 발견되는 모순점을 감안한다면 훈민정음 창제자들은 '舌縮'에서 '開口度'를 인지한 것 같지는 않다.

좀더 면밀한 검토가 필요하지만, 이상의 논의를 통하여 우리는 '舌縮度'를, 모음의 조음과 관련하여 '혀의 前後 위치', 開口度에 따른 '혀의 高低 위치'로 이해하고자 한다.

---

26) 'ㅣ'가 깊고 얕으며, 닫히고 열리는 소리에 아울러 능히 서로 따르는 것은, <u>혀가 펴지고</u> 소리가 얕아서 입을 여는데 편리하기 때문이며, 또한 가히 사람이 만물을 여는 데 참여하여 통하지 않는 바가 없기 때문이다.

나. 闔闢과 蹙張

[4] 此下八聲, 一闔一闢.

[5] ㅗ 與ㆍ同而口蹙, 其形則ㆍ與一合而成, 取天地初交之義也.[27)]

[6] ㅏ 與ㆍ同而口張, 其形則ㅣ與ㆍ合而成, 取天地用發於事物待人而成也.

[7] ㅜ 與一同而口蹙, 其形則一與ㆍ合而成, 亦取天地初交之義也.

[8] ㅓ 與一同而口張, 其形則ㆍ與ㅣ合而成, 亦取天地之用發於事物待人而成也.

[9] ㅛ 與ㅗ同而起於ㅣ.

[10] ㅑ 與ㅏ同而起於ㅣ.

[11] ㅠ 與ㅜ同而起於ㅣ.

[12] ㅕ 與ㅓ同而起於ㅣ.

이번에는 '闔闢'과 '蹙張'의 문제를 살펴보도록 한다.

'闔闢'은 입(입술)의 닫히고 열림을 의미하는 것으로, '蹙張'은 입술의 '오그라짐'을 의미하는 것으로 이해된다. [4]의 기록에 의하면 'ㅗ, ㅏ, ㅜ, ㅓ, ㅛ, ㅑ, ㅠ, ㅕ'의 8성이 순서대로 번갈아 하나는 '闔'(닫힘), 하나는 '闢'(열림)이면서 '蹙張'의 자질을 동반하는 것을 알 수 있다. 그러니까 '闔'과 '蹙', '闢'과 '張'은 동시에 실현되는 자질인 셈이다. '닫히고 열림'은 곧 '開口度'와 관련지어 생각해 볼 수 있으며, 이와 동시에 조음되는 '圓脣性'을 '蹙張'의 개념으로 설명한 것이 아닌가 한다.[28)]

筆者의 寡聞 탓인지는 몰라도 지금까지의 논의에서는 이 '闔闢'에 대해 깊이 고민한 것 같지는 않다. [5]~[8]에서 보듯이, 初出字에 대한 설명이 주로 '蹙張'을 중심으로 이루어져 있으므로 연구자들의 논의도 이에 집중된 것이다. 만약, 각 모음자들이 어떤 자질을 공통적으로 가지고 있다면 그것을 각 母音字별로 일일이 설명하지 않고 일괄적으로 묶어 설명할 수 있다. 훈민정음 창제자들은 각 모음자 간에 有無對立을 이루는 '闔闢', 즉 開口度의 문제를 [4]처럼 일괄적으로 처리하고, 각 모음자별로 圓脣性의 대립을 설명한 것이라고 판단한다.[29)]

---

27) 훈민정음의 初出字와 再出字는 입력의 편의상 'ㅗ, ㅏ, ㅜ, ㅓ', 'ㅛ, ㅑ, ㅠ, ㅕ'로 표기하도록 한다.

28) 이에 대한 기존의 논의와 그에 대한 평가는 최병선(1998:106-108) 참조.

이에 대하여 최병선(1998:108)은 "口蹙과 口張은 圓脣性보다는 開口度와의 관련성이 더 높다"고 하였는데 이는 '闔闢'의 문제를 간과했기 때문이 아닌가 한다. 이것을 開口度로 보면 'ㅗ'와 'ㅏ'를 구분하는 중요한 자질인 圓脣性에 대한 해명이 사라져 버리는 결과가 된다.

[5]와 [6]의 기록을 통해 볼 때, 'ㆍ, ㅗ, ㅏ'는 어떤 기준에 따라 같은 부류로 묶일 수 있는, 계열관계를 형성하는 모음들이라고 판단된다. 그 기준이 무엇일까? 훈민정음 원문의 문맥으로 볼 때 '舌縮'이 분류의 기준이라고 본다. [1]~[3]에서 '舌縮度'로 기본 3모음의 제자 원리와 音價를 설명하고, 이어서 初出字와 再出字를 설명하였는데, 아무런 설명 없이 'ㅗ'와 'ㅏ'가 'ㆍ'와 '同'하다고 하였으므로 '同'을 '舌縮'으로밖에 이해할 수 없는 것이다.30)

앞에서 우리는 '舌縮度'를, 혀의 전후 위치 자질로, 開口度에 따른 고저 위치 자질로 파악하였다. 따라서 '舌縮'에 속하는 'ㆍ, ㅗ, ㅏ'는 혀의 전후 위치로 볼 때 후설모음에 해당한다고 하겠다. 또, '闔闢'에 따라 상대적으로 'ㅗ'는 고모음, 'ㅏ'는 저모음이며, '蹙張'에 따라 'ㅗ'는 원순모음, 'ㅏ'는 평순모음으로 규정하게 된다. 'ㅜ'와 'ㅓ'도 같은 원리로 설명된다.

문제는 '闔闢'과 '蹙張'의 기준에 따라 母音의 音價를 상정할 때 『訓民正音』에는 'ㆍ'나 'ㅡ'에 대한 직접적 언급이 없다는 점이다. 다만, 'ㅗ'와 'ㅏ', 'ㅜ'와 'ㅓ'를 통해서 추정할 수 있을 뿐이다.

[5]와 [6]에서 'ㅗ'는 'ㆍ'와 같이 '舌縮'인데 입술이 오므라드는 소리[口蹙]이고, 'ㅏ'는 입술이 펴지는 소리[口張]라고 하였다. 우리는 여기서 'ㆍ'가 상대적으로 'ㅗ'보다는 입술이 오므라들지 않고, 'ㅏ'보다는 오므라든다는 사실을 유추하게 된다. 훈민정음식([1]~[3])으로 표현한다면 '不蹙不張'이라고 할 수 있다. 한편, 'ㆍ'와 같은 원리로, 舌小縮인 'ㅡ'도 '不蹙不張'의 자질을 가진 모음으로 추정된다. 그러니까 'ㆍ'와 'ㅡ'는 開口度상으로 中母音에 해당하며, 원순성에 있어서는 '半圓脣母音'으로 이해

29) 初出字들은 원순성의 대립도 유무대립을 이루므로 이것을 일괄 처리하고, 開口度상의 대립을 각 모음자별로 할 수도 있었을 것이다. 그럼에도 불구하고, <制字解>에서와 같은 체제로 한 것은 훈민정음 창제자가 각 모음의 변별 자질로 開口度보다는 원순성을 중시했다는 것을 알 수 있다. 이는 開口度보다 원순성이 상대적으로 더 쉽게 인지되기 때문이 아닌가 한다.

30) '同'(같다)에 대한 자세한 논의는 이환묵(1987) 참조.

할 수 있다.

이상의 논의를 정리하면 훈민정음의 기본자와 초출자의 각 모음은 다음과 같은 대립체계에 위치하고 있는 것으로 이해되며, 이를 모음자 체계로 도시한 것이 [표 1]이다.

<대립 1> · : ㅡ : ㅣ

가. 변별 자질 : 舌縮(혀의 위치, 開口度)

나. 대립 유형 : 후설-중설-전설 / 고모음(이완모음)-중모음-저모음(긴장모음)

<대립 2> ㅗ : · : ㅏ / ㅜ : ㅡ : ㅓ

가. 변별 자질 : 蹙張(원순성) / 闔闢(開口度)

다. 대립 유형 : 원순-반원순-평순 / 폐모음(고모음)-중모음-개모음(저모음)

ㅣ	ㅜ	ㅗ
○	ㅡ	·
○	ㅓ	ㅏ

【표 69】 모음자 체계도

구분		基本字			初出字			
		·	ㅡ	ㅣ	ㅗ	ㅏ	ㅜ	ㅓ
舌縮	back	+	±	−	+	+	±	±
	high	−	±	+	−	−	±	±
蹙張	round	±	±	−	+	−	+	−
闔闢	high	±	±	×	+	−	+	−

【표 70】 『훈민정음』 <제자해>로 본 모음의 대립 체계

앞에서 언급한 것처럼 [표 2]에서는 '·, ㅗ', 'ㅜ, ㅓ'가 동일한 [high] 자질에서 일치하지 않는 모순이 생긴다. 이것은 '舌縮'과 '闔闢'의 개념을 모든 대상 모음에 동일하게 적용했기 때문이라고 본다. 즉, 舌縮에 있어서도 같은 계열의 모음자마다 開口度의 정도성이 있을 수 있는데 그것을 고려하지 않았고, 闔闢의 경우도 開口度에 정도적 차이가 있다는 것을 감안하지 않고 동일하게 적용한 결과 이런 모순점이 생겼다는 것이다. 이들 모음의 관계를 어떤 하나의 기준에 따라, 단순히 혀가 오므라들거나 오므라들지 않는 것, 입이 열리거나 닫히는 2항 대립으로 파악했기 때문이라고 본다. 舌縮에도 정도성이 있으며, 闔闢에도 정도성이 있을 것이다. 그리고 舌縮과 闔闢을 동시에 고려했을 때 이러한 모순이 생기지 않을 것인데, 훈민정음 창제자들의 제자 원리 설명에서는 이것이 제대로 이루어지지 않은 것이라고 이해한다. 이미 [5]~[8]에서 본 것처럼, 각 모음자들은 각 대립 자질에서 상대적 가치로 설명되고 있지만, 그 상대적 가치가 얼마만큼의 차이를 갖는지 '정도성'을 감안하지 않음으로써 이런 문제가 발생한 것이다.

다. 모음도와 목표 음가

[표 1]에서 보듯이, 訓民正音 창제자들은 '·'를 前舌母音인 'ㅣ', 中舌母音인 'ㅡ'와 대립적인 '後舌母音'으로 설정하였으며, 高母音 'ㅗ'와 低母音 'ㅏ'와 대립적인 '中母音'으로 설정하였다. 이 體系圖만으로는 '·'가 後舌-中母音이었을 것으로 추정할 수 있다. 그러나 이러한 체계의 정연함이 오히려 '·'가 특정한 音韻으로서의 자격을 가졌겠는가 하는 의심을 갖게 한다. 이에 대해 김동소(1998/2003)에서는 다음과 같이 설명한다.[31)]

> 훈민정음이 제정될 때 학자들은 음양설에 바탕하여 제자 원리와 표기법을 만들게 되었고, 다시 몽고 문자의 강력한 음양 대립 표기 이론도 참고하여 우리 문자도 음양 대립에 의한 체계를 받아들이게 된 것이다. 즉, [a]와 [e], [o]와 [u] 소리를 양성과 음성의 대립 모음으로 파악하고 수직선 'ㅣ'와 수평선 'ㅡ'를 기준으로 좌우·상하로 대립하는 자형 'ㅏ'와 'ㅓ', 'ㅗ'와 'ㅜ'를 만들게 된 것이다. 다시 [ə]음을 반영하는 문자로

31) '·'의 의도적 창제설은 徐廷範(1982), 李根圭(1986) 등에서도 제시되었다.

'ㅡ'를 만들었으나 음양설의 처지에서 이에 대립하는 문자가 필요했기에 '·'가 제정되었고, 또 이에 앞서 중성 모음 글자 'ㅣ'가 만들어진 것이다(김동소 1998/2003:129).

이러한 주장을 받아들인다면 [표 1]에서 '·'가 차지하는 위치는 가상적인 것일 따름이다. '舌縮', '口蹙', '闔闢'의 資質 對立을 통해 일정한 영역에 의도적으로 배당된 文字라는 것이다. 그렇지만 체계상에서 하나의 독자적 영역으로 배당된 만큼 '·'에는 訓民正音 창제자들이 의도한 音價가 있었을 것이다. 그것이 무엇이었을까?

다시 김동소(1998/2003)을 인용해 본다.

훈민정음 제정 때까지 중세 한국어는 여러 가지 정황으로 보아 'ㅏ, ㅓ, ㅗ, ㅜ, ㅡ, ㅣ'의 6모음 체계였을 것으로 믿어진다. 그랬던 것이 음양 이론에 따른 모음 글자 체계의 균형을 잡기 위해 '·'라는 모음을 창안해 냈던 것이다. 따라서 'ㅡ ㅜ ㅓ'의 음모음들과 대립되는 양모음 '· ㅗ ㅏ' 및 중립 모음 'ㅣ'의 7모음을 만들고, 한 단어 안에서의 모음은 원칙적으로 음양이 뒤섞이지 않도록 표기하려 하였다. '·'의 창안으로 다른 모음(ㅏ ㅏ ㅗ ㅜ ㅡ)의 방언음이나 변이음들 중 어떤 모음을 '·'로 적을 수 있게 되었는데, 예컨대 [hok, hak, hal-gi, hɔl, hɔk, hŭk, hŭl, hŭl-gi, hŭ-rŭk, hulk] 등 여러 방언형을 'ᄒᆞᆰ'이라는 표준형을 정하여 표기할 수 있게 된 것이다(김동소 1998/2003:108-109).

'·'는 어떤 특정 말소리의 變異音을 하나로 통일하기 위한 것, 또는 비슷한 音價를 가진 方言形을 통일하기 위해 의도적으로 제정된 文字라는 설명이다.[32] 그러므로 '·'는 특정의 어떤 말소리를 표상한다고 할 수

32) 이에 대하여 15세기에 각 方言의 音價를 체계적으로 비교하는 일이 가능했을까 하는 의문이 제기된다. 이러한 의문이 제기될 수 있는 것은, 여러 變異音을 하나로 통일하려고 시도했다 하더라도 인위적인 音價를 새로 만들어내기보다는 각 變異音 중의 하나를 대표음으로 하여 音素를 설정하는 것이 더 자연스럽기 때문이다. 15세기 당시에 方言의 音價를 체계적으로 비교하는 것이 가능했는지 여부는 알 수 없지만, 筆者는 訓民正音 창제자들이 方言 사이에 차이가 존재한다는 사실은 충분히 인지했을 것이라고 본다. 이러한 차이를 통일하여 하나의 音素를 설정하고자 했다고는 장담할 수 없지만 최소한 '절충'해 보고자 했을

있다. 이것이 訓民正音 창제자들의 '目標音價'인 것이다. 이 目標音價가 구체적으로 어떤 것인가는 쉽게 단정할 수 없다. [표 2]에서만 보면 後舌-中母音이므로 쉽게 [ʌ]나 [ɔ]를 고려해 볼 수 있다.33)

그런데 中世國語 당시의 각 母音字의 音價는 현대의 그것과 달랐다는 것을 고려하면 이와 같이 단정하는 것은 성급하다.34)

김주필(2003:24)과 김동소(1998/2003:133)에서 제시한 中世國語 당시의 母音圖를 보자.

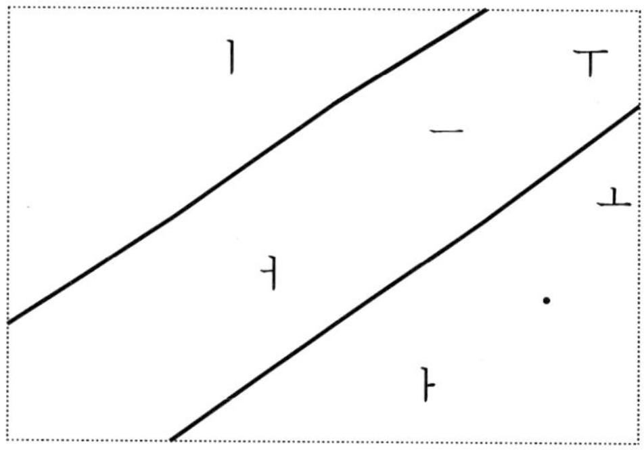

【표 71】 김주필(2003)의 체계

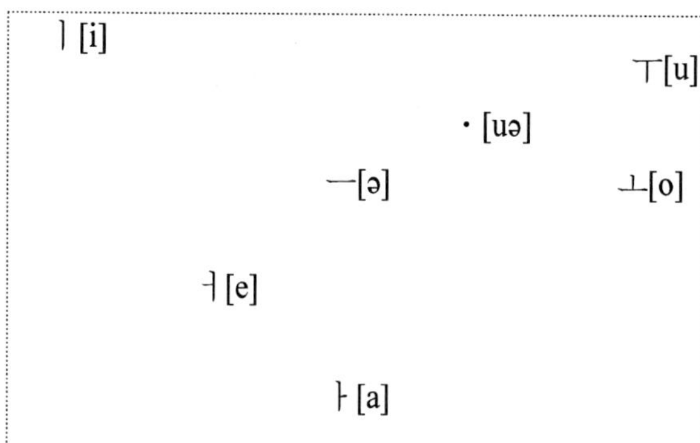

【표 72】 김동소(1998/2003)의 체계

것이라는 추정은 가능하다고 본다.

33) 李崇寧(1940)에서는 'ㅏ'와 'ㅗ'의 間音으로 보아 [ʌ]로 규정하였다.

34) 이는 실제 母音圖에서 각 母音字의 위치가 現代國語와 다르다는 것을 의미한다. 現代國語를 기준으로 文字와 말소리를 동일시하는 것은 옳지 않다.

[표 3]의 김주필(2003)의 체계는 訓民正音의 制字原理를 現代言語學的 원리에 따라 해석하여 얻어진 것이고, [표 4]의 김동소(1998/2003)의 체계는『朝鮮館譯語』와『鷄林類事』사이의 어떤 때에 母音의 부분적인 推移가 있었을 것이라고 가정하고 그 결과를 반영한 것이다.[35)]

[표 3]에서 '·'는 後舌-中母音을 기본으로 하면서 약간 低母音쪽으로 치우친 것인데, 이 체계에서의 위치상 'ㅏ'를 [ɐ]로, 'ㅗ'를 [o]로 본다면 '·'는 [ʌ]에 가까운 音이라고 추정할 수 있다.[36)]

이 두 母音圖는 '·'의 위치에서 가장 큰 차이를 보이는데 '·'의 본질에 보다 가깝게 다가가기 위해서는 '·'가 변화하여 다른 音으로 合流해 가는 양상을 고려한 체계를 마련해야 한다고 본다. '·'가 완전히 이상적인 인위적 표기라고는 단정하기 어렵겠지만 얼마간 現實音 體系와는 間隙이 있었음을 부인하기 어렵기 때문이다.

'·'의 일반적 변화 양상을 고려할 때, [표 4]에서 제시한 '·'의 위치는 문제가 있지 않나 생각한다. 이 위치에 '·'를 배치할 때 '·>ㅏ'의 변화가 가장 많은 빈도를 보인다는 것을 설명하기가 쉽지 않을 것이기 때문이다.[37)] 하나의 말소리가 다른 말소리로 合流하기 위해서는 서로 교체가 가능한 인접한 위치에 있어야 하는 것이다. 또한 이 母音圖처럼 '·'와 'ㅏ' 사이에 'ㅡ'를 전제한다면 '·>ㅡ>ㅏ'의 段階的 合流를 예상해야 하는데, 실제 문헌 자료를 통해서는 이렇게 볼 수가 없는 것이다. 따라서 '·'의 위치는 [표 4]의 체계보다는 [표 3]의 체계가 보다 더 타당하지 않나 생각한다.

[표 3]의 체계는 制字原理上에서의 '·'의 위상과 창제 이후의 변화 등을 고려한 것이다. 이렇게 할 때 目標音價가 아니라 實際音價에 더 가까운 '·'의 위치를 찾을 수 있을 것이라고 본다. 그런데 [표 3]의 체계가 마련되는 과정에서 김주필(2003)은 '·'의 변화에 따른 合流 양상을 적극적으로 고려하지는 않았다.

---

35) "여기서 'ㅡ'와 '·'를 [ə]와 [uə]로 표기했지만 훈민정음 학자들이 이들 글자에 부여하려고 했던 음가는 [ɨ], [ʉ]에 가까웠으리라 믿는다. 즉, 'ㅡ'와 '·'는 원순성(또는 후설성)의 유무로 변별하려 했던 것 같다(김동소 1998/2003:133)."

36) 이렇게 보았을 때, [표 3]의 'ㅣ', 'ㅓ', 'ㅜ'는 각각 [i], [ə], [ɯ]가 되며, 'ㅡ'는 後舌-高母音에 가까운 [ʊ]가 된다.

37) 이에 대해서는 다음 절에서 살펴볼 것이다.

2.2. 말소리의 변천과 'ㆍ' ('ㆍ'의 합류 양상을 중심으로)

1) 고찰의 전제

가. 말소리는 사라지지 않는다.

한 言語의 文字와 말소리 체계를 상고할 때에 주의해야 할 사실은 文字 자체를 말소리와 동일시하지 않아야 한다는 것이다. 'ㆍ'의 경우에도 이 文字가 쓰이지 않게 된 것을 마치 (이 文字가 표상하고자 한) 말소리 자체가 사라져버린 것으로 간주하는 경향이 있다. 그러나 말소리는 사라지지 않는다. 일반적으로, 어떤 말소리가 담당하던 意味辨別의 기능을 상실할 때, 즉 다른 소리와 구별할 필요가 없을 때 그 말소리는 인접한 다른 소리와 中和되어 合流한다. 말소리가 意味辨別의 기능을 상실하게 되면, 당연히 그 소리를 표상하던 文字表記에도 변화가 나타나게 된다. 대개는 文字 사용의 保守性 때문에 소리의 변화 후에도 文字가 일정 기간 동안 쓰이는 것이 일반적인데, 이때에는 表記의 혼란이 수반된다. 이러한 表記의 변화와 혼란을 통해서 소리의 변화 방향을 가늠해 볼 수 있을 것이다. 文字表記는 어디까지나 소리의 변화를 뒤따르게 마련이기 때문이다.

나. 'ㆍ'가 표상하고자 한 目標音價와 실제 音價가 달랐을 것이다.

本稿에서는 'ㆍ'가 中世國語 당시에 辨別的 機能을 가진 音素였는가의 여부에 대해서는 다루지 않는다. 그러나 音素인가 아닌가의 문제를 떠나서 訓民正音 창제자들이 이 文字에 담으려고 했던 특정의 말소리는 분명히 있었다고 생각한다. 우리는 이것을 '目標音價'[38]라고 부르기로 하겠다. 문제는 'ㆍ'가 담고 있는 目標音價와, 이 文字가 쓰인 語彙의 실제 소리

38) 이것이 전적으로 假想的 말소리라고는 생각지 않는다. 音聲學的·哲學的 制字原理에 따라 보다 정연하게 母音字 體系를 구성하고자 한 창제자들의 의도가 訓民正音의 母音字 體系에 반영되었다면, 그것은 어디까지나 현실에서 사용되는 실제 말소리에 기반한 것이어야 하기 때문이다. 그러나 그것은 어느 정도 現實音에서 유리된 音이었을 것이다.

가 어떠했느냐 하는 것이다. 우리는 그것이 반드시 일치하는 것은 아니었다고 생각한다. 訓民正音 창제 이후 간행된 비교적 초기 문헌에서 'ㆍ'와 다른 母音字 간의 混記 양상이 보이는 것은 바로 이런 目標音價와 실제 音價 사이의 차이에서 비롯된 것이라고 볼 수 있다.[39)]

다. 'ㆍ'의 변화[合流] 양상은 실제 音價를 추적하는 근거가 될 수 있다.

'ㆍ'가 담고 있던 말소리가 어떠한 것이었는지를 아는 것은 무척 어려운 일이다. 지금까지는 주로 『訓民正音』의 <制字解>와 <中聲解>를 비롯하여 각종 音韻書 등을 통해 그 音價를 추정해 왔다. 訓民正音 창제 당시의 母音字 體系가 일정 부분 실제 말소리를 기반으로 하여 마련된 것이므로 이러한 연구가 갖는 나름대로의 의의는 있다. 그러나 『訓民正音』의 母音字 體系가 '體系'를 목표로 한다는 점에서 완전하게 現實音을 반영한 것이라고 보기는 어려운 측면이 있다.[40)] 따라서 'ㆍ'의 實際的 音價에 접근하기 위해서는 다른 관점에서 접근해야 할 필요성이 있다.

우리는, 'ㆍ'가 訓民正音 창제 초기부터 表記의 혼란을 보이고, 이것이 後代에 변화해 갈 때 일정한 양상을 띤다는 점에 주목하여, 이들 변화를 통해 실제 音價를 추정해 볼 수 있는 근거를 마련할 수 있다고 본다. 말소리의 변화가 대개 隣接한(또는 類似한) 다른 소리로 合流한다는 점에 주목하여 그 변화를 추적, 원래 말소리를 추정해 볼 수 있을 것이라고 보는 것이다.

2) 本稿의 고찰 방법

本稿에서는 문헌상에서 母音字 'ㆍ'를 가졌던 語彙를 추출[41)]하여 이를 변화 양상에 따라 분류한 다음, 그 결과를 바탕으로 訓民正音의 母音字 體系에서의 'ㆍ'의 위치를 상정하는 방식을 취한다.

---

39) 기존의 논의에서는 이것을 'ㆍ'音이 다른 소리로 합류되면서(즉 消失(?)되면서) 생기는 혼란으로 보는 경향이 짙었다.

40) 이에 대해서는 뒤에 상술하기로 한다.

41) 이는 사전 검색을 통하여 진행하였다. 현재 학계에 보급되어 있는 사전은 南廣祐(1997), 劉昌敦(1980), 한글학회(1992) 등인데, 가장 최근에 증보된 南廣祐(1997)를 이용하였다.

本稿의 목적이 '·'의 다른 말소리로의 변화[合流] 양상을 기술하는 데 있으므로 本稿에서 제시하는 頻度數는 語彙의 頻度數가 아니다. 우리의 관심은 語彙 자체의 변화에 있지 않다. 따라서 동일한 語彙의 活用形이나 派生語, 合成語의 구성 요소들은 모두 頻度數 1로 처리하였고, 각기 다른 語彙에 여러 번 출현하는 助詞나 接辭, 語尾들도 頻度數 1로 처리하였다. 반면, 한 單語 내부에서 '·'의 변화가 여러 가지 형태로 나타나는 것은 모두 頻度數를 달리 계산하였다.42)

3) '·'의 변화 양상

말소리의 변화는 크게 두 가지 유형으로 구분된다. 하나는 무조건 변화[自生的 變化]이고, 다른 하나는 結合的 變化이다. 結合的 變化는 하나의 소리가 다른 소리와 결합할 때 다른 소리의 영향을 받아 변화가 생기는 것을 말한다. 이 경우에는 변화의 원인을 밝히는 것은 그리 어려운 일이 아니다. 그러나 自生的 變化의 경우에는 그렇지 않다. 인접한 다른 소리의 영향을 받지 않고 순전히 內的 원인에 의해 변화가 발생한 경우이므로 그 원인을 밝히는 것은 결코 쉬운 일이 아니다.

'·'의 경우에는 몇몇 結合的 變化의 예가 있기는 하지만, 대부분 自生的 變化 유형을 보여준다. 원인을 밝히기 쉽지 않은 만큼 지금까지 이에 대한 수많은 연구가 이루어져 왔다.43)

'·'의 변화에 대한 지금까지의 연구의 흐름은 크게 두 가지로 집약된다. 하나는 *母音體系*가 변화함에 따라 '·'가 변화하게 되었다는 해석이고, 다른 하나는 '·'의 변화로 인해 *母音體系* 전체에 변화가 생겼다는 해석이다. 이러한 해석은 나름대로 많은 성과를 거둔 것이 사실이지만, 보다 본질적인 문제에 대한 해답은 제시하지 못하고 있다고 생각한다. 前者의 경우라면, *母音體系*가 왜 변화하게 되었는가에 대한 완전한 해명에는 이르지 못하고 있다고 본다. *母音推移*에 의한 體系의 변화를 상정하나 그러나 *母音推移*의 원인이 무엇인지는 분명치 않다. 後者의 경우에는 보다 본질적으로, '·'가 왜 변화하게 되었는가 하는 문제에 대해 아직

---

42) 예를 들어, 'ᄆᆞᅀᆶ>ᄆᆞᅀᆞᆯ>ᄆᆞ을>마을'은 한 單語이지만 語頭 위치에서 '·>ㅏ', 非語頭 위치에서 '·>ㅡ'의 변화를 보이기 때문에 이를 유형에 따라 각기 달리 분류하여 頻度數로는 2로 계산되었다는 뜻이다.

43) 이에 대한 구체적인 논의는 신승용(2003:158-88) 참조.

완전한 합의에 도달한 것 같지는 않다. 이것을 명쾌하게 밝히는 것은 결코 쉬운 일이 아닐 것이다.

우리는 이 문제에 관하여 일단 1차 자료에 충실할 필요가 있다는 판단에서 'ㆍ'의 변화를 보이는 구체적인 言語 자료를 조사하였다.

우리가 확인하여 정리한 항목의 수는 모두 1,193개이다.44) 그것을 표로 보이면 다음과 같다.

구분	ㆍ↔ㅏ	ㆍ↔ㅡ	ㆍ↔ㅗ	ㆍ↔ㅜ	ㆍ↔ㅓ	ㆍ↔ㅣ	총계
빈도수	625	351	119	32	46	20	1,193
비율(%)	52.39	29.42	9.97	2.68	3.86	1.68	100

구분	ㆍ>ㅏ	ㅏ>ㆍ	ㆍ>ㅡ	ㅡ>ㆍ	ㆍ>ㅗ	ㅗ>ㆍ	ㆍ>ㅜ	ㅜ>ㆍ	ㆍ>ㅓ	ㅓ>ㆍ	ㆍ>ㅣ	ㅣ>ㆍ	총계
빈도수	543	82	242	109	99	20	26	6	34	12	15	5	1,193
비율(%)	86.88	13.12	68.95	31.05	83.19	16.81	81.25	18.75	73.91	26.09	75	25	100

【표 73】 'ㆍ'의 변화 양상

가. 'ㆍ↔ㅏ'의 변화

[표 3]에서 보듯이 이 변화가 가장 많은 頻度數를 보였는데, 주로 語頭 위치에서 일어난 변화이다. 여기에는 'ㆍ>ㅐ', 'ᄋᆡ>애', 'ᄋᆡ>ㅏ', 'ㅏ>ㆍ', 'ㅏ>ᄋᆡ', 'ㅐ>ᄋᆡ'의 변화도 포함하였다.45)

44) 그러나 'ㆍ'로 표기된 漢字語('ᄋᆡ'와 'ㆍ'를 가진 것)의 경우에는 현재의 音이 거의 대부분 'ㅐ'와 'ㅏ'로 변하였는데 이는 國語 말소리의 변화라기보다는 中國音을 기반으로 한 것이라고 판단하여 전체 항목에는 포함하지 않았다. 또한, 中世 이후 現代語로 이르는 동안 어느 시점에 死語가 되어 中世語, 近世語, 現代語에서 그 변화 양상을 파악하기 어려운 것들도 역시 제외하였다. 후대의 어느 한 시기라도 'ㆍ'의 변화형이 존재하는 것은 모두 고찰의 대상이 된다.

45) 現代國語의 單母音인 'ㅐ'와, 이에 해당하는 'ᄋᆡ'를 포함한 것은 이들이 中世國語에서는 二重母音이었기 때문이다. 이것은 'ㆍ'와 'ㅣ'가 결합한 것이므로 이 항목에 함께 포함하였다. 이에 대한 논의는 김동소(1998/2003:133) 참조.

(1) ㄱ. ᄀᆞᄆᆞᆯ(>가물), ᄀᆞᄅᆞ치다(>가르치다), ᄀᆞᄉᆞᆯ(>가을), ᄀᆞᆯ다(>갈다), ᄀᆞᆷ다(>감다), ᄂᆞ래(>나래), ᄂᆞᄅᆞ(>나루), ᄂᆞᄆᆞᆯ(>나물), ᄂᆞᆯ개(>날개), ᄃᆞ토다(>다투다), ᄃᆞᆮ다(>닫다; 달리다), ᄃᆞᆯ(>달), ᄆᆞᆯ(>말), ᄆᆞᄅᆞᆷ(>마름), ᄆᆞᄅᆞ(>마루), ᄆᆞᄅᆞ다(>마르다), ᄆᆞᄉᆞᆯ(>마을), ᄆᆞᄉᆞᆷ(>마음), ᄆᆞᆫ(>만), ᄆᆞᆫᄃᆞᆯ다(>만들다), ᄆᆞᆯ다(>말다), ᄆᆞᆰ다(>맑다), ᄇᆞᄅᆞᆷ(>바람), ᄇᆞᆯ(>팔), ᄇᆞᆰ다(>밝다), ᄇᆞᆲ다(>밟다), ᄠᆞ로(>따로), ᄉᆞᆯ다(>사르다; 燒), ᄉᆞᅀᅵ(>사이), ᄉᆞᆯ(>살; 肌, 肉), ᄲᆞᄅᆞ다(>빠르다), ᄌᆞᅀᆞ(>자위), ᄌᆞᆯ다(>잘다), ᄌᆞᆽ다(>잦다), ᄎᆞ다(>차다; 滿, 寒, 佩), ᄐᆞ다(>타다; 느끼다), ᄐᆞ다(>타다; 연주하다), ᄑᆞᆯ(>파리), ᄑᆞ다(>파다; 掘), ᄒᆞᄅᆞ(>하루), ᄒᆞᄆᆞ며(>하물며)…….

ㄴ. 가ᄑᆞᄅᆞ다(>가파르다), ᄀᆞᄅᆞᆷᄒᆞ다(>ᄀᆞ람하다; 가름하다), ᄀᆞᄅᆞᆫ비(>ᄀᆞ랑비; 가랑비), ᄀᆞᄆᆞᆫᄒᆞ다(>ᄀᆞ만ᄒᆞ다; 고요하다), ᄀᆞᆯᄆᆞᄃᆞ리다(>ᄀᆞᆯ마드리다; 갈마들이다), 다ᄆᆞᆫ(>다만), 댱ᄉᆞ(>장사), ᄃᆞᆫᄃᆞᆫᄒᆞ다(>단단ᄒᆞ다), 대ᄆᆞᆺ(>ᄃᆡ맛; 조개), 막ᄌᆞ(>막자; 擂槌), ᄆᆞᆯᄊᆞᆷ(>말삼), 맛ᄃᆞᆮ다(>맏닫다; 맞닥뜨리다), ᄆᆞᄎᆞᆷ(>ᄆᆞ참), ᄆᆞᄌᆞ(>ᄆᆞ자; 마저), 바ᄅᆞᆯ(>바라; 海), ᄇᆞᄅᆞᆷ(>ᄇᆞ람; 風), 비마ᄌᆞ(>피마ᄌᆞ>피마자), 사ᄃᆞ리(>ᄉᆞ다리; 사다리), 사ᄃᆞ새(>사다새), 사ᄅᆞᆷ(>사람), 아ᄌᆞ비(>아자비), 칼ᄌᆞ이(>칼자이; 熟手)…….

ㄷ. 가ᄅᆡ(>가래; 痰), 가ᄫᆞᆫᄃᆡ(>가온대; 中), 가ᄌᆡ(>가재; 石次蛙), 겁ᄂᆡ다(>겁내다), 고ᄅᆡ(>고래; 구들), 광ᄃᆡ뼈(>광대뼈), ᄀᆡ천(>개천), ᄃᆡ파(>대파; 대패), 도ᄅᆡ(>도래; 轉軸), ᄉᆞᄆᆡ(>ᄉᆞ매; 소매), ᄉᆡᆷ(>샘), 지ᄉᆡ다(>지새다)…….

(1ㄱ)은 語頭에서, (1ㄴ)은 2음절 이하에서 'ㆍ>ㅏ'의 변화를 보이는 예들이다. (1ㄷ)은 'ㆎ>ㅐ'의 변화를 보이는 예들이다.

(2) ㄱ. ᄡᅮ지람(>ᄡᅮ지ᄅᆞᆷ), 갓갑다(>ᄀᆞᆺ갑다), 님자(>님ᄌᆞ), 맛갓다(>맛ᄀᆞᆺ다; 마땅하다), 바라(>바ᄅᆞ; 銅鈸鑼), 삽살가히(>삽ᄉᆞ리), 사괴다(>ᄉᆞ괴다; 사귀다), 사마괴(>ᄉᆞ마귀), 삼가다(>ᄉᆞᆷ가다), 잉아(>잉ᄋᆞ), 자최(>ᄌᆞ최; 자취), 존자리(>존ᄌᆞ리; 잠자리)…….

ㄴ. -건대(>-건ᄃᆡ), 고개(>고ᄀᆡ), 고래(>고ᄅᆡ; 鯨), 나그내(>나그ᄂᆡ), ᄂᆞ래(>나ᄅᆡ), ᄂᆞᆯ개(>날ᄀᆡ), 내(>ᄂᆡ; 川), 놀애(>노ᄅᆡ; 歌), 노새(>노ᄉᆡ), 도도개(>도도ᄀᆡ; 挑竿, 돋우개), 매(>ᄆᆡ; 鷹, 鞭), 몰애(>모ᄅᆡ; 沙), 박새(>박ᄉᆡ; 藜蘆), 벼개(>벼ᄀᆡ), 보내다(>보ᄂᆡ다), 보태다(>보ᄐᆡ다), 빈대(>빈ᄃᆡ), 샹해(>샹ᄒᆡ; 늘), 새오(>ᄉᆡ오; 새우), 새오다(>ᄉᆡ오다; 妬), 새별(>ᄉᆡᆸ별; 曉星), 재다(>ᄌᆡ다; 敏)…….

(2)는 (1)의 역방향의 변화 예들이다. 語頭에서 'ㆍ'는 주로 'ㅏ'로 변화

해 갔으나(약 87%), 'ㅏ'가 'ㆍ'로 변화되는 예도 적지 않은 것은(약 13%) 무엇을 의미하는 것인가? 'ㆍ'와 'ㅏ'의 말소리가 명확히 구별되지 않아서 表記가 혼란스럽게 되었다고 생각한다. 김동소(1998/2003:181)에서는 『同文類解』에 등장하는 逆表記의 예[46]를 들면서 이러한 표기가 나온다는 사실은 "'ㆍ'가 완전히 'ㅏ'와 같은 모음으로 인식되었음을 말해 주는 것"이라고 하였다. 그런데 이러한 역방향의 表記와 함께 'ㆍ'와 'ㅏ'의 구별이 朝鮮初期부터 명확하지 않았음을 보여 주는 예들이 있어 우리의 관심을 끈다.

(3)은 같은 문헌이나, 同時代에 간행된 문헌에서 같은 語彙를 각기 달리 表記한 예이다.

(3) ᄀᆞ락<초두해, 사해> 가락<능해, 법화, 금삼>
ᄂᆞᆫ호다<석보, 월석, 능해> 난호다<석보>
아ᄅᆡ<월석, 능해, 원각> 아래<용가, 월인, 석보>
ᄀᆞᄆᆞᆫᄒᆞ다<석보, 월석> ᄀᆞ만ᄒᆞ다<원각>
가만ᄒᆞ다<악범, 경신>

朝鮮初期의 문헌은 주로 왕실에서 편찬에 관여한 佛敎 서적이나 聲韻學 관련 서적들이기 때문에 表記도 비교적 철저하게 원칙에 따라 이루어졌다고 할 수 있다. (3)이 보이는 문헌들 역시 마찬가지이다. 그럼에도 불구하고 왜 이러한 表記들이 보이는가? 그것은 'ㆍ'와 'ㅏ'가 같은 母音으로 인식되었거나 적어도 그 音聲的 차이가 크지 않았기 때문일 것이라고 추정할 수 있다.

그러면 여기에서 한 가지 의문이 든다. (3)처럼 'ㆍ'와 'ㅏ'가 音聲的 차이가 없었거나 크지 않았다면 訓民正音 창제자들은 왜 이 둘을 별개의 文字로 만들었는가 하는 점이다. 이는 다음에 살필 'ㆍ↔ㅡ'의 경우도 마찬가지이다.

나. 'ㆍ↔ㅡ'의 변화

(4) ㄱ. 골ᄑᆞ다(>고프다), ᄀᆞᄂᆞᆯ다(>ᄀᆞ늘다; 가늘다), ᄀᆞᄅᆞ치다(>ᄀᆞ르치다; 가

46) ᄀᆞ림자, ᄀᆞᆫ나히, ᄉᆞ애, ᄎᆞᆷ소, ᄌᆞᆫ말

르치다), ᄀᆞᄉᆞᆯ(>ᄀᆞ을; 가을), ᄀᆞᄆᆞᆯ(>ᄀᆞ믈; 가뭄), ᄂᆞᄆᆞᆯ(>ᄂᆞ믈; 나물), 나ᄆᆞ라다(>나므라다; 나무라다), 난ᄇᆞ다(>난브다; 나쁘다), 노ᄅᆞ다(>노르다; 黃), 노ᄅᆞᆺ(>노릇), ᄂᆞᆰ다(>늙다), 다ᄃᆞᆷ다(>다듬다), 다ᄅᆞ다(>다르다), 다ᄉᆞ마(>다스마; 다시마), ᄃᆞᄆᆞ다(>ᄃᆞ므다; 담그다), 마ᄂᆞᆯ(>마늘), ᄆᆞᄅᆞ다(>ᄆᆞ르다; 裁), ᄆᆞᄉᆞᆯ(>ᄆᆞ을; 村), 모ᄃᆞᆫ(>모든), 바ᄂᆞᆯ(>바늘), 바ᄅᆞ(>바르; 바로), ᄇᆞᄅᆞ다(>ᄇᆞ르다; 塗), 부ᄌᆞ런ᄒᆞ다(>부즈런ᄒᆞ다; 부지런하다), 사ᄉᆞᆯ(>사슬), 사ᄋᆞᆯ(>사을; 사흘), 사ᄒᆞᆯ다(>사흘다; 썰다), 사ᄆᆞᆺ(>사믓; 사못), 아ᄃᆞᆯ(>아들), 아ᄆᆞᆯ다(>아믈다; 아물다), 오ᄅᆞ다(>오르다), 져ᄅᆞ다(>져르다; 短), 젼ᄎᆞ(>젼츠; 까닭), ᄑᆞᄅᆞ다(>ᄑᆞ르다; 靑), 하ᄂᆞᆯ(>하늘), ᄒᆞᆰ(>흙)…….

ㄴ. 가ᄇᆡ얍다(>가븨얍댜/가븨압다; 輕), 가온ᄃᆡ(>가온듸; 中), 갓나ᄒᆡ(>갓나희; 여자), 녀ᄆᆡ다(>녀믜츼다; 여미다), 도ᄎᆡ(>도츼; 도끼), 마ᄃᆡ(>마듸; 마디), 모ᄀᆡ(>모긔; 모기), 보ᄆᆡ(>보믜; 보늬), 보ᄇᆡ(>보븨; 보배), 브ᄃᆡ(>브듸; 부디), 비ᄇᆡ다(>비븨다; 비비다), 소ᄅᆡ(>소릐; 소리), ᄉᆡ다(>싀다; 漏), 아ᄒᆡ(>아희; 孩), 이ᄅᆡ(>이릐; 아양), 조ᄀᆡ(>조긔; 조기), 호ᄆᆡ(>호믜; 호미)…….

(5) ㄱ. 거느리다(>거ᄂᆞ리다), 겨를(>겨ᄅᆞᆯ), 겨슬(>겨ᄉᆞᆯ; 冬), 거름(>거ᄅᆞᆷ; 걸음), 거스리다(>거ᄉᆞ리다), 그릇(>그ᄅᆞᆺ), 그르다(>그ᄅᆞ다), 기슭(>기ᄉᆞᆰ), 녀름(>녀ᄅᆞᆷ; 夏), 누르다(>누ᄅᆞ다; 黃), 두드리다(>두ᄃᆞ리다), 디르다(>디ᄅᆞ다; 찌르다), 므슴(>므ᄉᆞᆷ; 무엇), 므르다(>므ᄅᆞ다; 退), ᄇᆞ르다(>ᄇᆞᄅᆞ다; 塗), 벼슬(>벼ᄉᆞᆯ), 비늘(>비ᄂᆞᆯ), 셜흔(>셜ᄒᆞᆫ; 서른), ᄡᅳ리다(>ᄡᆞ리다), 어름(>어ᄅᆞᆷ; 氷), 어즈러이(>아ᄌᆞ러이), 이윽고(>이ᄋᆞᆨ고), 짐즛(>짐ᄌᆞᆺ), 후늘다(>후ᄂᆞᆯ다; 흔들다)…….

ㄴ. 거싀(>거ᄉᆡ; 거의), 구븨(>구ᄇᆡ; 굽이), 구틔여(>구ᄐᆡ여; 구태여), 그듸(>그ᄃᆡ; 그대), 너희(>너ᄒᆡ), 더듸다(>더ᄃᆡ다; 더디다), 드듸다(>드ᄃᆡ다; 디디다), 므싀엽다(>ᄆᆞᄉᆡ엽다; 무섭다), 범븨다(>범ᄇᆡ다; 거치적거리다), 빌믜(>빌ᄆᆡ; 빌미), 스싀로(>스ᄉᆡ로; 스스로), 어듸(>어ᄃᆡ; 어디)…….

'·>ㅡ'의 변화는 주로 非語頭 위치에서 일어난다. 이 변화는 語頭 위치에서 '·>ㅏ'의 변화가 일어나는 것보다 시기적으로 먼저 일반화된 변화이다. 학자에 따라서 약간씩 차이가 나기는 하지만, 대체로 이 변화는 16세기에 이르러 완성되는 것으로 알려져 있다.[47] 그러나 이미 그 이전

---

47) 李崇寧(1940:98)은 中宗, 宣祖朝에 이 변화가 시작되었다고 보고 있으며, 李基文(1972:188)은 15세기부터 이미 시작되었다고 하였다.

부터 混記 양상을 보이고 있는 것은 '·↔ㅏ'의 변화와 마찬가지이다.

(6) -거ᄂᆞᆯ<용가, 석보, 월석, 선소> / -거늘<월석, 능해, 선소>[48]

녀ᄂᆞ<구급> / 녀느<용가, 삼강>

니르다<용가, 석보, 월석> / 니ᄅᆞ다<용가, 석보, 월석, 능해>[49]

뎌르다<법화, 영가> / 뎌ᄅᆞ다<법화, 원각>

며ᄂᆞᆯ이<월인> / 며느리<석보>

지금까지 살펴본 '·↔ㅏ', '·↔ㅡ'의 변화는 自生的 變化에 해당한다. 이에 비해서 다음에 살펴볼 '·↔ㅗ'의 변화는 結合的 變化에 가깝다.

다. '·↔ㅗ'의 변화

(7) ㄱ. 가ᄅᆞ(>가로; 岐), 가ᄅᆞ(>가로; 横), ᄀᆞᄅᆞ(>ᄀᆞ로; 粉), ᄀᆞᆯᄋᆞ샤ᄃᆡ(>ᄀᆞᆯ오샤ᄃᆡ; 曰), 고ᄅᆞ다(>고로다; 均), ᄂᆞᄅᆞ(>ᄂᆞ로; 津), 노ᄅᆞ(>노로; 獐), 노ᄅᆞᆺ(>노롯; 노릇), 누ᄅᆞ다(>누로다; 黃), 니ᄅᆞ(>니로; 이루), 도ᄅᆞ(>도로), 바ᄅᆞ(>바로), ᄇᆞᄅᆞ다(>바로다; 正), ᄇᆞᄅᆞ다(>ᄇᆞ로다; 塗), 서ᄅᆞ(>서로), 애야ᄅᆞ시(>애야로시; 겨우), ᄒᆞᄅᆞ(>ᄒᆞ로; 하루)…….

ㄴ. 갓ᄀᆞ로(>갓고로; 거꾸로), 고ᄃᆞᆯ개(>고돌기), (코)고ᄋᆞ다(>골다), 구ᄃᆞᆯ(>구돌; 구들), 도ᄃᆞ록ᄒᆞ다(>도도록ᄒᆞ다), -ᄃᆞ록(>-도록), 도ᄐᆞ랏(>도토랏), 보ᄃᆞ랍다(>보도랍다; 보드랍다), 비ᄃᆞᆯ기(>비돌기; 비둘기)…….

(8) ㄱ. 고ᄅᆞᆸ다(>고ᄅᆞ외다>괴롭다[50]), ᄀᆞᄫᆞᆯ(>ᄀᆞ올>고올; 고을/골), ᄀᆞ외(>고외; 고의), 녜ᄅᆞ외다(>녜로외다; 예스럽다), ᄂᆞ외다(>노외다; 되뇌다), 다ᄉᆞᆸ(>다솝; 다섯 홉), ᄃᆞ외다(>되다), 외ᄅᆞᆸ다(>외롭다)…….

ㄴ. 다ᄆᆞᆺ(>다못; 함께), 마ᄆᆞᆯ오다(>마모로다; 마무르다), ᄉᆞᄆᆞᄎᆞ다(>사

---

48) '·↔ㅡ'의 변화는 대부분 自生的 變化에 의한 것으로 볼 수 있지만, '-거ᄂᆞᆯ~-거늘'의 경우에는 母音調和 현상의 조정에 의해 실현된 것으로 볼 수도 있다.

49) 이 경우는 'ㅣ'의 中性 성질에 의해 교체된 것으로 볼 수 있다. 즉 中性母音 뒤에서 陽性母音과 陰性母音이 隨意的으로 교체되는 것으로 볼 수 있는 것이다. 그러나 동일한 조건에서 이러한 변화가 보이는 것은 音價의 측면에서도 그 원인을 파악할 수 있다.

50) 이 경우는 'ㄹ'음 아래에서의 변화로도 볼 수 있으나 뒤에 이어지는 脣音 'ㅂ(ㅗ)'의 직접적 영향을 받았다고 보는 것이 더 나을 듯하다.

못치다; 사무치다), ᄎᆞᆷ외(>춤외; 참외)…….

(9) 고ᄉᆞ다(>고소다; 고소하다), 나ᅀᆞ다(>나ᅀᅩ다; 進上), 말ᄉᆞᆷ(>말솜), ᄆᆞᅀᆞᆷ(>ᄆᆞ옴; 마음), 룡ᄉᆞ/룡ᄉᆞ(>농소; 용수), 마ᄌᆞᆷ(>마좀; 때마침), 모ᄎᆞ라기(>뫼초라기; 메추라기), 부ᄉᆞᄒᆞ다(>부소ᄒᆞ다; 희롱하다), ᄉᆞᄆᆡ(>소매), 조ᄎᆞᆯᄒᆞ다(>조촐ᄒᆞ다)…….

(10) 나ᄇᆡ(>나뵈; 나비), 반되(>반ᄃᆡ; 반딧불이), 뵈다(>ᄇᆡ다; 배다/촘촘하다)…….[51]

이 변화는 앞선 두 경우에 비해서 상대적으로 頻度數에서 차이가 많이 나지만, 특징적인 것은 (7)~(9)에서 보는 것처럼 이 변화가 일어나는 환경이 비교적 일정하다는 것이다.

(7)은 'ㄹ' 전후에서의 'ㆍ>ㅗ' 변화를 보여주는 것인데, (7ㄱ)은 'ㄹ' 뒤, (7ㄴ)은 'ㄹ' 앞에서의 변화를 보여준다. 또, (8)은 脣音 전후에서, (9)는 齒音 전후[52]에서 'ㆍ>ㅗ'의 변화를 보이는 예들이다.

이들 변화에 대해, 김성렬(2000:70)은 "이들 母音의 前後 音韻環境이 'ㄹ, ㅁ'인 경우에 주로 나타나는 경향"이 있다고 보고, 그 이유를 "ㄹ은 母音性이 强한 子音이기에 이 位置에는 强子音이 오는 것을 꺼리는 傾向이 있"기 때문이라고 보았다. 한편, "ㅁ 子音은 脣音인 고로 圓脣母音 ㅗ가 같은 脣的 資質에 依하여 쉽게 混記되는 것"이라고 하였다.

'ㄹ'이나 脣音, 齒音과의 音聲學的 관련성을 더 천착해 볼 필요가 있겠지만, 분명한 것은 'ㆍ>ㅗ'의 변화가 전후의 말소리 환경에 영향을 받아 변화하는 結合的 變化의 양상을 보인다는 것이다.[53]

라. 기타 변화

---

51) (10)은 二重母音의 변화를 보인 것이다.

52) 이것의 결합 조건을 齒音으로 볼지, 脣音으로 볼지 좀더 살펴볼 필요가 있다. '나ᅀᆞ다'의 예로 미루어 일단 齒音을 결합 조건으로 보고자 한다.

53) 2.3에서 제기된 'ㆍ>ㅗ'의 변화가 인접한 음절의 圓脣母音에 의한 변화로 보는 것이 더 타당한 것이 아닌가 하는 의문이 제기된다. 변화 요인을 자음으로 볼 때에는 'ㄹ, 脣音, 齒音'을 자연 부류로 묶을 수 없지만 圓脣母音의 영향으로 설명한다면 변화의 자연성이 확보되는 장점이 있다. 그러나 (7ㄱ)의 대부분, (7ㄴ), (8), (9), (10)에 제시한 어휘 중 다수가 圓脣母音의 영향으로 볼 수 없는 경우들이다. 이러한 어휘가 반증례가 될 것이다.

이상에서 살펴 본 항목 이외에도 ‘·’의 변화에는 다음과 같은 항목들이 있다.

(11) ·>ㅓ : -ᄀᆞ지(>-거지[54]) 다ᄉᆞᆺ(>다섯), 도ᄌᆞᆨ(>도적), -ᄃᆞᆺ(듯)(>-덧), ᄃᆞ리다(>데리다), ᄇᆞᆯ(>벌; 옷), ᄐᆞᆨ(>턱)

(11)의 변화는 수적으로는 매우 적지만 朝鮮前期부터 지속적으로 나타나고 있는 현상이다. 대체로 齒音 계열의 소리 앞에서 ‘·’가 ‘ㅓ’로 변하는 경향을 보여주지만 그 예를 보여주는 語彙의 수가 적고, 또 ‘ᄇᆞᆯ’, ‘ᄐᆞᆨ’ 등의 예를 볼 때 단정하기에는 성급한 측면이 있다. 만약 이러한 변화가 結合的 變化가 아니라면 ‘ㅓ’ 역시 ‘·’와 音聲的 특성에서 가까웠을 가능성은 충분하다고 하겠다.

(12) ·>ㅜ : 갓ᄀᆞᆯ오디다>거꾸러지다, 니ᄆᆞᆯ>이물, 대ᄉᆞ롭다>대수롭다

(13) ·>ㅣ : 구ᄉᆞᆯ>구실, 고모장ᄌᆞ>고모장지, 되ᄎᆞ다>뒤치다

(12)와 (13)은 ‘·’가 직접 ‘ㅜ’와 ‘ㅣ’로 변화했다기보다는 다른 母音으로 변화한 후에 2차로 변한 결과일 것이다. 예를 들어, (12)의 ‘니ᄆᆞᆯ[船首]’은 ‘니ᄆᆞᆯ>니믈>니물>이물’의 변화를 겪었을 것이다. 즉 ‘·>ㅡ’의 변화를 거친 후, ‘ㅡ’의 圓脣母音化가 이루어져 형성된 어휘인 것이다.

한편, (13)의 ‘고모장ᄌᆞ>고모장지’의 변화는 漢字語 ‘障子’의 발음 차이에서 오는 異表記이다. ‘子’의 韓國 漢字音은 ‘자’이며, 中國 漢字音은 ‘즈’에 가깝다. 이를 前舌母音化하여 발음되는 것이 國語에 녹아 있는 ‘지’音이다.[55] ‘되ᄎᆞ다’의 경우도, 변화 과정상의 구체적 사용례를 찾지 못하였지만 ‘되ᄎᆞ다>*되츠다>*되치다>뒤치다’의 변화를 어렵지 않게 상정할 수 있다. 따라서 (12)와 (13)은 結合的 條件에 따른 2차적 변화의 결과로 보인다.

54) 이것은 ‘슬ᄏᆞ지>슬커지’에서 발견된다. ‘슬ᄏᆞ지’는 ‘슳다(>싫다)’에서 派生된 副詞로서 現代語의 ‘실컷’에 해당하는 말이다.

55) 板子 → (널)빤지, 鐘子 → 종지 등.

마. '·'의 합류 양상과 音域

지금까지 살펴본 '·'의 변화 양상을 [표 3]의 체계에 적용해 보자. 그 결과는 다음의 표와 같다.

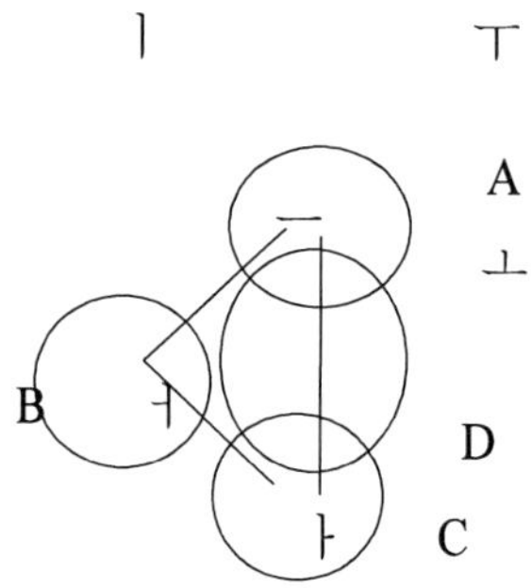

【표 74】 '·'의 위치

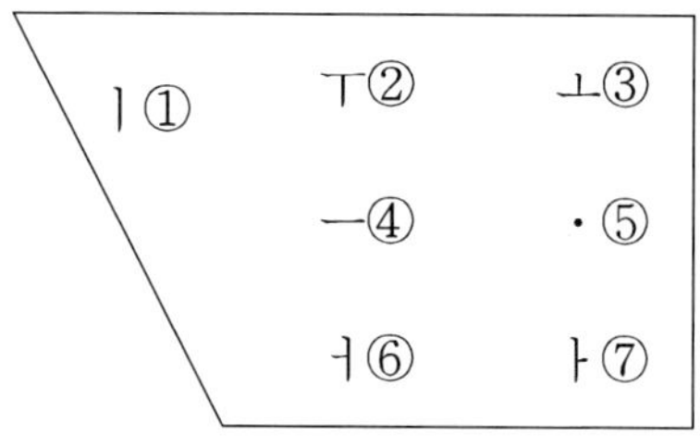

【표 75】 훈민정음의 모음자 체계

[표 6]에서 A~D의 원은 각 母音字들이 차지하는 音聲領域을 표시해 본 것이며, 직선은 '·'가 自生的 變化를 보이는 母音字들을 연결해 본 것이다. 우리는 '·'는 'ㅡ, ㅓ, ㅏ'로 이어지는 이 軸線上에 자신의 영역을 구축하고 있는 실제 말소리일 것으로 생각한다. 그런데 그 合流의 양상이 '·>ㅏ', '·>ㅡ'가 압도적으로 많기 때문에 'ㅡ'와 'ㅏ'에 이어지는 軸線上에 위치하고 있었다고 추정한다. 그래서 그 軸線上에 위치를 잡아 본 것이 D이다. 이때 D는 [표 7]의 ⑤처럼 인접한 ③, ④, ⑦ 등과 영역을 均分하고 있었던 것이 아니라 일부 영역이 겹쳐 있었을 것이라고 추정하게 된다. 이와 같이 추정하면 '·'의 변화, 合流 양상을 쉽게 설명할 수 있기 때문이다.

> '·>ㅏ' 변화에서 나타나는 '·'와 'ㅏ'의 교체도 '·'와 'ㅡ'의 교체와 마찬가지로 'ㅏ'와 '·'가 인접한 위치에 있었기 때문에 가능한 것으로 보인다. 그렇다면 '·'와 'ㅡ'의 교체와 함께, '·'와 'ㅏ'의 교체를 통하여 'ㅡ'와 'ㅏ'는—<중략>—'·'에 인접한 모음이었던 것으로 추정할 수 있다(김주필 2003:13)

이와 같이 보면, 한 母音이 인접한 母音과 교체되는 원인을 해명해야 하는 또 다른 과제가 제기될 수 있다. 그런데 領域이 겹치기 때문에 쉽게 교체된다고 보면, 두 母音의 領域이 겹치는 부분에서는 결국 소리의 辨別的 차이가 드러나지 않게 되고, 이것이 文字 표기에서는 混記 현상으로 나타나게 되었다고 설명할 수 있게 된다.[56] 더 나아가 변화의 방향을 거스르는 逆表記에 대한 해명도 자연스럽게 이루어지는 것이다. 영역이 겹치는 부분에서는 결국 같은(또는 유사한) 소리를 서로 다른 두 개의 文字로 표기할 수 있기 때문이다.

이상의 내용을 정리하면, 訓民正音의 基本母音으로 창제되면서 '·'는 母音字 體系 안에서 매우 중요한 위치를 차지하는 것으로 제시되지만, 실제로는 그 音域이 매우 불안정한, 즉 다른 母音字와 명확히 辨別되는 音域을 갖지 못하였다고 생각한다. 많은 논증이 있어야 하겠지만, 결국 '·'는 'ㅡ'와 'ㅏ'와 'ㅓ'와 같은 母音字들의 音聲領域에서 걸쳐서 존재했던 무수한 變異音(方言音 포함)을 表記하기 위한 것이 아니었겠는가 추론하게 된다.[57]

'·'가 다른 말소리에 合流하고 만 것은 그 음역이 다른 母音들과 겹쳐 있었기 때문이라고 추정하였다. 그런데 그 合流의 방향이 왜 'ㅏ'와 'ㅡ'에 집중되고 있는가? 앞의 [표 6]에서 이미 짐작할 수 있듯이, '·'의 領域이 'ㅏ', 'ㅡ'의 領域과 겹쳐 있기 때문이라고 하겠다. 이는 달리 말하면, '·'가 'ㅏ'와 'ㅡ'의 音聲的 資質을[58] 共有하고 있었다는 뜻이 된다. 그러면 'ㅏ'로의 合流가 'ㅡ'로의 合流보다 더 頻度가 많은 이유도 설명될 수 있다. 즉 '·'와 'ㅏ'가 共有하는 音聲資質이 '·'와 'ㅡ'가 共有하는 音聲資質보다 더 많았기 때문이라고 볼 수 있는 것이다.

結合的 變化를 제외하고 '·>ㅗ, ·>ㅜ, ·>ㅣ'의 변화가 극히 적은 것은 이들과 共有하는 資質이 없다는 것이고, 이는 각 母音字의 領域 간 거리가 멀다는 것을 의미한다. 즉 각 母音字 간의 상대적 거리에 따라 合流의 頻度가 달라진다고 할 수 있는 것이다.

---

56) 현재의 慶尙道 方言에서 'ㅡ'와 'ㅓ'의 구별이 불명확한데, 이를 文字로 표기할 때에는 비교적 명료하게 구별하여 적을 수 있는 것과 같은 이치이다.

57) 따라서 그 창제자들이 의도한 目標音價는 [표 6]에서 '·'에 인접한 다른 母音字들 사이의 중간 소리 정도였을 것으로 추정할 수 있게 된다.

58) 여기에서 말하는 '音聲的 資質'은 音聲學에서 논의되는 엄밀한 의미에서의 資質을 말하는 것이 아니다.

이에 대해 오정란(1991)에서는 아래와 같은 [표 8]을 제시하고, 이를 바탕으로 '·'의 변화 원인과 변화 방향에 대해 音韻論的 설명을 하였다.

i	u	ua
	—	a
	aau	aa

【표 76】 중성 체계의 입자[의존]음운론적 표시

> '·'[a]와 'ㅏ'[aa]는 다른 모음들과는 달리 오직 구경입자만으로 구성된 것으로 빈도수에서만 차이난다. 음운으로서의 이러한 대립은 불안정할 수밖에 없는 상태로 음성적 불투명성을 초래하게 된다. 아마 변별 기능에서 모호성이 초래될 수도 있었을 것이니, 음성적 불투명성에 의한 모호성 해소를 위하여 하나의 음운은 다른 것으로 변화할 수밖에 없었을 것이다. 두 모음 중에서 보다 명백한 구경성을 가진 'ㅏ'[aa]가 상대적으로 우월했을 것은 당연한 귀결로, 상대적으로 구경성이 약한 '·'의 소실은 자연스러운 음운현상으로 받아들여질 수 있다(오정란 1991:122).

오정란(1991)에서는 '·'가 消失된 것은 脫落이 아닌 非音韻化의 변화로 보고 있는데, 변화의 방향은 양방향적이라고 하였다. 즉 意味辨別의 기능 부담이 큰 語頭에서는 강화되고, 상대적으로 辨別 기능이 약한 2음절 이하에서는 약화되었다는 것이다. 이는 白斗鉉(1992)에서 제시한 가설과 같은 맥락이다.

> 음소의 음운론적 강도(phonological strength)는 分節的 強度와 位置的 強度로 나누어 볼 수 있고, 그 강도에 있어서 전설모음은 후설모음보다 약하고, 고모음은 저모음보다 약하다는 Foly(1977 : 44~48)의 논증이 이 문제의 설명이 도움이 될 수 있다.—<중략>—'ᄋᆞ'는 弱位置에서는 약모음으로 변하고, 강위치에서는 강모음으로 변한다는 가설을 세울 수 있다. 비어두는 弱位置이고 '으'는 고모음으로서 弱모음이다. 그리하여 弱位置인 비어두에서는 弱모음 '으'로 변한 것이다(ᄋᆞ>으). 이에 비해 어두는 強位置이고 '아'는 저모음으로서 強모음이다. 그리하여 強位置인 어두에

서는 強모음 '아'로 변했다. 이 설명은 'ᄋᆞ>으'와 'ᄋᆞ>아'에 대한 보다 합리적인 이해에 도달할 수 있게 해 주며, 'ᄋᆞ'가 비어두와 어두에서 상승과 하강이라는 서로 다른 변화 방향을 보이는 이유를 이해할 수 있게 해 준다(白斗鉉 1992:274-5).

이러한 설명을 받아들여서 우리의 문제를 해명할 수 있다고 본다. 어떤 특정 말소리가 강화나 약화에 의해서 특정한 다른 말소리로 변해가는 것으로 보는 것이 아니라 'ㆍ'가 내포하고 있는 특정한 '소리의 성질'(音聲資質 또는 粒子)이 드러나거나 감추어지는 과정으로 이해해 볼 수 있다고 본다.[59]

그런데 앞에서 살펴본 것처럼 'ㆍ>ㅏ'의 合流 頻度가 'ㆍ>ㅡ'보다 더 높은 것은 어떤 이유에서일까? 'ㆍ>ㅏ'의 변화가 語頭에서 집중적으로 이루어지기는 했지만 2음절 이하에서도 만만찮게 진행되었다는 점을 고려하면 그 원인을 다른 데서 찾아야 할 필요성이 있음직하다. 그것을 우리는 共有의 정도 차이로 이해하고자 한다. 즉, 'ㆍ'는 'ㅡ'보다 'ㅏ'와 共有하는 부분이 더 컸다는 것이다. 다시 말해, 'ㅡ'보다 'ㅏ'에 더 가까운 지점에 있었다는 것이 된다.

그리하여 우리는 [표 6]의 母音圖에서 'ㆍ'의 위치는 'ㅡ'와 'ㅏ'의 軸線上에서 그 중심을 기준으로 'ㅏ'에 가까운 아래쪽으로 설정해야 하지 않을까 생각한다. 이는 '中舌-低母音'으로서 '中舌-中母音'에 가까운 것이다.

2.3. 東國正韻式 漢字音에서의 'ㆍ'

다음으로, 『東國正韻』(이하 『正韻』)에서 'ㆍ'를 가진 글자들의 漢字音을 대상으로, 그것이 기반하고 있는 中國漢字音(中古音)과 對比함으로써 'ㆍ'의 音價를 추정하는 일이 가능할 것이다.

1) 『正韻』의 基盤音

『正韻』은 1447년(세종 29년)에 간행된 우리나라 최초의 韻書이다. 『正

59) 이는 오정란(1991)의 태도와 맥을 같이하는 것이다. 그럼에도 불구하고 달리 보고자 하는 것은 'ㆍ'의 音韻인가의 여부를 논의에서 배제하기 위한 것이다.

韻』의 편찬 목적에 대해서 학계의 의견은 대체로 하나로 모아진다. 그것은 당시의 혼란스러운 漢字音을 정리하고 통일하는 데 있었다는 것이다. 현실적으로 당시에 韓國漢字音과 中國漢字音이 상당한 차이를 보인다는 문제점을 간파한 『正韻』 편찬자들은 韓國漢字音의 변화를 바로잡기 위한 기본 지침서를 마련하고자 하였던 것이다.[60]

그렇다면 『正韻』이 기반하고 있는 音은 어떤 것인가? 혼란스럽게 변화된 漢字音을 통일하기 위해서는 漢字音을 받아들인 당시의 中國語에 대한 이해가 선행되어야 했을 것이다. 漢字音을 받아들인 시기란 『正韻』을 편찬하던 시기보다 훨씬 이전이었을 것임은 당연하다. 따라서 『正韻』 편찬자들은 15세기 당시의 中國音[近古音]이 아니라 그 이전의 中古音을 참고하였다고 한다(박경송 2002:318 참조).[61]

지금까지의 논의에 따르면 『正韻』은 元朝인 1297년에 간행된 『古今韻會擧要』(이하 『擧要』)를 기반으로 하여 마련된 것이라고 한다.[62] 그런데 당시의 韓國漢字音을 무조건 中國音 體系에 일치시키려고 한 것이 아니라 國語의 音韻體系를 바탕으로 中古音 字類의 四聲, 七音, 淸濁 체계에 맞추어 정리한 韻書라고 한다(강신항 2000b 참조).

2) 『正韻』에 제시된 'ㆍ'의 音價 추정에서 고려할 점

이러한 논의를 받아들여 우리는 『正韻』에서 'ㆍ'를 가진 글자를 추출하고, 이를 中國 中古音과 對比하여 살펴볼 것이다. 그런데 앞에서도 언급한 바와 같이 『正韻』에 제시된 漢字音이 우리의 漢字音을 그대로 中國語의 中古音으로 再構되도록 설정된 것이 아니라는 점을 유의할 필요가 있다. 즉, 'ㆍ'가 특정한 中國音과 對應된다고 해서 그것을 그대로 'ㆍ'의

---

60) 이에 대한 자세한 논의는 강신항(2000b:57-58) 참조.

61) 중국으로부터 들어온 한자음은 국어의 음운체계에 맞게 변화되기는 했지만, 字類는 반드시 중국 운서의 분류에 의거하여 字音으로 정해져야 한다는 것이다. 그래서 이미 우리 어음으로 정착된 현실한자음이 중고음의 音類와 달랐기 때문에 唐·宋代에 나온 운서와 운도를 참고하여 音類를 정리할 필요성을 인식하게 된 것이다(박경송 2002:320).

62) 『正韻』 은 中國의 전통 韻書의 영향을 절대적으로 받아 편찬되었으며 음운 방면에서는 『廣韻』 등의 여러 『切韻』 系韻書 및 等韻圖와 밀접한 관계를 가지고 있다. 그 가운데에 『擧要』 의 전통의 107韻 체계가 저본이 되었음은 학계에 공인된 사실이다(권혁준 2000:204).

音價라고 할 수는 없는 것이다. 『正韻』이 國語의 現實 漢字音을 바탕으로 정리한 것이므로 對應되는 中國音을 여러 각도에서 검토해 보아야 하는 것이다.

또한, 『正韻』에 제시된 漢字音이 그 이후 韓國語의 音韻變化에 따라 現代의 漢字音으로 변모되었을 것이므로[63] 本稿에서는 이들이 現代 韓國漢字音에서는 어떤 母音으로 변모되었는지도 고려할 것이다.

3) 東國正韻式 漢字音의 實態

가. 『正韻』의 漢字音 體系와 '·'

『正韻』의 韻母體系는 모두 91韻母體系이다. 이는 『擧要』의 107韻을 기반으로 하여 당시의 漢字音의 韻母體系를 고려하여 설정된 것이다.[64] 91韻母는 모두 26개의 韻類로 편성이 되어 있는데, 각 韻類는 몇 개씩의 韻目으로 이루어져 있다. 각각의 韻目은 다시 몇 개의 小韻別로 배열되고 각각에는 四聲의 순서에 따라 개별 글자가 제시되어 있다.

『正韻』에서 '·'를 포함하는 글자로 전사된 한자는 '梗攝·臻攝·深攝·止攝·蟹攝'에 분포한다. 그것을 攝別로 분류하여 대표적인 글자를 제

63) 이 점에 대해서는 논란이 있을 수 있다. 즉 지금의 漢字音은 『正韻』의 漢字音이 아니라 우리의 現實 漢字音으로부터 변화한 것이기 때문에 이들을 직접 대응할 수 없다는 것이다. 『正韻』의 음계에 대해서 너무 인위적인 음계라는 점만 강조되어 온 측면이 없지 않다는 점을 새롭게 인식할 필요가 있다. 姜信沆(2003:232-241)에서는 "'훈민정음의 중성체계'와 '동국정운의 중성체계'가 매우 가까운 관계"에 있었으며, "『동국정운』의 중성과 전통적인 한국한자음의 중성이 거의 일치한다는 사실"은 "『동국정운』이 어디까지나 한국한자음을 반영한 韻書임을 말하는 것이고, 『동국정운』과 밀접한 관계에 있는 훈민정음의 체계도, 전통적인 한국한자음과 긴밀한 관계에 있었다"고 하였다. 그러므로 보다 치밀한 논의를 위해서 『正韻』 이후 우리의 現實 漢字音의 변모 과정을 제시해야 한다. 이에 대한 것은 다음 절에서 다룬다.

64) 91韻의 성립 배경에 대해서는 兪昌均(1965)와 姜信沆(2000a), 강신항(2000b), 愼鏞權(2003) 등을 참조. 그런데 『正韻』의 91 韻母體系가 『擧要』의 字母韻을 기준으로 하여 分韻한 것이라고 하더라도 그 音은 전승 韓國漢字音의 韻母音을 바탕으로 한 것이다. 즉 『正韻』의 韻母音은 漢語의 字音이 아니라 거의 우리나라의 漢字音인 것이다(姜信沆 2003:680-681 참조). 本稿에서 『擧要』의 音을 고려하지 않고 漢字音의 音價 대비를 한 것은 이러한 이유 때문이다.

시하면 다음과 같다.

攝	字
梗攝	庚 梗 更 格 阬 客 額 鏗 打 儜 搦 祊 迸 百 繃 榜 薜 烹 拍 彭 白 硼 盲 猛 孟 陌 甍 爭 諍 磔 摘 丁 迮 責 琤 瞠 坼 策 鎗 生 省 索 棖 鋥 宅 橙 齰 傖 崢 幸 行 杏 覈 莖 罌 磷 冷 ……
臻攝	根 艮 懇 限 呑 恩 ……
深攝	簪 譖 戢 槮 讖 森 滲 岑 濇 澀 鈒 ……
止攝	呰 咨 紫 恣 茲 姊 積 子 雌 此 刺 郪 次 私 徙 賜 思 死 四 斯 枲 笥 慈 字 茨 自 疵 漬 詞 兕 寺 似 師 躧 駛 釃 史 漦 士 事 俟 ……
蟹攝	戴 胎 貸 詒 臺 待 代 杯 背 肧 朏 配 裴 倍 琲 佩 枚 浼 妹 哉 宰 再 猜 采 菜 鰓 塞 裁 在 哀 欸 愛 咍 海 孩 亥 瀣 來 徠 ……

나. '·' 表記字의 音價 對比

위에서 제시된 글자들의 音價를 中國 中古音과 『正韻』의 표기를 對比해 보도록 한다. 中國 中古音은 周法高 主編(1972)에서 제시한 B. Karlgren(K)과 周法高(C)의 再構音과, 李珍華・周長楫 編撰(1998)에서 채택한 王力(W)의 再構音을 택한다(이 목록에 들어있지 않은 것은 ○으로 표기한다).

이들의 再構音을 母音圖로 표시하면 다음과 같다.

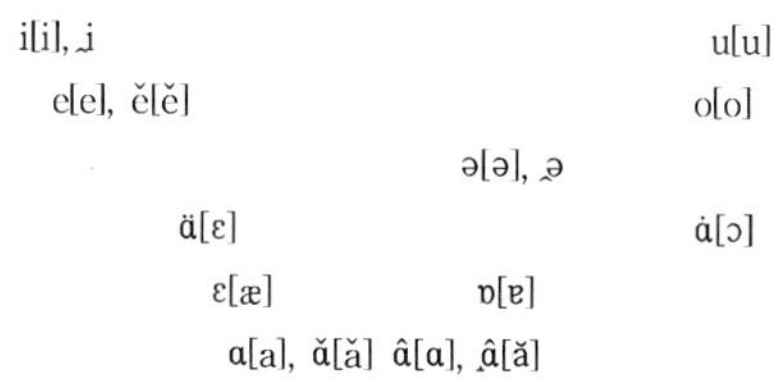

<Karlgren의 母音圖>65)

<周法高의 母音圖>66)

65) Karlgren의 母音圖에서 [ ] 안에 있는 符號가 國際音聲符號(IPA)이다. [i̯]은 滑音(輔音)의 성격을 갖는 [i]를 나타내는 것이며, [ə̯]는 그 뒤에 다른 母音이 이어지는 [e]이다.

66) 周法高의 母音圖는 國際音聲符號를 충실히 따르고 있으나 [ɪ]의 IPA보다 조금

A. 臻攝

『正韻』의 漢字音	再構音		
ᄋᆞ	K	[ə]	[ǎ]
	C	[ə]	[æ]
	W	[ə]	

위에서 臻攝의 韻母는 거의 대부분 [ə]로 再構된다. 이것은 母音圖에서 中舌-中母音의 위치에 있다. 이 音은 『正韻』에서 'ㆍ'로 반영되어 표기되었다.

여기에서 우리의 주목을 끄는 것은 1의 '根'과 6의 '恩'이 現代音으로는 '근', '은'이라는 사실이다. 中古音의 [ə]가 『正韻』에서는 모두 'ㆍ'로 반영되었으나 現代音으로 변해오는 과정에서 'ㅏ'와 'ㅡ'의 두 가지 형태로 달리 변했다는 것은 무엇을 말하는가? 이에 대하여 兪昌均(1981:360)에서는 'ㆍ'로 실현된 음 중에서 일부 동요를 일으킨 것으로 보았다(정철주 1993:47에서 재인용).

B. 深攝

『正韻』의 漢字音	再 構 音		
ᄋᆞ	K	[i̯ə]	[â]
	C	[iɪ]	[ə]
	W	[ĭě]	

深攝의 글자에 대해서 Karlgren은 '簪'을 제외하고 나머지 글자들은 滑音이 介在하는 [i̯ə]으로 再構하였고, 王力은 예외 없이 모두 介音을 반영한 [ĭě]로 再構하였다. 따라서 이들이 再構한 韻의 主要母音은 [ə]와 [ě]가 된다. 이에 비하여 周法高는 '簪'과 '鈒'만 [ə]로 再構했을 뿐 나머지는 [iɪ]으로 再構하였다. 여기에서도 [i]는 介音으로 판단되므로 主要母音은 [ɪ]이다. 이들을 母音圖上에서 비교를 해 보면 周法高의 再構音은 前舌-高母音에 해당하는 音으로 볼 수 있고, 王力의 再構音은 이보다 낮은 中母

前舌쪽으로 나와 있다. 王力의 母音圖는 IPA를 따르고 있다.

音에 가까운 前舌母音이라고 할 수 있다.[67] 한편, Karlgren의 再構音은 中舌-中母音으로 분류할 수 있겠다.

『正韻』에서는 이들이 介音의 존재 여부와는 상관없이 일률적으로 '·'로 반영되어 표기되고 있다.

C. 止攝

『正韻』의 漢字音	再構音		
ᄋᆞ	K	[i]	[ie̯]
	C	[i]	[iɪi], [iɪ], [iɛi]
	W	[i]	[ĭe], [iə]

止攝字들은 대부분 [i]로 再構되거나 介音 [i], [ĭ]를 가진 音으로 再構된다. 권혁준(2000:217)은 『正韻』의 '·'는 介音과 韻尾가 탈락한 音을 반영하여 표기된 것이라고 보았다. 즉 主要母音 [i]가 '·'로 반영된 것이라는 주장이다. 이렇게 보면 『正韻』에서 '·'가 표상하고자 한 音價가 前舌-高母音에도 이른다는 결론에 도달하게 된다.

그런데 [i]가 실현되는 音聲的 환경을 보면 이러한 결론은 조심스럽게 고려되어야 할 것이다. 이미 알려진 바와 같이, 『正韻』은 우리의 傳承漢字音을 기반으로 하여 당시의 현실 漢字音을 중국의 韻書 체계에 맞추어 정리한 韻書이다. 따라서 本稿에서 다루고 있는 『正韻』의 '·'의 경우도 中國 中古音을 轉寫한 것은 아니다.[68]

---

67) 이것을 그대로 '·'의 音價로 보는 데에는 무리가 따를 수 있다. 主要母音이 실현되는 音聲的 조건이 비교적 일정하다는 점이 포착되기 때문이다. 즉 梗攝과 臻攝에 속하는 글자들의 音聲的 조건은 비교적 다양한 데 비하여 이 경우는 주로 捲舌子音에 後行한다는 점에서 그러하다. 이들은 [+前方性]의 音聲資質을 갖는 것들로서 後行하는 韻母를 제약할 가능성이 있는 것이다. 이 점은 후술할 止攝의 경우에도 그러하다. 또한, 訓民正音의 母音字 體系에서 '·'는 後舌性이 드러나는 바 좀더 면밀한 고찰이 필요하다고 하겠다.

68) 本稿에서는 '·'의 音價를 추정하는 한 방법으로 中古音을 고찰하고 있는 것이다. 中古音과 '·'가 일대일의 대응을 이루는 것은 아니지만 '·'가 中古音의 일정한 音을 표상하는 文字로 쓰인 만큼 그것이 표상하고자 한 目標音價가 이들과 무관하지 않을 것이라는 전제에서 本稿의 논의가 진행된다.

止攝의 37 枲, 44 漬, 46 兕, 55 漦 등의 韓國漢字音을 보면 現代音으로 변화하는 과정에서 'ㆍ>ㅣ'의 변화를 보인다.

37. si: / si / sǐe ᄉᆞᆼ > 시 44. dz'ie- / dziɪ / dzǐe ᄍᆞᆼ > 지
46. ○ / ○ / zi ᄊᆞᆼ > 시 55. dẓ'i / dẓi / ○ ᄊᆞᆼ > 시

外來語의 音 變化는 수용된 言語 內部의 音 變化 規則을 따르는 것이 일반적인데, 國語의 音 變化에서 'ㆍ'가 직접적으로 'ㅣ'로 변화하는 경우는 드물다. 특히 '거츨다>거칠다, 슳다>싫다, 즛>짓'의 경우에서 보듯이, 國語史的으로 볼 때 齒音 아래에서는 非前舌母音 'ㅡ'가 선행하는 齒音의 [+前方性]에 同化되어 前舌母音 'ㅣ'가 되는 '前舌母音化' 현상이 있다.

그런데 위의 예를 통해서 볼 때, 'ㆍ'가 'ㅣ'로 되기 위해서는 'ㆍ>ㅡ>ㅣ'의 段階的 變化를 예상하게 된다. 따라서 'ㆍ'는 [i]를 직접 轉寫한 것이 아니라 이미 先行하는 齒音과의 결합조건에서 일정한 영향을 받아 [ɨ]音으로 변화되는 단계에 있는 音을 轉寫했을 가능성이 있다. 실제로 止攝의 中古音 [i]는 近代音에 이르면 [ɨ]로 변화하게 되는데, 이는 이러한 가능성을 뒷받침하는 실례가 될 것이다. 이것은 『正韻』이 傳承漢字音과 당시의 漢字音을 기반으로 하고 있다는 또 다른 證例가 될 것이다. 이와 같은 사실은 臻攝의 '根'과 '恩'이 각각 'ᄀᆞᆫ>근, ᅙᆞᆫ>은'으로 변한 데에서도 어느 정도 관련성을 찾을 수 있다(前述한 '臻攝' 참조).

D. 梗攝

이상에서 梗攝에 속하는 글자의 中古音과 『正韻』의 漢字音을 대비하여 보았다. 梗攝에 해당하는 글자는 『正韻』에서 모두 母音 'ᆡ'로 表記된다. 이를 再構된 中古音의 韻母에서 中聲에 해당하는 韻腹과 대응해 보면 다음과 같다.

『正韻』의 漢字音	再 構 音		
ᆡ	K	[ɒ]	[ɛ], [ɑ̂], [ě], [wɛ]
	C	[a]	[ɑ], [æ], [ua], [uæ], [ɪ], [o]
	W	[ɐ]	[æ]

알려진 것처럼, 中世國語 당시에 'ᆡ'는 下向二重母音이었다.69) 그런데 몇몇 경우를 제외하고 中古音의 單母音과 대응되는 점이 특이하다. Karlgren의 再構音으로는 주로 [ɒ]와 대응하고, 周法高의 것으로는 [a], 王力의 것은 [ɐ]에 대응된다. 이렇게 再構된 中古音의 형태는 單母音인데도 불구하고 왜 『正韻』에서는 二重母音으로 표기하였을까?

筆者는 이것이 意圖的인 시도가 아닌가 생각한다. 中古音의 入聲韻尾 [-k]는 近代音에서는 탈락하고 대체로 [-i]가 後行한다. 몇 개의 예를 들어보자.

額入	○ / ngak / ŋɐk → iai	客入	k'ɒk / k'ak / khɐk → khiai
搦入	○ / nok / nɐk → nai	白入	b'ɒk / buak / bɐk → pai

『正韻』 편찬자들이 이러한 入聲韻尾의 변화를 간취하였는지는 확실치 않다. 하지만 中古音 당시에도 [-k] 韻尾를 갖는 것으로 再構되는 音이 『正韻』 편찬 시기의 中國 近代音에서 [-i]로 변화되었다면, 中古音을 기반으로 하는 『正韻』에서는 이를 복원하고자 시도하였으리라 짐작할 수 있다. 더구나 당시의 韓國漢字音이 中古音처럼 入聲韻尾를 가지고 있었기 때문에 당시의 현실 漢字音을 기준으로 [+palatal] 資質을 표시하고자 한 것이 下向二重母音의 형태로 표기된 것이 아닌가 한다. 이렇게 보면 역시 [+palatal]의 資質을 갖는 [-ŋ]도 마찬가지로 표기할 수 있게 된다.

이러한 판단이 가능하다면, 'ᆡ'를 'ᆞ+ㅣ'로 분리되고, 이것과 각각의 再構音을 대비해 볼 수 있게 된다.

'ㆍ'에 대응되는 Karlgren의 再構音은 [ɒ]인데 IPA로는 王力의 再構音과 같다. 이것은 母音圖에서는 低舌에 치우친 中舌-中母音이다. 그런데 周法高는 前舌-低母音으로 보고 있는 것이 다르다.

E. 蟹攝

『正韻』의 漢字音	再 構 音		
ᆡ	K	[ɑ̂i]	[uɑ̂i], [jwɐi], [ăi]
	C	[əi]	[uəi], [ɛi]
	W	[ɒi]	[uɒi]

69) 中世國語 下向二重母音의 성격에 대해서는 차재은(1995), 오정란(2004) 참조.

蟹攝에 해당하는 글자의 音은 모두 韻尾 [i]를 갖는다. Karlgren의 再構音에서는 [ɑ̂i]로 再構된 것이 압도적으로 많고, 周法高의 音은 대부분 [əi]로, 王力은 [ɒi]로 再構되었다. 韻尾 [i]를 제외한 主要母音을 보면 Karlgren과 王力의 再構音은 IPA로 같은 위치인 後舌-低母音 [ɑ]이며, 周法高의 再構音은 中舌-中母音 [ə]가 된다.

『正韻』에는 母音이 'ᆡ'로 반영되었는데 이는 中國音을 고려할 때 자연스러운 결과이다. 梗攝字에서 韻尾子音의 音聲的 특질([+palatal])을 반영하여 『正韻』에서 下向二重母音으로 표기를 하였다면 [i] 韻尾를 가진 蟹攝의 글자들이 下向二重母音으로 표기가 되는 것은 지극히 당연한 일인 것이다.

다. 東國正韻式 漢字音의 'ᆞ' 音價

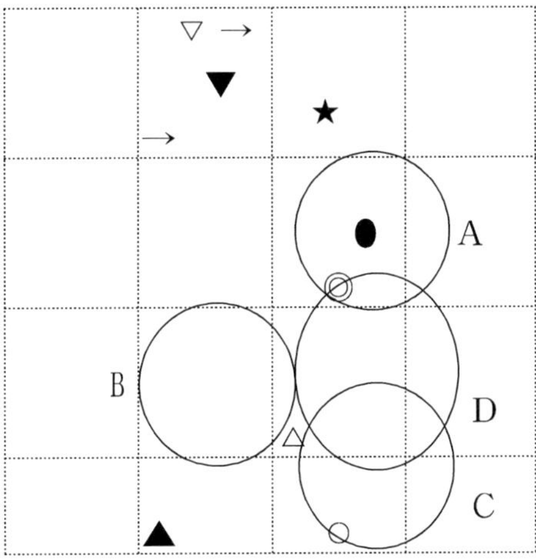

[표 9] 재구음의 위치

臻攝 : ◎(K/C/W)　深攝/止攝 : ▽(K/W), ▼(C) → ★([ɨ])
梗攝 : △(K/W), ▲(C)　蟹攝 : ○(K/W), ●(C)

[표 9]를 [표 6]과 비교해 보면 약간의 차이가 있기는 하지만 각각의 再構音들이 대체로 D의 영역에 몰려 있음을 확인할 수 있다. 특히 'ᆞ'와 單母音으로서 일대일 대응을 이루는 臻攝의 경우에는 'ᆞ'의 音域이라고 추정되는 부분에 中古音 再構音이 들어있음을 확인할 수 있다.

中古音을 기준으로 하여 '·'의 音價를 추정하였으므로 이것이 정확한 '·'의 音價를 확정해 줄 수 있는 것은 아니겠지만 대체로 '·'는 中舌-中母音에 가까운 '中舌-低母音' 정도의 音價를 가진 것이며 'ㅏ'보다는 後舌性이 강하다는 추정은 가능할 것이다.

2.4. 한자 轉寫音과 '·'의 대응 양상

訓民正音 창제 이전의 한자 자료는 한자음 자체에 대한 연구보다는 주로 해당 시기의 국어 연구 자료로 활용되어왔다. 고대국어의 借字 표기를 통해 당시의 국어를 再構해 내기도 하고, 『鷄林類事』(이하 『類事』), 『朝鮮館譯語』(이하 『譯語』)와 같은 中·韓 對譯 자료를 통해서는 국어의 音韻體系를 고찰하는 등의 연구가 주류를 이루어온 것이다.

本稿에서는 『類事』와 『譯語』를 조금 다른 각도에서 활용할 것이다. 주지하다시피, 『類事』와 『譯語』는 중국인이 접한 국어의 한 모습을 보여주는 자료들이다. 『類事』는 12세기 宋代音으로, 『譯語』는 14세기(또는 15세기)의 中原音으로 국어를 적은 것으로 알려져 있다. 그러므로 여기에 수록된 한자의 음은 당시의 국어 한자음이 아니다. 이것은 중국음을 전제로 우리의 고유어를 적은 것이다.

本稿에서는 국어를 표기하는 데 사용된 對譯字를 고유어(중세어)와 비교하고, 또한 이들 漢字가 訓民正音 이후의 한국 한자음(이하 '東音')에서는 어떠한 音을 가졌는지를 살펴보려고 한다. '·'를 가진 고유어가 어떠한 한자와 대응되고 있는지를 살피고, 이것이 東音에서 어떻게 실현되고 있는가를 살필 것이다. 이것은 『類事』와 『譯語』를 후대의 東音 자료와의 연속선상에서 파악해 보고자 하는 의도에서 비롯되었다. 즉 『類事』와 『譯語』에 한자로 전사된 중세어 어휘의 음은 東音과 크게 다르지 않을 것이라는 가정을 하고자 하는 것이다.

이를 위하여 本稿에서는 중세어 고유어와의 대비를 통해 『類事』와 『譯語』의 한자음(漢音)에 대해서 고찰하고, 이를 訓民正音 이후의 東音 자료와 비교하는 방식으로 논의를 진행한다. 훈민정음 이후의 東音 자료로는 중기 자료인 『千字文』과 『訓蒙字會』(이하 『字會』), 『新增類合』(이하 『類合』) 등의 한자 初學書에 실린 것, 후기 자료인 『華東正音通釋韻考』(이하 『

華東』)와 『三韻聲彙』(이하 『三韻』), 『奎章全韻』과 『全韻玉篇』(이하 『全韻』)[70] 등의 운서에 실린 것을 대상으로 한다.

여기에서 중국 한자음(이하 漢音)은 『漢字古今音表』의 近代音을 이용하도록 하되, 필요에 따라 中古音 및 上古音, 그리고 現代音을 참고하기로 한다.

1) 轉寫 자료의 '·'와 고유어의 대응

가. 『鷄林類事』의 한자음

『類事』의 한자음은 12세기 宋代 漢音이다. 따라서 이 漢音이 고유어의 對應音을 그대로 반영한 것이 아님은 물론이다. '漢[han]'에서 核母(주요모음) [a]는 고유어의 'ㅏ', 'ㅡ', '이'에 대응하는데, 『類事』의 전체 어휘 항목을 보면, 이 중에서 001. 漢捺과 같이 'ㅏ'에 대응되는 예가 상대적으로 많다.[71] 그런데 같은 글자로 轉寫된 고유어에 다른 형태가 있어 주목된다. 030. 實漢(三十; 셜흔), 183. 漢菩薩(白米; ᄒᆡᆫᄡᆞᆯ)에서는 각각 'ㅡ'와 '·'의 대응을 보여 주고 있다. 이것은 무엇을 의미하는가? 표기의 잘못이 아니라면 우리말을 모르는 이방인에게는 중세어에서의 '흔'(셜흔)과 'ᄒᆡᆫ'(ᄒᆡᆫᄡᆞᆯ)이 '한(하늘)'과 큰 차이 없이 들렸다는 뜻이 된다. 이러한 현상은, 성급한 推斷일지 모르나, 문자 'ㅏ'로 표기될 수 있는 고려시대의 音이 현재의 'ㅏ'와는 음성적 위치가 달랐거나 '·'와 'ㅡ'가 'ㅏ'에 가까이 위치하고 있었을 것이라는 추측을 하게 한다.

이와 같은 현상은 『類事』에서 흔히 발견할 수 있다. 위에서 정리한 중세어 어휘의 모음이 『類事』 語例의 核母와 대응하는 양상을 정리하면 다음과 같다.

---

70) 『全韻玉篇』은 『奎章全韻』의 색인용 옥편이라고 할 수 있다. 약간의 교정이 있기는 하나(이승자 2001:156-160 참조), 『奎章全韻』의 劃引字典으로서 자매편이라 할 수 있으므로 이 발표에서는 같은 『全韻』으로 칭하기로 한다.

71) "15세기 훈민정음 문자의 /ㅏ/에 대응되는 모음은 《계림 유사》에서는 철저히 [a] 모음을 갖고 있는 글자로 표기된다(김동소 1998:10)". 本稿에서는 '·' 음을 살피기 위한 것이기 때문에 'ㅏ' 등 다른 모음을 가진 어휘는 '·'와 관련하여 고찰할 필요가 있는 경우를 제외하고는 별도로 다루지 않는다.

(1) 'ㅏ' [a] 001. 漢捺(天; 하ᄂᆞᆯ)

[ɔ] 100. 渴翅(皮; 갗), 293. 割子蓋(剪刀; 가ᅀᆡ)

[ï] 131. 婆兒(盜; 일버ᅀᅡ)

(2) 'ㆍ' [a] 001. 漢捺(天; 하ᄂᆞᆯ),[72] 183. 漢菩薩(白米; ᄡᆞᆯ),

[ɔ] 019. 河屯(一; ᄒᆞ나), 072. 渴來(胡桃; ᄀᆞ래), 293. 割子蓋(剪刀; ᅀᆞ애), 353. 捺則(低; ᄂᆞ즉)

[ə] 002. 契(日; ᄒᆡ), 031. 麻刃(四十; 마ᅀᆞᆫ), 036. 鴉訓(九十; 아ᄒᆞᆫ)

[ï] 145. 丫兒(弟; 아ᅀᆞ), 146. 丫慈(妹; 아ᅀᆞ누의)

(3) 'ㅡ' [a] 026. 逸答/答(八; 여ᄃᆞᆲ), 030. 實漢(三十; 셜흔)

[ə] 020. 途孛(二; *두ᄫᅳᆯ/두을),[73] 348. 胡根(小; 효근), 354. 及欣(深; 기픈)

[u] 024. 逸戍(六; 여슷)

(4) 'ㅜ' [ə] 017. 孛(佛; 브텨(불))

[u] 284. 戍(匙; 술)

核母와 각 모음자의 대응을 표로 정리해 보자.

核母 전사음	대응 모음(중세어)	모음(중세어)	대응 核母 전사음
[a]	ㅏ ㆍ ㅡ	ㅏ	[a] [ɔ] [ï]
[ə]	ㆍ ㅜ ㅡ	ㆍ	[a] [ə] [ɔ] [ï]
[u]	ㅜ ㅡ	ㅡ	[a] [ə] [u]
[ɔ]	ㅏ ㆍ	ㅜ	[ə] [u]
[ï]	ㅏ ㆍ		

[표 10]『鷄林類事』와 중세어의 모음 대응

72) 筆者들이 취한 李珍華·周長楫 編撰(1999)의 음에는 '捺'의 近代音과 上古音이 제시되어 있지 않다. 그런데 이 글자의 中古音, 現代音을 고려해 보면 이것은 中古音 [ɑ]가 現代音에 이르러 약간 앞으로 이동하여 [a]로 변했을 뿐 큰 변화를 보이지 않는다. 따라서 이것의 근대음 역시 [a]로 추정해도 크게 무리한 것은 아닐 것이다. [nɑt](중고)-[na](현대)/[na]·[lah]·[nat]·[lat](현대 방언).

73) '孛'의 上古音-中古音-現代音의 변화는 'buət-buət-po'으로서 核母는 'ə>ㅗ'의 변화를 보인다. 이를 근거로 近代音도 [ə]로 추정할 수 있다.

이 표에서 보듯이, ‘ㆍ’는 주로 [a], [ə], [ɔ]와 대응하며 [ï]의 음역에도 걸쳐 있음을 확인하게 된다. 이를 통해 ‘ㆍ’는 中舌母音에 속하는 것으로 판단할 수 있으며, 低母音과 中母音의 영역에 걸쳐 있는 것으로 이해된다.

『類事』와 중세어의 대응을 통해 이러한 결과를 얻었지만, 『類事』와 중세어의 시간적 간극이 크다는 사실을 감안해야 한다. 300년이 넘는 간극을 고려하지 않고 『類事』와의 대응자를 통해서 훈민정음 모음자의 음가를 추정하는 것은 자칫 오류를 범할 수 있는 일이다.

우리가 ‘ㆍ’ 위치를 특정하지 않고 ‘영역’에 걸친 것으로 보는 것은 1) 훈민정음의 모음자와 漢音이 일대일 대응을 이루지 않는 점, 2) 『類事』와 중세어가 300년 이상의 시간적 간극을 가지고 있다는 점을 고려했기 때문이다.

나. 『朝鮮館譯語』의 한자음

이번에는 『譯語』에서 ‘ㆍ’를 가진 중세어 어휘가 어떤 음과 대응되는지를 살펴보도록 한다.74)

(1) ‘ㅏ’와 ‘ㆍ’의 혼용 : [a]

- 敢 : 055. 我稜那戞**敢**大(氷化; 어름노가**가**다) / 260. **敢**自直(草房; **ᄀᆞᆯ**짒(?)집)
- 把 : 064. **把**(田; **ᄇᆞᆮ**) / 005. **把**論(風; **ᄇᆞ**롬)
- 罕 : 35. **罕**孫(嘆氣; **ᄒᆞᆫ**숨) / 138. **罕**害(一年; **ᄒᆞᆫ** 히)
- 剌 : 007. 別**剌**(雷: 벼**ᄅᆞᆨ**) / 059. 把**剌**(海; 바**ᄅᆞᆯ**)75)
- 擺 : 286. 洒**擺**二(碗; 사**ᄇᆞᆯ**) / 034. 別二**擺**大(星密; 별 **ᄇᆡ**다)76)
- 埋 : 212. **埋**(鷹; **ᄆᆡ**) / 228. 墨**埋**亞直(馬駒; ᄆᆞᆯ**ᄆᆡ**야지)

(2-1) ‘ㅓ’와 ‘ㅡ’와 ‘ㆍ’의 혼용 : [a]

---

74) 『類事』에 비하여 『譯語』에서는 혼용례가 많다. 그러므로 여기에서는 혼용된 예를 중심으로 살펴보도록 하겠다.

75) ‘剌’은 上古音 [lat], 中古音 [lɑt], 現代音 [la]으로 변화하였는데 여기에서 확인하는 바와 같이 그 核母는 큰 변화가 없다. 따라서 이것의 近代音을 [lat]로 추정할 수 있다.

76) ‘사발’의 ‘발’은 ‘二’가 말음 보충법에 의하여 종성 ‘ㄹ’을 전사하고, ‘擺’는 핵모를 이용하여 ‘발’의 ‘바’를 전사한 것으로 보이며, ‘별 빅다’의 ‘빅’는 ‘擺’의 음을 그대로 이용하여 전사한 것으로 보인다.

- 色 : 009. 色立(霜; 서리) / 546. 色悶二(二十; 스믈) / 076. 大色直(地界; 짜 스싀) / 538. 色一(三; 세) / 316. 色阿必(翁; 싀아비) / 096. 墨根色(淸泉; 몱ᄀᆞᆫ 심)

(2-2) 'ㅓ'와 '·'의 혼용 : [a]

- 格 : 020. 哈嫩展根格大(天晩; 하늘 졈글어다), 238. 洒必格以(蝦蟹; 사비게)
  018. 哈嫩格自(天邊; 하늘 ᄀᆞᆺ)
- 迫 : 389. 格自吉迫列(擺齊; ᄀᆞᄌᆞ기 버려), 081. 磨堆迫(山後; 뫼 뒤헤)
  093. 悶迫勒大(水急; 믈 ᄲᆞᄅᆞ다), 080. 磨阿迫(山前; 뫼 알픠)
- 白 : 381. 白朶大(法度; 법도다) / 526. 根白昏大(讀書; 글 비호다)
- 冊 : 175. 冊閔(麥; 총밀) / 283. 卜冊(扇; 부체)

(2-3) 'ㅓ'와 '·'의 혼용 : [u]

- 墨 : 110. 吉墨大(路遠; 길 멀다) / 013. 哈嫩墨大(天晴; 하늘 몱다)
- 餒 : 539. 餒一(四; 네) / 103. 餒墨把(菜園; ᄂᆞ몰밭), 145. 餒直阿怎(明朝; 너실 아촘)

(2-4) 'ㅓ'와 'ㅡ'와 '·'의 혼용 : [e]

- 得 : 027. 害得大(日暖; 히 덥다)
  035. 別二得莫大(星稀; 별 드믈다)
  003. 得二(月; 둘), 085. 把剌憂噴得(江心; 바룰 가온더)

(3-1) 'ㅗ'와 '·'의 대응 : [ɔ]

- 朶 : 028. 得二朶略大(月圓; 둘 도렵다) / 100. 把朶呑大(爭田; 밭 ᄃᆞ토다)

(3-2) 'ㅗ'와 '·'의 대응 : [u]

- 所 : 166. 所那莫(松; 소나모) / 163. 所貴(杏; 술괴)

(3-3) 'ㅗ'와 'ㅜ'와 '·'의 대응 : [ə]

- 嫩 : 547. 黑嫩(一白; ᄒᆞ논(ᄒᆞᆫ+온) / 010. 嫩(雪; 눈) / 001. 合嫩二(天; 하놀)

(3-4) 'ㅜ'와 'ㅡ'와 '·'의 대응 : [ə]

- 論 : 006. 故論(雲; 구룸) / 042. 努論故論(黃雲; 누른 구룸) / 005. 把論(風; ᄇᆞ룸)

(4-1) 'ㅡ'와 '·'의 대응 : [ə]

- 根 : 037. 哲根把論(小風; 져근 ᄇᆞ룸) / 096. 墨根色(淸泉; 몱ᄀᆞᆫ 심)
- 悶 : 044. 格悶故論(黑雲; 거믄 구룸) / 021. 哈嫩格悶格大(天旱; 하늘 ᄀᆞ몰어다)
- 黑 : 014. 哈嫩黑立大(天陰; 하늘 흐리다) / 065. 黑二(土; 흙)

(4-2) 'ㅡ'와 '·'의 대응 : [ɨ]

- 自 : 112. 吉自大(路濫; 길 즐다) / 122. 格自(秋; ᄀᆞ술)

이상에서 제시한 『譯語』의 대응례는 『類事』의 경우보다 더 직접적으로 여러 모음이 혼용되는 양상을 보여준다. 즉, 동일한 글자가 각기 다른 모음을 전사하는 데 사용되고 있는 것이다. 核母와 각 모음자의 대응을 표로 정리해 보자.

核母 전사음	대응 모음(중세어)	모음(중세어)	대응 核母 전사음
[a]	ㅏ ・ ㅓ ㅡ	ㅏ	[a]
[ə]	・ ㅗ ㅜ ㅡ	・	[a] [ə] [u] [ɔ] [e] [ï]
[u]	・ ㅓ ㅗ	ㅓ	[a] [u] [e]
[ɔ]	・ ㅗ	ㅡ	[a] [ə] [e] [ï]
[e]	・ ㅓ ㅡ	ㅗ	[ə] [u] [ɔ]
[ï]	・ ㅡ	ㅜ	[ə]

[표 11] 『朝鮮館譯語』와 중세어의 모음 대응

이 표에서 알 수 있듯이 『譯語』에서는 『類事』에서와 마찬가지로 '・'가 다양한 대응을 이루고 있는데, 이렇게 된 데에는 여러 가지 이유가 있을 것이다. 우선 생각해 볼 수 있는 것이 중국어와 당시 국어의 음운 체계가 달랐기 때문일 것이라는 점이다. 국어의 음에 해당하는 漢音이 없을 때에는 유사한 다른 음으로 전사하게 되므로 처음부터 엄밀한 일대일 대응의 전사 방식은 불가능한 일이다. 다음으로, 어떤 음의 음절 내부에서의 결합 조건에 따라 변이음이 생길 수 있다는 점을 생각해 볼 수 있다. 세 번째로는, 특히 '・'의 경우가 그러한데, 하나의 음이 인접한 다른 음과 음성상 유사성을 띠고 있었기 때문에 그러했을 것이라고 추정해 볼 수 있다.

우리는 이 중에서 세 번째 가능성에 주목을 하고자 한다. 즉 '・'의 경우에 다른 모음보다 더 다양한 대응을 보이는 까닭은 이것이 다른 모음과 음역이 겹치는 부분이 많았을 것이라고 추정하는 것이다. '・'가 특히 [a], [ə]와 대응례가 많은 것은 다른 모음보다는 이들과 더욱 겹치는 부분이 많았다, 즉 음성상 더 많은 유사성을 띠고 있었다는 것을 의미하는 것으로 이해한다.

2) 轉寫音과 한국 한자음의 대비

가. 『類事』와 『譯語』의 漢字音

이상에서 살펴본 『類事』와 『譯語』의 전사음을 한국 한자음, 즉 東音으로 볼 수는 없을까? 지금까지는 주로 이들 전사음을 통해서 훈민정음 이전의 국어 음운체계를 밝히는 연구가 진행되어 왔고, 많은 성과를 거두었다. 그러나 『類事』와 『譯語』의 전사음을 한자음(東音)의 차원에서 다룬 연구는 흔치 않다.77)

『類事』와 『譯語』를 보면, 몇몇 예외는 있지만 漢音과 대응하는 고유어의 音이 그 漢字의 東音과 크게 다르지 않다는 점을 발견하게 된다. 고유어에 대한 대응 漢音이 不在하여 類似音으로 전사한 경우, 또 국어와 중국어의 음절구조의 차이에 따라 정확히 대응되는 漢音으로 전사하기 어렵기 때문에78) 생기는 불일치를 제외한다면 고유어의 음과 東音이 큰 차이를 보이지 않는다.

나. 東音과 'ㆍ'

주지하다시피, 東音에서 'ㆍ'는 큰 변화를 겪지 않았다. 權仁瀚(1997), 한영균(1997) 등에 의하면 東音에서 'ㆍ'는 'ㅏ'로의 변화 이외에는 다른 변화를 겪지 않았다. 이에 비하면 고유어에서 'ㆍ'는 'ㆍ>ㅡ', 'ㆍ>ㅏ', 'ㆍ>ㅗ', 'ㆍ>ㅜ', 'ㆍ>ㅓ' 등으로 비교적 다양하게 변화하였다.79) 'ㆍ>ㅡ'의 변화는 비어두음절에서, 'ㆍ>ㅏ'의 변화는 어두 음절에서 일정한 시차를 두고 변해온 것으로 알려졌다. 이에 대하여 白斗鉉(1992:274-275)은 語頭와 非語頭 위치에서의 강세의 차이로 설명한다. 그렇다면, 한자에서

77) 權仁瀚(1997)에서는 東音의 변화를 다루고 있는데, 고대국어에서 전기중세국어에 이르는 시기에 있어서의 한자음의 변화를 다룰 수 있는 자료로는 고려시대 후기의 구결 자료를 제시하였고, 후기중세국어의 자료로는 『東國正韻』 등의 운서, 『千字文』, 『訓蒙字會』, 『新增類合』 등의 한자 초학서, 그리고 각종 諺解類가 있다고 하였다.

78) 이 경우는 특히 국어의 破裂音 종성에 대응하는 漢音의 韻尾에서 더욱 그러하다.

79) 고유어에서 'ㆍ'는 결합적 변화를 제외하면 주로 'ㆍ>ㅏ', 'ㆍ>ㅡ'의 변화를 겪었으며, 소수이기는 하나 'ㆍ>ㅓ'의 변화도 겪었다.

‘·>ㅏ’의 변화만 보이는 것은 어떻게 설명할 수 있을까? 單音節인 한자음의 경우에는 강세의 차이로 설명하기 어렵다. 이것은 東音 자체의 변화 내지는, 東音의 모태가 된 漢音에 대한 고찰을 바탕으로 풀어야 할 문제라고 본다.

우리가 가정하는 ‘·>ㅏ’ 변화의 원인은, ‘·’가 담지하고 있는 중세어의 음은 ‘ㅏ’로 변화해 갈 필연적인 이유를 가지고 있기 때문이라는 것이다. 그것은 ‘·’가 中母音이기보다는 低母音에 가까운 음이었기 때문이 아닐까 한다.[80]

3. 소결론

이상의 문헌학적 자료를 대상으로 ‘·’의 음가를 추정해 보았다. ‘·’는 中舌-中母音에 가까운 ‘中舌-低母音’으로 추정된다. 이는 모음도에서는 ‘ㅏ’보다는 전설 쪽에 가까우나 ‘ㅓ’보다는 뒤에 놓이는 것으로 보이며, ‘ㅜ’, ‘ㅗ’보다는 ‘ㅡ’에 가까운 모음일 것이다.

4. 제주 방언과 ‘·’ : 현제 노인 데이터 포먼트 분석

이숭녕(1984:39-163)에서는 중세어의 ‘·’가 제주 방언에 남아 있다고 주장하였다. 이러한 주장을 바탕으로, 중세어의 ‘·’의 음가를 고찰하는 데 제주 방언의 ‘·’ 음가 분석이 없어서는 안 되는 요소가 되었다.[81]

---

80) 이러한 추정이 충분한 논의를 통해 입증된다면 고유어와 전사 자료와의 대비를 통해 나온 결론을 비교함으로써 ‘·’의 실체에 보다 더 가깝게 접근할 수 있을 것이다.

81) 2003년 2월, 2005년 6월 등 2차에 걸쳐 제주 방언 답사를 실시한 결과, 중세어에서 ‘·’를 유지하고 있는 어휘 중에서 많은 수가 현대어와는 다른 음으로 실현되었으며, 제주 방언 화자들은 이것을 아직도 ‘·’로 인식하고 있었다. 중세어와의 연관하여 제주 방언을 대비적으로 살펴볼 필요가 있는데 이에 대한 연구는 후속 연구로 진행 중이다. 한편, 제주 방언과 중세어와의 관련성을 논한 연구로는 현평효(1963), 김한곤(1980), 현우종(1971), 현우종(1987), 현우종(1988)

이를 위하여 우리는 다음과 같은 연구를 수행하였다.

4.1. 녹음 및 A/D

제주 현지 민방(JIBS)에서 60대 이상 남성 노인 3명을 대상으로 하여, 한국어 단모음을 문장 환경에서, 그리고 인용형 낱말 환경에서 녹음하였다. 데이터는 DAT에 저장하였으며 녹음 시 표본화율은 48 kHz로 하였다. 분석을 위한 컴퓨터 입력 시(A/D) 표본화율(sampling rate)은 44.1 kHz로 하였으며, 16 bit로 양자화하였다.

4.2. F1/F2 측정

포먼트 주파수는 네덜란드에서 개발된 Praat 4.3.12를 이용하여 측정하였다. Praat 4.3.12에서 포먼트 측정을 위한 세팅 조건은 다음과 같이 이루어졌다.

parameter	setting	기타
time step	10 msec	
maximum number of Formants	4 개	
maximum Formant frequency	4000 Hz	
window length	25 msec	Gaussian-like
pre-emphasis	50 Hz	a=0.97
dynamic-range	20 dB	
method	Burg	

[표 12] Praat 4.3.12 에서의 포먼트 검출 조건

최대 포먼트 주파수 영역을 4,000 Hz로 하고 구하는 포먼트 개수를 4개로 하여 측정하였다. [i, e, a, o. u] 각 모음 안정구간(모음 신호 시작부에서 약 1/3 지점) 약 100 msec 정도의 구간을 잡아 그 평균치로 측정하

등이 있는데, 특히 김한곤(1980)과 현우종(1971) 등 일련의 연구는 음향음성학적으로 제주 방언을 분석한 것이다. 그러나 이 연구들은 피험자가 연구자 본인이므로 객관성을 확보하고 있다고 보기 어렵다.

였다. [그림 1]에 스펙트로그램 상 포먼트 측정 부위에 대한 정보가 나와 있다. 아래 화면에 가로로 흘러가는 붉은색 점선이 포먼트 주파수이다.

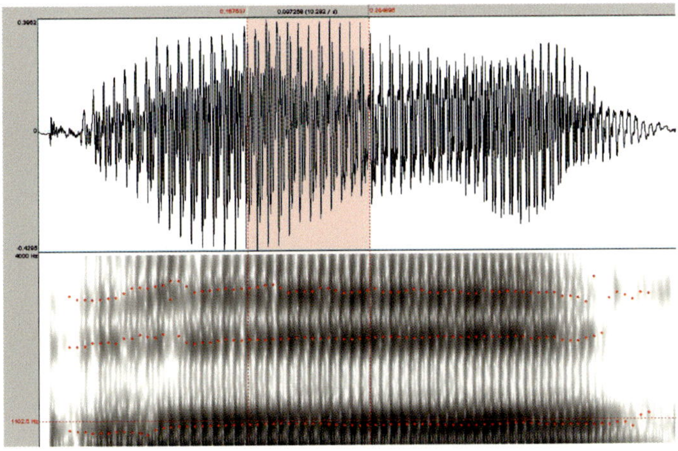

[그림 1] [a] 모음 포먼트 측정 부위 예증

4.3. 피험자

피험자는 제주에서 나고 자란 60대 말 이상의 조음에 장애가 없는 남성 3명을 선택하였다. [표 13]에 자세한 정보가 나와 있다.

이름	성별	연령	출생지	10세 이전/ 이후 거주지역
KKK	남성	79	제주도	북제주군 구좌읍
HHT	남성	72	제주도	북제주군 구좌읍
KSK	남성	67	제주도	북제주군 구좌읍

[표 13] 피험자 정보

4.4. 실험 자료

실험 자료는 낱말 하나하나를 인용형으로 읽은 것도 있고, 제주 방언

'·' 음가를 극대화시키기 위해 문장 차원으로 읽은 것도 있다. 피험자들은 각 자료를 1회씩 낭독하였다. 전체 데이터 속에서 실험이 목적하는 단모음을 골라내었다.

1) '·'가 포함된 단어 (첫음절 모음은 모두 '·' 로 발음)

가루 가위(가새, 가세) 가을(가슬) 나루(나리) 나물 날개 다리
달 닭 말 마을(마슬) 맑다(막다) 바람(바름)
밝다(박다) 쌀 삶다(쌈다) 살 자루(자락)
잠 작다 참새 차다 참기름(참지름) 턱
팔 팔 파리 팥 흙(흑) 하나
하루 학생

2) 문장

a. 1. 나는 선생님이다
(어른에게)
(친구에게)
(동생에게)
2. 나는 작년에 선생님이었다.
3. 나는 내년에 선생님이 될 것이다.

b. 1. 나는 농부이다.
(어른에게)
(친구에게)
(동생에게)
2. 나는 작년에 농부이었다.
3. 나는 내년에 농부가 될 것이다

c. 1. 이것은 책이다
2. 이것은 책이야
3. 이것은 책입니다

d. 1. 저것은 지우개이다
2. 저것은 지우개야
3. 저것은 지우개입니다

e. 1. 나는 학교에 있다.
(어른에게)
(친구에게)
(동생에게)
2. 나는 어제 학교에 있었다.
3. 나는 내일 학교에 있을 것이다

f. 1. 나는 학교에서 공부했다.
2. 나는 학교에서 공부하고 있다.
3. 나는 학교에서 공부하고 있었다.

g. 1. 친구는 집에 갔다.
2. 친구는 집에 가 있다.
3. 친구는 집에 가 있었다.

h.1.나는 돈이 있다
2. 책상 위에 책이 있다
3. 오늘 나는 집에 있는다.

난 선생이라
난 선생이우다
난 선생이ㅕ
난 선생 아니가게
난 ㅇ‥ㄴ제 제 선생해 나서(선생이라났쪄)
난 내년에 선생할 걸로 해시네(될 것 아니가게)
난 농부애비다
난 농부애비 아니꽈게

난 농부애비 아니냐
난 농부애비 아니가게
난 ㅇ‥ㄴ제 농부해 나서(나시녀게)
난 내년에 농부할 걸로 해시네(하게 될 것 아니가게)
요건 책이라(책이여)
요건 책이네
요건 책이우다

저건 글자 밀어부는 거이라(미는 거우다)
저건 글자 밀어부는 거네
저건 글자 밀어부는 거우다

난 ㅎ、ㄱ개에 있쪄
난 ㅎ、ㄱ개에 이수다
난 ㅎ、ㄱ개에 이시네
난 ㅎ、ㄱ개에 있쪄
난 어제 ㅎ、ㄱ개에 있었쪄
난 낼 ㅎ、ㄱ개에 있을 걸로 했쪄

난 ㅎ、ㄱ개에서 글했쪄
난 ㅎ、개에서 글햄쪄
난 ㅎ、ㄱ개에서 글 ㅎ、고 있었시네

난 집에 갔쪄(이쪄게)
벗은 집에 가 있쪄
벗은 집에 가 있쪄게

난 돈 있쪄
책상 우에 책 있쪄
오 ㄴ、ㄹ 난 집에 있쪄

3) 분석한 모음이 있는 문장 또는 낱말

가. 문장

ㅣ : a1, a2, a3, c1, c2, e2, e3

ㅔ : a6, b6, c2, d2, g1, g2, g3

ㅐ : a1, b2, b3, b4, e1, e2, e3, e4, e5, e6, f1, f2, f3

ㆍ : e1, e2, e3, e4, e5, e6, f1, f2,f3

ㅏ : a1, a2, a4, b2, b3, b4, g2, g3

ㅓ : c1, c2, c3, d1, d2, d3, f1,f 2, f3

ㅗ : b1 ~ b6

ㅜ : b1 ~ b6, d1

ㅡ : d1, d2, d3, f1, f2, f3, e6

나. 낱말

ㅣ : 나리, 다리, 파리

ㅔ : 가세

ㅐ : 날개, 참새, 학생

ㆍ : 가루, 나루, 다리,

ㅏ : 맑다, 밝다,

ㅡ : 가슬, 마슬

4.4. 한국어 단모음 및 제주 방언 'ㆍ' 측정 결과

먼저 세 피험자가 문장 속에서 발화한 한국어 단모음과 제주 방언 [아래 아] 측정치의 평균과 표준편차를 [표 14]에 제시한다.

모 음	KKK	HHT	KSK
이	F1: 378.67(31.8)	F1: 373(63.6)	F1: 374(42)

n=7	F2: 2472.71(49.11) F3: 3097.71(357.57)	F2: 2328.14(118.9) F3: 2899.29(79.3)	F2: 2225(163) F3: 3273(157)
에 n=7	F1: 528.4(71.18) F2: 2141.57(72.79)	F1: 618.7(34.1) F2: 1839.3(67.95)	F1: 458(56) F2: 1938(60)
애 n=12	F1: 517.9(73.39) F2: 2119.75(248.67)	F1: 599.6(68.3) F2 1808.8(79.2)	F1: 452(37) F2: 1958(74)
아 n=0	F1: 766.57(41.3) F2: 1246.9(42.7)	F1: 917.4(78.1) F2: 1526.7(32.25)	F1: 757(24) F2: 1489(37)
어 n=9	F1: 537.1(16.5) F2: 1041.7(70.03)	F1: 613.4(11.3) F2: 1202.1(54.2)	F1: 516(34) F2: 1125(59)
오 n=6	F1: 462(25.7) F2: 1036.7(43.6)	F1: 466(41.9) F2 1035(102.2)	F1: 333(30) F2: 925(50)
우 n=7	F1: 428(33.23) F2: 849.7(110.6)	F1: 525.6(89.3) F2 1054.1(138.9)	F1: 341(32) F2: 919(131)
으 n=7	F1: 396.8(43.04) F2: 1578.7(188.6) F3: 2543(164)	F1: 376.1(47.4) F2: 1610.3(142.2) F3: 2511(140)	F1: 378(23) F2: 1633(128) F3: 2486(337)
ᄋᆞ n=9	F1: 539(90.4) F2: 965.44(82.6) F3: 2874.7(271.1)	F1: 541.9(46.2) F2: 1028.2(281.5) F3: 2219.8(193.8)	F1: 450(37) F2: 907(38) F3: 2593(71)

[표 14] 제주 남성 노인 피험자 3인이 발화한 한국어 단모음 및 'ㆍ' 포먼트 평균값 및 표준편차(Hz), 문장 내 환경

[표 15]는 모음을 인용형으로 낱말 내에서 발화한 결과이다. /어/와 /오/ 모음은 인용형 낱말에서 구하기가 어려워, [표 14]에서 제시한 문장 내 측정값을 그대로 사용하였다.

모 음	KKK	HHT	KSK
이 n=15	F1: 392.4(21.8) F2: 2329.3(86.8)	F1: 479(36) F2: 2121(144)	F1: 329(18) F2: 2283(87)

	F3: 2944.3(261.9)	F3: 2460(109)	F3: 3375(55)
에 n=5	F1: 589.25(23.9) F2: 2071.2(51.6)	F1: 608(25) F2: 1836(95)	F1: 471(46) F2: 2066(70)
애 n=15	F1: 546(34.7) F2: 2093.9(78.1)	F1: 573(42) F2: 1709(82)	F1: 481(37) F2: 1962(92)
아 n=10	F1: 764.1(36.1) F2: 1234.3(86.9)	F1: 777(6) F2: 1264(74)	F1: 645(78) F2: 1250(67)
어 n=9	F1: 537.1(16.5) F2: 1041.7(70.03)	F1: 613(11) F2: 1202(54)	F1: 516(34) F2: 1125(59)
오 n=6	F1: 462(25.7) F2: 1036.7(43.6)	F1: 466(41) F2: 1034(102)	F1: 334(30) F2: 925(51)
우 n=10	F1: 412.6(47.7) F2: 981.7(15.4)	F1: 491(115) F2: 969(94)	F1: 388(24) F2: 931(60)
으 n=10	F1: 468.8(29.6) F2: 1233(157.9) F3: 2761(45)	F1: 510(32) F2: 1026(141) F3: 2378(138)	F1: 433(37) F2: 1399(81) F3: 2735(203)
ᄋᆞ n=15	F1: 594.6(51.9) F2: 999.6(41.5) F3: 2775.5(61.7)	F1: 600(115) F2: 1101(75) F3: 2332(153)	F1: 487(59) F2: 869(46) F3: 2877(56)

[표 15] 제주 남성 노인 피험자 3인이 발화한 한국어 단모음 및 [아래 아] 포먼트 평균값 및 표준편차(Hz), 낱말 내 환경

1) 포먼트 플롯팅 결과

F1과 F2를 이용하여 세 피험자가 문장 차원에서 발화한 전체 모음 토큰을 모음 사각도로 도해하면 다음 [그림 2] - [그림 4]와 같다.

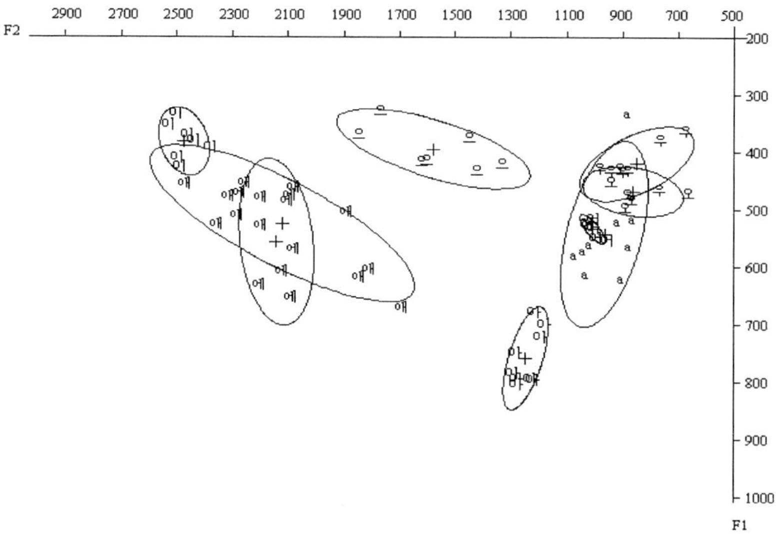

[그림 2] KKK의 한국어 단모음 + 제주 [아래 아] F1/F2 plot, 문장 내 환경

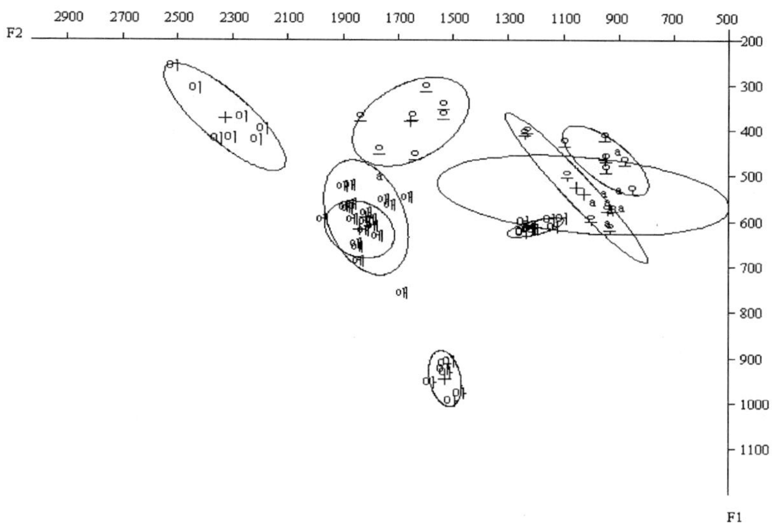

[그림 3] HHT의 한국어 단모음 + 제주 [아래 아] F1/F2 plot, 문장 내 환경

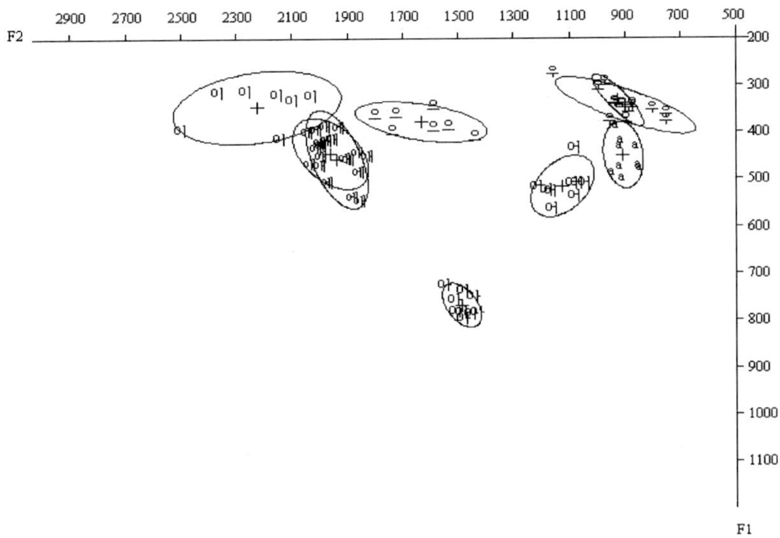

[그림 4] KSK의 한국어 단모음 + 제주 [아래 아] F1/F2 plot, 문장 내 환경

인용형 낱말 내에서 발음한 모음 F1/F2 plot은 [그림 5] - [그림 7]에 제시되어 있다.

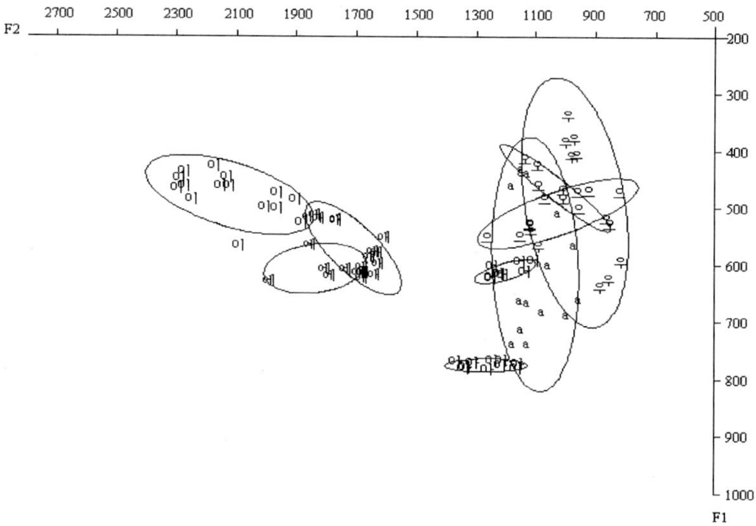

[그림 5] KKK의 한국어 단모음 + 제주 [아래 아] F1/F2 plot, 낱말 내 환경

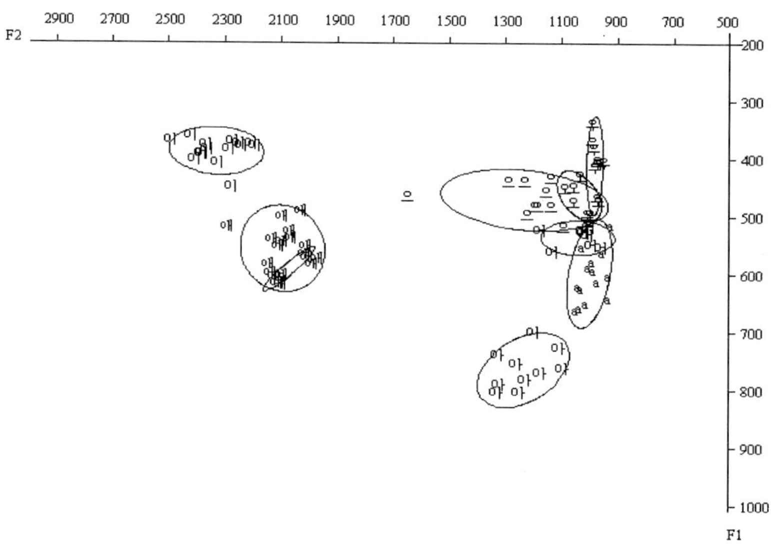

[그림 6] HHT의 한국어 단모음 + 제주 [아래 아] F1/F2 plot, 낱말 내 환경

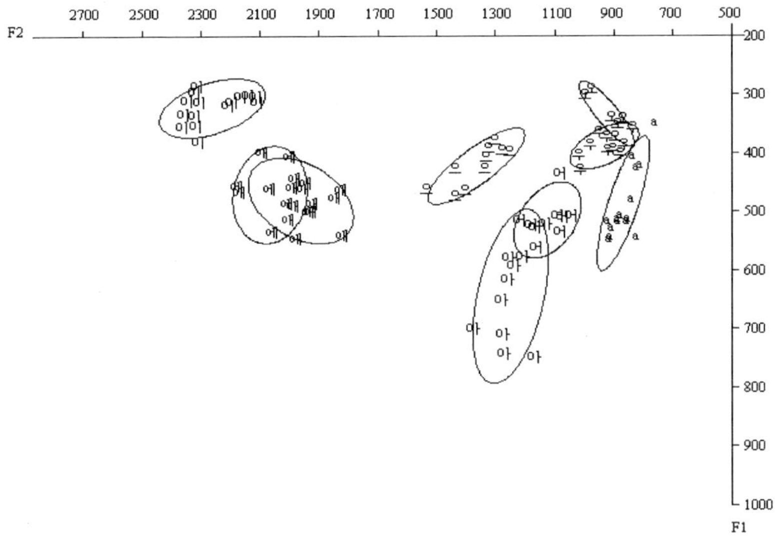

[그림 7] KSK의 한국어 단모음 + 제주 [아래 아] F1/F2 plot, 낱말

5. 결론

우리는 그동안의 연구 성과를 종합하여 훈민정음의 기본 3모음자 중에서 가장 기본이 되는 '·'의 음가를 추정하는 작업을 진행하였다. '·'가 표상하는 음가는 인간의 가장 원초적인 음이자 모든 모음을 만들 수 있는 가능성을 가진 것으로 추정된다. 사실, '·'는 문자적 측면에서 모든 모음자 制字의 기본 문자이다.

주지하다시피, 훈민정음의 각 문자는 엄밀한 음성학적 관찰에 의해서 창제되었다. 자음의 경우, 해당 자음이 발음되는 순간의 조음기관의 형상을 상형한 것이 이미 판명되었다. 그러나 모음자의 경우에는 이러한 엄밀한 음성학적 차원에서 창제된 것이 아니라 음양오행 등 철학적 원리에 의한 일종의 가상적 문자 체계라고 인정되어 왔다. 그러나 『訓民正音』 등 중세 이후의 각종 음운학 서적이나 어휘 자료를 면밀히 검토해 보면, 이들은 단순히 문자론적인 조합에 의해서 만들어진 문자는 아닌 것으로 판단된다. 우리 연구팀은 바로 이 점에 착안하였다. 즉, 문자뿐만 아니라 음성(소리)에 있어서도 문자와 조합의 원리가 같다는 것이다. '·'와 'ㅣ'가 결합하여 'ㅏ'가 만들어지는데, 이는 단순히 天과 人을 조합한 것이 아니라 세종이 의도한 바에 의하면, 전설-고모음인 'ㅣ'와 후설-중모음인 '·'가 결합하여 후설-저모음인 'ㅏ'를 만들어낸 것이다. 현대 음성학적으로 볼 때, 약간의 차이가 있기는 하지만, 'ㅏ'는 'ㅣ'와 '·'의 음성적 특질이 결합된 합성모음인 것이다.

우리는 바로 이러한 점을 밝혀보고자 하였다. 그런데 이를 밝히는 데에는 커다란 장애가 있는 것이 사실이다. 그것은 '·'가 음성적으로나 문자적으로 이미 사라진 모음이라는 사실이다. 따라서 그 음성적 실체를 실험적으로 밝혀낸다는 것은 거의 불가능에 가까운 일이라고 할 수 있다.

따라서 우리는 기존의 연구 방법론으로는 이를 밝힐 수 없다고 판단하여 나름대로의 방법을 모색하였다. 그것이 바로 문헌학적 연구와 음향음성학적 연구 결과를 결합하는 것이었다.

먼저, 문헌학적으로 가능한 모든 자료를 대상으로 문헌학적 방식으로 그 음가(또는 음성영역)를 도출하였다. 그 방법은 다음과 같다.

1) 『訓民正音』의 「制字解」에 설명된 '·'의 制字 원리를 밝힘으로써 훈민정음 창제자가 '·'에 담고자 한 음가를 추정한다.

2) '·'가 문자적으로 소실되는 과정을 추적하여 이것이 어떤 모음으로 합류되어 갔는가를 고찰함으로써 '·' 음의 음성적 특질을 밝혀서 그 음가를 추정한다. 문자의 측면에서 '·'가 소실된 것은 그것이 표상한 '소리'가 다른 문자가 표상하던 소리와 변별성을 상실하였기 때문이다. 다시 말해, '·'가 표상한 소리는 인접한 다른 문자가 표상하는 소리로 합류되어 간 것이다. 따라서 문자 '·'가 소실되면서 어떤 문자로 변화해 갔는가 하는 양상을 고찰하면 음성의 실체에 접근할 수 있을 것으로 판단할 수 있는 것이다.

3) 『東國正韻』에 수록된 한자 중에서 '·'로 표기된 한자음을 대상으로 중국음과 대비함으로써 음가를 추정할 수 있다. 『東國正韻』은 중국 원음에서 변질된 한국 한자음을 중국 원음에 가깝게 改新하고자 하는 목적에서 찬술된 韻書이므로 『東國正韻』의 개신 한자음이 기반으로 하는 중국

중고음과 대비함으로써 '·'가 표상하고자 한 음가를 추정할 수 있는 것이다.

4) 전승 한국 한자음(東音)에서 '·'가 어떻게 변화하는지 그 양상을 살핌으로써 음가를 추정한다. 한글로 표기된 한자음은 동국정운식 한자음 이외에 한국어의 음운체계에 맞춰 變改된 한국 한자음이 있다. 이를 東音이라 하는데 東音에서 '·' 한자음의 변화 역시 '·'의 음성적 특질에 따르는 것으로 이해된다. 따라서 이들의 변화 양상을 고찰하여 '·'의 음가를 추정한다.

다음으로, 음향음성학적으로는 '·'의 잔존 형태로 믿어지는 제주 방언을 대상으로 포먼트 분석을 시도하였다. 이를 위하여 중세 국어에서 '·'를 가진 어휘를 추출하여 이것의 제주 방언 형태를 수집하고, 이를 제주도 방언 화자의 육성을 녹취하여 음성분석 장치에 넣어 그 음역을 도출하였다.

이와 같이, 우리는 현대 제주 방언에 잔존한 것으로 믿어지는 '·'의 현지인 육성 자료를 음향음성학적으로 분석한 결과와, 문헌학적 연구 결과를 비교, 검토함으로써 '·'의 음성적 실체를 규명하고자 하였다.

문헌학적 연구 결과, '·'는 넓게는 중설-저모음에서 후설-중모음의 음성 대역에 걸친 음으로 추정되었으며, 음향음성학적 분석의 결과에 의하면 중설-중모음에서 후설-고모음의 음성 대역을 갖는 것으로 파악되었다. 이들 결과에서 보이는 약간의 차이는 피험자의 음성 발화의 개인적 차이에 의한 것일 수도 있으며, 중세어와 현대 제주 방언의 변화에 의한 것일 수도 있다. 그러나 음성 대역상 상당한 공통 영역을 갖는 것으로 파악된 것은, 완벽하지는 않지만 우리의 연구가 '·'의 실체에 상당히 근접한 것으로 평가할 수 있을 것이다.

【참 고 문 헌】

姜圭善(2001), 訓民正音 硏究, 보고사.

姜信沆(1978a), 中國字音과의 對音으로 본 國語母音體系, <國語學> 7, 國語學會.

姜信沆(1978b), 鷄林類事「高麗方言」의 韻母音과 中世國語의 母音 및 末音, <大同文化硏究>12, 成均館大學校 大同文化硏究院.

姜信沆(2000a), 韓國漢字音(韓漢音)의 兩面性, <語文硏究> 제28권 제1호(105號), 韓國語文敎育硏究會.

강신항(2000b), 한국의 운서, 國語學叢書 2, 國語學會, 太學社.

姜信沆(2003),『鷄林類事「高麗方言」』表音字로 본 前期中世國語 音韻體系, 高麗朝語硏究 論文集, 韓國國語敎育學會.

姜信沆(2003), 韓漢音韻史 硏究, 태학사.

郭忠求(1980), 十八世紀 國語의 音韻論的 硏究, 國語硏究 43.

權仁瀚(1997), 한자음의 변화, 國語史硏究(國語史硏究會), 태학사.

權仁瀚(1998), 朝鮮館譯語의 音韻論的 硏究, 國語學叢書 29(國語學會), 太學社.

權赫竣(1997a). «東國正韻»과 «古今韻會擧要»의 通・宕・曾・梗攝 음운 체계 비교, <中國語文論叢> 第12輯, 中國語文硏究會.

權赫竣(1997b), «東國正韻»과 «古今韻會擧要»의 臻・山攝 음운 체계 비교, <中國語文論叢> 第13輯, 中國語文硏究會.

權赫竣(1998), «東國正韻»과 «古今韻會擧要»의 咸・深攝 음운 체계 비교, <中國語文論叢> 第14輯, 中國語文硏究會.

권혁준(2000),『東國正韻』과『古今韻會擧要』의 止・蟹攝 음운 체계 비교, <中國言語硏究> 第12輯, 韓國中國言語學會.

김경훤(1993), 朝鮮館譯語에 나타난 母音表記에 관하여, <새국어교육> 50, 한국국어교육학회.

金徑暄(2003), "二重母音 'ㅢ'의 통시적 변화」, <語文硏究> 117, 韓國語文敎育硏究會.

김동소(1998),『계림 유사』와『조선관 역어』의 한국어 모음 체계 연구, <한글> 242, 한글학회.

김동소(1998/2003), 한국어 변천사, 형설출판사.

金武林(1990), 洪武正韻과 譯訓의 韻母 對應, <國語學> 20, 國語學會.

金武林(1993), 國語音韻論, 翰信文化社.

金武林(2003),『鷄林類事』의 母音論 :『洪武正韻譯訓』을 參照하여, <高麗朝語硏究論文集>, 韓國國語敎育學會.

金芳漢(1971), 中性母音에 對하여, <語學硏究> Ⅶ卷 2號, 서울大學校 語學硏究所.

김석득(1971), 훈민정음 해례의 언어학적 분석 : 이원론적 변별적 자질론 및 언어학적 이해, <한글학회 50돌 기념 논문집>, 한글학회.

김성규(2004), '워>오'의 통시적 고찰, <국제어문> 30, 국제어문학회, 2004.

김성렬(2000), 중세국어 모음연구, 국학자료원.

김영송(1977), 훈민정음의「舌縮」자질, <언어학> 제2호, 한국언어학회.

金完鎭(1963/1974), 國語 母音體系의 新考察, <震檀學報> 24, 震檀學會,

김이홍 외 편(1995), 千字文 資料集 : 地方 千字文 篇, 도서출판 박이정.

김주원(1988), 母音調和와 舌縮 : 訓民正音解例의 舌縮에 대하여, <언어학> 9, 한국언어학회.

김주원(1992), 모음체계와 모음조화, <國語學> 22, 國語學會.

金周弼(2003), 후기 중세국어의 音韻現象과 母音體系, <語文研究> 117, 韓國語文敎育研究會.

金周弼(2004), 18세기 중·후기 王室 資料의 '·' 變化, <語文研究> 122, 韓國語文敎育研究會.

金智衡(2003a),「訓民正音」의 소실 문자 'ㅿ'의 음가 추정 試論, <慶熙語文學> 제23집, 慶熙大學校 國語國文學科.

金智衡(2004a),「訓民正音의 消失文字 '·'의 音價 推定 方法論 : 母音間 對立을 中心으로」, <語源研究> 6, 韓國語源學會.

金智衡(2004b), 중세국어 [·]의 합류 양상과 음가, 제32차 한국어학회 전국학술대회 발표문.

金智衡(2005), 東國正韻式 漢字音에서의 '·'의 音價 : 中國 漢字音과의 대비를 중심으로, <語文研究> 125, 韓國語文敎育研究會.

南廣祐,『古語辭典』, (株) 敎學社, 1997.

檀國大學校 東洋學研究所(1971/1983),『訓蒙字會』, 東洋學叢書 第一輯, 檀國大學校 出版部.

檀國大學校 東洋學研究所(1973),『千字文』, 東洋學叢書 第三輯, 檀國大學校 出版部.

박경송(2002),『東國正韻』에 나타난 조선음운학자들의 중고한어 음운 연구, <中國言語研究> 第15輯, 韓國中國言語學會.

박종국(1984/1996), 세종대왕과 훈민정음, 세종대왕기념사업회.

박종덕(2003), 경상도 방언 /·/의 제1단계 변화 완료 시기, <제28차 한국어학회 전국학술대회 발표문>.

朴鍾熙(1995), 中世國語의 二中母音과 母音調和 : 校正廳本,「小學諺解」(1588年 刊)의 表記 例를 중심으로, <국어국문학> 114, 국어국문학회.

박창원(1993), 훈민정음 제자의 '理'에 대한 고찰, 國語史 資料와 國語學의 研究, 文學과 知性社.

白斗鉉(1992), 원순모음화 '·>ㅗ'型의 분포와 通時性, <國語學> 22, 國語學會.
白斗鉉(1992), 嶺南 文獻語의 音韻史 硏究, 國語學叢書 19(國語學會), 太學社.
백응진(1999), 한국어 역사음운론, 도서출판 박이정.
서울大學校 大學院 國語學硏究會 編(1990), 國語硏究 어디까지 왔나, 東亞出版社.
徐廷範(1982), 音韻의 國語史的 硏究, 集文堂.
석주연(1996), 중세국어 원순성동화 현상에 대한 일고찰 : 동화주가 원순모임인 경우를 중심으로, <冠嶽語文硏究> 第21輯, 서울大學校 國語國文學科.
송기중(1991), 이론적 측면에서 본 15세기 국어의 /·/음, 모음체계, 모음조화, <國語學> 21, 國語學會.
신상순·이돈주·이환묵(1988), 훈민정음의 이해, 전남대어연총서 1, 한신문화사.
신승용(2003), 음운 변화의 원인과 과정, 國語學叢書 43, 國語學會, 太學社.
愼鏞權(2003), 「«古今韻會擧要», «蒙古字韻», «東國正韻»」, <알타이학보> 13. 한국알타이학회.
신지영(2001), 말소리의 이해 : 음성학·음운론 연구의 기초를 위하여, 한국문화사.
楊人從(2003), 鷄林類事와 朝鮮館譯語의 對譯音 比較硏究, <高麗朝語硏究 論文集>, 韓國國語敎育學會.
오정란(1991), 모음강화 현상으로서의 원순·전설모음화, <國語學> 21, 國語學會.
오정란(2004), 훈민정음 재출자(再出字)와 상합자(相合字)의 거리와 재음절화, <한국어학> 22, 한국어학회.
오정란(1993/1995), 현대국어음운론』, 형설출판사, 1993/1995.
吳鍾甲(1988), 國語 音韻의 通時的 硏究, 啓明大學校 出版部, 1988.
兪昌均(1965), 東國正韻硏究 : 其二, 九十一韻의 成立과 그 背景, <震檀學報> 28, 震檀學會.
兪昌均(1981), 東國正韻 硏究, 螢雪出版社.
劉昌惇(1980), 李朝語辭典, 延世大學校 出版部.
李根圭(1986), 中世國語 母音調和의 硏究, 創學社.
이근수(1994), 훈민정음의 언어철학적 분석, <人文科學> 第1輯, 홍익대학교 인문과학연구소.
李基文(1971/1985), 訓蒙字會硏究, 서울大學校 出版部.
李基文(1972), 『國語音韻史硏究』, (株)塔出版社.
이성구(1994), «訓民正音解例»에 나타난 "天"과 "地"의 의미, 韓·中音韻學論叢(Ⅰ), 서광학술자료사.
李崇寧(1940), ·音攷, <震檀學報> 12, 震檀學會.

이승자(2003), 조선조 운서한자음의 전승양상과 정리규범, 도서출판 亦樂.
李丞宰(1977), 南部方言의 圓脣母音化와 母音體系 : 求禮地域語의 'ᄋᆞ>오'를 中心으로, <冠嶽語文硏究> 第2輯, 서울大學校 國語國文學科.
李丞宰(1977), 南部方言의 圓脣母音化와 母音體系 : 求禮地域語의 'ᄋᆞ>오'를 中心으로, <冠嶽語文硏究> 第2輯.
이정호(1975/1990), 訓民正音의 構造原理 : 그 易學的 硏究, 亞細亞文化社.
이호영(1996), 국어 음성학, 태학사.
이환묵(1987), 훈민정음 모음자의 제자원리, <언어> 12권 2호, 한국언어학회.
임용기(1992), «훈민정음»에 나타난 삼분법의 형성 과정에 대하여, <세종학연구> 7, 세종대왕기념사업회.
정연찬(1997), 개정 한국어 음운론, 한국문화사.
정철주(1993), 15세기 현실한자음과 음운체계, <啓明語文學> 8輯, 啓明語文學會.
조규태(2000), 번역하고 풀이한 훈민정음, 한국문화사.
차재은(1995), 중세국어의 하향이중모음과 음절구조에 대하여, <한국어학> 2, 한국어학회.
최병선(1998), 중세국어의 음절과 모음체계, 도서출판 박이정.
한글학회, 『우리말 큰사전 4(옛말과 이두)』, 어문각, 1992.
韓榮均(1992), 母音調和의 崩壞와 '·'의 第1段階 變化, <國語學> 20, 國語學會.
한영균(1997), 모음의 변화, 國語史硏究(國語史硏究會), 태학사.
韓榮均(2002), 母音調和의 붕괴와 母音體系 再定立의 상관성에 관한 硏究, <語文硏究> 115, 韓國語文敎育硏究會, 2002.
한태동(1998), 世宗代의 音聲學 : 音聲 音韻 音樂의 集大成, 연세대학교 출판부.
현우종(1988), 제주도 방언 「·」 음가의 음성학적 연구, <耽羅文化> 第7號, 濟州大學校 耽羅文化硏究所, 1988.
黃歸龍 譯(1981/1984), 音聲學入門, 翰信文化社.
周法高 主編(1972), 『漢字古今音彙』, 中文大學出版社(香港).
李珍華 · 周長楫 編撰(1999), 漢字古今音表(修訂本), 中華書局(北京).
Kim, Soon-Taek, A Study on / · /, a Sound of Cheju Dialect in Korean : With Special Reference to English Sound Education, 『耽羅文化』 第7號, 濟州大學校 耽羅文化硏究所, 1988.
니콜라스 S.트루베쯔코이(1978), 음운학 원론, 한문희 옮김, 대우학술총서 · 번역 35, 民音社.
G.Borden, K.Harris, L.Raphael(1994), Speech Science Primer : Physiology, Acoustics, and Perception of Speech, Williams & Willkins(김기호 외 공역 2000, 음성과학 : 조음 · 음향 · 청각음성학, 한국문화사)

[자료]
『訓民正音』
『東國正韻』
『鷄林類事』
『朝鮮館譯語』
『訓蒙字會』
『新增類合』
『千字文』(10종)
『華東正音通釋韻考』
『三韻聲彙』
『奎章全韻』
『全韻玉篇』

<자료 1> 『東國正韻』의 ‘ㆍ’

1) 臻攝

字	K	C	W	『正韻』	字	K	C	W	『正韻』
1. 根平	kən	kən	kən	ᄀᆞᆫ	2. 艮去	kən-	kən	kən	ᄀᆞᆫ
3. 懇上	○	○	khən	ᄏᆞᆫ	4. 限上	ɣǎn:	ɣæn	○	ᅘᆞᆫ
5. 呑平	t’ən	t’ən	thən	ᄐᆞᆫ	6. 恩平	˙ən	˙ən	ən	ᅙᆞᆫ

2) 深攝

字	K	C	W	『正韻』	字	K	C	W	『正韻』
7. 簪平	tsâm	tsəm	ʧĭěm	ᄌᆞᆷ	8. 譖去	tʂiəm-	ts’iɪm	ʧĭěm	ᄌᆞᆷ
9. 戢入	tʂiəp	ts’iɪp	ʧĭěp	ᄌᆞᆸ	10. 嵾平	○	○	○	ᄎᆞᆷ
11. 森平	ʂiəm	ʂiɪm	ʃĭěm	ᄉᆞᆷ	12. 滲去	○	ʂiɪm	ʃĭěm	ᄉᆞᆷ
13. 岑平	dʐ’iəm	dʐiɪm	ʤĭěm	ᄍᆞᆷ	14. 澀入	○	○	ʃĭěp	ᄉᆞᆸ
15. 鈒入	○	səp	○	ᄉᆞᆸ	16. 讖去	○	tʂ’iɪm	ʧhĭěm	침

3) 止攝

字	K	C	W	『正韻』	字	K	C	W	『正韻』
17. 貲平	○	○	tsĭe	ᄌᆞᆼ	18. 咨平	tsi	tsiɪi	tsi	ᄌᆞᆼ
19. 紫上	tsie:	tsiɪ	tsĭe	ᄌᆞᆼ	20. 恣去	tsi-	tsiɪi	tsi	ᄌᆞᆼ
21. 茲平	tsi	tsi	tsiə	ᄌᆞᆼ	22. 姊上	tsi:	tsiɪi	tsi	ᄌᆞᆼ
23. 積去	tsie-	tsiɪ	tsĭe	ᄌᆞᆼ	24. 子上	tsi:	tsi	tsĭe	ᄌᆞᆼ
25. 雌平	ts’ie:	ts’iɪ	tshĭe	ᄎᆞᆼ	26. 此上	ts’ie:	ts’iɪ	tshĭe	ᄌᆞᆼ
27. 刺去	ts’ie-	ts’iɪ	tshĭe	ᄎᆞᆼ	28. 郪平	○	ts’iɛi	○	ᄎᆞᆼ
29. 次去	ts’i-	ts’iɪi	tshi	ᄌᆞᆼ	30. 私平	si	siɪi	si	ᄉᆞᆼ
31. 徙上	sie:	siɪ	sĭe	ᄉᆞᆼ	32. 賜去	sie-	siɪ	sĭe	ᄉᆞᆼ
33. 思平	si	si	sĭe	ᄉᆞᆼ	34. 死上	si:	siɪi	si	ᄉᆞᆼ
35. 四去	si-	siɪi	si	ᄉᆞᆼ	36. 斯平	sie	siɪ	sĭe	ᄉᆞᆼ
37. 枲上	si:	si	sĭe	ᄉᆞᆼ	38. 笥去	si-	si	sĭe	ᄉᆞᆼ
39. 慈平	dz’i	dzi	dzĭe	ᄍᆞᆼ	40. 字去	dz’i-	dzi	dzĭe	ᄍᆞᆼ
41. 茨平	dz’i	dziɪi	dzi	ᄍᆞᆼ	42. 自去	dz’i-	dziɪi	dzi	ᄍᆞᆼ
43. 疵平	dz’ie	dziɪ	dzĭe	ᄍᆞᆼ	44. 漬去	dz’ie-	dziɪ	dzĭe	ᄍᆞᆼ
45. 詞平	zi-	zi	zĭe	ᄊᆞᆼ	46. 兕上	○	○	zi	ᄊᆞᆼ

	字	K	C	W	『正韻』		字	K	C	W	『正韻』
47.	寺去	zi-	zi	zǐe	씅	48.	似上	zi:	zi	zǐe	씅
49.	師平	ʂi	ʂiɪi	ʃi	승	50.	躧上	ʂie:	ʂiɪ	ʃǐe	승
51.	駛去	○	○	ʃǐe	승	52.	釃平	ʂie	ʂiɪ	ʃǐe	승
53.	史上	ʂi:	ʂi	ʃǐe	승	54.	𩌦上	○	ʂiɪ	○	승
55.	漦平	dẓ'i	dẓi	○	쯩	56.	士上	dẓ'i:	dẓi	ʤǐe	쯩
57.	事去	dẓ'i-	tʂi	ʤǐe	쯩	58.	俟上	dẓ'i:	dẓi	ʤǐe	쯩

4) 梗攝

	字	K	C	W	『正韻』		字	K	C	W	『正韻』
59.	庚平	kɒng	kang	kɐŋ	깅	60.	梗上	kɒng:	kang	kɐŋ	깅
61.	更去	kɒng-	kang	kɐŋ	깅	62.	格入	kɒk	kak	kɐk	긱
63.	阬平	k'ɒng	k'ɑng	○	킹	64.	客入	k'ɒk	k'ak	khɐk	킥
65.	額入	○	ngak	ŋɐk	읙	66.	鏗平	○	○	khæŋ	킹
67.	打上	○	○	tɐŋ	딩	68.	搦入	○	nok	nɐk	닉
69.	祊平	pɒng	buang	○	빙	70.	迸去	pɛng-	pæng	pæŋ	빙
71.	百入	pɒk	puak	pɐk	빅	72.	繃平	pɛng	puæng	○	빙
73.	榜去	pɒng-	puang	pɐŋ	빙	74.	薜入	pɛk	pæk	○	빅
75.	烹平	p'ɒng	p'ang	phɐŋ	핑	76.	拍入	p'ɒk	p'ak	phɐk	픽
77.	彭平	b'ɒng	buang	bɐŋ	삥	78.	白入	b'ɒk	buak	bɐk	삑
79.	弸平	○	buæng	○	삥	80.	盲平	mɒng	muang	mɐŋ	밍
81.	猛上	mɒng:	muang	mɐŋ	밍	82.	孟去	mɒng-	muang	mɐŋ	밍
83.	陌入	mɒk	muak	mɐk	믹	84.	甍平	mwɛng	muæng	mæŋ	밍
85.	爭平	tʂɛng	tʂæng	ʧæŋ	징	86.	諍去	○	tʂæng	ʧæŋ	징
87.	磔入	t̂ɒk	ṭak	trɐk	딕	88.	摘入	t̂ɛk	ṭæk	træk	딕
89.	丁平	t̂ɛng	ṭæng	træng	딩	90.	迮入	tsâk	tsɑk	ʧɐk	직
91.	責入	tʂěk	tʂæk	ʧæk	직	92.	琤平	○	tʂ'ɪng	ʧhæŋ	칭
93.	瞠平	t̂'ɒng	ṭ'ang	trhɐŋ	팅	94.	坼入	t̂'ɒk	ṭak	trhɐŋ	틱
95.	策入	tʂ'ěk	tʂ'æk	ʧhæk	칙	96.	鎗平	○	tʂ'ang	○	칭
97.	生平	ʂɒng	ʂang	ʃɐŋ	싱	98.	省上	ʂiàng	ʂang	ʃɐŋ	싱
99.	索入	ʂɒk	ʂak	ʃɐk	식	100.	棖平	d̂'ɒng	ḍang	drɐŋ	띵
101.	鋥去	○	○	drɐŋ	띵	102.	宅入	d̂'ɒk	ḍak	drɐk	떡/댁
103.	橙平	○	ḍæng	dræŋ	띵	104.	齰入	○	dẓak	○	찍
105.	傖平	○	○	ʤɐŋ	찡	106.	峥平	○	○	ʤæŋ	찡
107.	幸上	ɣɛng:	ɣæng	ɣæŋ	힝	108.	行去	ɣâng-	ɣang	ɣɐŋ	힝

109. 行平	ɣâng	ɣang	ɣɐŋ	혱	110. 杏上	ɣɒng:	ɣang ɣɐŋ	혱
111. 覈入	ɣɛk	ɣæk	ɣæk	혝	112. 莖平	ɣɛng	ɣæng ɣæŋ	혱
113. 罌平	˙ɛng	˙æng	○	힝	114. 冷上	lɒng	liang lɐŋ	렁

(*문자표 상의 편집 문제로 舌面塞音을 나타내는 기호는 [tr], [dr]처럼 나타낸다. 즉 성모 뒤에 [r]이 붙은 것은 앞의 聲母 [t]와 [d]가 舌面塞音임을 나타내는 것이다.)

5) 蟹攝

字	K	C	W	『正韻』	字	K	C	W	『正韻』
115. 戴去	tậi-	təi	tɒi	딍	116. 胎平	t'ậi	t'əi	tɒi	텅
117. 貸去	t'ậi-	t'əi	thɒi	텅	118. 詒上	d'ậi:	dəi	dɒi	텅
119. 臺平	d'ậi:	dəi	dɒi	띵	120. 待上	d'ậi:	dəi	dɒi	띵
121. 代去	d'ậi-	dəi	dɒi	띵	122. 杯平	puậi:	puəi	puɒi	빙
123. 背去	puậi-	puəi	○	빙	124. 胚平	○	p'iəu	phuɒi	핑
	b'uậi-	buəi	buɒi		125. 腨上	p'jwei:	p'iəu	○	핑
126. 配去	p'uậi-	p'uəi	phuɒi	핑	127. 裵平	buəi	buɒi		삥
128. 倍上	b'uậi:	buəi	bɒi	삥	129. 琲上	○	○	buɒi	삥
130. 佩去	b'uậi:	buəi	buɒi	삥	131. 枚平	muậi	muəi	muɒi	밍
132. 浼上	muậi:	muəi	muɒi	밍	133. 妹去	muậi-	muəi	muɒi	밍
134. 哉平	tsậi	tsəi	tsɒi	징	135. 宰上	tsậi:	tsəi	tsɒi	징
136. 再去	tsậi	tsəi	tsɒi	징	137. 猜平	ts'ậi:	ts'əi	tshɒi	칭
138. 采上	ts'ậi	ts'əi	tshɒi	칭	139. 菜去	ts'ậi-	ts'əi	tshɒi	칭
140. 鰓平	○	○	sɒi	싱	141. 塞去	sậi-	səi	sɒi	싱
142. 裁平	dz'ậi	dzəi	dzɒi	찡	143. 在上	dz'ậi	dzəi	dzɒi	찡
144. 在去	○	dzəi	○	찡	145. 哀平	ậi	˙əi	ɒi	힝
146. 欸上	○	˙əi	ɒi	힝	147. 愛去	˙ậi-	˙əi	ɒi	힝
148. 咍平	xậi-	xəi	hɒi	힝	149. 海上	xậi:	xəi	hɒi	힝
150. 孩平	ɣậi:	ɣəi	ɣɒi	헹	151. 亥上	ɣậi:	ɣəi	ɣɒi	헹
152. 瀣去	ɣăi-	ɣɛi	ɣɒi	헹	153. 劾去	ɣậi-	ɣəi	○	헹
154. 來平	lậi-	ləi	lɒi	링	155. 徠去	○	○	lɒi	링

<자료 2> 『鷄林類事』와 중세어의 대응

漢字	漢字音	語例	中世語形	모음 대응[82]
1. 漢	[han]	001. 漢捺 (天)[83]	하ᄂᆞᆯ	a : ㅏ
		030. 實漢 (三十)	셜흔	a : ㅡ
		183. 漢菩薩 (白米)[84] ᄒᆡᆫ ᄡᆞᆯ		a : ᄋᆡ
2. 捺	*[nat][85]	001. 漢捺 (天)[86]	하ᄂᆞᆯ	*a : ·
		042. 占捺或言古沒 (暮)	져믈다	*a : ㅡ
3. 契	*[khĭət]	002. 契 (日)	ᄒᆡ	*(ĭ)ə : ᄋᆡ
4. 妲	*[tat]	003. 妲 (姮; 月)[87]	ᄃᆞᆯ	*a : ·
5. 孛	*[buət]	005. 孛纜 (風)	ᄇᆞᄅᆞᆷ	*(u)ə : ᄋᆞ
		017. 孛 (佛)[88]	브텨(불)	*(u)ə : ㅜ
		020. 途孛 (二)	둘ㅎ/두을(*두블)	*(u)ə : ㅡ
		055. 孛 (火)[89]	블	*(u)ə : ㅡ
6. 纜	[lam]	005. 孛纜 (風)	ᄇᆞᄅᆞᆷ	a : ·
7. 河	[hɔ]	019. 河屯 (一)	ᄒᆞ나(*ᄒᆞᄃᆞᆫ)	ɔ : ·
8. 戌	[ʂiu]	023. 打戌 (五)	다ᄉᆞᆺ	(i)u : ·
		024. 逸戌 (六)[90]	여슷	(i)u : ㅡ

---

82) 漢音에서 (　) 안의 음은 介母 또는 韻尾音이다. 주요 모음인 核母를 보여주고자 한 표시이다.

83) '漢'이 전사한 중세어의 모음이 'ㅏ'에 해당하는 것을 아래에 제시한다. 중세어형에서 밑줄을 그은 부분은 '漢'이 전사한 글자를 표시한 것이고, 밑줄이 그어져 있지 않은 어휘는 이 전사 자료에 해당하는 고유어의 중세어형이다. 이하도 같은 방식이다. 081. 漢賽(鷺; 한새), 136/155. 漢丫秘(祖; 하나비, 舅; 싀아비), 142. 長漢吟(嫂; 아ᄌᆞ미), 147/149. 漢吟(女子, 妻; 겨집), 156. 漢了彌(姑; 싀어미).

84) 209. 漢歲(銀; ᄒᆡᆫ쇠), 239. 漢(白; ᄒᆡᆫ).

85) 한자음에 '*'를 붙인 것은 필자가 취한 해당자의 근대음이 빠진 경우인데 참고로 중고음을 보인 것이다.

86) 045. 烏捺(今日; 오ᄂᆞᆯ), 163. 捺翅(面; ᄂᆞᆾ), 170. 捺翅朝勳(面美; ᄂᆞ치 됴ᄒᆞᆫ), 171. 捺翅沒朝勳(面醜; ᄂᆞ치 몯 됴ᄒᆞᆫ), 234. 板捺(針; 바ᄂᆞᆯ), 351. 阿捺(少; 미샹), 353. 捺則(低; ᄂᆞᄌᆞᆨ).

87) 151. 丫妲(男兒; 아ᄃᆞᆯ), 152. 寶妲(女兒; ᄠᆞᆯ/ᄯᆞᆯ). 154. 丫村丫妲 (孫; 아ᄎᆞᆫ아ᄃᆞᆯ)

88) 267. 孛采(扇; 부채/부체).

89) 187. 酥孛(酒; 수을/술/*수블), 197. 酥孛麻蛇(飮酒; 술 마셔), 198. 蘇孛打里(煖酒; *수블 다리다), 201. 蘇孛速(醉; 수블 ??), 265. 枯孛(匱; *고블), 306. 孛南木(柴; 블 나모).

	232. 背戌 (襪)[91]	보션	
	284. 戌 (匙)[92]	술	(i)u : ㅜ
9. 苔(答) [ta]	026. 逸苔/答 (八)	여듧/여돏	a : ㅡ/ㆍ
10. 兩(刃) [ɽiən]	031. 麻兩/刃 (四十)	마ᅀᆞᆫ	(i)ə : ㆍ
11. 順(訓) [hiuən]	036. 鴉順/訓 (九十)	아ᄒᆞᆫ	(iu)ə : ㆍ
12. 慘 [tsham]	040. 阿慘 (旦)	아ᄎᆞᆷ	a : ㆍ
13. 宰 [tsai]	041. 捻宰 (午)	나ᄌᆡ(낮+ᄋᆡ)	a(i) : ᄋᆡ
14. 轄 [hia]	053. 轄希 (土)	ᄒᆞᆰ	(i)a : ㆍ
15. 渴 [khɔ]	072. 渴來 (胡桃)	ᄀᆞ래	ɔ : ㆍ
	100. 渴翅 (皮)	갗	ɔ : ㅏ
16. 敗 [pai]	074. 敗 (梨)	ᄇᆡ	a(i) : ᄋᆡ
17. 啄(達) *[dat]	080. 啄音達	ᄃᆞᆰ	*a : ㆍ
18. 兒 [i] / [ɽï]	131. 婆兒 (盜)	일버ᅀᅡ	i/ï : ㅏ
	145. 丫兒 (弟)	아ᅀᆞ	i/ï : ㆍ
19. 慈 [tshï]	146. 丫慈 (妹)	아ᅀᆞ누의	ï : ㆍ
20. 子 [tsï]	140. 丫子彌 (叔伯母)[93]	아ᄌᆞ미	ï : ㆍ
	071. 鮓子南 (松)	잣낡[94]	
21. 村 [tshuən]	154. 丫村丫達 (孫)[95]	아ᄎᆞᆫ아ᄃᆞᆯ(姪)	(u)ə : ㆍ
22. 擺 [pai]	176. 擺 (腹)[96]	ᄇᆡ	a(i) : ᄋᆡ
23. 菩薩[sa]	183. 漢菩薩 (白米)[97]	ᄡᆞᆯ	a : ㆍ
24. 咱 [tsa]	205. 擺咱七加反 (飽)[98]	ᄇᆡ ᄎᆞ다	a : ㆍ
25. 割 [kɔ]	293. 割子蓋 (剪刀)	ᄀᆞᅀᆡ/가ᅀᆡ	ɔ : ㆍ/ㅏ
26. 裏 [li]	328. 屋裏坐少時 (客入)	오ᄅᆞ 주쇼셔(?)	i : ㆍ

90) 029. 戌沒(二十; ᄉᆞ믈ㅎ), 208. 區戌(珠; 구슬),

91) 여기에 쓰인 '戌'은 '成'의 誤字인 듯하다.

92) 065. 戌(草; 수플/*숩), 285. 茶戌(茶匙; 차술)

93) 160. 丫子彌(姨妗; 외숙모)

94) 여기에 쓰인 '子'는 末音補充法 표기로서 'ㅅ'을 전사한 것인 듯하다. 293. 割子蓋(剪刀; ᄀᆞᅀᆡ/가ᅀᆡ), 304. 烏(鳥?)子蓋(斧; 돗긔/도치)의 '子'도 마찬가지이다. 이 밖에 075. 悶子計(林檎)는 '능금'을 표기한 것으로 보이는데 여기에 쓰인 '子'는 무엇을 표기한 것인지 알기 어렵다.

95) 157. 丫村(婦; 겨집).

96) 254. 擺(船; ᄇᆡ).

97) 184. 田菩薩(粟; 조ᄡᆞᆯ).

98) 206. 擺咱安理(飢; ᄇᆡ 아니 ᄎᆞ다).

27. 根	[kən]	348. 胡根 (小)[99]	효근/호ᄀᆞᆫ	ə : —/·
28. 則	[tsai]	353. 捺則 (低)[100]	ᄂᆞ족ᄒᆞ다	a(i) : ·
29. 欣	[hiən]	354. 及欣 (深)	기픈	(i)ə : —/·

99) 348. 黑根(大; 큰?).
100) 317. 阿則家囉 (坐; 안ᄌᆞ거라)

<자료 3>『朝鮮館譯語』와 중세어의 대응

漢字	漢字音	語例	語釋[101]	모음 대응
1. 敢	[kam]	055. 我稜那戞敢大(氷化)[102]	어름노가가다	a : ㅏ
		260. 敢自直(草房)	ᄀᆞᆷ짚(?)집	a : ㆍ
2. 把	[pua]	064. 把(田)[103]	밭	(u)a : ㅏ
		005. 把論(風)[104]	ᄇᆞᄅᆞᆷ	(u)a : ㆍ
3. 罕	[han]	435. 罕孫(嘆氣)	한숨	a : ㅏ
		138. 罕害(一年)	ᄒᆞᆫ ᄒᆡ	a : ㆍ
4. 剌	*[lat]	007. 別剌(雷)[105]	벼락	*a : ㅏ
		059. 把剌(海)	바ᄅᆞᆯ	*a : ㆍ
		299. 必剌(鎖納)[106]	피리	*a : ㅣ
5. 擺	[pai]	286. 洒擺二(碗)	사발	a(i) : ㅏ
		034. 別二擺大(星密)[107]	별 빗다	a(i) : ㆎ
6. 色	[ṣai]	009. 色立(霜)[108]	서리	a(i) : ㅓ
		546. 色悶二(二十)	스믈	a(i) : ㅡ
		076. 大色直(地界)[109]	ᄯᅡ ᄉᆞᅀᅵ	a(i) : ㆍ
		538. 色一(三)	세	a(i) : ㅔ
		316. 色阿必(翁)	싀아비	a(i) : ㅢ
		096. 墨根色(淸泉)[110]	ᄆᆞᆯᄀᆞᆫ 심	a(i) : ㆎ
7. 格	[kiai]	020. 哈嫩展根格大(天晩)[111]	하ᄂᆞᆯ 졈글어다	(i)a(i) : ㅓ

101) 이 語釋은 權仁瀚(1998)을 따른 것이다.

102) 098. 把敢大(種田; 밭 갈다).

103) 059. 把剌(海; 바ᄅᆞᆯ), 065. 得勒把吉(郊外; 드르 밧긔), 417. 把二(脚; 발), 497. 把(飯; 밥).

104) 哈嫩把戞大(天曉; 하ᄂᆞᆯ ᄇᆞᆰ가다).

105) 241. 大剌(樓; 다락), 主剌(剌叭; 쥬라), 341. 你格剌(去; 니거라).

106) '피리'의 '리'를 '剌'로 전사한 데에는 문제가 있다(權仁瀚 1998:142 참조). 따라서 이 발표에서는 'ㅣ'가 'a'에 대응하는 것으로는 보지 않는다.

107) 164. 擺(梨; ᄇᆡ).

108) 371. 色二(正旦; 설), 428. 努色(眉毛; 눈섭), 431. 赧世色(洗面; ᄂᆞᆾ 시서).

109) 172. 色二(미; ᄡᆞᆯ), 357. 必色大(貴; 빋ᄉᆞ다), 383. 色必按大(精通; ᄉᆞᆯ펴 알다), 426. 色尺大(肥; ᄉᆞᆯ지다), 449. 色埋(袖; ᄉᆞᄆᆡ), 540. 打色(五; 다ᄉᆞᆺ).

110) 329. 戞色阿必(外父; 가싀아비).

111) 021. 哈嫩格悶格大(天旱; 하ᄂᆞᆯ ᄀᆞ믈어다), 022. 害那格大(日出; ᄒᆡ 나거다), 353. 格嫩大(走; 걷ᄂᆞ다).

		018. 哈嫩格自(天邊)[112]	하늘 ᄀᆞᆺ	(i)a(i) : ㆍ
		238. 洒必格以(蝦蟹)	사ᄫᅵ게	(i)a(i) : ㅔ
8. 得	[tei]	027. 害得大(日暖)[113]	ᄒᆡ 덥다	e(i) : ㅓ
		035. 別二得莫大(星稀)[114]	별 드믈다	e(i) : ㅡ
		003. 得二(月)[115]	ᄃᆞᆯ	e(i) : ㆍ
		085. 把剌戞噴得(江心)	바ᄅᆞᆯ 가ᄫᆞᆫᄃᆡ	e(i) : ㆎ
9. 勒	[lei]	213. 吉勒吉(雁)[116]	기러기	e(i) : ㅓ
		072. 得勒(郊)[117]	드르	e(i) : ㅡ
		093. 悶迫勒大(水急)[118]	믈 ᄲᆞᄅᆞ다	e(i) : ㆍ
10. 迫	[pai]	389. 格自吉迫列(擺齊)[119]	ᄀᆞᄌᆞ기 버려	a(i) : ㅓ
		081. 磨堆迫(山後)	뫼 뒤헤	a(i) : ㅔ
		093. 悶迫勒大(水急)[120]	믈 ᄲᆞᄅᆞ다	a(i) : ㆍ
		080. 磨阿迫(山前)	뫼 알ᄑᆡ	a(i) : ㆎ
11. 墨	[mui]	110. 吉墨大(路遠)[121]	길 멀다	u(i) : ㅓ
		013. 哈嫩墨大(天晴)[122]	하늘 ᄆᆞᆰ다	u(i) : ㆍ
12. 白	[pai]	381. 白朶大(法度)	법도다	a(i) : ㅓ
		526. 根白昏大(讀書)	글 ᄇᆡ호다	a(i) : ㆎ
13. 朶	[tuɔ]	028. 得二朶略大(月圓)[123]	ᄃᆞᆯ 도렵다	(u)ɔ : ㅗ
		100. 把朶呑大(爭田)	밭 ᄃᆞ토다	(u)ɔ : ㆍ
14. 所	[ʂu]	166. 所那莫(松)[124]	소나모	u : ㅗ

112) 021. 哈嫩格悶格大(天旱; 하ᄂᆞᆯ ᄀᆞ믈어다), 122. 格自(秋; ᄀᆞᅀᆞᆯ).

113) 129. 得卜大(熱; 덥다), 448. 得盖(袍; 덥게), 512. 得本數本(熱酒; 더ᄫᅳᆫ수블).

114) 072. 得勒(郊; 드르).

115) 073. 得屢(橋; ᄃᆞ리), 210. 得二(鷄; ᄃᆞᆰ), 301. 得盖(馬鞊; ᄃᆞᆯ애), 543. 耶得二(八; 여ᄃᆞᆲ).

116) 346. 母勒(問; 무러), 436. 墨怎勒大(心寬; ᄆᆞᅀᆞᆷ 넙다).

117) 143. 半迭勒大(夜短; 밤 뎌르다).

118) 117. 勒根得屢(舊橋; 늘ᄀᆞᆫ ᄃᆞ리), 265. 直墨勒我根大(上梁; 집 ᄆᆞᄅᆞ 올이다).

119) 291. 迫尺(盆; 버치), 黑立鞠迫(鞠躬; 허리 구버).

120) 356. 迫剌(賣; ᄑᆞ라).

121) 406. 墨立(頭; 머리).

122) 096. 墨根色(淸泉; ᄆᆞᆯᄀᆞᆫ 심), 103. 餒墨把(菜園; ᄂᆞᄆᆞᆯ밭), 113. 吉墨勒大(路乾; 길 ᄆᆞᄅᆞ다), 201. 墨二(馬; ᄆᆞᆯ). 265. 直墨勒我根大(上梁; 집 ᄆᆞᄅᆞ 올이다).

123) 066. 朶二(石; 돌), 115. 朶得屢(石橋; 돌ᄃᆞ리), 192. 傘朶色二(粳米; 산도ᄡᆞᆯ), 206. 朶(猪; 돋), 381. 白朶大(法度; 법도다).

124) 501. 所昏(鹽; 소곰?).

		163. 所貴(杏)	ᄉᆞᆯ괴	u : ·
15. 嫩	[nuən]	547. 黑嫩(一白)	ᄒᆞᆫ논(ᄒᆞᆫ+온)	(u)ə : ㅗ
		010. 嫩(雪)[125]	눈	(u)ə : ㅜ
		001. 合嫩二(天)[126]	하ᄂᆞᆯ	(u)ə : ·
16. 論	[luən]	006. 故論(雲)	구룸	(u)ə : ㅜ
		042. 努論故論(黃雲)[127]	누른 구룸	(u)ə : ㅡ
		005. 把論(風)[128]	ᄇᆞᄅᆞᆷ	(u)ə : ·
17. 根	[kən]	037. 哲根把論(小風)[129]	져근 ᄇᆞᄅᆞᆷ	ə : ㅡ
		096. 墨根色(淸泉)	믈ᄀᆞᆫ 심	ə : ·
		265. 直墨勒我根大(上梁)	집 ᄆᆞᄅᆞ 올이다(?)	ə : ㅣ
18. 悶	[muən]	044. 格悶故論(黑雲)[130]	거믄 구룸	(u)ə : ㅡ
		021. 哈嫩格悶格大(天旱)	하ᄂᆞᆯ ᄀᆞᄆᆞᆯ어다	(u)ə : ·
19. 黑	[hei]	014. 哈嫩黑立大(天陰)	하ᄂᆞᆯ 흐리다	e(i) : ㅡ
		065. 黑二(土)	ᄒᆞᆰ	e(i) : ·
20. 自	[tsï]	112. 吉自大(路濫)[131]	길 즐다	ï : ㅡ
		122. 格自(秋)[132]	ᄀᆞᄉᆞᆯ	ï : ·
21. 册	[tʂhai]	175. 册閔(麥)[133]	ᄎᆞᆯ밀	a(i) : ·
		283. 卜册(扇)	부체	a(i) : ㅔ
22. 餧	[nui]	103. 餧墨把(菜園)	ᄂᆞ믈밭	u(i) : ·
		539. 餧一(四)	네	u(i) : ㅔ
		145. 餧直阿怎(明朝)	ᄂᆡ실아ᄎᆞᆷ	u(i) : ᄋᆡ
23. 埋	[mai]	212. 埋(鷹)	매	a(i) : ㅐ
		228. 墨埋亞直(馬駒)	믈ᄆᆡ야지	a(i) : ᄋᆡ

125) 409. 嫩(目; 눈).
126) 137. 我嫩害(明年; 오ᄂᆞᆫ ᄒᆡ), 353. 格嫩大(走; 건ᄂᆞ다).
127) 121. 呆論(夏; 녀ᄅᆞᆷ).
128) 335. 戞怎撒論(부인; 가ᄉᆞᆷ사ᄅᆞᆷ), 384. 格大論罵(夷語; 격 다ᄅᆞᆫ 말).
129) 526. 根白昏大(讀書; ᄀᆞᆯ ᄇᆡ호다).
130) 060. 悶二(河; ᄆᆞᆯ), 062. 五悶(井; 우ᄆᆞᆯ), 352. 悶勒(퇴; ᄆᆞᆯ러).
131) 123. 解自(冬; 겨ᄉᆞᆯ).
132) 319. 訝自(弟; 아ᄉᆞ), 389. 格自吉迫列(擺齊; ᄀᆞᄌᆞ기 버려).
133) 354. 迷册大(到; *미ᄎᆞ다).

<자료 4>『類事』수록자의 漢音과 東音의 비교

字	攝	韻	再構音(韻母音)	類事	訓蒙	類合	千字文	華東	三韻	全韻	現代音
漢	山	寒	an/ɑn/an/an	하(한)/흔/힌			**한**/ᄒᆞᆫ(역)	한/한	한	한	한
捺	山	曷	-/ɑt/-/a	놀				나/날	날	날	날
契	臻	迄	-/ĭət/-/iɤ	ᄒᆡ			계(역)	-		계	글/계/결/설
妲	-	-	-	돌				다/달	달	달	달
孛	臻	沒	uət/uət/-/o	불/볼/블				보/볼	볼	패/볼	패/발
纜				롬				란/람	람	람	람
河	果	歌	ai/ɑ/ɔ/ɤ	ᄒᆞ	하	하	**하**/ᄒᆞ(역)	허/하	하	하	하
戌	遇	遇	ĭwɔ/ĭu/-/u	숫/슷/술			슐	슈/슈	슐(슈)	슐	술
答	咸	合	əp/ɐp/-/a	듧/돏		답	답	다/답	답	답	답
刃	臻	震	ĭen/ĭěn/-/ən	순	신		인(신)	신/신	인	인	인
訓	臻	問	ĭwən/ĭuən/iuən/yn	ᄒᆞᆫ	훈	훈	훈	휸/훈	훈	훈	훈
慘	咸	感	əm/ɒm/am/an	촘		참		찬/참	참	참	참
宰	蟹	海	ə/ɒi/ai/ai	ᄌᆡ	ᄌᆡ	ᄌᆡ	ᄌᆡ	재/ᄌᆡ	ᄌᆡ	ᄌᆡ	재
轄	山	月	eat/at/ia/ia	훍(홀)	할	할		햐/할	할	할	할
渴	山	曷	at/ɑt/ɔ/ɤ	ᄀᆞ(ᄀᆞᆯ)/갖	갈	갈		커/갈	갈	갈	갈
敗	蟹	夬	oat/æt/ai/ai	비	패	패	패(신)	배/패	패	패	배/패
達	山	曷	at/ɑt/-/a	돍		달	**달**/돌(역)	다/달	달	달	달
兒	止	支	ĭe/ĭe/ï/ɚ	ᅀᅡ/ᅀᆞ	ᅀᆞ	ᅀᆞ	**ᄋᆞ**/아(역)	술/ᅀᆞ	ᄋᆞ	ᄋᆞ	아
慈	止	之	ĭə/ĭə/ï/ɿ	ᅀᆞ	ᄌᆞ	ᄌᆞ	ᄌᆞ	츠/ᄌᆞ	ᄌᆞ	ᄌᆞ	자
子	止	止	ĭə/ĭə/ï/ɿ	ᄌᆞ	ᄌᆞ	ᄌᆞ	ᄌᆞ/자(부)	즈/ᄌᆞ	ᄌᆞ	ᄌᆞ	자
村	臻	魂	uən/uən/uən/uən	촌	촌	촌	촌(부)	춘/촌	촌	촌	촌
擺	蟹	蟹	-/ai/ai/ai	비				배/패	패	패	파
薩	山	曷	-/ɑt/a-/a	ᄲᆞᆯ				사/살	살	살	살
咱	-	-	-/-/a/an	ᄎᆞ	자			-	찰	찰	찰
割	山	曷	at/ɑt/at/ɔ	ᄀᆞᇫ/갈	할	할		갈/할	갈	할	할
裏	止	止	ĭə/ĭə/i/i	ᄅᆞ	리	니		리/리	니	리	리
根	臻	痕	ən/ən/ən/ən	근/ᄀᆞᆫ				근/근	근	근	근
則	曾	德	ək/ək/ai/ɤ	ᄌᆞᆨ			즉/측/칙(역)	저/즉	즉	즉	즉/칙/측
欣	臻	殷	iən/ĭən/iən/in	흔/ᄒᆞᆫ	ᄒᆞᆫ	ᄒᆞᆫ	ᄒᆞᆫ	힌/ᄒᆞᆫ	ᄒᆞᆫ	ᄒᆞᆫ	흔

<자료 5> 『譯語』 수록자의 漢音과 東音의 비교

字	攝	韻	再構音(韻母音)	譯語	訓蒙	類合	千字文	華東	三韻	全韻	現代音
敢	咸	敢	am/ɑm/am/an	가/갈		감	감	간/감	감	감	감
把	假	馬	ea/a/ua/a	밭/ㅂ		파		바/파	파	파	파
罕	山	旱	an/ɑn/an/an	한/흔		한		한/한	한	한	한
剌	山	曷	lat/lɑt/-/la	락/롤/리				라/랄	랄	랄	랄(날)
擺	蟹	蟹	-/ai/ai/ai	발/비				배/패	패	패	파
色	曾	職	ĭək/ĭək/ai/ɤ	서/스/세/싀 /심		싁	싁/색(부)	서/싁	싁	싁	색
格	梗	陌	eak/ɐk/iai/ɤ	어(거)/갗		격		겨/격	격	격	격
得	曾	德	ək/ək/ei/ɤ	덥/드/돌/더		득	득	더/득	득	득	득
勒	曾	德	ək/ək/ei/ɤ	러/르/ᄅᆞ	륵		륵(부)	뤄/륵	륵	륵	륵(늑)
迫	梗	陌	eak/ɐk/ai/ai	버/헤/샌/픽		박		버/빅	빅	빅	박
墨	曾	德	ək/ək/ui/o	멀/뭙	묵	믁	믁/묵/먹	머/묵	믁	믁	묵
白	梗	陌	eak/ɐk/ai/ai	법/비	빅	빅	빅/백(이)	버/빅	빅	빅	백
朶	果	果	uai/uɑ/uɔ/uo	도/드				도/타	타	타	타
所	遇	語	ĭa/ĭo/u/uo	소/술	소		소	소/수	소	소	소
嫩	臻	慁	uan/uən/uən/ən	논/눈/놀		논		눈/눈	눈	눈	눈
論	臻	慁	uən/uən/uən/uən	룸/른/롬			론(신)	룬/론	론	론	론(논)
根	臻	痕	ən/ən/ən/ən	근/ᄀᆞᆫ/이(?)	근	근	근	근/근	근	근	근
悶	臻	慁	uan/uən/uən/ən	믄/몰		민		믄/민	문	민	민
黑	曾	德	ək/ək/ei/ei	흐/흙	흑	흑	흑(역/부)	허/흑	흑	흑	흑
自	止	支	ĭei/i/ï/ɿ	즐/술	ᄌᆞ	ᄌᆞ	ᄌᆞ/즈(송)	즈/ᄌᆞ	ᄌᆞ	ᄌᆞ	자
冊	梗	麥	ak/æk/ai/ɿ	출/체	칙	칙		처/칙	칙	칙	책
餒	蟹	賄	uəi/uɒi/ui/ei	노/네/너	뇌	뢰		눠/뇌	뇌	뇌	뢰(뇌)
埋	蟹	皆	eə/ɐi/ai/ai	메/미		미	미(역)	매/매	미	미	매

(『類事』나 『譯語』의 추정음이 동음과 직접적으로 대응되지 않는 경우는 음영으로 처리하였음. 단, 이런 경우라도 한어 음운사를 고려한다면 결과는 달라질 수 있을 것임.)

<자료 6> 제주도 방언 포먼트 자료

	f1	f2	f3					f1	f2	f3	f1	f2	f3		f1	f2	f3	f1	f2	f3
A아1	622	974	2712				B아1	507	1924	2403				C아1	508	890	2931			
A아2	612	978	2732				B아2	538	1675	2238				C아2	454	886	2972			
A아3	541	821	2809				B아3	504	1581	2417				C아3	438	906	2957			
A아4	520	852	2775				B아4	461	1637	2356				C아4	425	898	2957			
A아5	508	835	2764				B아5	524	1423	2333				C아5	427	891	3037			
MEAN	560.60	892.00	2758.40					506.80	1648.00	2349.40					450.40	894.20	2970.80			
S.D.	52.94	77.48	37.81					29.05	181.76	71.00					34.20	7.89	39.84			
A바1	549	909	2821				B바1	584	1161	2119				C바1	474	805	3004			
A바2	565	937	2795				B바2	575	1165	2235				C바2	411	824	2882			
A바3	528	908	2850				B바3	585	1193	2124				C바3	426	861	2864			
A바4	477	811	2791				B바4	568	1154	2125				C바4	372	815	2842			
A바5	532	926	2897				B바5	528	1186	2236				C바5	426	878	2818			
MEAN	530.20	898.20	2830.80					568.00	1171.80	2167.80					421.80	836.60	2882.00			
S.D.	33.18	50.24	43.91					23.42	16.81	61.84					36.60	31.36	72.29			
A하1	630	992	2622				B하1	593	1165	2298				C하1	510	949	2723			
A하2	634	1010	2519				B하2	586	1165	2158				C하2	511	1027	2780			
A하3	621	972	2572				B하3	597	1174	2114				C하3	492	965	2771			
A하4	579	966	2516				B하4	574	1136	2029				C하4	493	1027	2712			
A하5	578	1011	2537				B하5	596	1130	2062				C하5	521	1044	2610			
MEAN	608.40	990.20	2553.20					589.20	1154.00	2132.20					505.40	1002.40	2719.20			
S.D.	27.70	20.89	44.45					9.52	19.63	104.96					12.54	42.40	67.77			
	문장 f1	f2	f3	단어 f1	f2	f3		문장 f1	f2	f3	단어 f1	f2	f3		문장 f1	f2	f3	단어 f1	f2	f3
A이1	이413	2501	3138	나리363	2425	3220	B이1	422	2358	2807	430	2176	2574	C이1	417	2148	3312	336	2362	3395
A이2	428	2489	2668	411	2333	3057	B이2	419	2310	2824	450	2137	2457	C이2	398	2503	3448	315	2197	3326
A이3	384	2442	2656	451	2280	2840	B이3	425	2214	2864	477	1969	2421	C이3	317	2366	3403	321	2211	3320
A이4	395	2382	3082	380	2197	2721	B이4	400	2191	2921	466	2155	2429	C이4	325	2035	2975	339	2324	3378
A이5	355	2530	3239	381	2245	2732	B이5	373	2268	2976	466	2129	2399	C이5	335	2103	3297	314	2352	3468
A이6	373	2463	3692	다리386	2290	3385	B이6	310	2438	2879	488	2251	2532	C이6	323	2156	3176	358	2368	3328
A이7	337	2502	3209	386	2369	3286	B이7	262	2518	3024	468	2298	2534	C이7	315	2268	3306	305	2167	3413
A이8				394	2390	3226	B이8				466	2275	2693	C이8				383	2313	3197
A이9				404	2413	2977	B이9				440	2275	2501	C이9				298	2323	3366
A이10				374	2277	2877	B이10				451	2291	2542	C이10				289	2318	3476
A이11				파리371	2498	3103	B이11				569	2095	2511	C이11				316	2308	3259
A이12				395	2386	2575	B이12				489	1904	2390	C이12				357	2321	3277
A이13				379	2370	2920	B이13				503	1966	2305	C이13				315	2113	3269
A이14				377	2254	2610	B이14				502	2010	2327	C이14				303	2143	3292
A이15				377	2212	2635	B이15				530	1885	2296	C이15				305	2116	2989
MEAN	378.67	2472.71	3097.71	392.42	2329.27	2944.27		373.00	2328.14	2899.29	479.67	2121.07	2460.73		347.14	2225.57	3273.86	326.86	2283.00	3375.4
S.D.	31.80	49.11	357.57	21.83	86.82	261.87		63.56	118.88	79.32	36.02	144.41	109.76		42.09	163.65	157.54	18.34	87.51	54.98
A에1	에655	2093		세606	2125		B에1	634	1777		610	1739		C에1	486	1862		460	2181	2723
A에2	572	2085		615	2102		B에2	598	1866		622	1791		C에2	539	1884		536	2064	3019
A에3	네611	2126		572	2012		B에3	597	1977		633	1990		C에3	424	2000		489	2013	3150
A에4	633	2206		604	2097		B에4	690	1842		568	1857		C에4	509	1976		409	2005	3122
A에5	473	2278		566	2020		B에5	602	1822		611	1806		C에5	459	1899		464	2070	3142
A에6	487	2104					B에6	612	1794					C에6	392	1934				
A에7	477	2099					B에7	598	1797					C에7	398	2017				
A에8							B에8							C에8						
A에9							B에9							C에9						

A에10							B에10							C에10						
MEAN	528.40	2141.57		589.25	2071.20			618.71	1839.29		608.80	1836.60			458.14	1938.86	#DIV/0!	471.60	2066.60	3031.20
S.D.	71.18	72.79		23.94	51.56			34.08	67.95		24.65	95.51			56.36	60.21	#DIV/0!	46.26	70.31	180.12
A애1	애 607	1812		개619	2103		B애1	651	1855		521	1828		C애1	446	1868		515	2009	
A애2	620	1848		575	1974		B애2	522	1876		519	1860		C애2	547	1858		549	1980	
A애3	506	1896		539	2066		B애3	760	1685		526	1771		C애3	453	1831		488	1927	
A애4	674	1697		503	2101		B애4	658	1847		524	1770		C애4	457	1911		445	1985	
A애5	개 528	2359		519	2297		B애5	개 583	1816		516	1840		C애5	개420	1979		469	2171	
A애6	479	2319		새585	1993		B애6	550	1668		616	1680		C애6	428	1998		493	1992	
A애7	512	2286		546	2098		B애7	565	1870		607	1682		C애7	452	1997		543	1827	
A애8	530	2203		617	2119		B애8	572	1893		581	1635		C애8	437	2016		479	1849	
A애9	457	2471		554	2111		B애9	574	1884		580	1648		C애9	473	2001		501	1933	
A애10	482	2203		553	2014		B애10	566	1731		554	1609		C애10	469	2039		464	1956	
A애11	463	2083		샛600	2140		B애11	623	1826		617	1696		C애11	403	2047		502	1941	
A애12	456	2260		493	2033		B애12	554	1755		626	1683		C애12	416	1956		462	1996	
A애13				528	2073		B애13	526	1903		600	1632		C애13	391	1983		465	1829	
A애14				584	2150		B애14				620	1643		C애14				453	1950	
A애15				541	2137		B애15				590	1658		C애15				401	2095	
MEAN	517.90	2119.75		546.00	2093.93			599.55	1808.83		573.13	1709.00			452.82	1958.42		481.93	1962.67	
S.D.	73.39	248.67		34.67	78.06			68.29	79.23		42.20	82.89			37.83	73.67		37.97	91.75	
A?1	하?ㄱ 581	1081	2749	가578	999	2812	B?1	501	1774	2426	566	980	2336	C?1	428	866	2511	543	833	2905
A?2	622	914	2647	508	1008	2832	B?2	446	907	2356	661	963	2365	C?2	496	919	2665	515	865	2842
A?3	519	874	2469	554	1035	2872	B?3	604	943	2070	689	1002	2291	C?3	428	926	2592	512	861	2864
A?4	565	886	2550	516	931	2849	B?4	531	903	2227	664	1160	2459	C?4	385	941	2685	511	896	2902
A?5	335	889	3198	562	960	2835	B?5	568	894	2086	667	1135	2294	C?5	470	857	2582	527	916	2859
A?6	522	927	3064	나644	940	2831	B?6	574	935	2468	509	1032	2488	C?6	416	921	2661	479	848	2899
A?7	561	1027	3093	594	994	2741	B?7	557	998	2357	437	1155	2460	C?7	475	853	2621	424	830	2892
A?8	574	1049	3060	603	939	2736	B?8	558	943	1903	440	1132	2569	C?8	484	956	2488	421	821	2872
A?9	614	1042	3042	589	1011	2743	B?9	538	957	2085	462	1187	2487	C?9	473	926	2535	405	844	2853
A?10				651	1018	2778	B?10				433	1155	2469	C?10				349	770	2993
A?11				다626	1039	2780	B?11				601	1063	2165	C?11				547	926	2803
A?12				614	979	2672	B?12				683	1083	2071	C?12				542	921	2746
A?13				659	1040	2755	B?13				738	1134	2153	C?13				516	930	2908
A?14				622	1046	2712	B?14				713	1155	2166	C?14				515	897	2939
A?15				663	1055	2684	B?15				738	1184	2212	C?15				506	887	2888
MEAN	539.00	965.44	2874.67	594.58	999.60	2775.47		541.89	1028.22	2219.78	600.07	1101.33	2332.33		450.56	907.22	2593.33	487.47	869.67	2877.67
S.D.	90.40	82.63	271.11	51.90	41.54	61.66		46.18	281.46	193.79	115.42	75.47	153.54		37.37	38.27	70.97	59.45	46.12	56.98
A아1	난796	1284		다773	1180		B아1	927	1538		786	1265		C아1	781	1514		744	1275	
A아2	702	1183		765	1098		B아2	997	1510		770	1250		C아2	784	1493		750	1175	
A아3	799	1227		729	1112		B아3	935	1530		777	1222		C아3	797	1487		712	1281	
A아4	724	1200		701	1201		B아4	981	1480		772	1372		C아4	727	1557		523	1135	
A아5	아681	1222		756	1263		B아5	914	1532		774	1313		C아5	757	1517		582	1257	
A아6	807	1284		783	1236		B아6	911	1512		769	1217		C아6	739	1488		654	1286	
A아7	797	1235		740	1332		B아7	757	1585		775	1163		C아7	750	1453		579	1214	
A아8	751	1290		805	1337		B아8				783	1167		C아8	785	1437		595	1240	
A아9	786	1297		806	1255		B아9				784	1342		C아9	788	1458		618	1263	
A아10				792	1329		B아10				781	1338		C아10				702	1382	
MEAN	766.57	1246.89		764.11	1234.30			917.43	1526.71		777.10	1264.90			767.56	1489.33		645.90	1250.80	
S.D.	41.26	42.66		36.10	86.86			78.06	32.25		6.08	74.08			24.80	37.10		78.23	67.30	40.00
A어1	건533	1009					B어1	615	1139					C어1	511	1077				
A어2	519	1008					B어2	596	1109					C어2	537	1086				
A어3	556	960					B어3	598	1153					C어3	510	1048				

A어4	526	1029					B어4	620	1211					C어4	526	1184				
A어5	528	1029					B어5	619	1230					C어5	510	1093				
A어6	530	1025					B어6	604	1248					C어6	437	1084				
A어7	551	999					B어7	627	1252					C어7	518	1219				
A어8	525	1179					B어8	624	1252					C어8	529	1172				
A어9	562	1137					B어9	618	1225					C어9	565	1165				
MEAN	537.13	1041.67						613.44	1202.11						515.89	1125.33				
S.D.	16.48	70.03						11.31	54.23						34.37	59.77				
A오1	농474	971					B오1	428	1098					C오1	342	876				
A오2	454	1092					B오2	416	1140					C오2	302	999				
A오3	498	1003					B오3	463	1093					C오3	293	978				
A오4	431	1036					B오4	470	1011					C오4	352	890				
A오5	476	1059					B오5	487	1011					C오5	373	898				
A오6	451	1059					B오6	532	854					C오6	341	914				
A오7							B오7							C오7						
MEAN	462.00	1036.67						466.00	1034.50						333.83	925.83				
S.D.	25.68	43.60						41.87	102.24						30.54	50.51				
A우1	부382	769		루409	954		B우1	404	1236		412	982		C우1	336	940		359	841	
A우2	366	680		411	966		B우2	410	1245		411	966		C우2	347	878		366	956	
A우3	434	888		384	987		B우3	599	1004		388	1001		C우3	274	1162		374	929	
A우4	430	987		341	994		B우4	577	945		340	993		C우4	340	937		388	984	
A우5	467	775		374	993		B우5	618	936		381	974		C우5	351	803		430	1017	
A우6	437	903		407	977		B우6	576	925		641	889		C우6	362	755		396	906	
A우7	434	946		416	983		B우7	502	1088		628	860		C우7	376	958		402	884	
A우8				471	977		B우8				597	820		C우8				397	923	
A우9				498	1009		B우9				570	1094		C우9				387	871	
A우10				411	977		B우10				544	1118		C우10				404	1021	
MEAN	428.00	849.71		412.56	981.70			526.57	1054.14		491.20	969.70			340.86	919.00	#DIV/0!	387.86	931.00	
S.D.	33.23	110.55		47.68	15.40			89.26	138.87		115.33	94.34			32.45	131.26	#DIV/0!	24.31	60.23	
A으1	글372	1847	2592	가슬449	1227	2675	B으1	369	1536	2399	472	923	2473	C으1	388	1539	2433	429	1440	2430
A으2	378	1449	2467	484	1142	2740	B으2	308	1602	2612	475	960	2550	C으2	397	1739	2518	474	1439	2585
A으3	330	1774	2580	441	1235	2799	B으3	374	1838	2579	522	868	2528	C으3	344	1591	2256	428	1340	2630
A으4	435	1423	2467	441	1291	2731	B으4	370	1651	2381	503	957	2356	C으4	360	1726	2379	466	1409	2717
A으5	423	1334	2555	485	1191	2773	B으5	347	1537	2682	474	822	2497	C으5	391	1591	2310	464	1536	2957
A으6	418	1621	2302	마슬467	1653	2848	B으6	460	1395	2321	555	1266	2377	C으6	409	1440	2287	393	1325	2847
A으7	을416	1603	2841	460	1157	2751	B으7	405	1713	2607	552	1156	2191	C으7	363	1805	3222	379	1307	2979
A으8				435	1142	2782	B으8				531	1122	2304					398	1280	3094
A으9				484	1198	2758	B으9				533	1123	2368					409	1334	2902
A으10				520	1094	2759	B으10				486	1071	2143					399	1254	2685
MEAN	396.80	1578.71	2543.43	468.75	1233.00	2761.60		376.14	1610.29	2511.57	510.30	1026.80	2378.70		378.86	1633.00	2486.43	433.29	1399.43	2735.[illegible]
S.D	43.04	188.61	164.49	29.55	157.92	45.27		47.35	142.22	140.73	32.48	141.99	138.05		23.42	128.51	336.76	37.17	81.21	203.4[illegible]

3. 훈민정음 기본모음 체계가 갖는 철학적 의미
– '•', 'ㅡ', 'ㅣ'를 중심으로 –

전 세계의 언어학자들이 한글을 훌륭한 언어로 평가하고 있다. 한글은 사용이 편리할 뿐만 아니라 과학적이고 합리적이며 독창적이라는 평가를 받고 있다. 한글은 어떤 면에서 이런 평가를 받게 된 것일까? 곧 어떤 점에서 과학적이며, 독창적이고, 또 왜 활용성이 뛰어난 것일까? 필자는 이 같은 의문에 대한 해답이 훈민정음에서 찾아질 수 있다고 본다. 훈민정음은 오늘날 우리가 사용하고 있는 한글의 뿌리라고 할 수 있기 때문이다.

오늘날 우리가 사용하고 있는 한글이 과학적이고 활용도가 높을 수 있는 이유를 어디에서 찾을 수 있을까? 우리는 훈민정음이 그만큼 조직적이며 보다 많은 가능성을 현실화시킬 수 있는 원리를 기초로 제작되었기 때문일 것이라는 가설을 제시하고 이를 입증하고자 한다. 이를 위해서는 훈민정음의 제작원리에 대한 탐구가 필수적이다. 이 글은 훈민정음이 어떤 원리에 기초해서 제작되었을까를 탐구하고자 하는 보다 큰 플랜의 일환으로서 훈민정음의 기본 모음(• , ㅡ, ㅣ)이 어떤 음성적 특징을 갖고 있는지, 그리고 그 세 음이 어떤 방식으로 조직, 구성되어 있는지를 해명해보고자 하였다. 그리고 이를 통해 훈민정음의 기본 모음 체계에 나타나는 음의 조직원리가 철학적으로 어떤 의미를 갖고 있는지를 알아보고자 하였다.

『훈민정음해례본』에서는 훈민정음 기본 모음의 음성적 특징에 대해 매우 소략하게 설명하고 있기 때문에 문헌적 연구만으로 위와 같은 과제를 수행하기 어렵다. 따라서 현대 음성학과 해부학의 도움을 받아 실험적으로 기본 모음의 특징을 살펴보고자 하였다.

1) 훈민정음 기본모음('•', 'ㅡ', 'ㅣ') 체계의 특징

훈민정음이 어째서 우수한 언어라고 할 수 있을까? 이는 우리 연구를 촉발시킨 중요한 문제의식 중 하나였다.134) 우리는 훈민정음의 우수성을 음성학적 측면에서 해명해보고자 하였다.135) 의식적인 측면에서의 차이보다는 그보다 의식 이전의 초기 단계인 음성 차원에서 근본 차이가 있으며, 그 차이에서 드러나는 훈민정음의 우수성을 찾아낼 수 있다는 발상에서였다. 다시 말해 훈민정음의 문자체계가 의식 이전의 영역에서 작동하는 음성정보를 조직하는 효과적인 체제를 갖추고 있기 때문에 다른 문자체계보다 우수할 수 있다는 발상을 확인하고자 하였다.

다양한 음성 자료를 비교할 수 있으나 유의미한 음성학적 분석 자료만을 토대로 결론을 도출해야 하기 때문에 각 문명권의 모음조직 체계만을 비교하여 결론을 내렸다. 국제음성학회(IPA)에서 정한 기본 모음의 체

134) 전 세계의 언어학자들이 훈민정음을 우수한 언어라고 말하고 있지만 구체적인 내용을 갖고 답한 경우는 거의 없다고 해도 과언이 아니다. 예를 들어 문자성과 구술성을 논하는 학자들은 서양의 알파벳, 특히 그리스 문자의 도입이 서양적 사유의 정착에 상당한 영향력을 행사했다는 점을 인정한다. 다른 언어와 달리 음성언어의 체제를 갖추었다는 점, 이전의 문자와는 달리 모음의 체계를 갖추고 있다는 점 등에서 그리스 문자의 특징을 찾아내고 이런 점들이 서양적 사유방식을 형성하게 만들었다는 점을 강조한곤 한다. 훈민정음은 그리스 문자와 마찬가지로 음성언어이면서, 모음의 체계를 완벽하게 갖춘 문자이다. 서구의 학자들이 분석한 바가 옳다면 우리나라 사람들도 서양 사람들과 마찬가지의 사유방식을 갖추고 있어야 한다는 결론을 내릴 수 있어야 한다. 대체로 서양의 언어학자들이 훈민정음의 우수성을 언급할 때는 자신들의 문자 체계와 같은 장점을 갖추고 있기 때문에 우수하다는 평가를 하곤 한다. 이 같은 방식의 평가는 서구중심주의적 평가방식이라는 데서 받아들이기 어렵기도 하지만 위에서와 같은 문제를 해명해주지 못한다는 점에서 완전하다고 보기 어렵다.

135) 『훈민정음 해례본』에서는 다음과 같이 말하고 있다. 今正音之作 初非智營而力索 但因其聲音而極其理而已 곧 적어도 생각보다는 소리의 지극한 이치에 기인하여 바른 음을 제작하였다는 말이다. 다만 우리는 여기서 음성에 아울러 발성기관의 해부학적 구조도 함께 고려하여 훈민정음의 음을 해명하고자 하였다. 참고 : 한태동, 『세종대의 음성학』(서울: 연세대학교 출판부, 2003) 14-26쪽. 이 글에서 채택하고 있는 방법론의 주요 요체는 한태동 선생의 저술에서 그 발상을 그대로 따왔다고 말할 수 있다. 다만 한 태동 선생의 훈민정음에 대한 분석이 과학적으로 엄밀하지 못한 측면이 많아서 구체적인 실험의 방법이나 실험의 결과 얻어진 수치나 영상, 그에 대한 분석의 방법 등은 새로이 마련하였다.

계 a, u, i를 기준으로 삼아 3개 국어의 a, u, i, 우리말의 아, 우, 이, 그리고 훈민정음의 '• ', 'ㅡ', 'ㅣ'를 비교하기로 하자. 이 비교에는 그동안의 실험을 통해 얻어진 음성의 물리적 특성을 나타내는 Formant와 발성 시 성도(vocal tract) 체적의 자료가 이용될 것이다.

(1) '• ', 'ㅡ', 'ㅣ'의 독립성

아래 표들에서 포먼트 값은 F2값을 나타낸다.

표# 1 <4개 국어와 훈민정음의 포먼트(F2값) 비교>

한국	아	1255	한국(제주)	•	967	중국	a	1205	인도	a	1114	희랍	a	1221
	으	1402		으	1607		u	1164		u	778		u	1377
	이	2261		이	2342		i	2677		i	2092		i	2372

* 훈민정음 • 음가측정은 제주도 노인들을 대상으로 녹취한 자료를 토대로 하였다.[136]

* F2 값을 비교 값으로 채택한 것은 F2 값이 조음기관에서 가장 가변적인 혀나 연구개, 입술의 변화를 가장 잘 나타내고 있기 때문이다.

일반적으로 음가 으에 대한 문자(ㅡ)는 한글에만 있는 것으로 알려져 있으며, '•' 음가에 대한 문자도 아직 알려진 바 없다. 다음 장에서 밝혀지겠지만 'u' 음가는 모음소라기보다는 복합음(또는 기본 모음에서 변형된 음)이기 때문에 음성 조직체계의 기본음 역할을 하기에는 부적합하다.

---

136) 우리는 아래 • 음가를 추정하기 위해 첫째, 문헌적 분석을 통해 대체적인 음가를 추정하였고, 둘째, 아래 • 음가가 남아 있다고 여겨지는 제주 방언을 녹취하여 실험 음성학적인 방식으로 접근하였다. 아래 • 음가의 확정 문제는 좀 더 연구가 필요하기는 하지만 지금까지의 실험음성학적 방식이나 문헌학적인 접근을 통하여 얻어진 자료만으로도 철학적 의미 탐색을 하기에 비교적 충분하다는 결론에 도달하였다. 참고: 성철재 · 김지형, "'·'에 대한 음향음성학적 분석 – 모음 사각도에서의 음가 위치 추정을 중심으로 –"/김지형, 훈민정음 모음자 체계에서의 아래아의 음성적 위치, 『어원연구』 7집 어원학회, 2005. 12./김지형, "전승한자음과 '·'의 음가", 『2005년 춘계 전국학술대회 발표문』 국제어문학회 2005.5.7/김지형, "東國正韻式 漢字音에서의 '·'의 音價" 『어문연구』 125집 한국어문교육연구회, 2005.3.31./김지형, 訓民正音의 消失文字 '·'의 音價推定 方法論, 『어원연구』 6집, 한국어원학회, 2004.4.

위의 도표에서 특기할 만한 것은 '으' 음이나 'u' 음을 기준으로 할 때, 으나 'u'가 현대 한글, 훈민정음, 그리스어에서는 아나 '으, a'나 'I'음 중간의 위치를 차지하지만 중국어와 인도어에서는 가장 낮은 값을 유지하고 있음을 알 수 있다. 무엇보다 중요한 것은 훈민정음 세 모음의 배치가 다른 언어에서의 모음 배치에 비해 가장 조화로운 관계를 유지하고 있다는 점이다. 아래 그림은 각 언어권의 '아, 으, 이(•, 으, 이 / a, u, i)'의 F2 값을 그래프로 표현해본 것이다.

그래프에서 확인할 수 있는 것처럼 세 기본 모음의 배치에 있어서 현대 한글의 '아'와 '으'나 중국, 그리스, 인도의 'a', 'u'는 거의 같은 영역에 분포되어 있으며 '이'나 'i'는 그 음들과 거리를 유지하고 있음을 알 수 있다. 곧 현대 한글, 중국어, 그리스어, 인도어의 경우는 거의 같은 패턴을 유지하고 있음을 알 수 있다. 이에 비해 제주 세 노인의 음성 녹취 결과로 나타난 '•, 으, 이'는 거의 등거리 수준에서의 위치를 차지하고 있음을 알 수 있다. 이는 '•, 으, 이'가 각기 독립성을 유지하고 있음을 보여준다. 현대 한글의 '아'와 '으', 기타 언어의 'a'와 'u'는 'i'에 비해서 독립적이라기보다는 함께 묶일 수 있음을 알 수 있으며 이는 'a'와 'u'가 어느 정도는 의존적임을 알 수 있다.

철학적으로 이론체계를 구성할 때, 기본 원리나 요소들이 갖춰야 할 세 가지 조건, 곧 기본 원리(요소)들 사이의 독립성(independency), 단순성(simplicity), 완전성(completeness) 가운데 독립성에 충실한 모음 체계는 훈민정음뿐임을 알 수 있다. 곧 훈민정음의 모음 조직은 세 가지 기본 모음의 상호 독립성을 충실히 구현하고 있는 체계라고 할 수 있는 것이다.

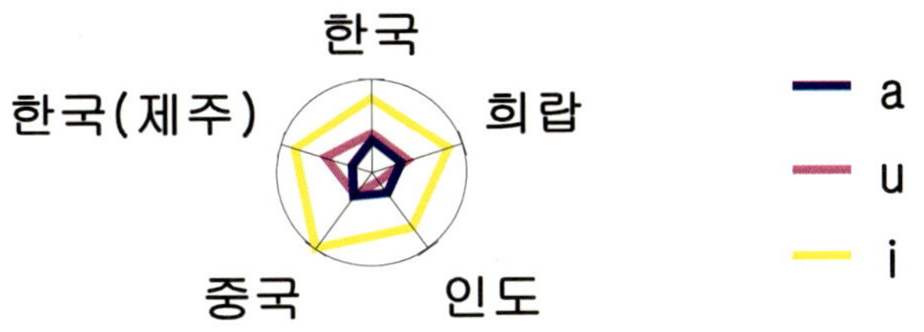

< 그림 5 > 아, 으, 이 / •, 으, 이(제주) / a, u, i, 값의 도식화

(2) •, 으, 이의 단순성

음향학을 통해 모음의 특질을 규명한 고전으로 일컬어지고 있는 Chiba와 Kajiyama의 1941년 저서(The Vowel: Its nature and structure, Tokyo, Kaiseikan)에 따르면 모음 'i'의 공명은 단일공명기의 공명과 일치하지만 'a'와 'u'의 공명은 이중공명기의 공명과 일치하는 것으로 밝혀졌다. 여기서 단일 공명기는 단순 공명 장치로서 중간에 최고 압력 수준과 최고 속력 수준의 굴곡이 없는 공명기를 의미하지만 이중 공명기는 공명장치의 중간에 최고 압력 점과 속도 점이 둘 이상 나타나는 공명기를 의미한다. 이는 'a'와 'u' 음은 성도의 구조가 복합적이어야만 나타날 수 있는 음이라는 것을 암시한다. 우리 팀의 영상자료를 통해서 얻어낸 수치를 통해서 이를 확인해보기로 하자.

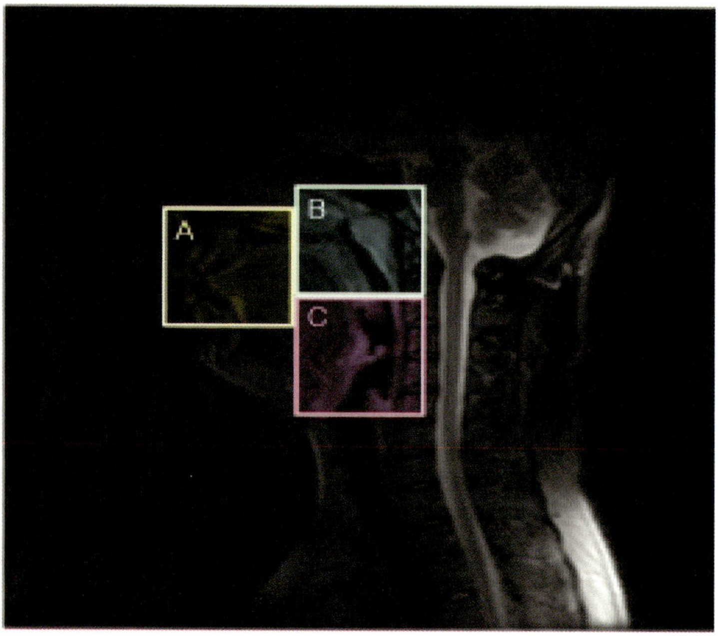

그림 6 성도(vocal tract)의 영역분할

각 언어권에서의 '아(a), 이(i), 으(u)' 음 발성시의 성도 체적 변화 수치를 통해 이를 살펴보기로 하자.

표 #2 < 아(a)와 •의 성도 체적 측정 수치 >

	a 영역	b 영역	c 영역	총합
한국인 남성 아	105.693	97.148	50.47	253.311
그리스 남성 a	90.8175	96.23	45.2135	232.261
인도인 남성 a	52.8435	30.731	31.934	115.5085
중국인 남성 a	93.2865	80.0465	33.19	206.523
제주여학생 •	77.69075	39.39263	28.48813	145.5715

* a 영역은 입술과 가깝고, b 영역은 인두강과 구강 사이 굴곡 부분이며, c 영역은 인강 부분을 나타낸다.
* 연구의 사정상 제주 노인들의 영상자료는 획득하지 못했고, 제주도 출신 여학생의 영상자료로 대체하였다.

도표에서 볼 수 있는 것처럼 한국인 남성과 그리스 남성, 중국인 남성의 성도 체적은 c 영역에서 b 영역으로 옮겨감에 따라서 체적이 급격히 증가하고 있음을 알 수 있다. 이런 수치 변화는 '아(a)' 발성 시 혀가 뒤쪽으로 수축되어 구강의 뒤쪽 끝 부분에 하나의 좁힘 점이 형성되고 있음을 보여준다. 곧 구강의 체적을 최대화하기 위해 설근 부분이 위로 올라가고 있음을 알려준다. 이럴 경우, 자연스럽게 성도에는 인강 부분과 구강 부분 사이의 경계선이 형성되고 이에 따라서 공명관이 이중으로 형성되고 있음을 알 수 있다. 다만 인도인 남성의 a 음 발성 시는 c 영역과 b 영역 사이의 체적이 거의 변화하지 않지만 a 영역에서 급격히 증가하고 있음을 볼 수 있다. 이 경우는 나머지 3개국 남성의 발성 패턴과 다른 양상을 보이고 있다. 인도인 남성의 발성 패턴이 이와 같이 다르게 나타나는 현상에 대해 어떻게 해석할 것이냐는 논란의 여지가 있을 것으로 본다.[137]

우리가 여기서 확인할 수 있는 것은 제주 여학생의 '•' 발성 시 c 영역에서 b 영역, 그리고 a 영역으로의 체적 변화가 점진적이고 단계적으로 증가하고 있음을 확인할 수 있다. 단 1인의 측정 자료만으로는 확언할 수 없기는 하지만, 이는 성도의 구조상 혀를 자연스러운 상태로 두고 입을 열었을 때 인강과 인강과 구강의 접점 영역 그리고 구강의 체적을 그대로 반영하고 있는 것으로 여겨진다. 이렇게 본다면 '•' 발성 시 성도는 자연스럽게 하나의 공명관을 형성하고 있는 것으로 볼 수 있다. 곧 성도가 단일 공명기의 역할을 하고 있는 것으로 볼 수 있다는 것이다. 특정 음을 발음하겠다는 의식적인 시도 없이 긴장 없는 상태에서 성도의 구조를 그대로 반영하고 있는 자연스러운 음이 '• '음이라고 할 수 있는 것이다. 이에 비해 '아(a)' 음 발성 시에는 3개국의 피험자에게서 확인할 수 있는 것처럼 성도의 자연적 구조가 혀의 움직임에 의해 인위적으로 조정되는 정도가 강화된다는 것을 알 수 있다.

으(u) 음을 살펴보기로 하자.

137) 한국인 남성의 경우에도 이와 같은 발성 패턴을 보이는 피험자가 있었다. 참고

한국인 남성 피험자 B	70.563	37.591	33.8	141.954

표 #3 < 으(u) 음 발성 시 성도의 체적 변화 >

vowel	a	b	c	total
한국인 남성 으	42.451	48.232	49.241	139.924
중국인 남성 u	63.9045	50.543	51.5435	165.991
인도인 남성 u	48.6525	22.6215	58.549	129.823
그리스 인 남성 ui	8.2525	11.516	61.143	80.9115

* 아쉽게도 그리스어의 경우, 단모음으로 발성할 수 있는 'u' 음이 없어서 'ui[y]' 음을 측정했다. 그에 따라서 'i' 음을 발성하는 경우와 거의 같은 패턴을 보여서 비교하기가 어렵다.

으와 'u' 음을 비교함에 있어서는 한국인과 중국인이 유사한 패턴을 인도인이 다른 패턴을 보이고 있음을 확인할 수 있었다. 한국인의 경우, '으'음 발성 시 a, b, c 영역의 체적 변화가 거의 없음을 확인할 수 있었다. 이는 인강과 인강 구강의 접점 영역, 구강이 거의 '—'자 형태를 유지하고 있음을 보여준다. 여기서도 '으'음 발성 시 성도는 단일 공명기의 역할을 하고 있다는 것을 확인할 수 있다. 이에 비해 중국인 피험자의 경우 a 영역의 체적이 조금이나마 증가하고 있으며, 인도인 피험자의 경우는 b 영역의 체적이 급격히 감소하고 있음을 보여준다. 이 경우에는 어떤 식으로든 좁힘점이 두 개가 형성되어 단일 공명기 역할을 하기 어렵다는 것을 확인할 수 있다. '으(u)'음의 비교에서도 한국인의 '으' 음이 단순성을 유지하고 있음을 확인할 수 있다.

참고로 한국인 피험자가 '우'음을 발성할 때의 체적 변화는 다음과 같다.

한국인 남성 우	56.636	45.69	50.168	152.494

같은 피험자가 '으'발음을 할 때와 '우'발음을 할 때, 체적의 변화 패턴이 다르다는 점을 확인할 수 있다. 변화의 정도가 미세하기는 하지만 인도인의 'u' 발성 시 나타나는 패턴과 유사함을 확인할 수 있다.

이(i) 음을 살펴보기로 하자.

표# 4 <이(i) 음 발성 시 성도의 체적 변화 >

vowel	a	b	c	total
한국인 남성 [이]	1.399	12.685	36.742	50.826
중국인 남성 [i]	8.81	18.978	70.281	98.069
인도인 남성 [i]	20.4665	29.973	56.8325	107.272
그리스인 남성 [i]	8.89	10.1755	60.0485	79.114

'이(i)'음 발성 시 특기할 만한 것은 4개 국 피험자의 발성 패턴이 유사하게 나타난다는 점이다. '아'음이나 '우'음의 경우에는 각 언어권의 발성 패턴이 상이했으나 'i' 음 발성 시에는 정도의 차이는 있으나 적어도 패턴상으로는 일치점을 보이고 있다는 점이 특이하다. 세계 각 언어에서 '이(i)'음에 대한 문자를 갖추고 있으며, 모음 사각도에서 독립성을 유지하고 있다는 점을 보더라도 'i' 음이 기본 음소의 역할을 하고 있다는 점은 확인되는 셈이다. 다만 중국인과 그리스 인의 경우, c 영역에서 b 영역으로 옮아감에 따라 체적의 감소 정도가 심하게 나타난다는 점, 인도인의 경우는 변화의 정도가 급격하지는 않지만 b 영역에서 c 영역으로 옮아가는 과정에서 체적의 변화가 극심하지 않다는 점, 4개 국 중에서 한국인의 경우가 c → b → a의 체적 변화가 완만하며 지속적인 감소세를 보이고 있다는 점이 특기할 만하다. 이로부터 적어도 한글의 이 발음이 단일 공명기의 역할을 할 가능성이 높다는 점을 추정할 수 있다.

이상에서 살펴본 바에 따르면 '아, •, a, 우, u, 으, 이, i' 가운데 복합적일 가능성이 가장 적고 단순성을 유지하고 있는 음은 '•, 으, 이'음임을 추정할 수 있다. 철학적으로 체계를 구성할 때, 단순성의 조건이란 어떤 경우에도 기본적인 원리나 원소가 다른 것으로 분해될 가능성이 없어야 함을 의미한다. 이상에서 살펴본 바에 따르면 기본 모음의 음성 체계에서 현대 한국어, 중국어, 인도어, 그리스어에서 이 같은 단순성의 조건을 충족시키고 있는 체계는 없다. 현대 한국어의 경우에는 '아'음을 단순하다고 보기 어려우며, 인도와 그리스어의 경우에는 복합적인 'a' 음을 기본 모음으로 책정하고 있다는 면은 차치하고라도 '으'를 표기할 수 있는 문자가 없다는 점이 한계가 될 것이다. 중국인의 음성 분류 체계에서는 '으'음이 있기는 하지만 적어도 현대 중국어에서는 이를 표기할 만한 문자 기호가 없으며 '•' 음가는 전혀 발견되지 않는다. 인체 발성구조의 자연스러움을 잘 구현하고 있다는 측면에서도, 기본 음소의 개념을 가장 잘 구현하고 있다는 측면에서도 '•, 으, 이'를 기본 모음으로 채택하고 있는 훈민정음의 모음체계가 가장 우수하다고 말할 수 있을 것이다.

(3) •, 으, 이의 완전성

체계가 갖춰야 할 조건 가운데, 기본 원리나 원소들 사이의 독립성, 단순성 이외에 중요하게 고려되어야 할 요소가 완전성이다. 곧 독립적인 단순한 기본 원리나 원소를 통해서 얼마나 다양한 영역을 포괄할 수 있는가를 측정하는 기준이 완전성이다. 단순성을 추구한다고 해서 가급적 적은 원리나 원소를 책정한다고 해도 포괄성이 떨어진다면 체계의 효율성이 떨어지기 때문이다. 그렇다면 훈민정음의 모음체계는 얼마나 많은 음운의 영역을 포괄할 수 있을까?[138] 훈민정음 해례본의 설명에 따르면 '• , ㅡ, ㅣ'로 발음할 수 있는 모든 모음을 산출하는 것이 가능하다. 곧 '•'에서 'ㅗ[139], ㅏ[140]가 ㅡ에서 ㅜ[141]와 ㅓ[142]'가 나오고, 다시 이 'ㅗ, ㅏ, ㅜ, ㅓ'가 각기 'ㅣ'와 결합하여 'ㅛ[143], ㅑ[144], ㅠ[145], ㅕ[146] '음이 만들어진다. 다시 이 11음이 상호 결합하여 모든 모음(중성)이 만들어질 수 있게 된다. 이와 같은 모음 소리의 제작 방식에서 특기할 만한 것은 단모음이든 복모음이든 상관없이 'ㅡ'와 'ㅣ'를 제외한 모든 모음에 '•' 음이 포함되어 있다는 것이다.[147] 곧 '·'가 음성학적으로 모음들을 산출해

---

138) 『훈민정음 해례본』에서의 훈민정음의 완전성에 관한 언급은 다음과 같은 구절에서 찾을 수 있다. 以二十八字而轉換無窮 簡而要 精而通//無所用而不備 無所往而不達. 雖風聲鶴 鷄鳴狗吠 皆可得而書矣.

139) '•' 와 'ㅗ'는 그 틀은 같으나 '•' 에 비해 'ㅗ'가 입의 모양이 오그라진다는 점에서 차이가 난다.(ㅗ與·同而口蹙)

140) '•' 와 'ㅏ'는 그 틀은 같으나 '•' 에 비해 'ㅏ' 발성 시 입모양이 펴진다는 점에서 다르다.(ㅏ與·同而口張)

141) ㅜ與ㅡ同而口蹙

142) ㅓ與ㅡ同而口張

143) ㅛ與ㅗ同而起於ㅣ

144) ㅑ與ㅏ同而起於ㅣ

145) ㅠ與ㅜ同而起於ㅣ

146) ㅕ與ㅓ同而起於ㅣ

내기 위한 가장 기본적인 음이라는 점을 보여준다. 해례본의 설명에 따르면 (모음) 문자의 형태는 '·'와 'ㅡ, ㅣ'의 결합에 의해 만들어진다. 그런데 적어도 문자의 형태와 절대적으로 상관되어 있다고 말할 수는 없지만 음성적으로도 이 세 가지 음이 결합하여 나머지 음들을 만들어내고 있다고는 말할 수 있다. 곧 이 세 가지 음이 결합하여 상당수의 음을 포섭할 수 있는 아주 포괄적인 음의 체계 구성이 가능하다고 말할 수 있게 된다.

세 가지 음을 토대로 거의 대부분의 모음의 음을 만들어낼 수 있다는 것을 실험음성학적으로 보여주는 일은 쉬운 과제가 아니다. 다만 우리는 '•' 음이 상당히 유연한(flexible) 음이라서 어떤 음과도 결합할 수 있는 특성을 지니고 있다는 점을 보여주고자 하였다. 그럼으로써 '•' 음을 토대로 나머지 모음들을 산출해낼 수 있다는 차후 결론으로 나가기 위한 디딤돌만을 놓을 수 있었다.

우리는 문헌학적인 분석과 실험 음성학적인 방법을 통해서 아래 '•' 음이 상당한 유연성(flexibility)을 갖춘 가변적인 음이라는 점을 확인할 수 있었다. 『훈민정음』의 「제자해」, '•' 가 문자적으로 소실되는 과정 추적, 『동국정운』에서 '•'로 표기된 한자음의 중국음과의 비교, 東音에서의 '•' 한자음의 변화과정을 추적한 결과 '•' 음은 특정 음으로 정해지지 않고 광범위한 음역을 갖추고 있는 유연한 음으로 추정할 수 있었다.

다음으로, 음향음성학적으로는 '•'의 잔존 형태로 믿어지는 제주 방언을 대상으로 포먼트 분석을 시도하였다. 이를 위하여 중세국어에서 '•'를 가진 어휘를 추출하여 이것의 제주 방언 형태를 수집하고, 이를 제주도 방언 화자의 육성을 녹취하여 음성분석 장치에 넣어 그 음역을 도출하였다. 이와 같이, 우리는 현대 제주 방언에 잔존한 것으로 믿어지는 '·'의 현지인 육성 자료를 음향음성학적으로 분석한 결과와, 문헌학적 연구결과를 비교, 검토함으로써 '·'의 음성적 실체를 규명하고자 하였다.

문헌학적 연구 결과, '·'는 넓게는 중설-저모음에서 후설-중모음의 음성 대역에 걸친 음으로 추정되었으며, 음향음성학적 분석의 결과는 다음의 그림들에서 확인할 수 있다.

147) ·之貫於八聲者 猶陽之統陰而周流萬物也. 'ㅡ'와 'ㅣ'음이 '·'음으로부터 만들어지지 않는다는 것은 앞에서도 언급한 것처럼 훈민정음 기본 모음체계의 독립성을 보여준다.

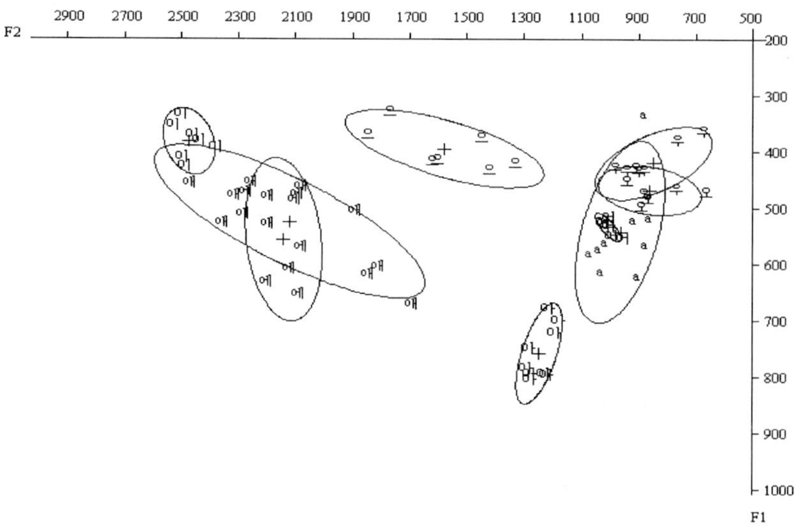

< 그림 6 > 제주 노인 A의 한국어 단모음 + 제주 [아래 '·'] F1/F2 plot, 문장 내 환경

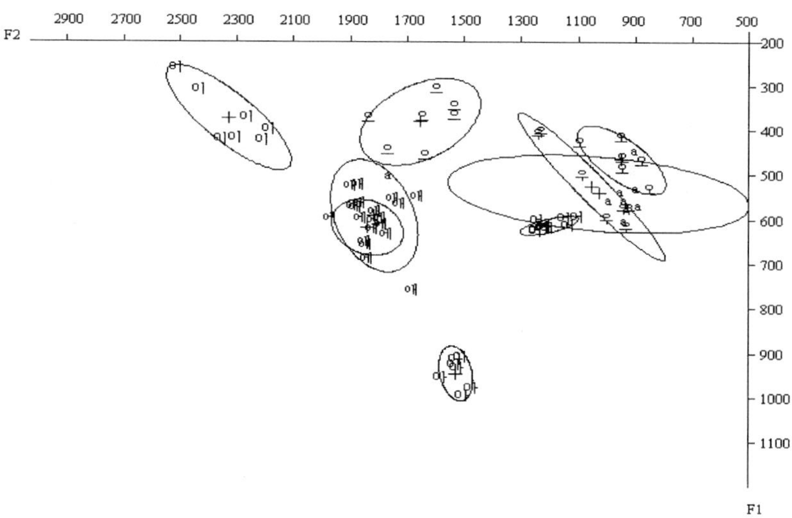

< 그림 7 > 제주 노인 B의 한국어 단모음 + 제주 [아래 '·'] F1/F2 plot, 문장 내 환경

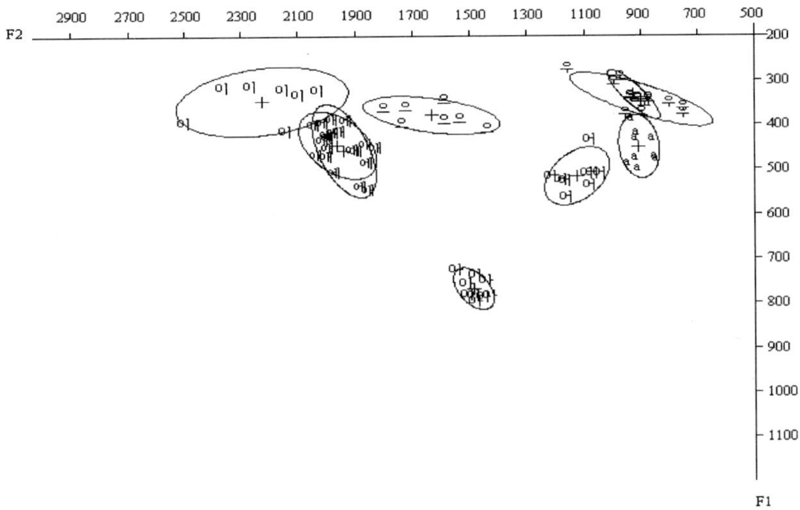

< 그림 8 > 제주 노인 C의 한국어 단모음 + 제주 [아래 '·'] F1/F2 plot, 문장 내 환경

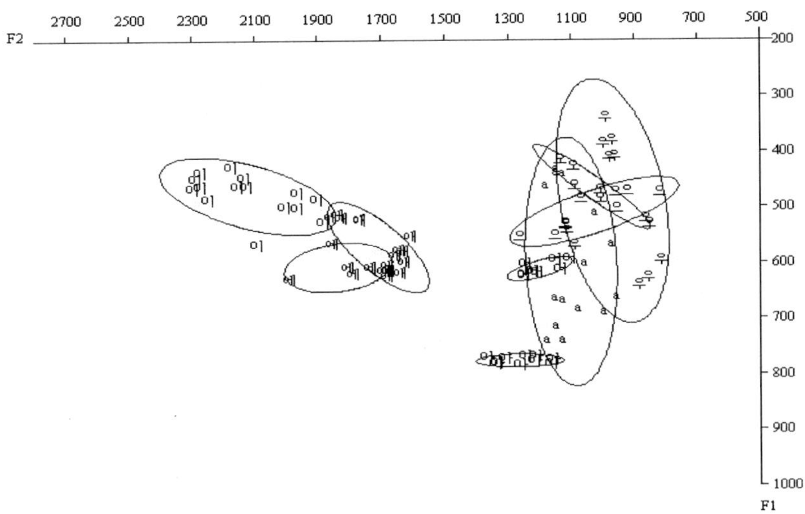

< 그림 9 > 제주 노인 A의 한국어 단모음 + 제주 [아래 '·'] F1/F2 plot, 낱말 내 환경

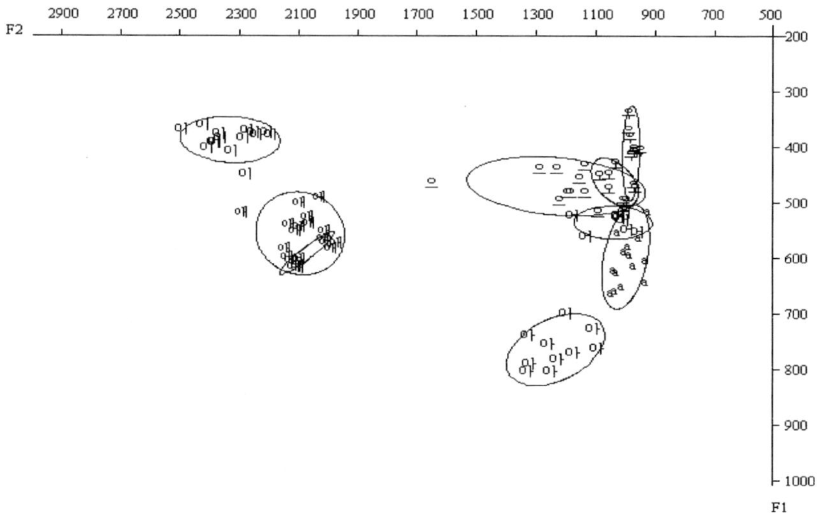

< 그림 10 > 제주 노인 B의 한국어 단모음 + 제주 [아래 '·'] F1/F2 plot, 낱말 내 환경

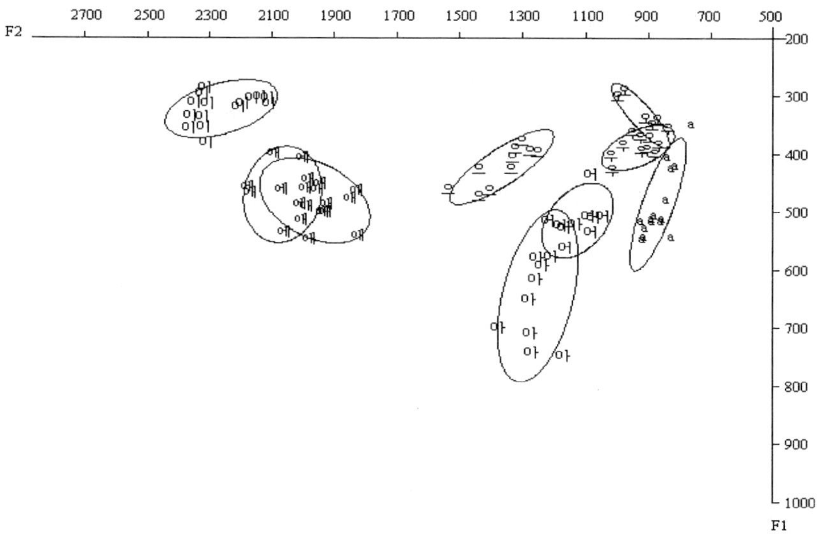

< 그림 11 > 제주 노인 C의 한국어 단모음 + 제주 [아래 '·'] F1/F2 plot, 낱말 내 환경

우리의 문헌학적, 음향 음성학적 분석에 따르면 '·' 음은 특정의 음으로 확정하기 어려운 광범위한 적용 가능성을 지닌 유연한 음임을 확인할 수 있었다. 정체를 명확하게 밝히기 어려운 음이라는 점에서 아래 '·'는 음가를 확정하기 어렵다. 그럼에도 '·' 음이 여러 음으로 흡수될 가능성을 가졌다는 점은 거꾸로 '·'가 모든 음의 기초가 되는 가장 원초적인 음소일 가능성을 높여준다고 하겠다.

거듭 말하지만 우리 연구의 한계는 여기까지이다. 훈민정음의 모음체계가 전 세계 모든 음가를 산출해낼 수 있는 가장 효율적인 체계라는 점, 곧 훈민정음 모음체계의 완전성의 규명을 위해서는 추가적인 연구가 필요할 것으로 본다.

(4) •, 으, 이의 체계성

우리의 연구에서 빠트려서는 안 될 부분이 훈민정음의 모음조직의 체계성이다. 이론체계의 근본 원리나 원소가 갖춰야 할 독립성, 단순성, 완전성의 조건 이외에 훈민정음의 기본 모음들 간에는 다른 곳에서 찾아볼 수 없는 체계적인 조직의 원리가 내재해 있다.

다시 표# 1로 돌아가 보자.

한국	아	1255	한국(제주)	•	967	중국	a	1205	인도	a	1114	희랍	a	1221
	으	1402		으	1607		u	1164		u	778		u	1377
	이	2261		이	2342		i	2677		i	2092		i	2372

위의 도표에서 '아(a, •)' 음과 '으(u)' 음, '으(u)' 음과 '이(i)' 음의 포먼트 값 증감을 다음과 같이 표로 그려보자.

표# 5 < 아(a), 으(u), 이(i) 음 F2값 차이 비교 >

제 주		현대한국		중 국		인 도		그리스	
으 - •	으 - 이	으 -아	으 - 이	u - a	u - i	u - a	u - i	u - a	u - i
+ 640	-735	+ 147	- 859	- 41	-1513	- 336	- 1314	+156	-995

* 그리스 인의 u 값은 ou 발음 값으로 대체하였다.

위의 도표에서 특기할 만한 것은 현대 한국어와 제주 노인들의 발음에서 '으' 값은 '아' 음과 '이' 음의 중간에 위치하고 있으나, 중국어, 인도어에서는 'u' 값이 가장 작은 값이 됨을 알 수 있다.[148] 그리스 인의 경우도 'u' 값이 중간 위치를 차지하고 있으나 그리스 인들의 'u'에 대한 포먼트 값이 부정확한 관계로 단언적으로 말할 수는 없다. 이와 같은 증감의 관계에서 우리가 관심을 기울이고자 하는 것은 '아(•, a), 으(u), 이(i)' 값들의 증감의 비례 관계이다.

< 현대한국어 >

* 으(1402) - 아(1255) = 147

'아'의 값은 개략적으로 '으(1402)' 값에서 1/10을 뺀 수치이다.

* 으(1402) - 이(2261) = - 859

'이'의 값은 개략적으로 '으(1402)' 값에서 6/10을 더한 수치이다.

< 훈민정음(제주노인) >

* 으(1607) - • = 640

'•'의 값은 개략적으로 '으' 값(1607)에서 4/10을 뺀 수치이다.

* 으(1607) - 이 = -735

'이'의 값은 개략적으로 '으' 값(1607)에서 5/10을 더한 수치이다.

< 중국어 >

* u(1164) - a(1205) = -41

'a'의 값은 개략적으로 'u' 값(1164)에 3/100을 더한 수치이다.

* u(1164) - i(2677) = -1513

'i'의 값은 개략적으로 'u' 값(1164)에 130/100을 더한 수치이다.

< 인도어 >

* u(778) - a(1114) = -336

'a'의 값은 개략적으로 'u(778)'에 43/100을 더한 수치이다.

148) 이는 중국과 인도어의 'u' 발성에서 b 영역의 체적이 작아지는 현상과 밀접한 연관이 있을 것으로 추정된다.

* u(778) - i(2092) = - 1314
' i'의 값은 개략적으로 'u(778)'에 170/100을 더한 수치이다.

< 그리스어 >
* u(1377) - a(1221) = 156
'a' 값은 개략적으로 'u 값(1377)'에서 11/100을 뺀 수치이다.
* u(1377) - i(2372) = - 995
'i '값은 개략적으로 'u 값(1377)'에 72/100을 더한 수치이다.

이상의 증감 비례 분석에서 우리가 확인할 수 있는 것은 현대 한국어와 그리스어의 관계가 유사하고, 중국어와 인도어가 'u' 값을 중심으로 할 때, i와 a의 값이 한쪽으로 편중되어 있다는 점이다. 이것이 무엇을 의미하는지는 조금 더 연구가 필요한 사항이다.

이런 점 이외에도 특히 훈민정음의 모음 체계와 그래도 근사하다고 할 수 있는 제주 노인의 포먼트 값을 비교해보면 특이한 사항이 나타난다. 곧 '으' 값을 기준으로 할 때, '• '값과 이 값이 거의 비슷한 비례로 더하거나 뺌으로써 정해진다. '으' 값에 특정의 비례치를 곱하여 나타난 수치를 더하거나 뺌으로써 '•'나 '으' 값이 정해진다고 하는 것은 특별한 의미를 지닌다고 할 수 있다. 그 수치가 통계적으로 어떤 값인지를 결정하지 않아도 우선은 '•, 으, 이' 사이에 특정의 비례관계가 성립한다는 점을 확인할 수 있다. 다른 언어에서는 '으(u)'를 기준으로 할 때, 기본 3모음 사이의 특정 비례 관계를 찾아보기 어려운데 비해서 훈민정음에서는 세 음 사이에 나타나는 특정의 관계를 염두에 두고 기본 모음을 정했다는 추정이 이로부터 가능해진다. 이로부터 우리는 훈민정음의 기본 모음이 특정의 관계식을 전제로 하여 설정되었으며, 이로부터 구성되는 여타의 모음들이 이 같은 관계와 체계적으로 연관되어 있다는 주장을 할 수 있게 된다. 곧 훈민정음의 모음체계는 단순히 문자의 형태에서 뿐만 아니라 음성의 체계에 있어서도 특정의 조직적인 체계를 갖추고 있다고 말할 수 있게 되는 것이다.

그렇다면 이것이 어떤 체계인가는 통계 자료의 부족, 음가의 소실, 기술적 발전의 미비 등으로 아직까지 밝히기가 쉽지는 않다. 그렇지만 앞으로 조음기관에 대한 실시간 고속촬영의 기법을 동원하여 영상자료를 획득하고, 통계적으로 의미 있는 결과를 산출할 수 있는 피험자들을 동원하여 음성 분석을 시도한다면 훈민정음의 모음 체계가 어떤 질서로 짜여 있는지를 알아낼 수 있을 것으로 본다.

2) 훈민정음 모음체계 구성의 철학적 의미 및 향후 과제

본 연구는 원래 훈민정음의 제자원리를 철학적으로 살펴보려는 목표를 갖고 출발하였다. 그렇지만 연구의 결과, 훈민정음 기본 모음체계의 대체적인 특징과 체계성을 알아보는 선에서 그칠 수밖에 없었다. 사변적인 차원이 아니라 현대의 첨단 과학기법을 이용하여 실증적인 차원에서 훈민정음 전체계의 우수성을 밝혀내기 위해서는 아직도 갈 길이 멀다는 것을 실감하는 계기가 되었다. 훈민정음의 전 체계에 관한 작업은 워낙 방대한 양이 되겠기에 여기서는 훈민정음 기본 모음의 조직방식과 체계에 관한 것만을 다루게 되었다.149) 이제까지의 연구결과로 찾을 수 있는 두 가지 의미를 언급하고 이것이 가져오는 파급효과를 간략하게 언급하기로 한다.

첫째, 훈민정음의 모음 음성체계는 의식 이전의 정보를 조직, 구성하고 있다. 인간의 사유로 애써서 체계를 구성하고자 한 것이 아니라 소리(음성)의 (조직) 이치를 따라서 바른 소리를 만들고자 한 것이다.150) 이것이 철학적으로 어떤 의미를 갖는 것일까? 앞에서 밝힌 것처럼 인간 말소리(speech sound)는 의식 이전에(preconsciously) 인간 생체가 정보를 조직함으로써 나타나는 조음(調音, articulated sound)이다. 따라서 말소리에는

149) 우리 연구의 폭을 이렇게 제한한 것은 실험 음성학적으로 확인 가능한 수준에서만 결론을 내리고 싶었기 때문이다. 현대음성학에서도 자음에 관한 (과학적) 분석은 가능하지 않기 때문에 훈민정음의 전체 음에 대한 엄밀한 실증적 결론을 내릴 수는 없다. 그렇지만 적어도 훈민정음 해례본에 따르면 훈민정음 전체가 인간의 생각이 아니라 음성의 이치에 따라 제작되고 조직되었다는 결론이 가능하다. 이와 같은 결론을 받쳐주기 위해서는 향후 상당한 정도의 후속 연구가 있어야 할 것이다.

150) 今正音之作 初非智營而力索 但因其聲音而極其理而已

인간의 발성기관(넓게는 인간생체)의 조음방식(정보조직의 원리)이 들어 있게 된다. 이를 조금 일반화해보면 훈민정음은 인간생체의 정보조직 방식이나 원리를 반영하고 있다고 말할 수 있다.[151] 이런 점에서 훈민정음의 체계는 사유로 구성하는 체계라기보다는 생체(몸)의 정보조직을 반영하는 체계라고 말할 수 있다.[152] 곧 소리의 이치에 따라 바른 음을 밝히고자 하는 세종대왕의 문제는 인공적인 방식으로가 아니라(not artificial) 인간의 생체를 통해 자연스러운 방식(natural way)으로 발성되는 음[153]을 규명하는 문제라고 할 수 있다. 이에 따라 훈민정음에서 제기하는 철학적 문제는 언어, 사유, 의미, 논리가 중심이 되는 것이 아니라 그것들로 해명하기 어려운 인간 몸의 자연스러운 질서가 중심이 된다고 말할 수 있다. 어떤 면에서는 훈민정음 연구를 통해 철학적 문제의 중심이 언어, 사유, 의미, 논리로부터 그것들의 바탕을 이루는 생체의 질서나 패턴으로 이동하게 되는 계기를 찾을 수 있다.[154]

둘째, 훈민정음 기본 모음의 조직은 어느 체계보다도 완벽하다고 말할 수 있다. 어떠한 체계든 체계를 구성하는 데는 충족시켜야 할 몇 가지 조건이 있다. 이론 체계에 포함된 내용이 옳고 그르냐에 상관없이 이론 체계의 구성을 위해서는 근본적인 원리나 요소들 간의 관계에 충족시켜야 할 조건이 있게 마련이다.[155] 훈민정음의 모음체계에서 가장 기본적인 음은 '• ㅡ ㅣ'이다. 이 세 가지 음들이 가장 기초적인 원소(basic element)로서의 기본 음소(phoneme)라고 할 수 있다. 이 세 가지 기본 음소를 갖고 인간이나 동물들이 낼 수 있는 모든 모음 소리를 만들어내고자 한 것이 훈민정음의 제작 의도라고 할 수 있는 것이다. 앞에서 살펴

151) 이는 훈민정음의 자음이 사람 발성 기관의 형체를 본 따서 만들어졌다는 점과 일맥상통한다고 말할 수 있다.(곧 자음은 발성기관의 형태(形)를 본 따고 모음은 발성기관이 낼 수 있는 가장 기본적인 소리(聲)를 토대로 제작되었다고 말할 수 있다.)

152) 훈민정음의 모음에 발성기관이 소리를 조직하는 방식이 반영되고 있다는 점은 구술성과 문자성을 논하는 학자들의 난제를 해결해준다.

153) 天地自然之聲 以通萬物之情

154) 이에 대해서는 19세기 말이나 20세기 초의 생철학이 있지 않느냐고 말할 사람도 있을 수 있으나 사유를 통해 삶을 밝히는 것과 삶의 자연스러운 질서나 패턴을 사유를 가급적이면 배제하고 드러내는 작업은 다르다고 말할 수 있겠다.

155) 이런 점에서 훈민정음의 모음체계에 관한 평가는 일종의 메타적 성격을 띤다고 할 수 있다.

본 것처럼 이 세 가지 음들은 체계의 평가 기준이라고 할 수 있는 독립성, 단순성, 완전성을 충분히 충족시켜주고 있다. 곧 다른 언어권(중국, 인도, 희랍)의 기본 모음들과 비교할 때, 세 가지 음들이 상호 환원되지 않고 의존적이지 않다는 점에서 독립적(independent)이며, 그 이상의 하위 음소로 분해되지 않는다는 점에서 단순하며(simple)[156], 세 음으로 인간이나 동물들이 낼 수 있는 모든 음들을 조직해낼 수 있다는 점에서 완전하다(complete)고 말할 수 있다.[157]

훈민정음 기본 모음체계를 논할 때 빠트릴 수 없는 부분이 기본 세 모음 사이에서 특정의 질서관계를 찾을 수 있다는 점이다. 곧 범어, 희랍어, 중국어에서의 기본 모음들 사이에서는 특정의 질서관계를 찾기가 어려웠지만 훈민정음에서는 세 모음 사이에 일정한 수를 빼고 더하는 관계가 성립함으로써 세 음 사이에 특정의 비례관계를 찾을 수 있는 가능성이 열려 있다는 점을 확인할 수 있다. 통계 자료의 부족, 음가의 소실, 영상 취득 기술의 한계 때문에 세 모음 사이에 성립하는 비례관계를 명시적으로 정확하게 말할 수는 없으나 현재 수준에서 적어도 다른 언어권의 모음체계에서는 발견되지 않는 비례관계가 있다는 점 정도는 말할 수 있다.

이상이 실험음성학과 해부학(및 진단 방사선의학)을 결합하여 훈민정음의 모음체계를 연구하여 내릴 수 있는 철학적 결론 중 중요한 두 가지이다. 위 두 가지 의미를 결합하여 훈민정음의 모음체계에 관한 연구를 확대하고 일반화시켜보면 다음과 같은 결론을 내릴 수 있을 것이다.[158]

---

156) 이 점에서 훈민정음의 기본 세 모음은 다른 음들을 구성해내기는 하지만 다른 음들로 구성해낼 수는 없는 가장 기초적인 음이라고 말할 수 있다. 어떤 면에서 '•' 의 경우는 'ㅡ, ㅣ'를 제외한 나머지 음들의 구성에 참여하고 있다는 점에서 절대 음소(absolute phoneme)라고도 할 수 있다.(이 점은 추가 연구가 필요할 것으로 본다.)

157) 훈민정음 기본 모음체계의 완전성과 관련해서는 확정적인 주장을 할 수는 없다. 그러나 적어도 '•' 가 갖고 있는 음의 유연성(flexibility)에 비춰볼 때, 그리고 훈민정음 해례본에 나타나는 주장에 비춰볼 때 세 가지 음을 갖고 나머지 모든 모음을 구성해낼 수 있다는 것을 미루어 짐작할 수 있다. 이에 대해서는 IPA의 음성기호(발음기호)를 훈민정음의 세 모음으로 얼마나 구성할 수 있는지에 대해 실험적인 연구가 후속되어야 할 것으로 본다.

158) 이런 결론을 내리기 위해서는 추가적인 실험과 연구가 뒤따라야 함은 물론이다.

훈민정음은 인간의 사유로 추정할 수 있는 논리적으로 가능한 경우의 수를 배치하거나 조합함으로써 만들어낸 추상 언어(abstract language), 인위적 언어(artificial language)라기보다는 자연스러운 생체의 음조직방식과 기본적인 요소들 사이에 성립하는 생체질서가 반영된 자연적 언어 또는 생체언어라고 말할 수 있다. 이 주장이 옳다면 훈민정음에 관한 연구는 사유의 지평에 귀속되는 연구라기보다는 생체의 질서를 규명하는 연구가 될 것이다. 인간 사유의 한계가 거론되고 있는 현대에 이르러 훈민정음에 관한 연구는 사유의 지평을 벗어난 새로운 영역을 개척할 수 있는 좋은 계기가 될 것으로 본다.

이상과 같은 연구의 결과가 가져올 수 있는 몇 가지 파급효과를 살펴보기로 하자.

훈민정음을 추상 언어나 인공언어가 아니라 생체의 질서를 반영하는 자연언어로 규정할 수 있다면 구술성(orality)과 문자성(literacy)에 관한 연구에서의 중요한 난문을 해결할 수 있게 된다. 일반적으로 상형문자나 설형문자, 표의문자 등과 달리 표음문자는 형태나 뜻과 무관하게 음을 표기함으로써 만들어지기 때문에 여타의 문자들에 비해 더 일찍 추상적 사유가 발전하고, 특히 희랍어의 알파벳에는 자음 이외에 모음이 첨가됨으로써 다른 문화권보다 추상적인 사유가 일찍 그리고 고도로 발전하게 되었다고 본다.[159] 그렇지만 이 같은 주장은 한글을 보면 설득력이 없어진다. 곧 한글은 표음문자이면서도 자체 내에 완벽한 모음체계가 갖춰져 있기 때문에 이를 사용하는 한국 사람들은 주변 사람들에 비해 추상적인 사유체계가 발전해야만 한다. 그렇지만 이렇게 말하기는 어려운 것이 현실이다. 우리의 연구를 통해 보면 이 같은 상황은 다음처럼 풀이된다. 훈민정음은 자모음체계를 함께 구비한 표음문자이기는 하지만 문자나 소리에 이미 생체(몸)의 질서가 반영되어 있기 때문에 추상적인 사유가 발달하기 보다는 삶과 몸에 뿌리박은 사유방식이 발달할 가능성이 있다.

훈민정음의 모음체계가 우리가 앞에서 밝힌 것처럼 자체로 체계적으로 단순하며, 독립적이고 완전하다고 할 수 있다면 국제음성학협회(IPA)

159) 모음이 포함된 문자 체계는 쓰인 문자의 소리를 판독하고 뜻을 이해하기 위해 주변상황이나 발설하는 사람을 고려할 필요가 없게 된다. 곧 글자체계 자체가 현실적인 상황으로부터 독립적인 지위를 가질 수 있게 됨으로써 추상적인 사유가 발전하게 된다는 것이다.

의 모음 사각도는 다시 그려져야 할 것으로 본다. 모음 사각도의 네 꼭짓점(a, ɑ, u, i)은 발음할 때 혀의 높낮이, 앞뒤위치, 입술 모양을 참조하여 극(極)에 해당되는 음 네 가지를 설정한 것이다. 모음 발음 시 혀의 높낮이나 전후 위치, 입술의 모양이나 개폐 정도가 중요한 역할을 하기는 하지만 그것을 기준으로 삼아 극점에 위치하는 음들이 꼭 기초적인 음소(phoneme)의 역할을 한다고 보기는 어렵다. 만약 훈민정음의 '•, ㅡ. ㅣ'가 훈민정음 해례본에서 밝힌 바대로 나머지 모든 모음들을 산출해낼 수 있는 기본 음소의 역할을 한다면 국제 음성학협회의 모음 사각도는 훈민정음 세 모음(• ㅡ ㅣ)을 기본 음으로 하는 모음 삼각도160)로 바뀌어야 할 것으로 본다.161)

---

160) 훈민정음 세 모음을 삼각도로 그려야 한다는 필자의 주장은 음성학적으로 설득력을 갖지 못한다는 점이 논평자의 지적으로 밝혀졌다. 논평자께서 참고로 제시해준 다음과 같은 한글 모음의 편성도에 적극 동의하는 바이다.

ㄱ.

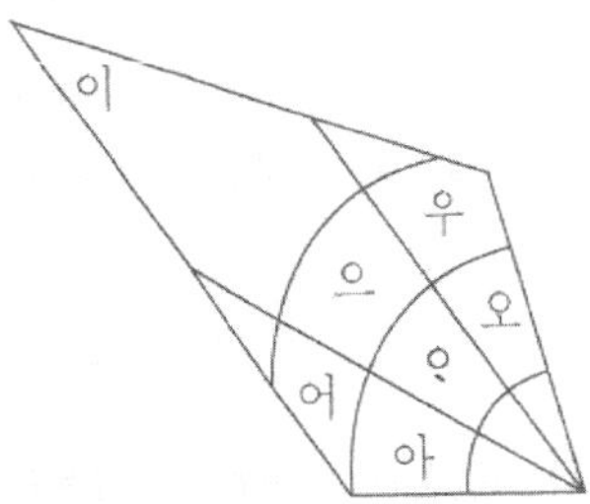

ㄴ.

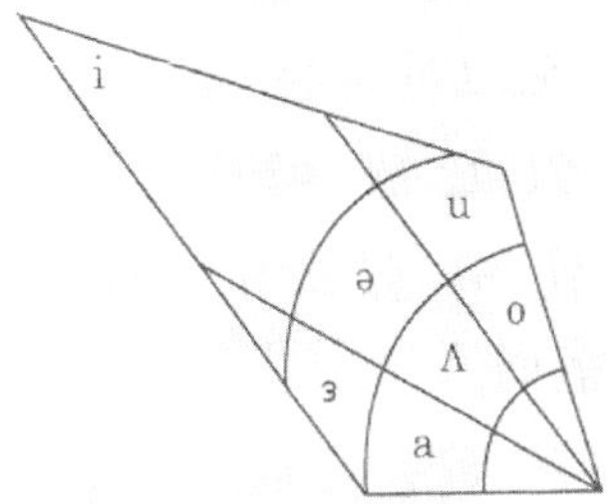

김차균 선생님의 모음 배치도는 실험음성학적인 결과와도 일치할 뿐 아니라 훈민정음의 모음 구성 방식을 제대로 반영한 배치를 보여주고 있다고 말할 수 있다.

161) 사실상 해례본의 주장은 두 가지로 나누어볼 수 있는데, 그 하나는 세 모음이 기본음이라는 것이고 다른 하나는 그 기본음으로부터 나머지 모음의 소리를 다 끌어낼 수 있다는 주장이다. 우리의 연구에서 분명히 확인할 수 있었던 것은 세 모음이 기본 음소로서의 특징이나 기능을 충분히 갖추고 있다는 점이었다. 다른 하나의 주장, 곧 세 모음으로부터 나머지 모든 모음 소리를 끌어낼 수 있다는 주장은 실험음성학이나 해부학적 연구를 통해서 충분히 입증되지 못했다. 다만 우리는 세 모음을 바탕으로 구성되는 모음 체계가 완전성을 갖출 가능성, 곧 세 모음으로부터 나머지 모든 모음 소리를 구현해낼 가능성이 충분히 있다는 점을 확신할 수 있었다. 훈민정음의 '•' 음이 정체 규명은 쉽지 않지만 어떤 음과도 쉽게 결합할 수 있는 친화성과 유연성을 갖춘 음이라는 점으로부터 훈민정음의 모음체계가 완전성을 구비하고 있을 가능성이 높다는 결

우리 연구의 결론이 옳다면 훈민정음은 인간이 발성할 수 있는 자연스러운 음의 조직방식을 바탕으로 창제된 문자체계이다. 곧 문자에 이미 생체의 음조직 체계가 구현되어 있다고 할 수 있다. 이는 훈민정음이 단순히 우리나라만의 말과 글이 아니라 전 세계 공통의 언어체계로 자리매김할 자질이 충분히 있음을 보여준다. 한글, 일본어, 중국어, 영어, 아랍어, 히브리어 등에서 확인할 수 있는 것처럼 각 나라의 문자는 서로 다르다. 문자가 다름에도 우리가 사전을 보고 각 나라의 단어들을 발음할 수 있는 것은 국제음성학협회(IPA)에서 정해 놓은 발음기호 덕분이라고 할 수 있다. 곧 문자 체계와 별도로 소리를 나타내기 위한 기호를 따로 마련하고 있기 때문이다. 훈민정음은 문자이면서 동시에 소리내기 위한 기호의 역할을 동시에 하고 있다는 점에서 발음기호를 별도로 마련할 필요가 없다. 이런 점에서 IPA의 발음기호가 전 세계 소리언어 역할을 하고 있는 것처럼 훈민정음은 자체로 전 세계 언어의 바탕이 되는 소리언어의 역할을 할 수 있다. 곧 훈민정음은 한 국가만을 위한 언어라기보다는 조음기관을 가진 인간들 모두를 위한 언어라고 할 수 있게 되는 것이다. 다시 말해 훈민정음은 전 세계 모든 언어의 典範(paradeigma)이 될 만하다고 본다.

미루어 짐작할 수 있다. 이 점을 확증하기 위해서는 추가적인 연구가 있어야 할 것으로 본다.

Ⅳ. 맺음말

모든 연구가 어렵지만 학제적 연구는 특히 그렇다. 사변을 통해 제기된 철학적 문제 하나를 풀기 위해 실험적으로 접근하는 일은 글자그대로 죽을 고생을 해도 성공하기 어렵다. 수많은 난관이 있었지만 가장 어려운 점 하나를 꼽으라고 한다면 역시 의사소통의 문제라고 할 수 있다. 각 분야의 연구자들은 다 같이 한국 사람이고 우리말을 사용하고는 있지만 생각하는 방식이나 태도, 문제에 접근하는 방식, 사용하는 언어가 다 제 각기였다. 서로 다른 언어를 사용하는 사람들이 처음 만나 대화하는 것만큼이나 의사소통에 심각한 어려움이 있었다. 구체적인 실험 현장에서 작업하는 연구자에게 철학이나 언어학에서 제기하는 문제는 지나치게 사변적이어서 공허하게 여겨질 뿐이었고, 인문학자들에게 실험현장의 목소리는 무의미한 부호처럼 여겨졌다. 그 과정에서 연구자들 사이에 심각한 의견 다툼도 있었고 그에 따라 연구 진행이 삐걱거린 적이 한두 번이 아니었고, 때로는 연구를 그만두고 싶은 적도 있었다.

다행히 연구 참여자들이 비교적 순수하게 학문적 연구에 종사한 사람들이었고 순수한 학문적 열정으로 그나마 소기의 성과를 달성할 수 있었다. 그 동안 연구에 참여하여 싸움도 하고 의논도 한 여러 연구자들에게 감사한다. 출발점에서는 유의미하다고 확신했던 문제의식도 상이한 분야의 연구자들과 대화를 나눠본 결과 의욕만 앞선 과도한 연구목표임이 판명되었고, 그에 따라 연구 목표를 축소 조정한 적이 많았다. 그 동안의 연구과정을 한 마디로 요약하라고 한다면 좌절을 통한 시행착오의 과정으로 정리하고 싶다.

어려운 과정이기는 했지만 학제 간 연구의 모델 하나를 정립할 수 있었다는 것으로 위안을 삼고 싶다. 성공적인 학제 간 연구가 되기 위해서는 정확한 (인문학적) 문제제기-문제를 풀어낼 수 있는 인문학적(철학적) 연구방법론 확립-그에 기초한 각 분야에서의 실행 방법론 정립-실행방법론에 기초한 정확하고도 엄밀한 실험-실험 데이터 축적(1차 자료) - 실험 데이터에 대한 인문학연구자와 실험종사자들의 합동 독해(2차 자료) - 2차 자료에 대한 인문학연구자들의 의미 추적(3차 자료) - 3차 자료가 갖는 사상적(언어학적) 위상 확립이라는 절차를 밟아야 한다는 것을 알게 되었다. 지나고 나서는 그 과정을 일목요연하게 정리할 수 있지만 수많은 토론과 시행착오를 거쳐야만 겨우 한걸음씩 앞으로 나갈 수 있었다.

애초의 연구 목표보다는 많이 축소되어 보잘것없어 보이지만 지금까지의 연구결과는 다음과 같이 정리할 수 있다.

1. 한글, 특히 훈민정음의 음성 체계는 세계 어느 나라의 언어보다 음성학적으로 우수하게 조직되었다.

1) 훈민정음의 기본 모음체계는 여타 언어권에 비해 체계적으로 완벽하다. 체계에 대한 평가기준역할을 하는 기본 원리(음소)들의 단순성, 독립성, 완전성을 고루 갖추고 있으며, 더 나아가 기본 음소들 간의 유기적인 연관성까지도 확인할 수 있다.

2) 훈민정음은 인간의 사유로 추정할 수 있는 경우를 따지거나 조합함으로써 만들어낸 인위적 언어(artificial language)라기보다는 생체의 음조직방식과 기본 요소들 간의 생체질서가 반영된 자연적 언어 또는 생체언어라고 말할 수 있다. 따라서 한글 사용자들에게는 추상적인 사유보다는 삶과 몸에 뿌리박은 사유가 발달할 가능성이 있다.

3) 국제음성학협회의 음성적 표준은 훈민정음의 음 체계에 따라 재구성될 필요가 있다.

4) 훈민정음은 문자 기호(시각기호)이기도 하지만 소리기호(청각기호, 발음기호)이기도 하다. 세계 각국의 서로 다른 문자를 읽기 위해 국제음성학협회(IPA)에서 제작한 발음기호의 역할을 문자의 형태로 구현하고 있는 것이 훈민정음이다. 따라서 훈민정음은 전 세계 모든 언어의 전범(典範) 역할을 할 수 있다.

2. 문자 인식의 초기 단계에서는 대체적으로 보편적인 인지 과정이 작동하고 있다.

언어에 관한 심리학적 인지 실험에서는 애초에 각 나라 문자를 인지하는 과정에서 작동하는 인지 방식의 차이를 해명하고자 하였다. 그러나 이 같은 연구 목표는 철학적 문제의식으로는 의미가 있다고 할 수 있으나 구체적인 실험의 결과를 끌어내기에는 과도한 목표라는 점이 확인되었다. 곧 문자인지 방식의 차이를 알아내기 위해서는 미세한 시각정보처리 과정에 대한 해명이 이루어져야 하나 이 같은 연구를 위해서는 시각기호에 대한 광학적 연구, 시각 정보에 대한 시각기관의 세부적인 정보처리 방식에 관한 연구, 이렇게 얻어진 시각정보 자료에 대한 두뇌의 정보처리 방식에 관한 연구 등이 병행되어야 한다. 그러나 이는 뇌과학 분야에서도 이제 겨우 초보적인 연구가 진행되고 있어서 이에 대한 종합적이고도 전체적인 연구를 시행하는 것은 역부족이라고 할 수 있다. 철학적 문제의식을 구체적인 실험현장의 연구결과를 통해 해명하는 것은 지난한 과제라는 점을 절감할 수 있었다.

더 나아가 언어에 관한 실험심리학적 인지 효과에 관한 연구에서도 실험의 결과에 대한 철학적이고도 언어학적 결론을 끌어내는 데 상당한 정도의 간격이 있다는 점만을 확인할 수 있었다. 실험의 결과가 심리학적으로는 유의미할 수 있었으나 그것이 언어학적, 철학적으로 어떤 의미를 갖느냐는 점에 대해서는 어느 누구도 그렇게 해석해본 적이 없어서 함부로 어떤 결론을 끄집어내기 어려웠다. 다만 단어 인지의 원초적인 단계에서는 각 언어권의 인지가 크게 다르지 않다는 점을 확인할 수 있었다.

한국인을 대상으로 낱자와 단어를 제시하여 실험한 결과 단어 안에서 자소에 대한 지각이 훨씬 용이하게 나타난다는 점을 확인할 수 있었다. 한글이 영어(희랍어, 범어)나 중국어와 달리 음절 단위에서의 지각도 가능하기 때문에 특이한 패턴을 보일 것으로 기대했으나 자소 식별에 있어서 단어우월 효과가 나타나는 것을 보면 문자인지의 초기 단계에서는 각 언어별로 차이를 찾아보기 어려움이 확인되었다.

3. 한글 인지과정에서는 다른 언어와 달리 두뇌에서 공간을 담당하는 영역이 특별히 활발하게 활성화되고 있다.

f-MRI를 이용하여 언어의 두뇌 인지 방식을 살펴보고, 이로부터 각 언어권의 언어사용자들의 인지 방식의 차이와 의미를 살펴보고자 한 시도는 부분적으로만 성공하였다고 말할 수 있다. 본문에서 살펴본 것처럼 실험 결과는 두뇌의 어떤 영역이 활성화되었다는 관찰 사실을 명기하는 수준에서 일단락되었다. 문제는 두뇌의 특정 영역이 활성화되었다는 사실이 어떤 (철학적) 의미를 갖느냐를 결정하기 어렵다는 점이다. 뇌과학에서도 두뇌의 특정 영역이 활성화되고 있다는 점을 밝히고는 있지만 활성화된 특정의 영역이 담당하는 구체적인 기능이나 역할이 밝혀지고 있지 않다. 이에 따라서 그로부터 끌어낼 수 있는 언어학적이고도 철학적인 의미를 찾아내기 어렵다. 다만 한국어의 경우 다른 나라의 언어에 비해 공간 지각의 영역이 활성화되고 있다는 점으로부터 한국어 사용자가 공간 감각 능력이 발달되었으리라는 유의미한 추정을 할 수 있을 뿐이었다. 이는 한글이 초, 중, 종성으로 이루어지는 자질 문자이기 때문에 한글을 학습할 경우 다른 문자와 달리 공간감각을 담당하는 뇌가 발달하고 활성화되기 때문으로 여겨진다.

4. **원초적인 단계**(primitive level)**에서의 발성과정은 각 나라의 말이 보편적임을 확인할 수 있었다**.

말소리 형성과정에서 조음단계 이전의 발성단계에 대한 실험에서는 주파수의 비주기성이 다른 언어에 비해 중국어에서 높게 나타났으며 이는 중국어에 성조가 있기 때문인 것으로 파악된다. 또한 대체로 모음 종류에 있어서 저모음인 /아/모음이 고모음인 /우/나 /이/모음보다 낮게 나타난 것은 세 언어 간에 공통적인 특징이었다. 이를 보면 세 언어 간의 성대 진동양상은 차이점 보다는 유사성이 더 많은 것으로 나타났다. 곧 음성 발성의 원초적 단계에서는 각 언어권의 언어에서 보편성이 더 많이 발견된다고 할 수 있다.